资 本 论 下册

（第三卷）

[德]马克思◎著

郭大力　王亚南◎译

湖南人民出版社·长沙

目录

第五篇

利润之分为利息与企业利益·生息资本（续）

第七篇

所得及其源泉

第五篇

利润之分为利息与企业利益·生息资本（续）

现在，我们必须更精密地考察一下，银行资本（Bank Kapital）是由什么构成的。

我们以上曾经指出，富拉吞等人，曾把当作流通手段的货币和当作支付手段（如果说的是金的流出，那就还是当作世界货币）的货币之间的差别，转化为通货和资本之间的差别。

资本在这场合所负的特别使命，使这位银行家的经济学，像启蒙经济学坚认货币非资本一样，坚认货币即是资本。

在以下的分析内，我们还会指示，在这场合，货币资本是和那种当作生息资本的货币资本（Moneyed Kapital）相混同了。实则，在前一种意义上，货币资本常常只是资本的过渡形态，而与资本的别的形态（商品资本和生产资本）相区别。

银行资本包含：（1）现钱（金或银行券）；（2）有价证券。有价证券可再分为两类：第一是商业证券，汇票，那是有限期的，它的贴现便是银行业者原来的业务；第二，是公共有价证券，如国债券，国库券，各种股票，总之，各种有息的有价证券，那和汇票有本质上的差别。不动产抵押证券（Hypotheken），也可包括在这类。由此等实质成分构成的资本，可再分为银行业者自己投下的资本（Anlagekapital），和存款（Depositen）后者形成它的银行运用资本（Banking Kaital）或是借来资本（Geborgtes Kapital）。有发行权的银行，银行券也应计算在内。但我们且暂把存款和银行券除不说。不待说，货币，汇票，和寄托证券（Depotpapiere），究竟是代表自有的资本，还是代表存款或别人的资本，都绝不会在银行资本这几个现实的成分上，发生影响。银行业者或是单用自有的资本营业，或是单用存款人的资本营业，但无论如何，银行资本的这种区分，还是一样适应的。

生息资本的形态，使人们把每一个确定的规则的货币所得，表现为资本的利息；而无论这种所得是否由资本生出。货币所得，先被转化为利息，然后它的源泉即资本，才跟着利息现出来。同样，每一个价值额，只要不是当作所得支出的，就会和生息资本一样，表现为资本。那就是，表现为本金，而与它所生的可能的或现实的利息相对立。

事情是很单纯的。假设平均利息率为每年五厘。一个 500 镑的金额，转化为生息资本，每年就会提供 25 镑。所以，每一个固定的年所得 25 镑，都可视为是一个资本 500 镑的利息。不过，这种看法，是，并且仍然是纯然幻想的观念，除非这 25 镑的源泉（或仅是所有权证，债务请求权，或像地基一样，是现实的生产要素），可以直接移转或采取可以移转的形态。我们且以国债和工资为例。

国家对于所借的资本，每年须以一定额的利息，付于债权人。在这场合，债权人不能通知债务人把契约解除，他不过能把请求权，把所有权证，拿来卖。资本的本身，已由国家消费了，支出了，它已不复存在了，国债债权人所有的，（1）是一定额（例如 10 镑）的国债证券；（2）这种国债证券，使债权人对于国家的年所得，即对于国家常年的赋税收入，有一定额的请求权，例如 5 镑，即 5%；（3）他可以把这 100 镑的债务证券，随意卖给别人。如果利息率是五厘，而国家所提供的保证又极可靠，则依通则，所有者 A 能依照 100 镑的价格，把这个债务证书售于 B。这样，B 是以 100 镑以年息五厘贷放于人，还是支付 100 镑，而在国赋中每年受得 5 镑，是于 B 没有两样的。但在这一切场合由国家支付其子体（利息）的资本，都是幻想的拟设的资本。不仅所贷于国家的金额已经不存在。这种金额，原来也是不要当作资本用的。必须当作资本投放，它才能转化成为自行保存的价值。对原债权人 A 而言，年课税中那归属于他的部分，代表他的资本的利息，好比浪费者财产中那归属于高利贷者的部分，代表高利贷者的资本的利息一样。就这两种情形说，所贷的金额，都不是当作资本支出的。不过，他能把这种国债证券出卖。这种出卖的可能性，表示 A 的本金，有流回的可能。就 B 而言，从他私人的观点看，他的资本固然是当作生息资本投下的。然若就事情的本身而论，B 不过代替 A，把这种国债证券购进。这种交易虽可无穷反复，但国债的资本，依然是完全空虚的；只要这种债务证书变为不能售卖，这个资本的外观就会消灭。不过，我们将会知道，这种虚资本也有它特有的运动。

生息资本是一切错乱的形态之母，例如，在银行业者的观念中，债券也可表现成为一种商品。在国债的场合，一个负额也表现为资本。现在，我们要由国债资本，转过来讨论劳动力了。在这里，工资也被视为利息，从而，劳动力被视为是提供这种利息的资本。比方说，如果一年的工资等于 50 镑，而利息率为五厘，则年劳动力等于 1000 镑的资本。资本主义表象方法的错乱，在这里，达到了顶点。它不由劳动力的榨取，说明资本的价值增殖，却由资本的价值增殖，说明劳动力的生产力，以致劳动力自身也成为这样的神秘的东西（生息资本了）。这在第 17 世纪后半期（例如就配第说），固然是一种通行的观念，但直到今日，庸俗经济学者，尤其是德国的统计学者①，也仍然热心抱这样的见解。但可引为遗憾的是有两种事情，和这种无思想的观念，发生不愉快的冲突。第一是劳动者要获得这种利息，非劳动不可；第二是，他不能由让渡，而使其劳动力的资本价值货币化。实际是，他的劳动力的年价值，是与他的常年的平均工资相等；但他由劳动补还给劳动力购买者的，却是劳动力的价值加剩余价值，那就是劳动力价值的加额。在奴隶制度下，劳动者才有一个资本价值，即他的购买价格。如果他被出租，承租人须支付这个购买价格的利息，并补还资本的常年的磨损。

虚资本的成立，被称为资本化（Kapitalisieren）。每一个规则的反复的收入，都被视为是资本——依平均利息率贷放的资本——提供的收益，而依照平均利息率来计算化。比方说，如果年所得等于 100 镑，利息率为五厘，这 100 镑便代表 2000 镑的年利息。这 2000 镑便被视为是这个合法所有权证（每年可以要求 100 镑的所有权证）的资本价值。就购买这个所有权证的人说，这 100 镑年所得，便代表他的资本的五厘利息。由此，资本现实价值增殖的一切关联，连最后的遗迹也消灭了；资本为一自行增殖其价值的自动体（Automaten）的观念就确立了。

债务证券——有价证券——虽不和国债一样纯然代表幻想的资本，但这种纸券的资本价值，也纯然是幻想的。我们以前曾经讲过，信用制度怎样产生结合的资本。这种纸券，就是当作所有权证，而代表这种资本的。铁道、采矿业、航业等公司的股票，

---

① "劳动者有资本价值，如果我们把他的常年劳动的货币价值当作利息额，这个资本价值就会发现的。……如果我们……把平均日工资，用四厘利息，去资本化，我们将发觉，农业男工人的平均价值在德意志，奥地利等于 1500 台娄尔，在普鲁士等于 1500；在英格兰等于 3750，在法兰西等于 2000，在俄罗斯内地等于 750 台娄尔。"（勒登：《比较文化统计》柏林 1848 年第 134 页）

代表现实的资本，换言之，代表投在这诸种企业上并在其上发生机能的资本。或代表股东在这诸种企业上投资所垫支的货币额（虽然它也可以只代表诈欺）。但这个资本不能有二重的存在。它不能一方面是所有权证的资本价值，是股票的资本价值，他方面又是实际投在这种企业上或待要投在这种企业上的资本。它只在后一种形态上存在，股票不过是一种所有权证，证明他对于这个资本所实现的剩余价值，有要求一个比例部分的权利而已。A可以把这个权证售于 B，B 可以把这个权证售于 C。但这样的交易，对于事情的性质，不会有些微的影响。在这场合，A 或 B 把他的所有权证化为资本了，C 却把他的资本，化为单纯的所有权证。有了这种权证，他对于股份资本所可望有的剩余价值，就有分取一份的权利了。

人们常从表面观察，说这种所有权证会和它们所代表的资本或请求权，相并成为现实的资本。这诸种所有权证——不仅指国债券，并且指股票——的价值的独立运动，又确证了这个外观。因为，它们会变成商品，它们的价格有它们的特殊的运动和确定方法。它们的市场价值，即在现实资本价值无任何变化（那当然会有价值增殖）时，也和它们的额面价值（Norninalwert），有不同的决定方法。从一方面说，它们的市场价值，会随它们的收益的程度大小和确实与否，而发生变动。如果一个股票的额面价值（即股票原来代表的垫支额）是 100 镑，而企业所提供的收益不为五厘而为一分，则在其他事情不变，利息率仍为五厘的情形下，它的市场价值，会增为 200 镑。因为，依照五厘的利息率来资本化，它现在已经代表一个 200 镑的资本。用 200 镑购买它的人，仍能依照投资额，取得五厘的收益。如果企业的收益减少，则结果相反。这种纸券的市场价值，一部分是投机的，因为它不是由现实的收益，而是由期待的收益，计算决定的。但假设现实资本的价值增殖程度为不变的，或像国债那样，假设资本已不存在，惟其常年收益已由法律规定，并有充分保证，这种有价证券的价格，就会与利息率为相反的腾落。利息率由五厘增为一分时，保证可得五镑收益的有价证券，将只代表一个 50 镑的资本。如果利息率由五厘跌至二厘半，则该有价证券将代表一个 200 镑的资本。它的价值，常常只是资本化的收益（Kapitalisierte Ertrag）。那就是，依照通行利息率，根据一个幻想资本来计算的收益。在货币市场紧逼时，这种纸券的价格会低落，是因为两个原因。第一，因为利息率会提高，第二，因为它们会大量投到市场上来，图实现为货币。这种价格下落，和"这种纸券对所有者保证的收益（例如国债券）是否确实不变"这件事，毫无关系；也和"它所代表的现实资本的价值增殖（例如产业上的投资），曾否因再生产过程的阻滞而受影响"这件事，毫无关系。在资本价值增殖因再生产过程阻滞而受影响时，上述二价值减少的原因，固将为进一步的原因所加强。但风潮一旦过去，纸券就会恢复它以前的水准，除非它所代表的，是失败的或诈欺的企业。它在恐慌时期发生的价值减少，乃是一个集中货币财产的有力的手段①。

如果这种纸券的价值减少或价值增加无关于它所代表的现实资本的价值运动，则在此限度内。国家的富是和在它价值减少，或价值增加以前一样。"在 1847 年 10 月 23 日，公债和运河铁路股票，已经减价了 114752225 镑。"（英格兰银行总裁摩里士所

---

① 〔二月革命后不久，当巴黎商品和有价证券大跌特跌，而完全不能卖出时，利物浦有一位瑞士商人居尔孙巴（R. Zwilchenbart）——他告诉我父亲说——曾把一切他所有的东西，换作现钱，并带着现钱到巴黎去访洛特蔡尔，提议和他共同经营一种业务。洛特蔡尔凝视着他，走近他身边，用两手捉住他的两肩，问："你有钱吗？"他答说："是的。""好，我们合在一块罢。"他们两个都赚到大钱。——F. E.〕

述，见 1847—1848 年《商业凋敝调查委员报告》）。只要这种减价不表示生产之现实的停滞，不表示铁路运河交通之现实的阻滞，不表示已经开始的企业的停止，不表示资本在实在毫无价值的企业上的抛弃，国富就不会因名义上的货币资本的气泡发生破裂而减少一个钱了。

这各种纸券，实际不外代表蓄积的对未来生产的请求权或权证。此等权证的货币价值或资本价值，在国债的场合，不代表任何的资本；即在它代表现实资本的场合，它的货币价值或资本价值的调节，也与它所代表的现实资本的价值，毫无关系。

在一切采行资本主义生产的国家，都存有极巨额的所谓生息资本，或这个形态上的货币资本。而大体说来，货币资本的蓄积，也不外是这种对生产的请求权（Ansprüche auf die Produktion）之蓄积，是这种请求权的市场价格或幻想资本价值的蓄积。

总而言之，银行资本的一部分，是依所谓有息证券的形态投下的。那是准备资本（Reservekapital 即不在现实银行业务上发生机能的资本）的一部分。这种证券的最大部分，是汇票，即产业资本家或商人的支付凭证。对货币贷放者而言，这种汇票是有息的证券；换言之，他购买汇票时，会把汇票经过时间内的利息扣除下来。这就叫做贴现（Diskontieren）。在汇票所代表的金额中，究竟扣下多少来，要看当时的利息率。

银行资本还有一部分，是由金或银行券的货币准备（Geldreserve）构成的。至若存款，如果不是定期存款，便常须听存款人处分。那是在不断的变动中。不过，当这个存款人提出，会有别个存款人存入，所以，在营业常态的进行中，其一般平均额是少有变动的。

在资本主义生产发达的各国，银行的准备基金（Reservefond），会表示大体有多少货币，当作贮藏的货币，存放着；而这种货币贮藏又有一部分，是由本身无一点价值的纸券或兑取现金的凭证构成。所以，银行资本的最大部分，纯然是虚拟的，由债务请求权（汇票），国债券（那代表已经过去的资本）和股票（那是对未来收益的请求权证）构成的。我们必不可忘记，银行家保险箱内的纸券，就令是可靠的收益的凭证（例如在国债券的场合），或是现实资本的所有权证（例如在股票的场合），它所代表的资本的货币价值，也纯然是虚拟的。它虽代表（至少有一部分代表）现实的资本，但它的价值和现实资本的价值，是由完全相异的方法受调节。并且，如果它所代表的，只是对收益的请求权，不是资本，则在这限度内，同额收益的请求权，还会表现为一个不断变动的虚拟的货币资本。加之，我们还须知道，这种虚拟的银行资本，有一大部分，不是代表银行业者自己的资本，而是代表公众寄托在银行内——有的支取利息，有的不支取利息——的资本。

存款常常是用货币（金或银行券）存的，或用支付货币的凭证存的。把准备基金（那会比例于现实流通的需要，而收缩或膨胀的）除外，这种存款，在现实上，从一方面说，是常常在产业资本家和商人手里，因为这些产业资本家和商人的汇票，是凭这种存款，才被贴现的，他们还会由此取得透支；但从另一方面说，它们又在证券商人（即交易所经纪人）手里，或在已售卖有价证券的私人手里，或在政府手里（例如在国库券和新债的场合）。存款，就其自身来说，演着二重的使命。从一方面说，我们讲过，它们会当作生息资本贷放出去，不停在银行钱柜里，仅在它账簿上，记在存款人科目上的贷方。但从另一方面说，如果诸存款人相互的贷借，会在对存款开出的支票的形态上互相抵消，并如此登入账册，它们又只是簿面上的金额。在这场合，存款是存在同一银行，而由该银行转账收付，还是存在不同诸银行，而由诸银行交换支票而仅支付差额，在这里，是一个全然无足轻重的事情。

生息资本和信用制度发达时，一切的资本，都好像会加倍，乃至三倍，因为同一个资本乃至同一个债务请求权，会由种种方法，在不同的人手里，在不同的形态上出现①。这种"货币资本"的大部分，纯然是拟设的。全部存款（除了准备基金），都不过是给于银行业者的信用；不过这种信用，决不会在存款的形态上存在。如果它被用在汇兑业务上（Girogescbäft），则在银行业者把它贷出之后，它对于银行业者就会当作资本来发挥机能。存款是不存在了，但他们会由相互间贷借的清算用这种已经不存在的存款为根据，来支付相互间的支票。

关于资本在货币贷放上所负的使命，亚当·斯密曾说："就在货币经营业务上，货币也只是一种凭证，它把那些未由所有者使用的资本，由这个人移到那个人手里。这种资本，比当作移转工具用的货币，可以更大到任何数额。同一枚货币，可以依次在

---

① 〔最近数年来，资本这样加倍或三倍的现象，是由财政托拉斯（Financial Trusts）等而大大发展了。在伦敦交易所的报告内，这种财政托拉斯，已取得特殊的一栏。那就是组织一个公司，专门购买有息的证券，例如外国政府债券、英国市政债券、美国公债券、铁路股票等。其资本，比方说二百万镑，是由集股招来的。董事会依照适当的价值买进，并多少自动地经营一点投机，并把逐年的利息额，在扣除各种用费之后，当作股息分配给各股东。还有些股份公司常惯把普通股份，分作优先股和非优先股。优先股依照确定的利息率，比方说五厘，如果总利润可以照这个利息率支付的话；支付这种利息之后，如有剩余，则由非优先股取得。这样，优先股的"稳固"的投资，遂多少和非优先股的投机分开了。但因有少数大企业不愿意采用这个新方法，所以每每有新公司组织起来，把一百万或几百万镑投在原公司的股份上，然后按照这种股份的额面价值，来发行新股，但把它们一半分为优先股，一半分为非优先股。在这场合，原股份当作新股份发行的基础，以是就加倍了。——F. E.〕

许多不同的购买上运用，也可以依次在许多不同的贷借上运用。例如，A借给W 1000镑，W立即用这1000镑，向B购买价值1000镑的货物。因为B目前对于这笔款子尚无应用的需要，所以又把这笔款子贷给X，他又立即向C购买价值1000镑的商品。C又依同法，由相同的理由，把这笔款子贷给Y，Y再向D购买这样多的商品。这样，同一个金币或纸币，就可在数日之内，促成三个不同的贷借和三个不同的买卖了，并且每一次贷借和每一次买卖的数额，都和原来的金额相等。这三个有钱的人A、B、C所贷给借者W、X、Y的，不外是商品的购买力。这种贷借的价值和使用价值，就是由这种购买力构成的。这三个有钱的人所贷出的资本，等于它所能购买的商品的价值；与购买所用的货币的价值相比较，是更大三倍。不过，这诸次贷借仍然可以是完全可靠的；因为诸不同债务人用这种贷款所购得的商品，将会如此运用，以致可以及时带回等价值的金币或纸币，并附加利润。同额货币所可促成的借贷额，既然可以超过它的原价值额三倍乃至三十倍；同样，它也能依次再当作付还的手段。"（《国富论》第2篇第4章第400页以下）

因为同一枚货币，可视其流通速度如何，而实行多次的购买，所以也能遂行多次的贷借；这是因为，购买使货币由一个人的手到别一个人的手，贷借不过是没有购买作媒介的由一手到别一手的转移。对每一个售卖者而言，货币都代表他的商品的转化形态；而在每一个价值都表现为资本价值的今日，该货币会在不同诸贷借上依次代表不同诸资本，实不过是我们从前已经提出的命题——它能依次实现不同诸商品的价值——的别一个表现方法。不过，在购买的场合，它是当作流通手段，使实质资本由一手移转到别人的手。但在贷借上，它不是当作流通手段而由一手移转到别人的手的。当它仍留在贷者手中时，它不是当作流通手段保留在他手中，却是当作他的资本的价值存在（Wertdasein）留在手中的。在贷借时，它也就是在这个形态上，转移到第三者。如果 A 把这个货币贷于 B，B 贷于 C，并没有购买介在它中间，则同一货币不代表三个资本，只代表一个资本，一个资本价值。至若它实际代表几个资本，那要看，它曾经几度当作不同诸商品资本的价值形态，而发生机能。

在这里，亚当·斯密是就贷借一般而论的；但其所论，也适用于存款；因为，存款不过是一种特别的贷借形态，这种贷借，是公众贷于银行业者的。同一枚货币，也可以当作工具，来实行任何次数的存款。

"如下所说，没有疑问是正确的：即，今日某人存于 A 的存款 1000 镑，会在明日再发出来，存到 B 那里去。后日又由 B 那里付出来，存在 C 那里，并依次无穷地类推下去。所以，同一个1000 镑的货币，可由一系列的转移，自行繁殖为一个绝对不能限定的存款额。所以，英吉利联合王国全部存款的 $\frac{9}{10}$，也许除了在银行账簿上有一笔账，而在到期日清算之外，便没有别的存在，这是很可能的……苏格兰的情形，就是这样。在苏格兰，货币的通流从来不超过三百万镑，但存款却有二千七百万镑。如果不是银行存款有普遍提出的一日，有 1000 镑反复流回，就能把一个不能限定的金额清算了。因为，今日某甲以这 1000 镑支付他对某商人的债务，明日这个商人又可以把这 1000 镑用来清算他对某其他商人的债务，后日这某其他商人又可以把这 1000 镑来清偿他对银行的债务，并依此无穷类推下去，所以，同一个1000 镑的货币，会在人与人之间，银行与银行之间移转，并抵消任一个可以想象的存款额。"（《通货问题述评》第 62、63 页）

一切物都会在信用制度内二倍化，三倍化，并转化为单纯的幻想。人们相信无论如何可在其内捉住一点实物的"准备基金",也是这样的。

我们再听一听英格兰银行总裁摩里士先生的话。他说:"私人银行的准备,会在存款形态上,存在英格兰银行内。金流出的第一个影响,好像最先是打击英格兰银行。但这种影响,也会影响其他各银行的准备。因为,它们存在本行的准备金,会有一部分流出。同样,它又会影响各地方银行的准备。"(《商业凋敝》1847—1848 年第 277 页第 3639、3642 号)最后,这种准备金,在现实上,会还原成为英格兰银行的准备金①。不过,这种准备金,也有两重的存在。银行部的准备基金,等于该行批准发行的券额超过流通的券额之余额。该行合法的最高的发行额,为一千四百万镑(在这个数额以内,不需有金属准备;此额,与英国欠

---

① 〔银行准备曾怎样增加,可由 1892 年 11 月伦敦十五家最大的银行的公告表而知。该表录自《每日新闻》1892 年 12 月 15 日号:

银行名称	负债额(镑)	现金准备(镑)	百分比
市银行	9,317,629	746,551	8.01
京郡银行	11,392,744	1,307,483	11.47
帝国银行	3,987,400	447,157	11.21
洛易特银行	23,800,937	2,966,806	12.46
伦敦威斯明斯德银行	24,671,559	3,818,885	15.50
伦敦西南银行	5,570,268	812,353	13.58
伦敦股份银行	12,127,993	1,238,977	10.62
伦敦米德兰银行	8,814,499	1,127,280	12.79
伦敦郡银行	37,111,035	3,600,374	9.70
国民银行	11,163,829	1,426,225	12.77
国民地方银行	41,907,384	4,614,780	11.01
巴士联合银行	2,794,489	1,532,707	11.93
蒲勒士考公司	4,041,058	538,517	13.07
伦敦联合银行	15,502,618	2,300,084	14.84
威廉德康盂彻斯德银行	10,452,381	1,317,628	12.60
总计	232,655,823	27,845,807	11.97

在这大约二千八百万镑的准备中,至少有二千五百万镑存在英格兰银行内,至多只有三百万镑现金存在这十五家银行库内。但英格兰银行银行部的现金准备,在 1892 年 11 月内,从未达到一千六百万磅。——F.E.〕

该行的款额大约相等），加该行的贵金属库存额。如贵金属库存额等于一千四百万镑，该行便能发行银行券二千八百万镑。假如其中有二千万镑在流通中，银行部的准备金便等于八百万镑。在这场合，这八百万镑银行券依照法律，便是该行所得而支配的银行资本，同时又是存款的准备金。若存金流出，致使该行的贵金属库存减少六百万镑，——同时必须有等额的银行券作废——则银行部的准备金由八百万减为二百万。从一方面说，该行将会大大提高它的利息率；从别一方面说，存款于该行的诸银行以及别的存款人，将会发觉，保证他们自身信用的准备金，已大减少。1857年，如果不是英格兰银行获得政府停止1844年银行法施行的命令①，伦敦将会有四家最大的股份银行，要在恐怖下面，提取他们的存款，因而使银行营业部破产的。如果这样，哪怕发行部尚有数百万镑（例如1847年，该行发行部就有八百万镑）保证流通券的兑现能力，银行营业部也不免是要失败的。不过，发行部的这种保证，也是幻想的。

"存款的大部分，是银行业者自己目前不需要的。这大部分存款，尽移入汇兑经纪人（这种经纪人，就实质看，是半银行业者）手里"。"但他们又会把他们所已贴现（为伦敦人或本地人贴现）的商业票据，当作透支的担保，而交给银行。这种汇兑经纪人，对银行业者担负义务，担保这种款项得到通知后，即可付还。这种业务是这样大的，以致现任英格兰银行总裁尼佛（Neave）君供述：我们知道，某经纪人有五百万镑，我们很有理由推断别一个经纪人有八百万乃至一千万镑。第一个有四百万

---

① 1844年银行法的停止，使英格兰银行得不顾所有的金准备，而发行任何量的银行券。他就这样可以用纸，随意创造怎样多的虚拟的货币资本了，并用这种虚拟的货币资本，贷给各银行，汇兑经纪人，并经过他们的手，到商业界。

镑，第二个有三百五十万镑，第三个有八百万镑以上。在这里，我是就存在经纪人手里的存款来说的。"（《银行法报告》1857—1858年第5页第8号）

"伦敦的汇兑经纪人，没有一点现金准备，但经营异常大的业务。他们所凭借的，是依次到期的票据的收入，在万不得已时，还把他们所贴现的票据寄存到英格兰银行，凭这种存票向英格兰银行获得垫支。"（前揭报告第8页第17号）——"1847年，伦敦有两家汇票贴现公司停止支付；但后来又都恢复了营业。1857年，他们再停止支付。其一的资本为180000镑，但在1847年，它的负债额概约2683000镑；在1857年，它的负债额概约5300000镑，同时，它的资本，却只有1847年的$\frac{1}{4}$了。别一家的负债额，在这二年，都在三百万至四百万之间，它的资本却不过四万五千镑。"（前揭报告第21页第52号）

第三十章 货币资本与现实资本 I

我们现今在信用制度上遇到的诸困难问题，是如下述。

第一，狭义的货币资本的蓄积，在什么程度内，是资本现实蓄积（即规模扩大的再生产）的指标，又在什么程度内，不是资本现实蓄积的指标呢？所谓资本过充（Plethora der Kapital），常常是就生息的货币资本而言的。这所谓资本过充，只是产业过剩生产的特殊表现方法，还是产业过剩生产以外的一种特殊现象呢？这种过充或货币资本的过剩供给，是不是与停滞货币量（金银块，金币，银行券）的存在相一致，以致现实货币的过剩，即是贷放资本过充的表现和现象形态呢？

第二，货币的紧逼，换言之，贷放资本的缺少，在什么程度内，表示现实资本（商品资本和生产资本）的缺少呢？又在什么程度内，与货币自体的缺少，流通手段的缺少，相一致呢？

以上我们考察货币资本和货币财产一般的蓄积的特殊形态。我们讲过，这种蓄积会还原成为对劳动的所有权证的蓄积。我们又讲过，国债资本的蓄积，不外表示国债债权人阶级的增加，这个阶级对于赋税的一定额，享有优先权①。债务的蓄积竟表现成为资本的蓄积这个事实，表示了在信用制度下发生的颠倒，已经达到极点。原来贷放出去的资本，是早经用掉了，但这种债务证书，这种已经破坏的资本的纸制复本（Duplikate），只要成为可卖的商品，可再转化为资本，它就会在它的所有者手中，当作资本用的。

对股份公司、铁路、开矿业等的所有权证，诚如我们以前所说，是现实资本的权证。但它并不包含现实资本的支配权。这种现实资本，是不能提出的。它所给予的，不过是一种权利证，证明他对于现实资本所提供的剩余价值，有分取一部分的权利。但这种权证，是现实资本的纸制复本，好像提单会在货物之外有其价值，并和货物同时存在一样。它是一种不在资本的名义上的代表。因为，这种现实资本，是在这种复本之外存在的；当复本的所有者变动时，现实资本不会因此就发生转移。这种复本，会采取生息资本的形态，因为它不仅确保定额的收益，并且它的售卖，还使它能够当作资本价值而归还。假设这种纸券的蓄积即表示铁路、矿坑、轮船的蓄积，则在这限度内，它确乎会表示现实再生产过程的扩大，好比动产课税表的扩大，会指示动产的增加一样。但当作纸制复本，当作商品而可以买卖，并当作资本价值而流通时，它只是幻想的；它的价值额，可以独立在它有请求权的现实资本的价值运动之外，而有起有落。它的价值额，那就

---

① "公债不外是一种想象的资本，它代表常年所得中那特别除开来还债的部分。一个等额的资本已经支出了。它是借款的名称，但它不是公债所代表的东西。因为这个资本早已不存在了。但产业的运用，会造出新的财富来；这个财富会有一部分，逐年为那些曾经贷予财富（那已经消费掉了）的人，除下一部分来的。这一部分，是在课税形态上由生产者那里取去，而给予国债债权人。按照本国资本与利息的普通比例，这个想象的资本，会被假定有这样的大小，所以它能为债权人，生出他们在常年所得中领受到的部分。"（西斯蒙第《新经济学原理》巴黎 1819 年第 2 卷第 227 页）

是，它在证券市场上的行情，必然有一种趋势，要随利息率下落而上腾，如果利息率的下落，无关于货币资本所特有的运动，而单纯由于利润率下落的倾向所致。所以，只要有这样的理由，这个想象的富——就其价值表现言，它的各个单位部分，都有一定的原来的额面价值——就会随资本主义生产的发展而扩大的①。

这种所有权证，会发生价格的变动。由这种价格变动而起的损益，以及这种权证在铁路王手里的集中等，依照事物的本质，会益益变成赌博的结果。在这场合，赌博行将代替劳动和强力，而成为原始的获取资本所有权的方法。这种想象货币财产，不仅为私人货币财产的极大部分，并且我们讲过，它还是银行资本的极大部分。

为求问题速决起见，我们可以把货币资本的蓄积，解为银行业者（职业的货币贷放者）手中的财富的蓄积。在这种银行业者旁边，一方面有私人的货币资本家，别方面有国家，共同体，及从事再生产的借者；银行业者则居在中间，成为媒介人。我们所以这样解释，是因为信用制度（及信用一般）全部惊人的扩大，都在他们手中，当作私有资本，被他们利用。这种人，常常是在货币或直接货币请求权的形态上，有他们的资本和所得。这个阶级的财产的蓄积，和现实的蓄积，是由极不相同的方向进行的，但无论如何，可以证明，这个阶级会把现实蓄积的一大部分卷去。

且把当前的问题，放在较狭的限界内。国债券，和股票及其他各种有价证券一样是贷放资本的投资范围，是决定用来生息的

---

① 所蓄积的可贷放的货币资本之一部分，在事实上，只是产业资本的表现。例如，英格兰1857年曾有八千万镑投在美国铁路和别的企业上。促成这种投资的，几乎完全是英国商品的输出，美国人对于这种商品，未曾支付任何的代价。英国的输出业者，对这种商品，开出美国兑付的汇票，英国的投资人就购买这种汇票，送以美国去，缴付他们所应缴的股金。

资本的投资范围。它们是这种资本的贷放形态。但它们不是投在它们上面的贷放资本自身。从别方面说，当信用在再生产过程上参加直接的职分时，产业资本家或商人以其汇票贴现或申请贷款时，他们所需用的，既不是股票，也不是国债券。他们所需用的，是货币。当他们不能由别法取得货币时，他们还会把这些有价证券拿去抵押或出卖。又，在这里我们考察的，是这种贷放资本的蓄积，尤其是可贷放的货币资本的蓄积；我们不考察房屋，机械，或别种固定资本的贷借，也不考察商人和产业家相互间在再生产过程范围内的商品形态上的借贷，固然，我们在这点也还须有更精密的研究；但我们这里考察的，专门是银行业者（当作媒介人的银行业者）对产业家和商人的货币贷借。

＊　　　＊　　　＊

我们且先分析商业信用（Kommerziellen Kredit）。我们这里所谓商业信用，是指在再生产上从事的资本家相互给予的信用。这种信用是信用制度的基础。它的代表是汇票。汇票是一种有一定支付期间的债务证书，是一种延付证书（Documont of Detened Payment）。每一个人都会一面给予信用，一面受取信用。现在，我们且把银行信用（Bankierkredit）完全撇开，这是一种完全不同的在本质上有区别的要素。如果这种汇票能由划拨，而在商人之间当作支付手段来流通，但无贴现介在中间，则在这限度内，那不过是一种由 A 移转到 B 的债务请求权，这绝对不会影响当中的关联。那不过使一个人代替别一个人。在这场合，虽没有货币在中间，也能实行清算。比方说，纺绩业者 A 须向棉花经纪人兑付汇票，棉花经纪人又须向输入商人 C 兑付汇票。然若 C 又输出棉纱（这是常见的现象），他就可以凭汇票向 A 购买棉纱，纺绩业者 A 也可用那由 C 支付的经纪人 B 的汇票，付回给经纪人 B 自己。由此，至多，只有余额要由货币支付。这样，这全部交易，不过促成棉花和棉纱的交换。输出商人只代表纺绩业者，棉花经纪人不过代表棉花种植者。

在纯粹商业信用的循环中，有二事要注意：

第一，这种相互债务请求权的清算，视资本归流之如何，那就是视延期了的 W—G 之如何，而定。如果纺绩业者曾由棉织品工厂主受得汇票，这个工厂主只要能在汇票所开的期间内，把他投在市场上的棉织品卖出，他就可以把这种汇票兑付了。如果谷物投机商人对他的来往商家开出一张汇票，这个来往商家也只要能依照预期的价格把谷物卖出，就能支付货币的。所以，这种支付，乃依存于再生产之圆滑的进行，依存于生产过程和消费过程之圆滑的进行。但因信用是相互的，所以一个的支付能力，须依存于别一个人的支付能力；在开发汇票时，人们或是用他本人营业上的资本归流为计算，或是用第三者（必须在这期间内把汇票兑付给他的第三者），营业上的资本归流为计算。若把归流的预料除开不说，则在资本归流延滞的场合，汇票兑付人就须凭他所能支配的准备资本来履行义务，支付方才是可能的。

第二，信用制度并不会消除现金支付的必要。因为，支出的一大部分，例如工资、赋税等，常须用现金支付。加之，曾从 C 处受得汇票，不曾受得现金支付的 B，在 C 的汇票到期之前，也许已经要兑付他应付于 D 的到期的汇票了。所以他必须有现金在手里。上面讲的棉花种植者和棉纱纺绩者相互间的关系的前提是一个完全的再生产循环，但那只能是例外。再生产循环常常是会在许多点上遇到阻碍的。我们在第二卷第三篇讨论再生产过程时，曾经讲过，不变资本的生产者，会有一部分，在他们自己中间，交换不变资本。在这场合，汇票就有一部分可以相互抵消掉。又，在生产的上升系列中（那就是棉花经纪人对纺绩业者开出汇票，纺绩业者对棉织品工厂主开出汇票，棉织品工厂主对输出商人开出汇票，这个输出商人也许就是棉花输入商人），也是这样。但交易的循环，请求权序列的圆形状态，是可以不发生的。比方说，纺绩业者对棉织业者的请求权，不能由煤炭供应商人对机械建造业者的请求权，来了结。纺绩业者在营业上，对机械建造业者，决不会有反对请求权（Gegenforderungen），因为他的生产物棉纱，决不会在机械建造业者的再生产过程上，成为再生产过程的要素。所以这种请求权是必须用货币来清算的。

就商业信用的自身考察，这种商业信用的限界是：（1）工商业者的富，那就是在归流延滞时，他们有多少准备资本可以利用。（2）这种归流本身。这种归流是可以在时间上延滞的，商品价格可以在延滞中下落，甚至在市场停滞时，暂时不能把商品售出。汇票的期限愈长，准备资本必须愈大，而归流因价格下落或市场停滞而发生限制或延滞的可能性也愈大。再者，原来的交易，越是以商品价格涨落的投机为条件，归流会越是不确实。但很明白，在劳动生产力发展从而生产越以大规模进行时，（1）市场将会推广，而与生产地点相隔离；（2）信用必致于延期；（3）投机的要素，必益益支配着交易。以大规模经营而以远隔市场为对象的生产，会把总生产物投在商业手中；但商业如要用本国的资本，把国民生产物全部购去，然后拿出来卖，国内的资本是必须倍加的，但这是一件不可能的事。在这场合，信用就不可免了；信用在数量上必须与生产的价值数量一同扩大，在时间的久暂上必须与市场的远隔距离一同增进。在这里我们可以发现一种交互作用。生产过程的发展，会把信用扩大，信用又会扩充工商业的活动。

这种信用如果和银行信用分开来考察，很明白，它会与产业资本的范围一同增大。单就这种信用来说，贷放资本与产业资本是一而二，二而一的；贷放出去的资本，是商品资本，那或是最后供个人消费，或是用来代置生产资本的不变要素。所以在这场合，当作贷放资本出现的，常常是再生产过程一定阶段内的资本，它要由买卖，才能由一个人手里，移转到别一个人手里，它的代价却要到后来，才在一定期间，支付到买者①手里。拿棉花来作例。棉花为一张汇票，被移到纺绩者手中，棉纱又为一张汇票，被移到棉织品工厂主手中，棉织品再为一张汇票，被移到商人手中，而再为一张汇票，从该商人手中，被移到输出商人手中，再为一张汇票，从该输出商人手中，被移到印度的一个商人手中，该印度商人把它卖出，并由此购买一些蓝靛等。棉花由一手移到一手，并就在这种移转中，转化为棉布，而棉布最后被运到印度，去交换蓝靛。这种蓝靛被运到欧洲，在那里，再加入再生产过程。在这场合，再生产过程的相异诸阶段，是由信用所促成的，因为纺绩业者既未支付棉花的代价，棉织品工厂主未支付棉纱的代价，商人也未支付棉织品的代价等。在这个过程的第一行为中，商品棉花经过了相异的诸生产阶段，但这种移转，是以信用为媒介的。但棉花一经在生产中取得它的最后的商品形态，这个商品资本还要在那些把它运到远方市场去的诸商人手中通过，最后的一位商人才把它卖给消费者，并由此购入别一种或是供充消费或是加入再生产过程的商品。所以在这里我们必须区分两个段落，在第一个段落上，信用促成同一商品生产上各个现实的继起的阶段；在第二个段落上，它不过促成商品由一个商人到别一个商人的移转，其中包括着运输，并包括 W—G 行为。但在第二段落上面，商品至少还是常常在流通行为中，从而，还是在

---

① 译者注："买者"或系"卖者"的误排。

再生产过程的一个阶段内。

所以，单就商业信用来说，被贷放的，决不是休闲的资本，却不过是必须在所有者手中把形态变化的资本。这种资本在他手里所采的形态，对于他只是商品资本，那必须再转化，至少必须先转化为货币。所以信用在这里促成的，不过是商品的形态变化，不仅促成 W—G，并且促成 G—W 和现实的生产过程。再生产循环内的信用多——除银行信用不说——并不指休闲资本（即待要贷放并寻求有利投资地方的资本）多的意思；它是指再生产过程内的资本用途大的意思。单就商业信用而言，信用所促成的，（1）就产业资本家而言，是产业资本由一阶段到他一阶段的推移，是相互从属又相互接连的诸生产阶段的关联；（2）就商人而言，是商品由一人到别一人的运输和移转。这种移转要到商品断然为货币而售出，或与别一种商品相交换那时候，才会停止的。

所以，单就这点而言，信用的最高限度，是等于产业资本的最充分的使用。这所谓最充分的使用，就是不顾消费的限界，而极度把它的生产力张开。因再生产过程张开之故，消费的限界也会连带扩大的。因为，一方面它会增加劳动者和资本家的所得的支出，另一方面它同时又就是生产的消费之张开。

在再生产过程流畅不断而资本归流也确实可靠的限度内，这种信用将会继续并伸张开来；它的伸张，是以再生产过程自身的扩张为基础的。但若因归流迟滞，市场壅塞，价格下落，而发生停滞，产业资本就会多余的。但这种多余，是在不能实行机能的形态上。商品资本有巨额，但不能卖出。固在资本有巨额，但因再生产停滞的缘故，大部分不被使用。信用将因下述诸原因而收缩。（1）这个资本因为不能完成它的形态变化，将不被使用，或停滞在再生产的一个阶段上；（2）再生产过程会流畅进行的信念，将发生动摇；（3）商业信用的需要将会减少。把生产限制并有大量滞销棉纱堆在堆栈里的纺绩业者，用不着用信用购买棉花；商人也用不着用信用购买商品，因为他们已经有过多的商品。

所以，在这种伸张受扰乱的场合，甚至在再生产过程的顺常的扩张受扰乱的场合，信用缺乏的现象就会跟着发生的。商品要由信用获得，会越感困难。在产业循环的这个阶段上，最特征的现象，是现金支付的要求和信用售卖的警戒。接着就是崩溃。在恐慌时期，因为每一个人都要卖而不能卖，但为要支付起见，又必须卖，所以在信用最缺乏的时候（就银行信用而言，就是在贴现率最高的时候），最感到多余的，并不是休闲的寻找用途的资本，只是停留在再生产过程内的资本。但在这时候，因为再生产过程停滞，也确实有大量已经投下的资本在休闲着。工厂停工了，原料堆积着，完成生产物当作商品壅塞在市场内。所以，认这种情况是起因于生产资本缺乏，那真是再错误没有了，那正是生产资本过多。一方面就再生产之顺常的但已经暂时收缩的规模说，是生产资本过多；他方面，就已经麻痹的消费说，也是生产资本过多。

我们且设想全社会纯由产业资本家和工资劳动者构成。我们又把价格的变动撇开不说，因为这种变动，会使总资本的大部分，不能在平均的状况下被代置，并且因为这种变动，对于那特别由信用在全部再生产过程上发展的一般关联，必致唤起暂时的一般的停滞。同样，我们又把信用所助长的卖空买空的交易和投机的买卖，除开不说。这样，恐慌就只能由各部门生产的不平衡，由资本家消费与资本家蓄积的不平衡，来说明了。但一考实际的情势，就知道已投在生产上的资本的代置，有一大部分，要依存于不生产阶级的消费能力；而劳动者的消费能力，一方面既受工资法则的限制，一方面又受这个事实——即，他们在能为资本家阶级赚到利润的时候，才被资本家阶级使用——的限制。照资本主义生产发展生产力的冲动看来，好像只有社会的绝对的消费能力，是它的限制；但考察一下，就知道，一切现实的恐慌，常以人民大众的贫苦和消费限制，为究局的原因。

至少，在资本主义发达的国家，我们只能在一般歉收——不管是主要食品的歉收，还是主要工业原料的歉收——时，说生产资本是实际缺少的。

但在这种商业信用之外，还有狭义的货币信用（Geldkredit）。产业家商人相互间的垫支，会和银行业者和货币贷放业者对他们的垫支，混合在一起。在汇票贴现的场合，垫支不过是名目上的。一个工厂主，为一张汇票，卖去了他的生产物，他把这个汇票，拿到汇兑经纪人（Billbroker）那里去贴现。实在说，这个汇兑经纪人不过垫支他的银行业者的信用，银行业者又不过把他的存户的货币资本，再垫支给他。这种存户，就是由产业家和商人自己构成的，但也由劳动者（因为他们会把节蓄存到储蓄银行），由地租收受人，由别的不生产阶级构成。因此，每一个产业家或商人，可不必要具备巨额的准备资本，也不必要依赖现实的归流。但在另一方面，因为有单纯的汇兑诈欺（Weckselreiterei）和专以制造汇票为目的的商品交易，所以全过程是变得极复杂了，以致资本的归流在实际上早已不会发生，早已非牺牲那些被欺骗的货币贷放者和被欺骗的生产者不可，但继后仍有一个时期，营业在外观上好像还很安定，资本的归流好像还很流畅似的。以致崩溃已逼在目前，营业还好像是极健全的。关于这点，最好的证据是1857—1858年《银行法报告》。在那里，一切的银行董事，商人，简言之，一切受召的专家，都在欧维斯坦公的领导下，相互庆贺营业的繁荣和健全——这件事，距

1857 年 8 月的恐慌，不过一个月罢了。杜克在他的《物价史》中，也很巧妙地像每一次恐慌的历史撰述家一样，通过这个幻想。在总崩溃突然袭来以前，营业总是极健全的，竞争的进行总是极如意的。

* * *

现在我们回来讨论货币资本的蓄积。

可贷放的货币资本的增加，并不是每次都代表现实的资本蓄积或再生产过程的扩大。这个情形，在紧随着恐慌后的那个产业循环阶段上，最为显明。在这个阶段，贷放资本大量休闲着。在生产过程受到限制的时候（在 1847 年恐慌后，英国诸产业区域的生产，减少了 $\frac{1}{3}$），在商品价格低到最低点的时候，在企业精神已经麻痹的时候，利息率一般都会很低。这个情形，不外指示产业资本的收缩和麻痹，会招致可贷放的资本的增加。很明白，在商品价格下落，交易减少，投在工资上面的资本缩小时所必要的流通手段量，将会减少；又很明白，当外国债务已由金流出或由破产而清算清楚之后，不需有追加的货币，用在世界货币的机能上；也很明白，汇票贴现业的范围，将与汇兑数目和汇兑金额一同减小。所以，对可贷放的货币资本之需要——无论是把它当作流通手段还是把它当作支付手段（在这里，我们暂且把新的投资除开不说）——将会减少，从而，可贷放的货币资本，相对地显得丰饶。不过，在我们以后要讲到的情形下，可贷放的货币资本的供给，也是会积极增加的。

所以，在 1847 年恐慌后，竟盛行一种"交易缩小，货币大大过剩"的现象（《商业凋敝》1847—1848 年供述第 1664 号）。

"商业几乎全然灭绝，货币几乎全然不能投下"的结果，利息率是极其低微的。（前书第 21 页，第 231 号，利物浦皇家银行董事浩居孙 Hodgson 的供述）。此等绅士（浩居孙是当中最莫名其妙的一位）为要说明这一点，曾怎样妄言，可由如下的话而知。"这种紧逼情形（1847 年）是国内货币资本在现实上减少的结果，而国内货币资本所以会在现实上减少，一部分是因为由世界各处输进来的入口货，都必须用现金支付，一部分是因为浮动资本（Floating Capital）被转化为固定资本了"（前书第 39 页第 464、466 号）。浮动资本转化为固定资本，怎样会减少国内的货币资本呢，那是不能理解的。比方，拿铁路来说。有些铁路的资本，已经固定化了，所以不必要有金或纸币用在高架桥或铁轨上。那些投在铁路股份上的货币，如果是当作入股金存着，则在这限度内，它是和别的银行存款一样发生机能，甚至和以上所述的一样，会暂时把可贷放的货币资本增加。而在货币实际已经支出在建筑上的限度内，它还是可以在国内，当作购买手段和支付手段来流通。所以，货币资本只会在如下的情形下，受到影响：即，固定资本不是可以输出的物品，并就因为不能输出，所以本来可由输出品输出而获得的可以利用的资本或现金银，都弄到不能够获得。不过，在那时候，英国的输出品在外国市场上也是大量堆着卖不出去的。当然，当孟彻斯德的商人工业家等，把他们顺常营业所必要的资本一部分，固定在铁路股份上，却另借资本来经营他们自己的业务的情形，曾在事实上，把他们的浮动资本固定下来，因而不得不忍受他们这种行为的后果。不过，如果他们把他们从营业上取出的资本，不投到铁路上来，却投到开矿业上去，结果也是会一样的，虽然开矿业的生产物，如铁、煤、铜等，本身就是浮动资本。——可用的货币资本如因农作物歉收，谷物输入，金输出而实际减少，当然是一件在实际上完全和铁路诈欺完全无关的事情。——"几乎一切商店，都为要把货币投到铁道上来，而多少使营业感到饥饿"（前书第 18 页第 177 号）。——"各个商家是这样垫支货币在铁路上，这件事，使各商家过于依赖银行的汇票贴现，并错误地，想要由这个方法，维持他们自己的业务"（还是那位浩居孙讲的话，见前书第 43 页第 526 号）。"在孟彻斯德，铁道投机引起了惊人的损失"（那是加德讷在前书第 369 页第 4884 号的供述。这位先生，我们已在本书第一卷第 8 章 ⅢC，以及其他许多地方，提到过了）。

1847 年恐慌的一个主要原因，是惊人的市场过充现象和东印度贸易上的无限制的诈欺。但还有别的事情，使这个部门的极富有的商人破产。"他们有丰富的资力，但不能利用它。他们的全部资本，是固定在摩里提亚斯岛的土地财产或蓝靛制造厂蔗糖制造厂上。当他们所负债务达五十万至六十万镑时，他们没有可以活动的资金，汇票到期要付了，结局他们发觉，为要兑付这种汇票，他们只有完全依赖信用（杜尔纳，利物浦的大印度贸易商人，前书第 730 号）。加德讷也说"自中英条约订立以后，我国人曾抱有一种大希望，认为对中国的商业，可以大事推广，因此有许多大工厂专门为这种营业而建立，以制造棉织品，适应中国市场的需要。这些工厂，都不是由旧工厂改立的"（前书第 4872 号）。——"第 4874 号。这种营业是怎样进行的呢？——答：这真是倒霉透了，几乎不是言语所能形容的。我不信，1844 年和 1845 年输出到中国去的货物总额，曾收回 $\frac{2}{3}$ 以上的金额；茶是归航的主要货物，当时我们都存有一种大希望，以为我们制造业者，一定可以使茶税大大减低。"——英国制造业者的特征的信念，是素朴地表示出来了。"我们对外国市场的贸易，不是受限制于外国市场购买商品的能力，而受限制于我国消费这种生产物的能力，这种生产物，是当作我国工业品输出的归航品，运到我国来的"（和英国通商的比较贫乏的国家，可以支付并消费任何量的英国工业品，但不幸，富裕的英国，竟不能消化运回来的归航物品）。"第4876号。当初我运出若干商品去，我把它们卖出时，吃了大约15%的亏，因为我十分相信，我的代理人购买茶的价格，将使茶在英国再卖出时，可以获得一个大利润，因而把以前所吃的亏弥补。但结果没有获到利润，却反而要吃亏25%至50%。"——"第4877号。制造业者的输出，是自己负盈亏的责任么？——答：主要是这样的；好像商人不久就发觉了他们没有什么好处，所以鼓励制造业者与其自负盈亏责任，仍不如采用委托贩卖（Konsignation）的办法。"反之，在1857年，因为制造业者把"自负盈亏责任"的充斥外国市场的任务，委托给商人了，所以损失和破产的事情，就主要落在商人身上了。

* * *

银行业务扩大的结果（可参看下面讲的伊蒲士威的实例。在1857年前那几年之内，租地农业家的存款，竟增大了四倍），从前私人贮藏的货币或铸币准备，都在定期间内，化为可贷放的资本了。由此，货币资本是扩大了，但这种扩大，和伦敦股份银行的存款的增加（当存款有利息支付时，它们的存款就增加了），同样不表示生产资本的增加。在生产规模保持不变的限度内，这种扩大不过使可贷放的货币资本，与生产资本相对而言，显得丰饶罢了。然也就因此，所以利息率低。

在过度张开以前，通例是一个繁荣状态。当再生产过程再达到繁荣状态时，商业信用也会极度伸张开来；在那时候，迅速的归流和推广的生产，将在事实上再成为这种伸张的"健全"的基础，在这状态下，利息率会提到最低限度以上，但还是很低的。实在说，也只有这个时候，我们才可以说低的利息率，相对丰饶的贷放资本，是和产业资本之现实的扩大，结在一起的。资本归流的容易与规则性，和推广的商业信用，会在增进的需要面前，确保贷放资本的供给，并防止利息率水准的上升。但在另一方面，那些没有任何准备资本或没有任何资本而完全依赖货币信用来经营业务的骑士们，是大批出现了。此外，我们又将发现，各种形态的固定资本会大扩张，各种新的范围广大的企业会大批开设。现在，利息提高到平均水准了。而在新的恐慌袭来，信用突然停止，支付停滞，再生产过程麻痹的时候，利息率将再达到它的最高限；并且，除了上述各种例外，还会使贷放资本感到绝对的缺乏，而不被使用的产业资本却感到过剩。

大体说来，贷放资本的运动，——那会在利息率上表示出来——是与产业资本的运动，采取相反的方向。利息率已提到最低限度以上，但还是很低的情形，可以和恐慌后的"恢复"及信用增进这两件事，结合在一起。只有在这个阶段，和利息率刚好在平均水准（那是中点，是最低限度和最高限度之间的中点）的阶段，会有丰饶的贷放资本，与产业资本的大扩张，结合在一起。若在产业循环的开端，则低的利息率是与产业资本的收缩相一致，而在循环的结末，则是高的利息率，与产业资本的过多相一致。而与"恢复"陪伴着的低利息率，却不过表示商业信用尚不大需要银行信用，因为商业信用还可以独立维持着。

产业循环有这样的性质：同一循环一经受到最初的冲动，就必定会周期地再生产出来①。那怕生产已在前一次循环内，达到了这样的水准，而技术的基础也使它能够维持这样的水准，但生产的沉衰状态，仍然会使生产落到这个水准以下。在繁荣时期——即中间时期——它固然会在这个基础上面继续发展，但在生产过剩和诈欺的时期，它会把它的生产力伸张到极度，并向前推进，一直弄到超过生产过程的资本主义的限制。

不待说，在恐慌期间，支付手段会很稀少。汇票兑付将成为商品形态变化的代替；在这种时期，因为商店有一部分纯然依赖信用，所以情形更加会这样。像 1844 年、1845 年那样不聪明的颠倒的银行法，固只能加强货币恐慌。实则，任何的银行立法，都不能把恐慌扫除的。

在再生产过程全部脉络完全建筑在信用上面的生产体系上，只要信用突然停止一切都须用现金支付，恐慌就会明白发生，对

---

① 〔我曾在别一个地方讲过，自前一次大的普遍的恐慌以后，在这里曾发生一个变化。周期过程的急性的形态以及一向来的十年一次的循环，似乎让位给一种慢性的拖长的交代了。交代的一方面，是比较短的稍微的营业恢复状态，另一方面是比较长的漫无定期的营业衰沉状态。各产业国家，是以各式各样的时期，分跨在这两种状态中的。但也许那不过是循环持续期间的延长。在世界贸易的幼稚时期，即自 1815 年至 1847 年，循环差不多是五年一次；但自 1847 年至 1867 年，循环显然是十年一次了；也许，我们现今正在一个空前激烈的新世界崩溃的准备时期中。有许多事情，表示这一点。自 1867 年的普遍恐慌以来，已经发生了若干大的变化。交通机关的惊人的扩展——海洋轮，铁道，电报，苏伊士运河——第一次在事实上形成了世界市场。以前独占产业的英格兰，已经发现一列的产业国家和它竞争；过剩的欧洲资本，已经在世界各处，寻到了无大无限多方面的投资范围，所以这个资本比以前是分配得更广，而地方性质的过度投机，也更容易克制。由这一切事情，以前的使恐慌发生的理由和使恐慌发育的机会，大都除去了，或大大减弱了。同时，国内市场上的竞争，既在加特尔和托拉斯面前退却了，国外市场上的竞争，也由保护关税（英国除外，一切大产业国都曾以保护关税保卫自己）受到了限制。但这种保护关税，不外是最后的一般的产业斗争——那决定谁将掌握世界市场的霸权——之准备。所以，每一个阻碍旧式恐慌复演的要素，都包含着更激烈得多的未来的恐慌之胚芽。——F. E.〕

524

支付手段的激烈的争夺就会明白发生的。所以最初一看，好像全部恐慌，都表现为信用恐慌（Kreditkrise）和货币恐慌（Geld-krise）。而在事实上，成为问题的，也就是汇票能否化为货币的问题。这种汇票，固然多数是代表现实的买卖，但这种现实的买卖，已经超过社会的需要而扩大了；全部的恐慌，结局也就是由这种过度的扩大，发生的。但此外，这种汇票，仍有一个异常大的数额，只代表单纯的现今人人都明白并且已经破裂的诈欺。并且，还有使用别人所有的资本，来经营投机而失败的。最后，还有已经贬价或不能售卖或其归流永远不会实现的商品资本。再生产过程之激烈的扩大，引起了这全部人为的体系；纵虽有英格兰银行这样的银行，在纸币形态上，给予一切诈欺者以所缺少的资本，并依照旧来的额面价值，把全部已经跌价的商品购买掉，也不能把这个人为的体系，医治好。并且，在这场合，一切都颠倒着，因为在这个纸世界内，现实的价格和它的现实的要素，都不会表现出来；所表现的，将完全是生金银，硬币，银行券，汇票，有价证券。这种倾倒，尤其是在全国金融业的中心，例如伦敦最为显明。全部过程都变为不能理解了。但在生产的中心，没有这样厉害。

在恐慌之际，产业资本会过多。关于这点，我们且注意：商品资本就其本身说同时也是货币资本，是表现在商品价格上的一定的价值额。当作使用价值，它是某种使用对象的一定量，它会在恐慌期间有过剩。但当作货币资本自体，当作可能的货币资本，它却是在不断的伸张和收缩中。在恐慌快要到临和恐慌正在进行的时候，当作可能货币资本的商品资本，是在收缩中。它对于它的所有者以及他的债权者（当作汇票或借款的担保，也是这样的），将只代表较少的货币资本；在它能够卖掉或当作汇票贴现和押款的抵押的时候，它所代表的货币资本，是较多的。如果一国货币资本会在金融紧逼时期减少的主张，就是这个意思，那就等于说商品价格将会在金融紧逼时期下落了。不过，价格的这样的崩落，仅仅和它以前的膨胀相抵消罢了。

不生产阶段和依赖固定收入的人的所得，在生产过剩，投机过度，和价格膨胀的时候，大部分还是保持不变。所以，他们的消费能力将会相对减落，从而，对于总生产物中那平常必须归他们消费的部分，他们也会感到，没有充分的能力，把它代置。就使他们的需要在名义上仍旧保持不变，那在实际上也仍然是减少的。

关于输出和输入，我们应注意，一切国家会依次卷入恐慌的旋涡，并且一切的国家，除少许的例外，都显然已经输出过多并输入过多了，从而，一切国家都会感到支付差额（Zahlungsbilanz）于己不利，所以问题实际并不在支付差额上面。拿英格兰来说，它正在金流出这件事上面苦恼。它已经输入过多了。但同时一切别的国家，也过度堆着英国的商品。它们也过度输入或被过度输入了（固然，在凭信用输出的国家和不凭信用或仅稍稍凭信用输出的国家间，是有一个差别的。但在这场合，后一种国家，就是凭信用输入的了；这只有在商品输入上采取委托贩卖制度的国家，情形才不会这样的）。在这情形下，恐慌最初是袭击英格兰，它是给信用最多而受信用最少的一个国家。所以会这样，是因为支付差额，即到期的必须立即清算的支付的差额，是于它不利的；虽然一般的贸易差额（Handelzbilanz）是于它有利的。一般贸易差额于它有利这一句话，一部分可以由它所给予的信用来说明，一部分可以由它所贷于外国的资本量来说明。所以，除了真正的商业归航品（Handelsretouren）外，还会有大量的商品归流，流回到它本国（但有时候，恐慌是先袭击美国，曾在英格兰受到最大商业信用和资本信用的国家）。由金流出引起并与金流出相伴起的英格兰的营业崩溃是由这样几种方法，把英国的支付差额清算掉的：其一是输入商人的破产（关于这点，我们以后还要详细论到），其一是削价将商品资本一部分送到外国，其一是将外国有价证券卖出，使英国有价证券被购买等。现在讲别一个国家。支付差额是暂时于它有利的。但因恐慌之故，支付差额和贸易差额间平常所需有的时间距离，现在是减小了，甚至完全废除了。现在一切支付都要用现金了。因此，同样的事情，又在这里演了。现在英格兰有金流回了，别的国家有金流出了。不错的，一个国家的过度输入，在别一个国家，会表现为过度输出。反之，亦然。但过度输出和过度输入，已普遍在一切国家发生了（在这里，我不说农作物歉收等，只说一般的恐慌）；那就是，因信用与价格一般膨胀（这是和信用伴着发生的）之故，都发生了生产过剩了。

1857 年，恐慌在美国爆发。金从英国流出到美国。但美国的膨胀破裂之后，恐慌又接着在英国发生了。金由美国流出到英国。这个情形，在英国和大陆之间，也发生的。在普遍恐慌的时候，支付差额对每一个国家，至少对每一个商业颇为发达的国家，都是不利的，不过是一个一个来，像循环灯火一样，每一国都会轮到要实行支付的时候。而恐慌一旦在英国（比方这样说）发生，那就会把支付期限的次序，压缩在一个很短的时期内。所以很明白，这一切国家曾同时发生过度输出（即过剩生产）和过度输入（即过剩贸易）的现象，而价格也曾在一切国家都膨胀，信用也曾在一切国家都扩张。一切国家，会跟着发生同样的崩溃。因此，金流出的现象，会依次在一切国家发生。它的普及性，将指示下述的种种事情：（1）金流出只是恐慌的现象，不是恐慌的根据；（2）金流出在不同诸国间发生的顺序，不过表示，什么时候轮到这个国家要把一切的来往总结算；不过表示，什么时候轮到这个国家发生恐慌；不过表示，在什么时候，潜伏的引起恐慌的要素，轮到要在这个国家爆发。

英国经济学著作家的特色是，他们单从英国的立场，来考察恐慌时期贵金属的输出（虽然汇兑行市已经变动了），好像这纯然是一个国内的现象，他们的眼睛完全不要看如下的事实：即，他们的银行会在恐慌时期提高利息率，欧洲其他一切银行也会这样做；英国在今日见到金流出是高声喊苦，但到明日，美国也会这样喊苦，到后日，法国和德国也会这样喊苦。不过，我们要晓得，1830 年以来，英国的经济学文献，真正值得引述的，也大都是论通货（流通手段）信用和恐慌的著作。

在 1847 年，"英国的债务（大部分是为谷物输入而起的）不得不清理了。不幸，当中大部分，只有由破产来清理"（富裕的英国，就是由破产，来应付大陆和美国的）。"在不是由破产来应付的限度内，那就只有把贵金属输出"（《银行法报告》1857年）。所以，当英国的恐慌由银行立法而尖锐化时，这种立法不过是一个在饥馑时期先向谷物输出国骗取谷物，再对这种谷物，连钱都骗掉的手段。那些本国也多少在饥馑中的国家，会在这个时期禁止谷物输出，原是一个极合理的对付英格兰银行这个计划的手段。英格兰银行的这个计划的目的，便是要"由破产来解决谷物输入所引起的债务"。在这场合，那些国家的谷物生产家和投机家，与其牺牲资本，来为英国的利益，自毋宁牺牲一部分利润，来为他们本国的利益。

由以上所述，商品资本代表可能货币资本的资格，会在恐慌中，在一般营业沉衰时期，大大丧失。虚资本，有息的有价证券，在它们当作货币资本而在证券交易所内流通的限度内也是这样。它们的价格，会在利息提高时下落。又，一般信用缺乏的结果，也使它们的价格下落，因为它们的所有者，将不得不大量把它们投到市场上来获取货币。最后，就投票来说，因股票所代表的所得已经减少而它所代表的企业又有诈欺性质之故，它的价格也会下落。总之，在恐慌期中，虚拟的货币资本会大大减少，从而，它的所有者用它作抵押而在市场上借取货币的权力，也会大大减少。有价证券在交易所行情上代表的货币名称（Geldnamen），将减少；但这种减少，与它所代表的现实资本毫无关系，却是与它的所有者的支付能力极有关系的。

第三十一章 资本Ⅱ（续）货币资本与现实

在这几章，我们的问题是：资本在可贷放的货币资本形态上的蓄积，在什么程度内，与现实的蓄积，即再生产过程的扩大，相一致。关于这个问题，我们尚未得到结果。

货币化为可贷放的货币资本，比货币化为生产资本，是一件更简单得多的事体。但在这里，我们有两点要区别：

（1）单纯由货币转化为贷放资本。

（2）由资本或所得转化为货币，货币再转化为贷放资本。

只有后面一点，才包含积极的贷放资本蓄积，才包含与产业资本现实蓄积相联结的贷放资本蓄积。

Ⅰ 由货币转化为贷放资本

我们曾经讲过，贷放资本可以发生蓄积，可以发生过多的现象。但这种蓄积，在与生产蓄积（Produktiven Akkumulation）成反比例的限度内，才与生产蓄积发生关联。在产业循环内，有两个阶段的情形，是这样。第一个阶段是，产业资本在生产资本和商品资本形态上皆行收缩的时候，那正是恐慌刚刚过去以后循环开始的时候；第二个阶段是已经开始恢复；但商业信用尚不甚需要银行信用的时候。在第一场合，以前用在生产和商业上的货币资本，表现为休闲着的贷放资本；在第二场合，它被使用的程度正在增长，但利息率还极低，因为这时候，是产业资本家商业资本家向货币资本家提出条件的时候。在第一场合，贷放资本的过剩，是表示产业资本的停滞；在第二场合，贷放资本的过剩，是表示商业信用没有依赖银行信用的必要，因为归流甚为活泼，信用期限甚短，多数人都只使用自己所有的资本。以他人的信用资本（Kreditkapital）为活动根据的投机家，还没有出场；用自有资本经营的人，也距离纯然以信用经营的阶段很远。在前一阶段，贷放资本的过剩，正好是现实蓄积的表现之反对。在第二阶段，它与再生产过程的更新的扩大，结合在一起，和这种扩大相陪伴，但决不是这种扩大的原因。贷放资本的过剩程度已经减小了，不过与需要比例而言，还是过剩。在这二场合，现实蓄积过程的扩大，都由此促进了；因为在第一场合与低价格结在一起的低利息，在第二场合与缓缓增进的价格结在一起的低利息，都会增大利润里面那转化为企业利益的部分。这个情形，在如下的场合，还更显著：那就是，繁荣已经达到很高的程度，利息已经提到平均的程度，但利息的增进，尚未与利润的增进成比例。

从别一方面看，我们又知道，在全无现实蓄积的场合，贷放资本的蓄积，还可由种种技术的手段——例如银行业务的扩大和累积，流通准备金或个人支付手段准备金的节省（那通例会在短期间内，转化为贷放资本）——来实行。这种贷放资本——它就因此，故被称为浮动资本（Floating Capital）——因只在短期间内采取贷放资本的形态（也只以短期间贴现），所以它会不断流回，不断流出。一个把它提出，别个会把它存入。所以，可贷放的货币资本的量（在这里，我们说的，不是定期若干年的贷款，而是短期间的以汇票或存款为担保的垫款）的增加，在事实上，完全与现实的蓄积相独立。

《银行法报告》1857年，第501号问："足下所谓浮动资本，是指什么呢?"——英格兰银行总裁韦古林答："是可以在短时期内用在货币贷放上的资本。"……（502号）是英格兰银行的银行券，地方银行的银行券，以及国内现存的货币量。——（问）："依照本委员所得的证明，如果像足下一样把浮动资本解作活动的通货〔那就是英格兰银行的银行券——F. E.〕，那就好像在活动的通货上，并未发生极显著的变动?"〔不过，这种活动的通货究由何人垫支的问题，是极重要的。由货币贷放者还是由生产资本家呢，那会引起极大的差别〕。——韦古林答说："在浮动资本内，我还包括银行业者的准备金，那曾经有显著的变动。"那就是说，银行业者不贷放出去但当作准备金〔在货币当作存款存到英格兰银行去的时候，那会有一大部分，当作英格兰银行的准备金〕的那一部分存款，曾发生显著的变动。最后这位绅士还说：浮动资本就是金银条块，即现金和硬币（503号）。这是十分惊人的，在这个货币市场的信用谈话内，一切政治经济学上的范畴，都包含着各式各样的意义和各式各样的形态。在那里，浮动资本是流动资本〔那其实是完全另外的一件东西〕的表现，货币是资本，金银条块是资本，银行券是通货，资本是一个商品，债务是商品，固定资本是投在不容易卖出的纸上的货币！

"伦敦的股份银行……的存款，由1847年的8850774镑，增加到1857年的43100724镑。……委员会所接到的证据和供述，使我们敢这样断言，在这个异常大的数额中，有一大部分，是由以前不能用在这个目的上的源泉，得到的；在银行开一个户头而以货币存入的习惯，已经普及到许多从前不把资本（!）这样投下的阶级。地方私办银行〔与股份银行有区别的——F. E.〕协会主席洛特威君（Rotwell），在被派往银行法委员会陈述时，曾陈述：在伊蒲士威地方，这个习惯，新近在该区的租地农业家和小商人当中，增进了四倍；几乎一切租地农业家，甚至每年只付地租 50 镑的租地农业家，现在都在银行有存款了。这种存款当然有大量应用到营业上，尤其是被吸往伦敦，商业活动的中心地，在那里，它们被用在汇票贴现上，或依其他方法，垫支给伦敦诸银行业者的顾客。但其中有一个很大的部分，是银行业者自己没有直接需要的，它会走入汇兑经纪人手里，汇兑经纪人就把商业汇票给于银行业者。对于这种商业汇票，这种经纪人已经一度为伦敦及各区人民贴现了。"（《银行法报告》1858 年第 5 页，第 8 号）

当汇兑经纪人把他已经一度贴现的汇票，拿到银行业者那里来获得垫支的时候，银行业者实际是再贴现一次；但在事实上，有极多这样的汇票，已经由汇兑经纪人再贴现了；汇兑经纪人由银行业者再贴现所得的货币，会被他用来再贴现新的汇票。由此引起的结果是："融通汇票（Akkommodations wechsel）和空头信用（Blenkokredit），曾引起扩大的虚拟的信用；各地方股份银行的措施——他们把汇票贴现后，把这种汇票拿到伦敦市场上的汇兑经纪人那里去再贴现，在这样贴现时，他们专门信赖银行的信用，一点不顾到汇票在其他各方面的性质——又把这种情形助长了。"（前书第 21 页第 52 号）

再贴现（Rediskontieren），以及可贷放的货币资本这种纯然技术的增加，曾怎样助长信用诈欺呢，关于这个问题，《经济学界》杂志如下所述的话，是很有兴味的。"在许多年间，资本〔即可贷放的货币资本〕在国内若干区域的蓄积，甚为迅速，以致不能全部被使用，但在其他许多年间，则又是投资范围的增加，速于资本自身的增加。当农业区域的银行业者不能在本区域之内，发现机会，有利润地，安全地，投下他的存款时，工业区域和商业都市的银行业者，却发觉他们不能尽量供给资本的需要。这各种情形在各区域的影响，曾在过去若干年间，引起一种新商家的成立，并且使它极其迅速地发展。这种商家从事于资本的分配，他们虽平常被称为汇兑经纪人（Bill-broker），但其实是规模极大的银行业者。这种商家的业务，是在一定的约定的期限内，依照一定的约定利息，向各区银行，领得该区所不能使用的剩余资本（Surpluskapital），并向各股份公司，各大商店，领得暂时休闲着的资金，而以更高的利息率，把货币垫支给正需要较多资本的各区的银行；照例，他们的分配方法，是为他们的顾客把汇票再贴现。……这样，隆巴特街成了一个大中心，国内的休闲资本，就经由这个中心，由不能使用它的地方，移转到需要它的地方。并且，这种情形，适用于各地区间，也适用于处境与此相似的诸个人间。原来，它所经营的贷借，是必须有银行可以承认的副担保品。但在国内资本迅速增加，银行设立又使资本更加经济以后，这种贴现公司（Diskontohäuser）所支配的基金是更加大了，他们的业务范围也就扩大了。他们最先以码头存货证（Dock Warranis），嗣后并以提货单〔那代表尚未到埠的生产物，此等生产物即令不照例是，也多属是已经向商品经纪人（Warenmakler）出了汇票的〕为担保而垫支。这个办法，不久就把英国营业的全部性质改变了。隆巴特街所供给的便利，使明兴巷（伦敦茶叶咖啡交易所）的商品经纪人，取得一个极有力的地位。那又使输入商人得到很大的利益。这种输入商人曾因此得到这样大的利益，以致在二十五年前，设有商人以提货单甚至以码头存货单押款，虽一定会使该商人在信用上破产，但在这个办法普遍实行的今日，这个办法竟被认为通则，不像二十五年前那样被视为稀有的例外了。这个制度是这样扩大了，以致隆巴特街有一个很大的金额，投在这种汇票——那以远方殖民地尚在生长中的农作物为开发汇票的对象——上来。这种融通的结果是，输入商人扩大他们的国外贸易，把他们的浮动资本（他们原来营业所用的资本）拘束在最讨厌的投资部门，即投在自己不大能或全不能监督的殖民地栽培事业上面。在这里，我们看见信用之直接的联结了。在诸农业区域内搜集的农村资本，是以小额存款存到农村银行，但会集中在隆巴特街，待人来利用。第一，它被用在汇票再贴现（为当地的银行再贴现）上，从而间接在我们的矿业区域和工业区域内，被用来推广营业；此后，又被用在以码头存货单和提货单为抵押的垫支上，从而间接使外国生产物的输入商人，获得更大的便利，从而，那些经营外国贸易殖民地贸易的商家的'合法'商人资本，得被游离出来，被用在最讨厌的投资部门，即海外栽培事业上面。"（《经济学界》1847 年 11 月 20 日第1334 页）这就是信用的"美好的"联结。农村存款人以为自己不过存款于银行业者那里，并以为，当银行业者贷出时，他一定是贷给他所认识的个人。他们绝不会猜疑，这种银行业者会把存款交给伦敦汇兑经纪人支配。对于这种经纪人的营业，他们和他都是一点也不能统制的。

我们又讲过，像铁路建筑那样大的工程，因真正开工以前，一切存款都会暂时存入银行而由银行支配之故，也会暂时把贷放资本增加的。

＊　　＊　　＊

再者，贷放资本的量，和通货的量，是全然不同的。通货的量，在这里，是一国内现存的流通的银行券全部，硬币全部，并包含贵金属的条块。此量的一部分，构成银行的准备金，其大小是不断变迁的。

"1857 年 11 月 12 日（即 1844 年银行法废止的日期），英格兰银行及其所有支行的总准备金，仅为 580751 镑，而同时的存款额则为 22500000 镑，其中约有 6500000 镑是由伦敦诸银行业者存入的。"（《银行法报告》1858 年第 62 页）

如把长期间的利息率变动和不同国度间的利息率的差别除开不说（前者以一般利润率的变动为条件，后者是以利润率的差别，和信用发展程度上的差别为条件）；则利息率的变动，依存于贷放资本的供给（假设其他一切事情不变，例如信任状态不变），那就是依存于在货币形态硬币形态和银行券形态上贷放的资本的供给。这种资本与那种产业资本有区别。那种产业资本，是在商品形态上，以商业信用为媒介，而贷放给再生产的当事人的。

但这种可贷放的货币资本之量，是与流通货币的量不同，并且互相独立的。

举例来说，如果 20 镑每日贷放五次，那就有一个 100 镑的货币资本被贷出去，但同时那又包含这个意思，即这 20 镑至少须在当中四度充作购买手段或支付手段；假设当中没有购买和支付做媒介，以致这个货币额未曾四度代表资本的转化形态（即商品，——劳动力也包括在内），它就不构成一个 100 镑的资本，不过构成五个 20 镑的请求权罢了。

在信用已经发达的国家，我们可以假定，一切可贷放的货币资本，都会当作存款，存在银行或货币贷放业者手里。至少，营业大体的情形，是这样的。再者，在营业良好，而投机尚未十分活跃的时候，因信用容易得到，信任心仍在增长的缘故，通货机能的最大部分，虽不借金属货币或纸币的媒介，也能由单纯的信用移转（Kreditübertragung）来实行。

在流通手段量相对稀少时，仍可有巨额的存款。这种可能性，单纯依存于下述二事：

（1）同一货币额所实行的买卖和支付的次数。

（2）同一货币额当作存款而流回到银行的次数。这样，货币再当作购买手段和支付手段复演的机能，将因货币再转化为存款，而得以促成。例如一个小商人每星期存货币 100 镑到银行去；这个银行业者以存款一部分支给工厂主；这个工厂主再把它支给劳动者；劳动者再把它付给小商人；这个小商人重新把它存到银行。小商人存入的 100 镑，最先是当作存款的一部分，而付给工厂主，其次是支付给劳动者，再次是支付给这个小商人自己，最后，又当作这个小商人的货币资本一部分，存到银行去；所以，在 20 个星期之末，假如他从来不把这个货币提出，他就已经用这 100 镑，在银行业者那里，存入 2000 镑了。

货币资本究竟是怎样休闲着，那只能由银行准备基金的流出和流入来表示。所以，英格兰银行总裁韦古林君，曾在 1857 年结论说，英格兰银行的金，是"唯一的"准备资本——第 1258 号。"依照我的意思，贴现率在事实上是由国内现存的休闲资本的量决定。休闲资本额，则由英格兰银行的准备——那在事实上是一个金准备——代表。所以，当金流出时，国内休闲资本的量就会减少，因而残余部分的价值就会提高。"——第 1364 号。〔纽马奇说：〕"英格兰银行的金准备，在实际上，便是中央准备，便是国内全部营业所依据的现金贮藏。……国外汇兑行市的影响，就是常常落在这个贮藏，或这个准备上面的。"（《银行法报告》1857 年第 108、119 页）

*　　　*　　　*

输出与输入的统计，是现实蓄积——即生产资本与商品资本的蓄积——的一个尺度。那不断指示了，就那个在十年循环内运动着的英国产业的发达时期（1815—1870 年）说，前一个繁荣时期的恐慌发生以前的最高峰，总会当作次一个繁荣时期的最低限再现出来，并由此提高到一个更高得多的新的最高峰。

大不列颠与爱尔兰在繁荣年 1824 年的输出品价值，实际是或被认为是 40396300 镑。1825 年发生恐慌，输出额降至此额以下，每年大约在 3500 万镑至 3900 万镑之间，1834 年繁荣恢复时，就超过以前的最高水准，提高到 41649191 镑；在 1836 年，已达到新的最高峰 53368571 镑。1837 年，再落到 4200 万镑，但新的最低限，已经高过旧的最高峰了。其后，即徘徊在 5000 万镑至 5300 万镑之间。当繁荣再恢复时，输出额更增至 5850 万镑，与 1844 年相较，已经更高了，与 1836 年相较，那是远远超过了。在 1845 年，输出额增至 60111082 镑；1846 年落至 5700 万镑，1848 年落至 5300 万镑，1849 年增至 6350 万镑，1853 年约增至 9900 万镑，1854 年为 9700 万镑，1855 年为 9450 万镑，1856 年约为 11600 万镑，1857 年达到最高峰，为 12200 万镑。1858 年降至 11600 万镑，但 1859 年再增至 13000 万镑，1860 年约为 13600 万镑，1861 年仅为 12500 万镑（在这里，新的最低限，又比以前的最高峰更高），1863 年为 14650 万镑。

当然，在输入方面——那指示市场的扩大——也可证明同样的结论。但在这里，我们只讨论生产的规模。〔当然，以上所述，只适用于英格兰实际独占产业的时期。但在世界市场继续扩大的限度内，那对于近代诸大产业国全体，一般说来，仍是适用的。——F. E.〕

Ⅱ　资本或所得转化为货币，货币再转化为贷放资本

在这里，我们考察货币资本的蓄积，不把这种蓄积看作是商

业信用之流停滞的表现，也不把它看作是现实流通手段的节约，或再生产当事人准备资本的节约的表现。

　　除开上述两种情形，货币资本的蓄积，还能由异常的金流入，引起。这种异常的金流入，在1852年和1853年，就因澳大利亚和加利福尼亚新金矿的发现，发生过的。这种金被存在英格兰银行。存入人由此取去银行券，那是不会直接再存到银行业者那里去的。因此，流通手段异常增大了（韦古林的供述，《银行法报告》1857年第1329号）。英格兰银行因此把贴现率减至2%，使此等存金可被利用。蓄积在英格兰银行的金量，在1853年六个月间，增到2200万镑至2300万镑。

　　不待说，一切贷放货币的资本家的蓄积，常常会直接在货币形态上出现；同时我们又讲过，产业资本家的现实的蓄积，通例是由再生产资本（Reproduktiven Kapital）各种要素的增加，实行的。信用制度的发展和货币贷放业务的异常大的累积（累积在大银行手里），就其自体说，一定会加速可贷放的资本的蓄积（那是一个和现实蓄积不同的形态）。所以，这种迅速的贷放资本的发展，是现实蓄积的结果，因为它是再生产过程发展的结果，而成为这种货币资本家蓄积源泉的利润，也不过是再生产资本家所榨出的剩余价值的一种折扣（同时还是别人节蓄物的利息的一部分的占有）。这种贷放资本的蓄积，同时是要以产业家和商业家为牺牲的。我们曾经讲过，怎样在产业循环诸不利的阶段上，利息率会提到那样高，以致在情况特别不好的诸营业部门，所有的利润都暂时被并吞掉。同时，国债券和别的有价证券的价格，都会下落。货币资本家趁着这个机会，大量把跌价的有价证券购买进来，那在以后，会恢复平常的价格水准，甚至会提高到平常的价格水准之上。他们把它再卖出时，社会货币资本的一部分，就被他们占有了。不被卖掉的部分，也将提供较高的利息，因为它是在价格以下购进来的。但一切由货币资本家赚得并由他们再化为资本的利润，起先都是化为可贷放的货币资本。就使我们只考察货币资本家，银行业者等，这种与现实蓄积（那是母体）不同的蓄积，仍然会当作这个特殊资本家阶级的蓄积，跟着发生。信用制度一定会伴着再生产过程的现实的扩大而扩大，这种蓄积又一定会伴着信用制度的扩大而增进。

如果利息率低，则货币资本的价值减少，主要是归存款人负担，不是由银行业者负担。在股份银行发展以前，在英格兰，存款有 $\frac{3}{4}$，存在银行，是没有利息的。现在它们是有利息可收了，但其利息仍较日息（Tages-zinsfuss）至少要更小一厘。

对于其他各部类资本家的货币蓄积，我们是只考察这一部分：这一部分，是当作可贷放的货币资本，投到市场上来的。还有一部分，是投在有息的有价证券上，并在这个形态上蓄积着。但对于这一部分，我们现在是置之不论的。

在这里，第一，我们有利润的这一部分，它不当作所得支出而决定蓄积起来，但同时在产业资本家自己的营业上，又不能有立即的用途。这个利润原来是存在商品资本上，它构成这个商品资本的价值的一部分，并且和这个商品资本一同实现为货币。现在，如果它不再转化为商品资本的生产要素（在这里，我们且不说商人，他们是要分开来特别研究的），它自须暂时凝固在货币形态上。甚至在利润率减小时，这个部分的量，也会与资本自身的量，一同增进。决定当作所得而支出的部分，固然会渐渐消费掉，但在经历时间内，它也会当作存款，成为银行业者手里的贷放资本。所以，那决定当作所得而支出的利润部分的增加，也会表示为一个渐次的不断复演的贷放资本的蓄积。决定用来蓄积的部分，也是这样。当信用制度及其组织发展时，甚至所得的增加

（即产业资本家和商业资本家的消费），也会表现为贷放资本蓄积。一切渐次消费的所得，例如地租，高级工资，不生产阶级的收入等，都是这样。在一定时间内，它们会采取货币所得（Geldrevenue）的形态，故可变为存款，变为贷放资本。所以，一切的所得，无论是决定用在消费上，还是决定用在蓄积上的，只要它是在货币形态上，我们就可以说，它是已经转化为货币的商品资本的价值部分，是现实蓄积的表现和结果，但决不是生产资本自身。假设有某一个纺绩业者，他把他的棉纱交换棉花，但以其中构成所得的部分交换货币。那么，他的产业资本的现实存在，是那种也许已经移转到织者或个别消费者手中的棉纱，而棉纱不问是用在再生产上，还是用在消费上，都是资本价值和它里面包含的剩余价值之存在。转化为货币的剩余价值量，也正依存于它里面包含的剩余价值量。当它转化为货币时，这个货币只是这个剩余价值的价值存在。并且，也就因为这个缘故，所以它会成为贷放资本的要素。就使它不为它的所有者亲自贷出，也只要变作存款，它就可以变成这样了。在它能再转为生产资本以前，它必须已经达到一定的最低限额。

第三十二章

资本 Ⅲ（完）

货币资本与现实

　　这样再转化为资本的货币量，乃是大量再生产过程的结果，但就它自身考察，即当作可贷放的货币资本考察，这个货币量并不是再生产资本的量。

　　在以上的说明上，最重要的一点是：决定用在消费上的那部分所得（我们把劳动者的所得除开不说，因为他的所得＝可变资本）的扩大，最先就表现为货币资本的蓄积。所以，在货币资本的蓄积上，会加入一个要素，那在本质上，是和产业资本的现实蓄积不同的；因为年生产物中决定用在消费上面的部分，决不是资本。其中一部分，固然会代置资本，那就是，会代置消费资料生产者的不变资本，但在它实际化为资本的限度内，它一定是在这个不变资本生产者的所得的自然形态上存在。代表所得而仅促成消费的货币，通例会暂时转化为可贷放的货币资本。在这个货币代表工资的限度内，它同时是可变资本的货币形态；在它代置消费资料生产者的不变资本的限度内，它是他们的不变资本暂时采取的货币形态，等他们的不变资本必须代置时，他就用它来购买这种不变资本的自然要素。无论在哪个形态上，它都不代表现实的蓄积，虽然它的数量，会和再生产过程的范围一同增加。但它会暂时充任可贷放的货币的机能，从而，会暂时充任货币资本的机能。就这方面说，货币资本的蓄积，常常反映一个较现实为大的资本蓄积。因为，以货币为媒介的个人消费的扩大，将表现为货币资本的蓄积；它将为现实的蓄积，为新投资所赖以开始的货币，提供货币形态。

所以，可贷放的货币资本的蓄积的一部分，不外表示如下的事实：产业资本在循环过程中所转成的一切货币，都会采取这样一个形态，在这个形态上，它们不是再生产资本家垫支的货币，只是他们借进的货币；因此，必定会在再生产过程内生出的货币的垫支，会在事实上，表现成为借入货币的垫支。事实是，一个人在商业信用的基础上，以再生产过程所必须用的货币贷于别一个人。但现在这种交易是采取这样的形态：银行业者由一部分再生产资本家借入货币，再以这种货币贷给别一部分生产资本家。在这场合，银行业者成了给予福音的人了。同时，他们又以居间人的资格。把这种资本的支配权，完全握在自己手中。

还有几种特殊的货币资本蓄积的形态，没有说到。例如生产要素，原料等价格下落的结果，资本会游离出来。如果产业家不能立即扩大他的再生产过程，他的货币资本就会有一部分，当作过剩的从循环内排除出来，并转化为可贷放的货币资本。其次，特别就商人说，在他的营业发生中断时，他的资本就会在货币形态上游离出来。假如商人已经把一笔生意做完了，但因遇到阻碍，必须到后来才能再开始新的生意，则已经实现的货币，对于他，将只代表贮藏货币，代表剩余资本。但同时它又直接代表一个可贷放的货币资本的蓄积。在第一场合，货币资本的蓄积，表示再生产过程是在更有利的条件下反复，表示以前被拘束的资本一部分发生现实的游离，并表示再生产过程，得以同一的资金实行扩大。在第二场合，它却表示交易的流的中断。但在这两个场合，它都会变成可贷放的货币资本，去代表能贷放的货币资本的蓄积，会同样影响货币市场和利息率，虽然在前一场合，它是表示现实蓄积过程的促进，在后一场合，它是表示现实蓄积过程的阻滞。最后，货币资本的蓄积，还可由这一群人引起，他们在赚得若干财产后，便从再生产过程引退。在产业循环中所获的利润越多，这种人的人数也就越大。在这场合，可贷放的货币资本的蓄积，一方面表示现实的蓄积（就其相对的范围而言）；另一方面却表示产业资本家有多少转为单纯的货币资本家。

利润的别一部分，虽不是预定当作所得来消费，但在它不能直接用在它所从来的生产领域，以扩大营业的限度内，它也只有转化为货币资本。这是因为，该生产领域已经有了饱和的资本；或是因为，蓄积要在该领域内发生资本的机能，必须按照该营业新投资的数量比例，先达到一定的范围。因此，它会先转化为可贷放的货币资本，而在别的生产领域，被用来把生产扩大。假设其他一切的事情保持不变，则决定再转化为资本的利润量，定于所赚得的利润量，从而，取决于再生产过程本身的扩大。但若因诸生产部门已经过充而贷放资本的供给已经过剩之故，以致投资部门缺少，新的蓄积竟至难于觅得用途，这种可贷放的货币资本的过充，实不外指示资本主义生产的限制。跟着发生的信用诈欺，不外指示，在这种过剩资本的应用上，并不存有任何积极的阻碍。唯一的阻碍，是由资本价值增殖法则发生的，是资本价值增殖上的限制。像这样的货币资本过充，不一定表示过剩生产，也不只表示资本利用范围的缺少。

贷放资本的蓄积，单纯是由这个事实成立：货币当作可贷放的货币沉淀下来。这个过程，与现实的资本化过程，极其不同。那只是货币在一个能转化为资本的形态上的蓄积。这种蓄积，像我们所讲的那样，可以表现为与现实蓄积极不相同的各种事项。在现实蓄积不断扩大时，这种扩大的货币资本蓄积，一部分是现实蓄积扩大的结果，一部分是和它伴着发生但和它完全不同的诸种事情的结果，最后还有一部分是现实蓄积停滞的结果。因为贷放资本的蓄积，是由与现实蓄积相独立但与其伴起的各种事情而膨胀的，所以，在循环的一定阶段上，会不断发生货币资本的过充；这种过充现象，还会和信用的伸张，一同发展。而同时，使生产过程突破资本主义限制的必然性，也跟着发展：那就是，过剩商业，过剩生产，过剩信用。同时，它们所采的形态，又必定是会唤起反动的。

如果加入货币资本的蓄积内的，是地租，工资等，那是用不着在这里讨究的。但这件事情必须提出来：现实储蓄或节制的事务，即货币贮藏者的事务，虽供给蓄积的要素，但在资本主义生产的进步中，那种事务，已由分工落到那些在蓄积要素上所受份额最小，甚至常常把他们的储蓄丧失掉（例如银行倒闭时劳动者的储蓄就会丧失掉）的人身上。从一方面说，产业资本家的资本，并不是由他自己"储蓄"的，但比例于他所有的资本量，他可以支配别人的储蓄。从另一方面说，货币资本家会把别人的储蓄，并且会把再生产资本家相互给予的信用，和公众所给予他们的信用，变成他自己的资本，变成他自己的发财的源泉。资本为本人克勤克俭的成果，原是资本主义的最后的幻想，但这个幻想现在是破坏了。不仅利润是侵占他人劳动的结果，甚至资本——那是推动别人劳动和榨取别人劳动的手段——也是由别人的所有物构成。货币资本家把这种资本委托产业资本家去利用；并且也就为此，所以产业资本家要受货币资本家的剥削。

关于信用资本（Kreditkapital），还有几点要注意：

同一枚货币能几度充作贷放资本，我们已经说明，是完全依存于下述诸事：

（1）看它曾几度在买卖或支付上实现商品价值，曾几度移转资本，并曾几度实现所得。它曾几度当作实现的价值（资本的价值或所得的价值）却又分明依存于现实交易的范围和数量。

（2）看支付是怎样经济，信用制度是怎样发展，又是怎样有组织。

（3）最后，看信用是怎样互相联系，信用的活动是怎样迅速。有时，它在里当作存款沉淀下来，立即会在他处当作贷款再放出去。

就令贷放资本存在的形态，是现实货币（金或银，这类商品的质料，是当作价值尺度用的）的形态，这个货币资本。也必定还有一大部分是虚拟的，像价值记号一样，只是对于价值的权证。如果货币是在资本循环内发生机能，它固然会暂时成为货币资本，但它不会转化为可贷放的货币资本，却只与生产资本的各种要素相交换，或为实现所得而当作流通手段放出，所以，对于它的所有者，它是不能转化为贷放资本的。如果它转化为贷放资本，以致同一货币反复代表贷放资本，在这限度内，那很明白，它不过能在一点上面，是金属货币的资格存在；在其他一切点上面，它就不过是在资本请求权（Anspruch auf Kapital）的形态上。依照我们的前提，这种请求权的蓄积是由现实的蓄积，由商品资本价值等的货币化发生的；但它虽由现实的蓄积发生，却和现实的蓄积不同；货币的贷放，虽会促成未来的蓄积（新的生产过程），但也和未来的蓄积不同。

一望而知，贷放资本是常常在货币的形态上①，后来才在货币请求权的形态上，因为它原来依以存在的货币，现今是在现实的货币形态上，存在借者手中了。对于贷者，它已经转化为货币请求权，为所有权证。所以，同额现实的货币，可以代表极不等额的货币资本。单纯的货币（无论它是代表实现了的资本，还是代表实现了的所得），将由单纯的贷放行为，由货币化为存款的行为（如果我们是就信用制度发展时期的一般形态考察），而变为贷放资本。存款是存款人的货币资本。但若它闲在银行业者柜内，而不在所有者柜内。它在银行业者手里，就仍不过是可能的

---

① 《银行法》1857年，银行业者托维尔斯（Twells）供述第4516号。"问：足下以银行业者的资格，是经营资本呢，还是经营货币呢？——答：我们是经营货币。"——第4517号。"问：存款是怎样付入贵银行的？——答：用货币付入的。"——第4518号。"又怎样付出呢？——答：也是用货币付出的。"——第4519号。"能说它是货币以外的什么东西么？——答：不能够的。"

　　欧维斯坦（参看第26章第459页及以下各处）在"资本"与"货币"之间，老是纠缠不清。在他看来，"货币价值"在利息由货币量决定的限度内，也是指利息；实则，在利息由生产资本的需要和它所提供的利润决定的限度内，"资本价值"才是利息。他说："第4140号。资本这个名词的使用，是极危险的。"——"第4148号。金由英格兰输出，便是国内货币量的减少；这个情形，当然会引起货币市场上的需要的增加。"（依照他的意思，当然不是在资本市场上引起增加的需要）。——"第4112号。货币越是由一国输出，国内现有的货币量便越是减少。国内现存货币量的减少，使这个货币的价值提高（但这句话的意义，在他的学说上，原来是这样：与商品价值相比较，货币的当作货币的价值，会由通货的收缩而提高；所以，在这里，货币价值的提高=商品价值的下落。但在这时候当中，他又深信不疑，认流通货币量不决定价格，所以，照他看来，当作流通手段的货币的减少，会提高那当作生息资本的货币的价值和利息率）。而尚存货币的已经提高的价值，却会继续制止货币的流出，使有必要量的货币流回来，再把平衡恢复。"——关于欧维斯坦的矛盾，以下我们还会讲到。

货币资本①。

物质的富增大，货币资本家阶级也会增大。第一，隐退资本家即食利者的人数和财富，将会增大；第二，信用制度的发展，将被促进，从而，银行业者，货币贷放业者，理财家（Finanziers）等的人数，将会增大。——可用的货币资本发达。有息的证券，国债券，股票等的量如上所说，也会发展。但同时，对可用的货币资本的需要也会增进，因为证券交易投机家（Jobbers）将在货币市场上，扮演重要的角色。如果证券的这一

---

① 在这里，混乱又发生了。因为得向银行业者请求支付的存款（那是一种请求支付的凭证），和银行业者，手里存着的货币，都是"货币"。银行业者托维尔斯在 1857 年的银行法委员会前，曾举示如下的例："我用 10000 镑开始我的营业。在其中，我用 5000 镑购买商品，把它放在我的堆栈里。我把其余的 5000 镑，存入一个银行里，可以随时提出。但我仍把 10000 镑全部，看作是我的资本，虽然其中的 5000 镑，是在存款或货币的形态上存在"（第 4528 号）。由此，一个好看的论争发生了："第 4531 号。足下已经在银行券的形态上，给予某人，是不是？——答：是的。"——"第 4532 号。这样他不是有 5000 镑存款么？——答：是的。"——"第 4533 号。足下也有 5000 镑存款，是不是？——答：完全对的。"——"第 4534 号。他在货币形态上有 5000 镑，足下存也在货币形态上有 5000 镑，是不是？——答：是的。"——"第 4535 号：结局不外是货币么？——答：结局不外是这样的。"所以，混乱一部分是这样发生的：即，以 5000 镑存入银行的 A，可以把这5000 镑提出，并且像仍然是由自己保管一样，可以支配它。在这限度内，那对于他，是当作可能的货币。他每一次提取，都会依比例，破坏他的存款。如果他提出现实的货币，而他的货币却早已被贷出去，他所提出的，便不是他自己原来的货币不过是别人存入的货币。如果他是用一张银行支付的支票，来支付他对 B 负的债务，而 A 的银行业者恰好也有一张支票，要由 B 的银行业者支付，这两位银行业者，就只要把支票交换一下，A 存入的货币，就尽了两度的货币机能了。第一度，是在取得 A 的存款人的手里，第二度是在 A 自己手里。在这第二次的机能上。虽没有货币介在中间，但债务请求权已经对销了（即 A 对他的银行业者的债务请求权和这个银行业者对 B 的银行业者的债务请求权，互相对销）。在这里，存款是两次当作货币，那就是一次当作现实的货币，一次当作货币请求权。货币请求权，只能由债务请求权的对销，来代替货币。

切买卖，都只是现实投资的表现，我们当然可以说，它们不能影响贷放资本的需要，因为当 A 出卖他的证券时，他所提取的货币，恰好与 B 为这种证券而投入的货币相等。然即使仍然存在的，只是证券，不是它原来代表的资本（至少不是当作货币资本的资本），它依然会依比例，引起这种货币资本的新的需要。但无论如何，原来归 B 支配现今归 A 支配的，总是货币资本。

《银行法报告》1857 年第 4886 号。"我说，贴现率是由市场上可以用在商业汇票（别种有价证券不包括在内）贴现上的资本量决定，照你的意思，有没有真正追究出决定贴现率的原因呢？"——（乍浦曼）答说："没有；我以为，利息率会由一切容易兑现的有价证券，受到影响；把问题完全限制到汇票贴现上来，是错误的；因为，如果像不久以前那样，人们竟以整理公债（Konsols）或国库券为抵押，凭遥较商业利息率为高的利息，对于货币，发生大的需要，说商业界不会由此受到影响，当然是不合理的。它会由此受到极显著的影响。"——"第 4890 号。如果优良的通用的银行业者又情愿接受的有价证券是在市场上，而所有者又要凭此取得货币，那一定会影响商业汇票的。因为，如果一个人能用六厘的利息，得整理公债为抵押，而把货币贷放出去，他当然不愿为我，把货币投在商业汇票上，而仅得利息五厘；反之，如果我的货币能用六厘利息贷出去，谁也不能要求我用五厘半的利息，为他把汇票贴现。"——"第 4892 号。那些用 2000 镑，用 5000 镑，或用 10000 镑，当作固定的投资，而购买有价证券的人，我们不要说到；好像他们在货币市场上并没有重要的影响。你问我以整理公债为抵押的借款利息率时，我是说的这种人，这种人的营业达数十万镑，他们被称为证券交易投机人，他们应募巨额的公债，或在市场上购买巨额的公债；他们把这种证券保留着，等到售卖有钱可赚的时候；这种人必定会为这个目的，取去货币的。"

信用制度的发展，引起大的累积的货币市场，例如伦敦。这种货币市场，同时又就是这种证券交易的中心。银行业者大量把公众的货币资本，委归这个商人种族支配。这种赌博者的种族，就由此增大了。"货币在证券交易所内，通常比在任何地方更便宜"，这是英格兰银行当时的总裁对上院秘密委员会的供述（《商业凋敝》1848年，第219号，该报告至1857年始行付印）。

在考察生息资本时，我们已经讲过，在其他各种情形不变时，多年间的平均利息，是取决于平均的利润率，不是取决于平均的企业利益率。企业利益不外是利润减利息的余额。

我们又讲过，商业利息——即商业界货币贷放者所计算的贴现利息和贷款利息——在产业循环的进行中，会遇到一个阶段，在这个阶段，利息率会提高到它的最低限以上，达到中位的平均水准（后来它还会突破这个水准）；在这个阶段，这个变动是利润增进的结果。关于这点，我们以后还要研究的。

但在这里，我们还有两件事要注意：

第一，如果利息率长时期很高——在这里我们是说英吉利那样的国家的利息率，在那里，长期间的中位利息率是已经给予了，并且表现在长期贷款所支付的利息上，这种利息，我们可以把它叫着私人利息（Privatzins）——这就可以证明，在这期间内利润率也是很高，但不必就能证明，企业利益率也是很高。这种区别，对于主要只使用自有资本的资本家说，多少是可以除掉的；他们会实现高的利润率，因为他们会付自己以利息。只要有高的利润率，高的利息率就有在长期间内维持的可能。当然，在这里，我们是把真正金融紧逼的时期，除开不说的。但这个高的利润率，把高的利息率除去之后，它所余下的企业利益率，却可以是很低的。在利润率继续很高的时候，企业利益率可以收缩。

这是因为，一经开始的营业，往往不得不继续进行。在这个阶段，单纯用信用资本（即他人所有的资本）经营业务的现象，会很普及；在若干场合，高的利润率，只能是投机的，预料的。在企业利益减小时，高的利息率仍可由高的利润率支付。有时，这种高的利息率，还不能由利润支付，而须在借入的他人所有的资本内，提出一部分来支付。在投机时期，就有一部分情形是这样；并且，这种情形，也能在一个期间内，继续发生。

第二，因利润率很高故货币资本的需要，从而利息率将会增进，是一种说法，因产业资本的需要增进，故利息率很高，是另外一种说法。这两种说法是并不相同的。

在恐慌时期，贷放资本的需要达到最高点，从而，利息率也达到最高点。而利润率及产业资本的需要，却几乎会消灭。在这个时期，每个人都是为要支付，为要清算已经缔结的债务，而借。反之，在恐慌后的恢复时期，人们申请贷放资本，却是为要购买，为要把货币资本转化为生产资本或商业资本。所以，要求者是产业资本家或商人。产业资本家是把它投在生产手段和劳动力上面的。

劳动力的需要的增加，就其自体说，决不会成为利息率增进的理由，因为利息率是由利润率决定的。高工资决不是高利润的理由，虽然就产业循环某特殊阶段说，它可以是高利润的结果。

在劳动榨取条件特别有利时，对劳动力的需要可因此增加起来，但劳动力需要的增进，从而可变资本需要的增进，就其自体说，并不能增进利润，却只能依比例把利润缩小。但可变资本的需要，是会随着增进的，从而，货币资本的需要也是会随着增进的。这个情形，会把利息率提高。在这场合，劳动力的市场价格，将提高到平均程度之上，被雇的劳动者人数，将增加到平均程度之上；同时，利息率会提高，因为在这种情形下，对货币资本的需要将会增进。劳动力需要的增进，会使商品昂贵，提高商品的价格，但不会提高利润；大体说来，利润如要提高，正以这种商品比较便宜为条件。但它会在假设的情形下提高利息率，因为它会增进对货币资本的需要。如果货币资本家不再从事货币的贷放，却转为生产家，则劳动给付较贵的事实，不会提高他的利润，那还会依比例减少他的利润。事物的关系，也许会演变成利润提高的结果，但无论如何，那总不是劳动给付较高的结果。但劳动给付的提高，如果会增进对货币资本的需要，却是能把利息率提高的。如果状况在别的方面显得不利，工资由某种原因增进了，则工资的提高，更会使利润率下落，但因为它会增加货币资本的需要，故会依比例提高利息率。

把劳动除开不说，欧维斯坦所谓"对资本的需要"，实只是对商品的需要。对商品的需要，超过平均，或其供给不及平均时，是会把商品的价格提高的。如果产业资本家或商人从前用100镑可以买到的商品量，现今要用150镑才能买到，那他从前只须借入100镑的场合，现今就须借入150镑了，从而，在利息率为5%时，以前只要付5镑的场合，现今要付 $7\frac{1}{2}$ 镑了。他所支付的利息量将会增加，因为借入的资本量增加了。

欧维斯坦先生的全部尝试，不外是假定贷放资本的利害关系与产业资本的利害关系相一致，但他的银行法，却正想利用这两种利害关系的差别，来增进货币资本的利益。

在商品供给落在平均程度以下时，商品的需要也许不会比从前吸收更多的货币。为商品总价值而支付的金额，还是一样，也许会更小，不过这相等的金额，将只能获得较小量的使用价值。在这场合，可贷放的货币资本的需要，将保持不变，利息率也不增进，虽然对商品的需要，与其供给相对而言，已经增加，从而商品价格也已经提高。利息率在贷放资本的总需要增加时，才会受影响；而在我们以上的前提下，贷放资本的总需要是没有增加的。

在谷物棉花等歉收时，商品的供给可以落在平均程度以下。这时候，因为投机家预料它们的价格还会提高，而使它们价格提高的最直接的手段，便是把供给的一部分，暂时从市场撤去，所以贷放资本的需要是会增进的。他们把商品购进来，不把它卖出去；为实行这种支付起见，他们会凭商业汇票制度，来调取货币。在这场合，贷放资本的需要增进了，而人为地，使商品供给不得到市场去的尝试，又将使利息率提高。在这场合，较高的利息率，表现商品资本供给的人为的减少。

从相反的方面说，因商品供给增加，商品落在其平均价格之下的缘故，对该商品的需要也是可以增进的。

在这场合，贷放资本的需要将依旧，甚至于减少，因为相等的金额已能获得较多的商品了。但在这里，也许会发生投机的商品库存，一部分为生产的目的，冀由此利用有利的时机，一部分则为等候未来价格的提升。所以，在这场合，贷放资本的需要也能增加，而增进的利息率也不外表示有资本投下，使生产资本的要素，形成一个过剩的库存准备。在这里，我们只考察因商品资本供求状态而受影响的贷放资本需要。我们曾经说明，再生产过程在产业循环各阶段上的变化莫定的状态，会影响贷放资本的供给。市场利息率由（贷放）资本的供给予需要决定，是一个很平常的命题，但欧维斯坦却狡猾地，把这个命题，和他自己的假定混淆了。依照他自己的假定，贷放资本就是资本一般；他就由此出发，要使高利贷业者变为唯一的资本家，使高利贷业者的资本变为唯一的资本。

在金融紧逼时期，对贷放资本的需要，不外是对支付手段的需要，那决不是充作购买手段的货币的需要。由此，利息率会提得很高，而无论现实资本——生产资本和商品资本——是过多还是过少。对支付手段的需要，在商人和生产家能提供优良担保品的限度内，不过是需要把这种担保品化为货币；但若情形不是这样，换言之，如果支付手段的垫支，不单是把货币形态给予他们，并且把他们所缺少的用来支付的等价物（不论其形态如何）给予他们，则对支付手段的需要，便是对货币资本的需要。流行学说两方面关于恐慌所抱的见解，就在这点现出他们的是处和不是处来了。说这里只缺少支付手段的人，或是只把有优良担保品的人放在心目中，或是相信银行有义务也有权力，应该由纸券，使一切破产的诈欺者，变为有支付能力的健全的资本家。说这里只缺少资本的人，或是拘泥于字眼（因为，在这时期，因供给过剩，生产过剩之故，原有大量不能化为货币的资本存在着），或是单就这种信用骑士（Kreditritter）——他们现在的处境，使他们不能再取得别人所有的资本来经营业务，现在他们要求银行不仅帮助他们支付那已经丧失的资本，并且帮助他们，使他们能够继续维持他们的诈欺——来说。

货币必须当作独立的价值形态，与商品相对立，换言之，交换价值必须在货币上面，采取独立的形态。那是资本主义生产的基础。但要做到这样，必须有一定的商品，变为一切其他商品价值所依以尺度的材料，那就是变为普遍的商品，变为一种出类拔萃的商品，而与一切其他的商品相对立。这个情形，必定会在两方面显示出来；而在资本主义发达，货币已经大大为信用行为和信用货币所代替的诸国，尤其是这样。这所谓两方面的一方面是，在信用收缩或完全停止的金融紧逼时期，货币将突然成为唯一的支付手段和真的价值存在，一切商品都绝对须与货币相对立。因此，商品会一般跌价，而虽转化为货币，乃至不能转化为货币，不能转化为商品的纯粹幻想的形态。第二方面是：信用货币，在它能依照额面价值额，绝对代表现实的货币时，方才是货币。在金流出时，它能否兑现，是有疑问的；那就是，它与现实的金的同一性，是有疑问的。因此发生了强制的限制，如提高利息率等，以期确实保证兑现的条件。这种限制，在错误的立法——那以错误的货币学说为立足点，受货币经营业者（如欧维斯坦之流）的利害关系的驱策——下，可以推动到极端。但这个基础，和生产方法的基础一道给予了。信用货币的贬值（不是说单纯想象上的贬值）会把一切现行的关系破坏。商品的价值将被牺牲，以确保这种价值在货币上面的幻想的独立的存在。它只能在货币有保障的限度内，保障它的货币价值的资格。因此，为要保全一二百万货币，必致有许多百万的商品被牺牲掉。这在资本主义生产上是无可避免的，并且是资本主义生产的美点之一。这个情形，不会在以前的各种生产方法上发生，因为在它们活动的狭隘的基础上，信用和信用货币尚未发展。在劳动的社会性质，表现为商品的货币存在（Gelddasein），表现为现实生产以外的一物时，独立在现实恐慌外，或把现实恐慌加强的货币恐慌，是无可避免的。从别方面说，则很明白，在银行信用不曾摇动的限度内，增加信用货币是只会把恐慌减轻，而收缩信用货币是只会把恐慌助长。一切现代产业的历史，都说明了，如果国内的生产已有组织，则在平衡暂时破坏时，我们将只在清算国际贸易的限度内，需有金属。国内市场现在已无需金属货币的话，可由所谓国民银行停止支付现金这一回事来证明。每遇有极端的情形，国民银行就会采取这个方法，把它看作是唯一的救策。

在两个人之间，说二者相互交易上有支付差额，是滑稽的。如果他们相互为债务人和债权人，那很明白，在他们的请求权不能互相抵消时，就当中的余额说，必然有一方面是债务人，一方面是债权人。但在国家之间，不是这样。一切经济学者都由如下的命题，承认在国家之间不是这样。这个命题是：虽然贸易差额结局会归于均衡，但支付差额终会对一个国家显为顺势或逆势。支付差额在这一点和贸易差额不同：即，它是在一个确定时间到期的贸易差额。在这里，恐慌的影响是：把支付差额和贸易差额间的差别，压缩到一个短期间来。而在受恐慌袭击，支付期限已经临到的国度内，又会展开各种状态，这各种状态，是已经伴有这种清算期间的收缩。在这各种状态中，第一要算到贵金属的输出。其次，要算到委托商品（Konsignierter Waren）的拍卖；为拍卖或为要在国内凭以取得货币垫支而起的商品输出；利息率的增进；信用的解除；有价证券的跌价；外国有价证券的拍卖；外国资本被吸引去购买这种已经跌价的有价证券；最后，是破产，一举把大量的请求权解决。在这场合，往往还会有一个时期，金属会向恐慌已经爆发的国家送出，因为在那里，汇票是靠不住的，而以贵金属支付，则最为安全。加之，对亚洲而言，一切资本主义国家，大都直接地或间接地，是亚洲的债务者。当这种种情形，以其全力，影响于别个当事国时，这其他国家也会因支付期限已到，而把金银输出；在这里，同样的各种现象，都会重演一遍的。

就商业信用而言，当作信用价格（Kreditpreise）与现金价格（Barpreise）之差的利息，只在汇票比普通通用期间更长的限度内，加入商品价格内。在其他场合，是不会加入商品价格内的。这一点可由如下的事实来说明：每一个人都是一只手接受信用，别只手给予信用〔就我的经验说，不是这样——F. E.〕。但若在这场合，考虑到这个形态上的贴现，我们又知道，这不是由商业信用，而是由货币市场规制的。

决定利息率的，是货币资本的需要与供给。如果货币资本的需要与供给，竟如欧维斯坦所主张，是与现实资本的需要与供给相一致，利息率就须视商品种类，而就同一商品说，又须视其所在阶段（原料，半制品，完成品）而有高有低了。在 1844 年英格兰银行的利息率，在 4%（自一月至九月），$2\frac{1}{2}$%，3%（自十一日至年终）之间变动。在 1845 年，利息率为 $2\frac{1}{2}$%，$2\frac{3}{4}$%，3%（自一月至十月），在此后二月间，则在 3% 至 5% 之间变动。棉绒布织造用的棉花平均价格，在 1844 年为 $6\frac{1}{4}$ 便士，在 1845 年为 $4\frac{7}{8}$ 便士。在 1844 年 3 月，利物浦存棉计 627042 包；在 1845 年 3 月 3 日，计 773800 包。依照棉花价格较低这件事来推论，1845 年的利息率必定较低，而在这个时期的最大部分，也确实是较低的。但若依照棉纱来推论，我们却须断言，利息率应该在 1845 年较高，因为棉纱的价格是相对地较高，利润是绝对地较高。纺绩业者，在 1845 年。用 4 便士，把每磅价值 4 便士的棉花纺成棉纱（40 号上二等细纱），那就是纺绩业者出费 8 便士纺成的棉纱，在九月和十月间，可以每磅卖到 $10\frac{1}{2}$ 便士或 $11\frac{1}{2}$ 便士（参看下述威利的供述）。

这全部问题可以这样解决：

贷放资本的需要与供给，在一定的场合，才与资本一般的需要与供给相一致（不过，后面那一个名词是不合理的；因为，就产业家和商人说，商品就是他的资本的一个形态，但他不是要求这样的资本，他不过不断要求这样的特殊商品，如谷物棉花之类，不断要把它当作商品来购买来支付代价，不问它在他的资本循环内，是演的什么角色）。那就是在这样的场合，在这场合，没有货币贷放业者，但贷放资本家有机械原料等，他们像出租房屋一样，把这些东西租与或贷与那些自己也有这些东西一部分的产业资本家。在这情形下，贷放资本的供给，对产业资本家说，才与生产要素的供给相一致，对商人说，才与商品的供给相一致。但很明白，在这场合，利润在贷者和借者间的分割，将完全取决于借入资本与自有资本的比例。

照韦古林说来（《银行法报告》1857 年），利息率是由"休闲资本的量"规定的（第 252 号）；利息率"不过是寻找用途的休闲资本的量之指数"（第 271 号）；后来，这种休闲资本被称为"浮动资本"（第 485 号）；他所谓休闲资本，是指"英格兰银行的银行券和国内的别的流通手段，如地方银行的银行券，及国内现存的铸币，……我在浮动资本内，还包括银行的准备金"（第 502、503 号）；后来，现金条块也被包括在内（第 503 号）。所以，同一韦古林又说，"当我们（英格兰银行）实际握有休闲资本的最大部分时"，英格兰银行对于利息率。有很大的影响（第 1198 号）；虽然依照欧维斯坦先生前面的供述，英格兰银行"在资本上面却是没有位置的"。韦古林还说："照我的意见，贴现率是由国内休闲资本的量规定。休闲资本的量，是由英格兰银行的准备金（那在事实上是金属准备）代表。所以，如果金属贮藏额减少了，国内休闲资本的量也会减少，从而，残余的现有额的价值，即将提高"（第 1258 号）。约翰·穆勒在第 2102 号也说："英格兰银行因要维持银行部（Banking Departmerst）的支付能力，不得不尽其全力，以充实银行部的准备金；当它发觉已有现金流出时，它为确保它的准备金起见，不得不把贴现的业务缩小，或把有价证券售出"（第 188 页）。——单就银行部而言，准备金只是存款兑付的准备金。依照欧维斯坦的意见，银行部好像应单纯以银行业者的资格经营，无须顾及"自动的"银行券发行。但在金融现实发生紧逼的场合，英格兰银行却会在银行部的纯然由银行券构成的准备金之外，以极锐利的目光，注意于金属贮藏额，如果不要失败，它还必须如此注意。因为，金属贮藏越是消灭，银行券的准备金也会依比例越是消灭；对于这一点，没有谁还比欧维斯坦先生更明了。他曾这样聪明地，由他的1844年的银行法处理过这个问题。

流通手段
信用制度下的

　　"流通速度的大调整机，是信用。为什么货币市场的尖锐的紧逼状态，通常会与充实的流通相结合，就这样得到说明了。"（《通货学说评论》第 65 页）这一句话，要从两方面去理解。一方面，一切节省流通手段的方法，都以信用为基础。但从第二方面说：我们且取一个 500 镑的银行券来说。A 今天把它给予 B，来兑付一张汇票；B 在同日把它存到他的银行家那里去；这个银行家，再在同日，为贴现而支付给 C；C 把它支付给他的银行，这个银行再在垫支形态或别的形态上，把它给予汇兑经纪人。在这场合，银行券常常会在存款形态上再流回到某人手里，并且会在贷款形态上再移转到别人手里，这种速度，是把银行券在购买或支付上面的流通速度促进了。流通手段的节省在票据交换所（Clearing House）内，发达到最高点。这种票据交换所把已经到期的汇票交换；货币充作支付手段的机能，不过用来抵消支付的余额。但这种汇票的存在，是以工商业者相互给予的信用，为基础的。如果信用减少，这种汇票（尤其是长期汇票）的数目也会减少，这种清算方法的效力也会减少。这种经济——那就是使货币无须在交易上出现，那是全然以货币充作支付手段的机能为基础的，这种机能又以信用为基础——只能（除开使支付累积

Konzentration dieser Zahlungen 的技术不说）在两种方式上存在：由汇票或支票代表的相互的债务请求权，或者是在同一个银行业者手里，把债务请求权，由一个账户划到别一个账户而加以清算，或者是由不同诸银行业者相互清算①。800 万至 1000 万的汇票，累积在一个汇兑经纪人（例如奥维伦·古尔讷公司）手里这一回事，便是在当地扩大这种清算的主要手段之一。由于这种经济，流通手段的效力是提高了，因为清算账目所需的流通手段量，已经可以减少了。但从另一方面说，当作流通手段（由这个缘故，流通手段也省了），而流通的货币的速度，却完全依存于买卖的流，而在各种支付依次以货币实行的限度内，也还要看这各种支付的连系性如何而定。但信用插进来了，并由此把流通的速度促进了。如果没有信用介在中间，货币是单纯当作流通手段，那么，它能通流五次（比方这样说），不过因为 A（货币原来的所有者）向 B 买，B 向 C 买，C 向 D 买，D 向 E 买，E 向 F 买；并且，它还会在每个手里停留若干时间。在这情形下，必须有现实的买卖，它才由一个人手里移转到别一个人手里。但若 B 把那一个由 A 支付而受得的货币，存到他的银行业者那里去，这个银行业者在汇票贴现上支付给 C，C 向 D 购买，D 又把它存到他的银行业者那里去，这个银行业者把它贷于 E，E 向 F 购买，这样，货币充作流通手段（购买手段）的速度，自然就由多次

---

① 一张银行券留在流通中的平均日数：

年	5 镑券	10 镑卷	20—100 镑券	200—500 镑券	1000 镑券
1792	？	236	209	31	22
1818	148	137	121	18	13
1846	79	71	34	12	8
1856	70	58	27	9	7

（此表系英格兰银行出纳股马谢尔所制，见《银行法报告》1857 年第 2 篇附录第 300—301 页。）

的信用活动所促进了。这所谓多次的信用活动是：B 把这个货币存到他的银行业者那里去，这个银行业者为 C 贴现，D 存款到他的银行业者那里，这个银行业者为 E 贴现；那就是四个信用活动。如果没有这种信用活动，这一枚货币决不能在一定时间内，依次实行五次购买的。没有现实买卖单因存款和贴现而发生的移转作用，在这里，是把现实买卖所引起的移转作用，加速了。

我们曾经指出，同一银行券可在不同诸银行业者那里，形成存款。同样，它也可以在同一银行业者那里，形成不同的诸种存款。A 存在银行业者那里的银行券，会被该银行业者，用来为 B 的汇票贴现：B 付于 C，C 把同一银行券，存到发出该银行券的银行业者那里。

* * *

我们讨论单纯的货币流通时（第 1 卷第 3 章 II），已经指证了，假设流通的速度和支付的经济为不变的，则现实流通的货币量定于商品，定于商品的价格和交易的总量。这个法则，也适用于银行券的流通。

英格兰银行券（自 5 镑券，10 镑券，20 镑至 100 镑券，以至 200 镑至 1000 镑券），在公众手中的，每年平均有多少，概已记在下表中了，这各种银行券在总流通中所占的百分比率，也记在下表中了。那是以千为单位，后面的三位数字都舍弃了（表见《银法年》1858 年第 26 页）。

年	5 镑至 10 镑券		20 镑至 100 镑券		200 镑至 1000 镑券		总数
	镑	%	镑	%	镑	%	镑
1844	9263	45.7	5735	28.3	5253	26.0	20241
1845	9698	46.9	6082	29.3	4942	23.8	20722

年	5 镑至 10 镑券		20 镑至 100 镑券		200 镑至 1000 镑券		总数
	镑	%	镑	%	镑	%	镑
1846	9918	48.9	5778	28.5	4590	22.6	20286
1847	9591	50.1	5498	28.7	4066	21.2	19155
1848	8732	48.3	5046	28.9	4307	23.8	18085
1849	8692	47.2	5434	28.5	4477	24.3	18403
1850	8164	47.2	5587	28.8	4646	24.0	19398
1851	9362	48.1	5554	28.5	4557	23.4	19473
1852	9839	45.0	6161	28.2	5856	26.8	21856
1853	10699	47.3	6393	28.2	5541	24.5	22653
1854	10565	51.0	5910	28.5	4234	20.5	20709
1855	10628	53.6	5706	28.9	3459	17.5	19793
1856	10680	54.4	4645	28.7	3323	16.9	19648
1857	10659	54.7	5567	28.6	3241	16.7	19467

虽然进出口货所指示的交易已经增加一倍以上，但自 1844 年至 1857 年，流通银行券的总额仍积极减少了。5 镑 10 镑的小银行券，固如表所示，由 1844 年的 9263000 镑，增加到 1857 年的 10659000 镑；同时，金流通也有大增加。但高额银行券（由 200 镑至 1000 镑），却由 1852 年的 5856000 镑，减为 1857 年的 3241000 镑。所以，减少了 2500000 镑以上。这种情形，是这样解释的："在 1854 年 6 月 8 日，伦敦各私人银行业者，允许各股份银行，参加票据交换所的设立，不久之后，最后交换制度又在英格兰银行设立了。每日结算的余额，都在英格兰银行内，由转账（由这个银行的账，转到那个银行的账内）的方法，来清算了。这个制度的采行，使高额银行券成为用不着的东西，因为这种高额银行券，以前是由各银行用来清算相互的账目的。"（《银行法报告》1858 年第 5 页）

在大商业上，货币的使用，究竟曾缩小到怎样小的最低限度，可以参看第1卷第3章80页注②所列的表。这个表是莫里逊·第伦公司（伦敦市内一间最大的商店，在那里，小商人可以购到各式各样的商品全部），呈给银行法委员会的。

依照纽马奇（W. Newmarch）在银行法委员会前的供述（《银行法》1857年第1741号），那还有别的事情，可以使流通手段节省；那就是邮局，铁路，电报局，总之，改良了的交通机关；由此，现在的英国，已经可以用原来那样大的银行券流通，经营五倍乃至六倍的业务了。但他又主张，大体说，十镑以上的银行券所以会从流通排除出来，也就为了这个缘故。在他看来，苏格兰和爱尔兰（在那里，一镑券也流通的）银行券流通所以会达到差不多31%的增进（第1747号），这就是一种自然的说明。不列颠联合王国银行券的总流通，包括一镑券在内，据说为39000000镑（第1749号）。金流通等于70000000镑（第1750号）。在苏格兰，银行券流通在1834年为3120000镑；在1844年为3020000镑；在1854年为4050000镑（第1752号）。

单由这个事实，我们就已经明白，只要银行券可以随时兑换现金，发行银行券的银行，是无需增加流通银行券的数目的。〔在这里，我们且不说不兑现的纸币；不兑现的银行券，只能在银行券实际为国家信用所支持的限度内——例如在现在的俄罗斯——才成为一般的流通手段。在这场合，它须受不兑现国家纸币的法则支配，这种法则我们已经说明过了。见第1卷第3章Ⅱc：《铸币与价值记号》那一节——F. E.〕

流通银行券的数量，是以交易上的需要为准据的。每一张多余的银行券，都会立即回到发行者那方面去。因为在英格兰，只有英格兰银行的银行券，可以当作合法的支付手段而不加限制地流通，所以，在这里，我们可以把各地方银行的不甚重要又仅以地方为限的银行券流通，忽视过去。

1858 年英格兰银行总裁聂夫君（Neave）曾在银行法委员会前供述："第 947 号。你说，无论方略如何，公众手里的券额，总一样地大约是二千万镑么？——答：在平常时期，公众大约要使用二千万镑。每年，遇到一定的节季，那会增加一百万镑或一百五十万镑。当公众需要增加时，像我讲的那样，他们通常是能由英格兰银行把这个得到的。"——"第 948 号：你说，在恐慌时期，公众不许你把券额减少么；你愿把理由说出来么？——答：在恐慌时期，在来看，公众有十分的权力，可以得到银行券；当然，在银行负有债务的限度内，公众当然可以根据这种债务，从银行获得银行券。"——"第 949 号：这样看来，随时都大约需有二千万镑英格兰银行的银行券了？——答：在公众手里，常有二千万镑；但也有变动。有时是一千八百五十万，有时是一千九百万，有时中二千万不等；但平均说，是在一千九百万至二千万之间。"

道麦斯·杜克（Thomas Tooke）关于商业凋敝，曾对上院委员供述（见《商业凋敝》1848—1857 年第 347 页），"第 3094 号，英格兰银行无权扩大公众手里的券额；它只有权减少公众手里的券额，但这也只有出于极激烈的动作"。

三十年来在诺亭汉经营银行业务的莱特（J. C. Wright），曾详细说明，地方银行要超过公众需用的数量来增加银行券的流通额，是不可能的；嗣后，他关于英格兰银行的银行券，又说：（《商业凋敝》1848—1857 年）第 2844 号，"关于英格兰银行（的钞券发行），我不知有任何的限制，但过剩的通货都会转成存款，并由此采取一个不同的形态"。

苏格兰的情形，也是这样。在那里，差不多只有纸币流通，因为在那里，像在爱尔兰一样，一镑的银行券也准许流通，并且

"苏格兰人都讨厌金子"。苏格兰一个银行的董事肯内德（Kennedy）曾说明，银行不能把它的银行券的流通缩紧。照他的意思，"如果国内的营业需有银行券或金来实行，在这个限度内，银行业者就须依照营业的需要，尽量供给流通手段——无论他们是要提取存款，还是用别的方法要求。……苏格兰诸银行能够限制它们的业务，但对于它们的银行券发行额，它们不能有任何的统制权。"（前书第 3446 号至 3448 号）同样，苏格兰联合银行的董事安徒生（Anderson）也说：第 3578 号，"相互交换银行券（在苏格兰诸银行间相互交换）的制度，曾防止个个银行过度发行银行券的事情么？——答：不错的；但除了相互交换银行券（在事实上，这个方法，对于这点，并没有什么关系，其目的，不过是使每个银行的银行券，可以在全苏格兰流通），我们还有一个更有效的手段；这就是苏格兰盛行的一种习惯。这种习惯是，每个有相当货币的人，都会在银行开一个账户，一切不是马上要用的货币，会每日付到银行去，所以，每一营业日期结束时，一切的货币除了放在各人身边的，都是在银行里面"。

爱尔兰也是这样。爱尔兰银行总裁麦克东内尔（MacDonnel）和爱尔兰地方银行的董事穆雷（Murray）在上院委员会的供述，都可以证明这一点。

银行券的流通，与英格兰银行的意志相独立，也与该行为保证银行券兑现而在窖内贮藏着的金额相独立。"1846 年 9 月 18 日，英格兰银行的银行券流通额为 20，900，000 镑，它的金属贮藏为 16273000 镑。1847 年 4 月 5 日流通额为 20815000 镑，金属贮藏为 10246000 镑。所以，贵金属虽然输出了六百万镑，但流通额并未缩小。"（金尼尔 J. G. Kinner 著《恐慌与通货》伦敦 1847 年第 5 页）但我们要知道，这个结论，要在今日英格兰的支配情形下，才适用的，并且在那里，也只因为没有任何立法，决定银行券发行额和金属贮藏额相互间的比例。

所以，只有营业的需要，会对于流通货币——银行券和金——发生影响。最先，我们且拿周期的变动来说。这种周期的变动，是每年之内反复的。就这一层说，哪怕我们就把一般的营业状况丢开不说，我们也可以看到，二十年来，"在一定的月份内，流通额很高，在一定的月份内，流通额很低，而在一定的月份内，流通额是居于中位"（纽马奇《银行法》1857 年第 1650号）。

比方在每年的八月，就有几百万镑（那大都是金），由英格兰银行流到国内流通中去，应付收获时期的各种费用；因为在这场合，主要是支付劳动工资，英格兰是很少用银行券来支付工资的。至年终，这种货币再流回到英格兰银行来。在苏格兰，那就几乎只用一镑银行券，不用苏维令（金币），所以，在苏格兰，在相当的时期内，银行券流通会膨胀三百万镑至四百万镑，那就是，每年膨胀二次，五月一次，十一月一次。但十四日后，归流就发生了，一个月之内，那几乎会全部流回（安徒生的供述，前揭报告 1848—1857 年第 3595 号至 3600 号）。

英格兰银行的银行券流通，也会因"债息"（即国债的利息）分四期支付的缘故，而在每一季，发生一次暂时的变动。先是银行券从流通中取出，然后再投在公众手里来：那立即就会流回去的。韦古林（《银行法报告》1857 年第 38 号）曾说，由这样发生的银行券流通的变动额，达二百五十万镑。反之，有名的奥维伦·古尔讷公司的乍浦曼却估计，由此引起的货币市场上的风潮，是更大得多。"如果为支付债息之故，你从流通内取去六百万镑至七百万镑当作赋税，在那个时候当中，必定是有人把这个数额支配着的。"（《银行法报告》1857 年第 5196 号）

更显著更有耐久性的，流通手段额的变动，是与产业循环各阶段相照应的。我们再听听该公司别一个股东，教友派信徒，森牟尔·古尔讷的供述，《商业凋敝》1848—1857 年第 2645 号："1847 年 10 月底，共有 20800000 镑银行券，在公众手里。在那时，要在货币市场上获得银行券，非常困难。这是由一种一般的恐惧发生的。那时候，因 1844 年银行法横加限制的缘故，大家都有一种忧虑，生怕不能取得银行券。现在（1848 年 3 月）在公众手里的银行券额……为 17700000 镑，但这时候，没有任何商业上的恐惧，所以，比普通需用的数额，是超过了许多。在伦敦，家家银行，各个货币经营业者，都有多余的银行券，为自己不能使用。"——第 2650 号，"英格兰银行保留部分以外的银行券额，是通货实际状态的极不适当地指数，除非我们把商业界和信用的状况考虑进去。"——第 2651 号，"现今在公众手里的通货额已经有余的感觉，有一大部分，应归因于现在的异常停滞的状态。如果价格提高，营业活跃，17700000 镑银行券，将使我们感到不足。"

〔在营业的状况真是这样时，那就是，垫借款项的归流，真会规则地发生，信用也不发生动摇时，流通的扩张和缩紧，完全是依照工商业者的需要而定的。因为在大商业上（至少在英格兰），无须考量金，而金的流通（除开季节性的变动不说），又可认为是长期间不变的量，所以英格兰银行的银行券流通，正好是这种变动的充分正确的测量器。在恐慌以后的停滞期，流通是最小的，而在需要再行活跃时，对流通手段的需要也会加大。这种需要，是会跟着繁荣的增进，而增进的。而在过度推广营业和过度投机的时期，流通手段的量将达到最高点。——但恐慌突然袭来了，昨日还很丰足的银行券，立即在市场上消灭了；跟着，汇票的贴现业者，以有价证券为担保的垫借业者，商品的购买者，也不见了。英格兰银行被请求援助了，——但它的力量不久也枯竭了，1844 年的银行法，使它在全世界亟须银行券的时候，在商品所有者不能把货物卖出，但仍要支付，并不惜受任何牺牲来获取银行券的时候，把它的银行券的流通缩小。上面曾经讲过的那位银行业者莱特曾说："在警戒期中，一国所需用的通货，要倍于平时，因为流通手段将被银行业者以及别的人把住不肯放出来。"（《商业凋敝》1848—1857 年第 2930 号）

恐慌一经爆发，成为问题的，只是支付手段。但这种支付手段的进来，是彼此互相依赖的，所以谁也不知道，别人能不能在到期日把款付进来；市场上已有的支付手段（即银行券）就发生逃窜的现象了。每一个人都想尽自己所能获得的量贮藏起来；所以，银行券就在人们最需要它的时候，从流通中消灭了。森牟尔·古尔讷（《商业凋敝》1848—1857 年第 1116 号）曾说，在这个恐慌期间，单是 1847 年 10 月一个月，被锁藏起来的银行券，达四百万镑至五百万镑。——F. E.〕

在这一点，古尔讷的同事，上面讲过的那位乍浦曼，1857 年在银行法委员会的问答，有一种特殊的兴趣。我现在把这种问答的主要内容，摘要举在这里，虽然其中有若干点，要等到后来才研究。

乍浦曼先生的供述是这样的：

"第 4963 号。我毫不迟疑地说：如果货币市场，被放在任何一个资本家的支配下（伦敦就有过这种情形的），而他竟在流通异常微弱时，引起异常的货币缺少和金融紧逼的现象，我决不认为是正当的。……这是可能的……也许会有若干资本家，在适合于他们的目的时，把一百万镑或二百万镑的流通券，从流通内取出来。"——"第 955 号。一个大投机家能够以整理公债卖得一百万镑或二百万镑，而把货币从市场取出。这一类的情形，最近就发生过的。那会引起一种极激烈的金融紧逼现象。"

第 4967 号。在这场合，银行券当然是不生产的。"但它既有一个大用处，所以没有关系。那个大用处是，它会抑下公债的价格，引起货币的紧逼现象，它正有力这样做的。"——举一个例：有一天，证券交易所内有大的货币需要；谁也不知道它的原因；有某君，向乍浦曼要求以七厘的利息，借五万镑。乍浦曼惊奇了，他放款的利息率是更低得多的；但他答应了。但不久这位先生回来，他愿以七厘半的利息，再借五万镑；嗣后，又以八厘的利息，再借十万镑，并要以八厘半的利息再借。这样，连乍浦曼也被吓倒了。后来才发觉，已有巨额的货币，突然从市场取去了。但乍浦曼说："我依照八厘的利息，把巨额的货币贷出了；我不敢再放；我不知道结果会是这样。"

我们决不要忘记，在公众手中的银行券，虽被认为常常在一千九百万至二千万之间，但这个银行券有一部分是现实流通着，别一部分则当作银行的准备休闲着，这两部分是不断地显著地变动着的。如果准备很大，则现实的流通很小，那从货币市场的观点看，便是流通充实（the circulation is full, money is plentiful）；如果准备很小，现实的流通很充实，那从货币市场的观点看，便是流通稀薄（the circulation is low, money is scarce）；那就是说，代表休闲贷放资本的部分很小。如果流通之现实的膨胀或收缩，是与产业循环的阶段无关，从而，公众所需用的数额依然不变，这种现实的膨胀或收缩，是只能由技术的理由发生的，例如赋税，或债息的支付期间。在赋税支付的场合，银行券和金由英格兰银行流出的数额，将超过普通的程度，并在事实上，不顾流通的需要，把流通收缩。反之，在债息支付的场合，则结果刚好相反。在第一场合，银行将被要求借款，以获得流通手段。在后一场合，私立银行的利息率将放低，因为它们的准备金，会暂时增加起来。这对于绝对的流通手段量，是没有影响的，那只会影响把这种流通手段投入流通的银行钱庄。在这种银行钱庄看来，把流通手段投入流通的过程，正好代表贷放资本的贷放；而贷放所获的利润，也就是归他们赚的。

在一个场合，不过发生流通手段的暂时的转置，英格兰银行即以低利息，在赋税每季支付和债息每季支付到期以前不久，实行短期的垫支，来使这种转置，归于平衡。这样发行的过剩的银行券，先把赋税支付所引起的空隙填满，跟着就会流回银行来，而在流回时，还把债息支付所引起的过剩的银行券，带回来。

在别一个场合，稀薄的或充实的流通，不外是同量流通手段，以不同的比例，分为能动的通货和存款（即贷借工具）。

从另一方面说，如果因金流入英格兰银行，以致凭此发行的银行券额增加了，这种银行券就会帮助该银行以外的贴现业务，并且会在借款付还时流回来，所以流通银行券的绝对量不过会暂时增加。

如果流通因营业扩大而极充实（这在价格相对低贱时，也是可能的），则利息率会因贷放资本的需要（这是利润增进新投资增加的结果）而相对提高。如果流通因营业收缩或信用很活动的缘故而甚稀薄，则利息率即在价格高昂的时候，也可以很低（参看胡巴特 Hubbard 的论述）。

流通的绝对量，只在金融紧逼时期，对于利息率有决定的影响。在这场合，人们需要较充实的流通，不过表示人们需要有货币贮藏（姑且把货币流通速度的减小，和同一枚货币不断转化为贷放资本的速度的减小，除开不说）。这种需要，是由信用缺少发生的；例如在 1847 年，那时候银行法的停止，就不曾引起流通的扩大，仅足以使贮存着的银行券再被提出，而投在流通中。但在一定状况下，实际需有较多流通手段的情形，也是可能的；例如在 1857 年，在银行法停止后，流通就曾经有一个时期是实际扩大了。

在其他一切的场合，流通的绝对量，都无影响于利息率：第一，因为假设通流的经济与速度都不变，则流通的绝对量，是由商品价格，由交易数量（此二者大抵会互相把作用抵消），最后由信用状态而定（虽然它不会反过来决定信用的状态）；第二，因为商品价格与利息，并无必要的关联。

在银行取缔法（1797—1820 年）实施的期间，通货过剩着，那时的利息率，比现金支付恢复以后的利息率，常常高出许多。后来银行券发行受到限制，汇兑行市日益趋涨时，它就迅速下降了。在 1822、1823、1832 年，一般的流通很稀薄，利息率也很低微。在 1824、1825、1836 年，流通很充实，利息率也提高。1830 年夏，流通很充实，但利息率低落。自金矿发现以来，全欧洲的货币通流额扩大了，但利息率又提高。所以，利息率并不依存于通流货币的量。

流通手段的发行与资本的贷放，是有差别的。这种差别，在现实再生产过程上，最明白指示出来了。我们曾在第 2 卷第 3 篇讲过，生产的诸相异部分，是怎样互相交换的。例如可变资本，那在物质方面，是由劳动者的生活资料（他们自己的生产物的一部分）构成。但那是在货币形态上，零星付给劳动者的。那必须由资本家垫支，这件事，极依存于信用制度的组织，那就是，资本家能不能在下一星期，用他前一星期付出的旧货币，来支付新的可变资本。社会总资本诸相异部分间的交换行为，例如消费资料与消费资料的生产手段之间的交换行为，也是这样。我们曾经讲过，它们流通所需要的货币，是由交换当事人一方或两方垫支的。这种货币会留在流通内，但在交换完成以后，再流回到垫支者手里，因为这种货币，是他在现实使用的产业资本之外，追加垫支下去的（参看第 2 卷第 20 章）。信用制度发展的结果，货币累积在银行手中了，所以至少在名义上，那是由银行垫支的。这种垫支，仅有关于流通内现有的货币。那是通货的垫支，不是它所流通的资本的垫支。

乍浦曼（《银行法报告》1857 年）："第 5062 号：有时候，公众手中的银行券，占一个极大的数额，但是弄不到手。"货币也在恐慌中。每一个人都当心不把它化为贷放资本，不把它作为贷放货币；每一个人都抓住它，想由此应付现实的支付需要。

"第 5099 号：农业区域的银行，都送它们的无用的剩余，到贵行，和伦敦的别的银行那里么？——答：是的。"——"第 5100 号：在别方面，兰克夏和约克夏的工厂区域，却为营业的目的，有汇票要贵行贴现，是不是？——答：是的。"——"第 5101 号：这样，一个区域的过剩货币，就被用来应付别个区域的需要了。是不是？——答：完全对的。"

乍浦曼说，银行以其剩余货币资本暂时购买整理公债和国库券的习惯，近来已经大大减少了；银行近来常常是把这种货币，当作通知借款（Geld at call 可以每日随时要回的）贷放出去。他自己也觉得购买这种证券是极不合算的。他宁愿把它投在可靠的汇票上，这种汇票每日都有一部分到期，所以他能时时知道，他每日有多少现钱可以放在计算内。

甚至输出的增加，也在各国，尤其是在给予信用的国家，表现为国内货币市场上的追加的需要。但这种追加需要，要到金融紧逼时期，方才觉得。在输出增加的时候，制造业者通例会依据英国工业品委托销售单，对输出商人，发出长期的汇票。（第 5126 号）"第 5127 号。不是常常发生相约时时把汇票更新的事情么？——乍浦曼答：这是一件他们保守秘密的事情；我们是不容许这种汇票的。……这种事情，确实会发生，但关于这个，我不能说什么。"（这位天真的乍浦曼。）"第 5129 号：在输出大大增加（例如去年一年就计有二千万镑）时，那不会引起一种大的对资本的需要，来为代表这种输出的汇票贴现么？——答：当然是没有疑问的。"——"第 5130 号。英格兰既然在对各外国的输出上，通例是给予信用，那它不需有相当的追加资本，来度过中间经历的时间么？——答：英格兰曾给予一个异常大的信用；但它在原料上，也曾受取信用。美国对我们开的汇票，通常是 60 日期，有些国家还是 90 日期。在他方面，我们送商品到德国，也给予 2 月或 3 月的期限。"

威尔逊问乍浦曼说（第 5131 号），以输入原料和殖民地商品为对象而向英格兰开出的汇票，不是在装运时开出么？不是和提单同时到么？乍浦曼也这样相信，但关于商人的业务，他不甚熟悉，他要我们去问专门家。——乍浦曼说，在向美国的输出业上，商品已在运送中象征化了（第 5133 号）；这句梦话的意思是，英国输出商人，以商品为对象，向伦敦的一家美国大银行，出一张四个月期的汇票，该银行则从美国得到担保。

"第 5136 号：与远方诸国的营业，通例是由这种等商品卖出才把资本收回的商人经营么？——答：有一些商家，他们有大财产，可以无需凭商品取得垫支，而把自己的资本投下。但这种商品，通例会由一个知名的商号承兑（Akgepte）转化为垫支。"——"第 5137 号。此等商号，设在伦敦利物浦等处。"——"第 5138 号。不论制造业者是投下自有的货币，还是由伦敦或利物浦某商号垫支这种货币，当中一点差别都没有；那总归是一个英吉利的垫支。是不是？——答：完全对的。制造业者不过在少数场合会这样做（但在 1847 年，却几乎全部是这样）。例如，工业品的商人，在孟彻斯德购买商品，由伦敦一个可靠的商家运送；当伦敦该商家确实依照合同把这批货物包装好时，他就会以这批送往印度，中国或他处的货物为对象，向该伦敦商家，开一张六个月期的汇票；然后银行界加入，替他把这张汇票贴现；所以，他的商品代价虽然还要经过一个时期，才会付进来，但他已由汇票的贴现，把货币拿进来了"。——"第5139号。但在他有货币的场合，银行业者也会先垫支给他么？——答：银行业者有了这个汇票了；银行业者已经购买这个汇票了；他就是在这个形态上，就是在商业汇票的贴现上，运用他的资本。"〔所以，乍浦曼不把汇票贴现视为垫支，却把它视为商品购买。——F. E.〕——"第5140号。在伦敦的货币市场上，那常常是请求权的一部分么？——答：毫无疑问是的；那还是货币市场和英格兰银行的主要业务。英格兰银行和我们一样高兴为这种汇票贴现，因为它知道，那是一个很好的投资。"——"第5141号。这样，当输出业发达时，货币市场上的需要会同样增进了，是不是？——答：国家愈繁荣，我们（乍浦曼）也会分到实惠的。"——"第5142号。所以，如果各种投资范围突然扩大了，自然的结果，就是利息率的增进，是不是？——答：那是一点没有疑问的。"

第5143号。乍浦曼："不甚了解，在输出额如此巨大时，也要使用这么多的金"。

在第5144号，这位可尊敬的威尔逊又问："不是我们在输出上给予的信用，比我们在输入上受得的信用更大么？——答：在我，这一点是不无怀疑的。如有人对于他的输往印度的孟彻斯德商品，要获得承兑，你的承兑期限是不能在十个月以下的。不错的，我们必须在印度支付我们以前，先支付美国棉花的代价；但其影响将会如何，那是一个很值得研究的问题。"——"第5145号。如果像去年一样，我们竟在制造品的输出上，增加到二千万镑，我们是不是要在这以前，大大增加原料的输入（所以，过度输出会与过度输入相一致，过度生产会与过度商业相一致），才能生产大量的商品呢？——答：没有疑问的。""第5146号。我们必致有一个极大的差额要支付；那就是，在这期间，差额必对于我们不利，但结果我们对美国的汇兑行市必于我们有利，我们将有一个长期间，有巨额的贵金属从美国输入。"

第5148号。威尔逊又问这位高利贷大王乍浦曼说，他的高利息能不能看作是大繁荣和高利润率的记号。乍浦曼对于这位诤谀家的素朴，显然吃了一惊，他当然同意这种说法，但却很正直地，加上了一句："有些人，他们没有别的法子可想；他们有债务要偿付，他们必须偿付，不问那有没有利润可图；不过，如果它（高的利息率）持久下去，它就会指示繁荣的。"他们两个都忘记了，高的利息率，也可以像1857年一样，指示这些跳动的信用骑士，是在使国家感到不安；这种信用骑士能支付高的利息（因为他们是从别人的钱袋掏出钱来支付，他们也就是这样在利息率的决定上参加进来的），并在其间，凭预料的利润，度着奢侈的生活。而高利息率也就是这样给工厂主等以实际上极有利润的营业的。因有这种垫支制度，资本的归流，是完全成为幻想的了。所以，这也可以说明，如次的各种叙述。这各种叙述，就英格兰银行说，是用不着再加说明的，因为在利息率高的时候，它会比旁人贴现得更少。

第5156号。乍浦曼说："我很可以说，我们的贴现额，现在是在它的最高限度。因为，在这时候，我们有一个这样长的时期，保持着高的利息率"（这是乍浦曼在1857年7月21日说的话，离开崩溃的发生，不过几个月）。"第5157号在1852年"（那时利息很低），"贴现额是更小得多的"。因为在事实上，那时候的营业，还是更健全得多。

"第5159号。如果市场上竟发生货币过充的现象，……银行贴现率很低，汇票也就会减少的。……在1852年，我们是在一个完全不同的阶段上。输出和输入，与今日比，都无可观"。"第5161号。在这种高的贴现率下，我们的贴现业务，是和1854年一样大（在那时，利息为五厘至五厘半）。"

乍浦曼曾在他的供述内说明这一批人在事实上是怎样把公众的货币，当作是他们的所有物，并相信他们应有权利，可以把他们所贴现的汇票，随时换为现钱。而最有趣味的，也就是他的供述的这一部分。问与答是极其素朴的。他以为，立法应使这些大商号所承兑的汇票可以随时兑现；那就是英格兰银行在一切情形下，皆应不露难色，继续为这些汇兑经纪人贴现。但在1857年，却有三个这样的汇兑经纪人，负着大约八百万镑的债务，失败了。与这种债务相对而言，他们所有的资本，简直是渺小得不能言状。——"第5177号。你是说，照你的意思，它们"（即巴林或洛易特士承兑的汇票）"应成为可以强制兑现的，像现在英格兰银行的银行券，可以强制兑换现金一样么？——答：我的意思是，如果它不能贴现，那真是一件非常可悲的事；假设有人因持有斯密·培恩公司或琼斯·洛易公司承兑的汇票不能贴现，而致于不能支付，那当然是一件极异常的事。"——"第5178号。巴林承兑的汇票，是不是一个到期必须支付一定额货币的债务？——答：完全是的；但巴林公司承兑这种债务，自然也像别的承兑这种债务的商人一样，绝不梦想到，它将来必须支付现金；它以为，它只要在票据交换所内支付"。——"第5180号。那么，你的意思是，必须建立一种机关，使公众在汇票到期以前，因有人贴现，可以得到货币。是不是？——答：不是的；从承兑人的立场说，不是这样的。但若你是说，我们不应该有将商业汇票贴现的可能，那我们就要求把这全部情形改变。"——"第5182号：然则，你相信，它（商业汇票）必须能兑换货币，像英格兰银行的银行券，必须能兑现金一样么？——答：在一定情形下，一点也不错。"——"第5184号：然则，你相信，通货制度应这样调整，使无疑问健全的商业汇票可以随时兑换货币，像一个银行券一样么？——答：我是这样想。"——"第5185号。你不是说，英格兰银行或别的人，都应由法律规定，有把汇票兑现的义务么？——答：我曾讲过，如我们有管理通货的法律，我们就应采取相当的步骤，使国内的商业汇票，不致有不能兑现的事情发生，如果这种汇票毫无疑问是健全的，合法的。"——这就是与银行券兑现性相对比的商业汇票兑现性。

"第5190号：国内的货币经营业者，在事实上，只是代表公众"。——乍浦曼后来在戴维生案陪审庭上，就是这样陈述的。参看"大都市诈欺"。

"第5199号：在每季（公债的利息是每季支付一次的）我们是绝对要利用英格兰银行的。如阁下为预料公债利息行将支付，而从流通中，取出六百万镑或七百万镑国家收入来，那必须有人，在这个期间内，已经把这个金额支配着"——（在这场合，我们是论货币的供给，不是论资本或贷放资本的供给）。

"第5196号。每一个熟习商业界情形的人，必定知道，如果我们处在这样的情境中，以致国库券不能售卖掉，东印度公司的债券全然没有用处，最好的商业汇票也没有人贴现，则在下面这种人中间，必定会流行一种大恐怖。这种人的业务，使他每次单纯的要求便须立即支付国内通用的流通手段。而一切银行业者，就都是处在这情形下面的。这样的结果，是每一个银行业者，都须有加倍的准备。试问，如果每一个地方银行业者（其数约为500）都嘱咐它的伦敦来往商家，须汇解5000镑银行券来，那将会在全国发生怎样大的影响。当然，一个这样小的数额，是不能算作平均数的，但我们就把一个这样小的数额当作平均数来计算，我们也将有二百五十万镑，被从流通中提出。它们要怎样补充呢?"

从另一方面说，任凭有怎样高的利息，有货币的资本家个人等，也不愿把货币送出的，因为拿乍浦曼的口气说来，他们将会说："第5195号。如果我们需要货币时，不一定能把货币收回，我们就情愿不借，情愿不要利息了。"

"第5173号。我们的制度是这样：我们有三万万镑债务，那可以随时要求用国内通用的铸币来支付；这种铸币，就令悉数拿来用在这个目的上，那是等于二千三百万镑左右；这种情形，不会随时使我们陷在痉挛状态中么？在恐慌期中，就是这样突然由信用制度转变为货币制度的。"

如果把恐慌时期国内的恐慌除开不说，我们说到货币量，也只就金属说的，只就世界货币说的。但这种金属，正是乍浦曼所排开的；他所说的，是二千三百万银行券。

这位乍浦曼又说："第5218号。货币市场发生扰乱（1847年4月和10月）的本来原因，毫无疑问，是所需的货币量。在输入异常大的年度，为要调节汇兑行市起见，必须有多量的货币才行。"

第一，世界市场货币（Weltmarktsgeld）的贮藏，在那时候，已经减至最低限度。第二，它是信用货币（即银行券）兑现的保障。它把两种完全不同的机能集合在它一身。但这两种机能，都是由货币的性质引起的；因为现实的货币常常是世界市场货币，信用货币常常是以世界市场货币为基础。

在1847年，设不停止1844年的银行法，"票据交换所的业务必然是无法进行的"（第5221号）。

不过，乍浦曼也曾预觉到有一次恐慌快要来到，他曾说："第5236号。货币市场由此会发生若干种的情形（现在离开这种情形并不顶远），在这种情形下，货币是极困难的，人们都须乞助于银行。"

"第5239号。我们在星期五，星期六和星期一（1847年10月19日，20日，22日）由银行取出了这样大的数额，所以，假使我们能够在星期二把汇票收回来，我们就太满意了；恐慌一过去，货币就会立即流回来的。"——但10月23日星期二，银行法就停止了，恐慌就爆发了。

乍浦曼相信（第5274号），同时在伦敦流通的汇票，有一万万镑至一万二千万镑。在各地方流通的地方汇票，尚未包括在内。

"第5287号：在1856年10月，公众手中的银行券额，增至21155000镑，但要获得货币，依然非常困难。公众虽已有这许多货币在他们手里，但我们仍不能染指进去。"——这是金融紧缩所引起的恐惧之结果。东方银行就曾有一个时候（1856年3月）曾在这种恐惧中。

第5290号至5292号。恐慌一过去，"一切曾由利息赚到利润的银行业者，又立即开始使用他们的货币了"。

第5302号。乍浦曼说明银行准备金减少时的不安情形，不把它归因于存款方面的恐惧心，却把它归因于这种事情：即，一切要突然支付大金额的人，都非常明白，在金融市场的紧逼时期，他们能够依赖银行，作为最后的求助机关。"假使银行已经只有极小的准备金，它当然不会欢迎我们；那是刚好相反的"。

在这里，我们且看一看，当作一个实在的量，准备金是怎样消灭的。银行业者为他们的当前的营业，常须保存一最小限量的准备金，那或是存在他们自己身边，或是存在英格兰银行。汇兑经纪人，则保存"国内的休闲的银行货币"，没有任何准备金。英格兰银行为要应付它的存款负债，只有动用银行业者和其他各式人的准备金，以及若干公家存款等，但它动用的程度，是不能超过一定限度的，比方说，无论如何，不能使这种准备降到二百万镑以下。所以，除了这二百万镑纸券，就成为全部诈欺了，这在金融紧逼时期（那也会把准备金减少，因为流进来兑取金属的银行券，必须取消掉的），除开金属贮藏，就绝对没有别的准备了，从而，因金流出而起的金属准备减少，又会把恐慌加甚。

"第5306号。设无任何货币可用来结清票据交换所的差额，我不知道，除会合在一起，用第一等汇票（即由国库，由斯密·巴恩公司等兑付的汇票）支付之外，我们还能做别的什么事。"——"第5307号：所以，如果政府不把流通手段供给你们，你们就要自己创立一种流通手段，是不是？——答：我们哪里能做这个呢？公众走进来，从我们手里取去流通手段；流通手段是没有了。"——"第5308号。所以，你在伦敦要作的，不外就是孟彻斯德人们每日做着的，是不是？——答：是的。"

乍浦曼对于凯雷（Cayley，他是伯明翰人，属于亚提乌德Attwood学派）关于欧维斯坦资本观所发的疑问，曾有一个绝妙的答复："第5315号：在这个委员会前，会有人陈述，在金融紧逼时期，如1847年，人们不是需要货币，只是需要资本。你对于这个陈述，有什么意见呢？——答：我不懂你的话的意思；我们只经营货币；我不懂你的意思。"——"第5316号：你如果是用它（商业资本）指示一个人在他营业上自己所有的货币量，你如果把这称作资本，我就告诉你，那通例只是他营业上所用的货币的极小部分。他营业上所用的货币，是以信用为媒介，由公众给予他的。"——那就是以乍浦曼为媒介。

"第5339号。我们停止付现，是因为财富缺乏么？——答：决不是的；……我们并不缺乏财富；但我们处在一种极不自然的制度下，当我们异常需要流通手段时，我们的处境却使我们不能获得流通手段。我们应当让全国的商工业因此停顿么？我们应当把一切营业的路都闭塞么？" —— "第 5338 号：如果有人问，应当维持的，究竟是现金支付还是国内产业，我知道，在二者中，我们应当放弃何者。"

关于贮藏银行券，"蓄意要使金融更加紧逼，并从中取利"一事（第 5358 号），他说，这是极容易做到的。只要有三个大银行就可以做到。"第 5383 号：像你这样熟习伦敦各大商家情形的人，也不知道，资本家曾利用恐慌，以别人的破产为条件，以别人为牺牲，而获得奇重的利润么？——答：这是不能有疑问的。"虽然乍浦曼君结局曾由"牺牲他人赚得非常利润"的尝试，招致商业上的失败，但在这点，我们仍可以相信乍浦曼君。因为当他的同事古尔讷说，营业上每一次变动，都于那些通晓这种变故的人有利益时，乍浦曼却说："社会一部分人不知道别一部分人；譬如，向大陆输出制造品或从大陆输入原料的工厂主，就不知道做生金生意的人的事。"（第 5046 号）也就因此，所以有一天，古尔讷和乍浦曼，也不"通晓变故"，以致凄惨地破产了。

我们以前已经讲过，银行券的发行不是在一切场合都指示资本的垫支。杜克在《商业凋敝》上院委员会（第 1848 年）前的供述（见下），不过证明，资本的垫支，即在银行发行新券的场合，也不能无条件地，指示流通银行券的量的增加。

"第 3099 号：你相信，英格兰银行要显著扩大它的垫支，不增加银行券的发行额，也可做到么？——答：那有许多事实可以证明这一点。而最显著的一个例，是 1835 年，在那时，英格兰银行曾由西印度的存款和东印度公司的借款，来增加它对于公众的垫支；而在那时候，公众手里的银行券额，在事实上是还减少了一点。……1846 年发生了有点相像的情形。在那时，存往银行的铁路存款，都付进了；有价证券（由贴现或存款）增至大约三千万镑；但公众手里的银行券额，并没有受到怎样显著的影响。"

但在银行券之外，批发大商业尚有第二种对它更重要得多的流通手段，即，汇票。乍浦曼君曾告诉我们，对于一个规则进行的营业，这是怎样重要的。所以，好的汇票，应该随时随地可以用来支付。"如果好的汇票也没有用，啊呀，还有什么好用呢"！

现在我们要考察，这两种流通手段，是怎样互相关系的。

关于这点，居尔巴特曾说："银行券流通额的限制，通例会把汇票流通额增加。汇票计有两种——商业汇票（Handelswechsel）和银行汇票（Bank - ierwechsel）———……如果货币稀少，货币贷放业者就会说：你向我开汇票呀，我会承兑的。""但地方银行业者为顾客把汇票贴现时，他并不是给他现金，乃是给他一张 21 日期在他的伦敦代理处兑付的汇票。这种汇票，是当作流通手段用的。"（居尔巴特《金融紧逼的原因的研究》第 31 页）

纽马奇也曾确证这一点，不过他的话稍微有一点变更。他在《银行法报告》1857 年第 1426 号，说："在流通汇票额的变动和流通银行券额的变动之间，没有什么关联。……唯一的或者说一律的结果是……在货币市场发生紧逼现象像贴现率提高那样的时候，汇票流通的范围将会显著增加，而在相反的时候，结果也相反。"

不过，在这个时期发出的汇票，决不单是居尔巴特所说的短期的银行汇票。反之，那有一大部分是融通汇票（Akkommodationswechsel），它们不代表任何现实的营业，或仅代表单纯以开发汇票为目的的营业。对于这二者，我们已经提示了充分的例解。所以，《经济学界》杂志（威尔逊）关于这种汇票（与银行券比较而言）的确实性，曾说："凭票即付的银行券，决不致因为过剩而停滞下来，因为过剩额常常回到银行去兑换，但二个月期的汇票却可以发得过多，因为在它们到期以前，没有任何手段可以统制它们的发行，而等它们到期的时期，它们又也许已经由别的汇票替补了。所以，一个国家，如承认到期付现的汇票流通为确实可靠，而对于凭票付现的纸币的流通反表示危惧，那在我们看，真是一件不可解的事。"（《经济学界》1847年5月22日第575页）

所以，流通汇票的量，像银行券的量一样，是完全由交易的需要决定的；在平常时候，在联合王国境内，在19世纪的50年代，曾有三千九百万镑的银行券和大约三万万镑的汇票流通着。在这三万万镑汇票中，有一万万镑至一万二千万镑是对伦敦一处发出的。汇票流通的范围，对于银行券流通的范围，没有任何影响；并且，它也只在货币紧逼的时候，才受影响于银行券流通的范围。在那时，汇票的量将会增加，它的质将恶化。最后，在恐慌时期，汇票流通会完全停顿；任何人都不能使用支付凭证，因为每一个人都只要现金支付；只有银行券（至少在今日的英格兰）还保留流通的能力，因为国家会以其全部财富，作英格兰银行的后盾。

*　　　*　　　*

我们曾经讲过，就连乍浦曼君——自己在1857年也是货币市场上一位大好老——也深深叹息，在伦敦有少数大货币资本家，他们势力之强，足在一定的时候，使整个货币市场陷于混乱，并由此残酷吸收小货币经营业者的血。那就是，有若干这样大的鲛鱼，他们能使金融紧逼的情形，越加尖锐化，因为他们会把一二百万镑整理公债抛售，而由市场取去等额的银行券（同时即是取去等额的可以利用的贷放资本）。要由同一手法，使金融

584

紧逼（Klemme）变为金融恐慌（Panik）也只要有三家大银行联合起来干，就行了。

在伦敦最大的资本势力，自然是英格兰银行。但它是一个半国家机关，它的地位，使它不能过于野蛮地，使用它的支配力。但它也知道什么手段什么方法最能赚钱；自 1844 年银行法实施以来，是更加如此。

英格兰银行有资本 14553000 镑，还保有大约有三百万"公债"（Rest）——即未分配的利润——还保有政府税收等的全部货币，这种税收是必须存在英格兰银行，到需要的时候才提出的。此外，还有其他的存款货币（在平常时候，大约有三千万镑），以及无保证的银行券，所以我们觉得纽马奇的估计，还算适合。他曾在《银行法报告》1857 年第 1889 号说："我相信，继续在（伦敦）货币市场上使用的基金，大约有一万二千万镑，而在这一万二千万镑中，英格兰银行支配着一个极大的部分，大约占 15%—20%。"

英格兰银行发行的银行券，有一部分是没有金属贮藏在柜内作保证的。就这一部分说，它是创造了价值记号，那不仅是流通手段，且还依照这种无保证银行券的额面数额，成为它的追加的——虚拟的——资本。这种追加资本会给它以追加的利润。——《银行法报告》1857 年，威尔逊曾问纽马奇（第 1563 号）说："银行本行的银行券流通（即平均保留在公众手中的数额），是该行的有效资本的追加，是不是？——答：确实的。"第 1564号。"然则，银行由这个流通得到的利润，是由信用得到的，不是由它实有的资本得到的了。——答：确实的。"

发行银行券的私立银行，当然也是这样。纽马奇在第 1866号至第 1868 号的答话，曾认它们所发行的银行券有 $\frac{2}{3}$（其余 $\frac{1}{3}$，才必须有金属准备），是"等额资本的创造"，因为就这 $\frac{2}{3}$ 说，是无须有硬币（Hartgeld）作准备的。虽说银行业者的利润，不会因此，便较别的资本家的利润大，但在事实上，他们会由这种国民的硬币节省，获得利润。把国民的节省化为私人的利润这件事，也不能冲击资产阶级的经济学者，因为在一切情形下，利润都是国民劳动的占有，想想看，还有什么比 1797 年至 1817 年的英格兰银行，更显得发狂么？它的银行券因有国家的扶持，才有信用；它能把这种银行券由纸化为货币而贷于国家，也是国家给它的权力，但它却反过来，因有这种权力，便要在国债利息的形态上，由国家，从而由大众，吸取一种报酬。

银行还有别的创造资本的手段。照这位纽马奇说来，诸地方银行如上所述，通例会把它们的剩余基金（即英格兰银行的银行券）送到伦敦的汇兑经纪人那里去，这种经纪人便把已经贴现的汇票送回它们。银行就用这种汇票，来为他们的顾客服务；因为依照惯例，凡由本地顾客接受的汇票，是不再发出去的，要这样，这个顾客的营业活动，才不致在邻近地带宣扬出去。但他们不仅用这种由伦敦接受的汇票，给那些对伦敦直接负有支付义务的顾客（除非顾客情愿要银行直接开出的伦敦汇票），并且还用这种由伦敦接受的汇票，来清算当地的收付，因为银行业者的汇划，可以保证这种汇票在当地的信用。例如在兰克夏地方银行本行的银行券全部和英格兰银行的银行券大部分，就是这样从流通挤出的。（《银行法报告》1857 年第 1568—1574 号）

所以，在这里，我们看到了，银行创造信用和资本的方法：（1）是发行本行的银行券；（2）是发出 21 日期在伦敦兑付的支付凭证，但在凭证发出时，他们立即把汇款凭现金收进了；（3）是发出已经贴现的汇票，那大体说来，那是因为有银行背书，所以至少在该地，有信用能力。

英格兰银行的权力，会在它对于市场利息率的支配上，表示出来。在营业进行保持常态时，英格兰银行不能由提高贴现率，以防止贵金属贮藏之适度的流出①，因为支付手段的需要，已经可以由私人银行，股份银行，汇兑经纪人那里满足了。在过去三十年间，这些人曾经大大获得资本权力。在这场合，英格兰银行必须使用别的手段。但在紧急时期，却像银行业者格林（Glyn）——格林·密尔士·古利公司的股东——在商业凋敝委员会1848年至1857年的报告上所供述那样："第1709号：在国内金融非常紧逼的时期，英格兰银行也会支配利息率。"——"第1710号：在金融异常紧逼的时期，……私人银行或经纪人的贴现业务，会比较收缩，这种业务会落到英格兰银行身上来，因此，它就有权力规定市场利息率了。"

当然，英格兰银行既然是一个由国家保护而又赋有国家特权的公的机关，自不应当像私人营业那样毫无顾忌地使由它的权力。因此，胡巴德也在银行委员会（《银行法报告》1857年）前说："第2844号，问：在贴现率最高的时候，英格兰银行就以最廉的代价为人服务，而在贴现率最低的时候，那就是经纪人以最廉的代价为人服务，是不是呢？答：情形常常是这样的；因为英

① 在伦敦联合银行的股东大会（1894年1月17日）内，主席里采（Ritchie）君曾提到，英格兰银行在1893年曾把贴现率由七月 $2\frac{1}{2}$%提高为八月3%至4%，因为它在四周间损失了金四百五十万镑，所以更把贴现率提至5%；因此金流回来了，银行率遂在九月降为4%，在十月降为3%。但这种银行率（Bankrate）是市场上不承认的。"当银行率为5%时，市场率（Marktrate）为 $3\frac{1}{2}$，货币率（Celdrate）为 $2\frac{1}{2}$%；当银行率减为4%时，贴现率为 $2\frac{3}{8}$%货币率为 $1\frac{3}{4}$%；当银行率跌为3%时，贴现率 $1\frac{1}{2}$%，货币率还比较要小。"（《每日新闻》1894年1月18日）——F. E.

格兰银行决不能像它的竞争者那样把贴现率放低，也不能和它的竞争者把贴现率提到那样高。"

但英格兰银行就在金融紧逼时，如俗语所说，再把螺旋扭紧（那就是使已经高在平均以上的利息率再提高），也是营业生活上一件严重的事体。"英格兰银行再把螺旋扭紧时，一切为外国输出而起的购买，都会停止。……输出业者会等候价格落到最低点以后再买，是决不会在这以前购买的。这最低点达到时，汇兑行市会再行稳定——而在情形下落到这最低点以前，金就会停止输出。输出品的购买，或能把送往外国的金一部分带回来，但它回来得太迟了，不足以防止金的流出。"（居尔巴特《货币市场紧逼的原因的研究》伦敦 1840 年第 35 页）。由"外汇行市管理流通手段的方法，还有一个影响是，在金融紧逼时期，它会引起异常的利息率"（前书第 40 页）。"汇兑行市恢复所需要的一切费用，都落在国内的生产的产业上，而在这个过程的进行中，英格兰银行的利润，将由此积极增进，因为它可以用一个较小的贵金属额，来继续它的业务。"（前书第 52 页）

但是，教友古尔讷却说："利息率上的大变动，对于银行业者和货币经营业者是有利益的——一切营业上的变动，对于知道这种变故的人，都是有利益的。"所以，虽然古尔讷一点不肯饶让地，利用营业上的种种苦境，而英格兰银行却不许同业自由地做，但英格兰银行仍然取得了很好的利润——而这班董事先生们（他们对于营业一般的情形，特别有认识的机会）所私下赚到的利润，是更无需乎说的。按照 1817 年上院委员会关于恢复现金支付所得的报告，英格兰银行由 1797 年到 1817 年全期所获得的利润如下：

红利与股息加额	7,451,136
分配给股东的新股	7,276,500

资本的增加价值	14,553,000

	总额	29,280,636

那是 11642400 镑资本在 19 年间赚到的利润总额。（哈特加斯特尔 Hardcastle 著《银行与银行业者》第 2 版伦敦 1843 年第 120 页）爱尔兰银行也是在 1797 年停止现金支付的。如果我们依照相同的原则，估计爱尔兰银行的总利润，我们将得到如下的结果：

1821 年到期的股息	4,736,085
公报的红利	1,225,000
股份的增加	1,214,800
资本的价值增加	4,185,000

	总额	11,360,885

那就是资本三百万镑所赚到的总利润。（前书第 363、364 页）

还说集中！以所谓国民银行及其周围的大货币贷放业者高利贷业者为中点的信用制度，就是一个异常的集中；它把一种构想的权力，给于这个寄生阶级，他们不仅可以周期地在十个产业资本家中杀掉一个，并且依一种极危险的方法，干涉现实的生产。他们这个寄生集团，对于生产是什么也不知道的，也和生产没有一点关系。而 1844 年和 1845 年的法规，却证明这班强盗的权力是在增加。理财家（Finanziers）和证券投机家（Stock-jobbers）都包括在这个强盗班里面的。

设还有人猜想，这班尊贵的强盗，单是为生产的利益，为被榨取者的利益，而榨取国民的和国际的生产，那他顶好再读一读下面这个谈片，那称颂着银行业者的高贵的道德的尊严。——"银行是宗教的道德的制度。有许多青年商人就因为恐怕银行家以警戒的不赞成的眼相看待，所以不敢走到胡闹的社会去，不敢交结胡闹的朋友！他们都想在银行家面前表示自己是怎样诚实，是怎样可靠！银行家摇一摇头，要比朋友尽许多忠告，更能发生效力。他们顶怕银行家怀疑他们在扯谎，在做不诚实的事，因为怀疑的结果，会使他们的银行通融受限制，甚至于取消！银行家的忠告，要比牧师的忠告，更有力得多。"（贝尔 G. M. Bell 苏格兰银行董事，著《股份银行业的哲学》伦敦 1840 年第 46、47 页）

〔在以前一个著作内①我们曾分析里嘉图就商品价格的关系
所发表的货币价值学说；所以，在这里，我们只限于研究那最必
要的点。依照里嘉图说来，货币（金属货币）的价值，是由在其
内对象化的劳动时间决定；但附有一个条件，那就是，货币的
量，与待交换的商品的量和价格，保持恰当的比例。如货币量超
过这个比例，它的价值就会下落，商品价格就会上腾；如货币量
落在这个恰当的比例之下，货币价值就会上腾，商品价格就会下
落——当然，那是假设一切其他条件都不变的。在第一场合，有
过剩的金的国家，将把它的价值下落的金输出，而输入商品；在
第二场合，金将流往金价被估过高的国家，而估价过低的商品，
则由该国输往别的能获得标准价格的市场去。"因为金以铸币或
金银条块的资格，可以成为一个比它自身更大或更小的金属价值
的价值记号，所以，不待说，流通的可以兑现的银行券，将分得
相同的命运。虽说银行券可以兑现，从而它的实在价值和它的额
面价格相一致，但流通货币（包括金属和可兑现的银行券）总
量的价值，将因其总量（由以上曾经说明过的理由）提在水准

①　马克思著《政治经济学批判》柏林 1859 年第 150 页以下。

之上或落在水准之下，而有增减。这个水准，则是由流通商品的交换价值和金的金属价值决定的。……这种价值减少，不是指纸币（与金比较而言）的价值减少，乃是指金与纸币合计的价值减少，换言之，是指一国流通手段总量的价值减少。这是里嘉图的主要发现之一；欧维斯坦的流辈，把它拿去利用，当作庇尔爵士 1844 年和 1845 年的银行立法的基本原则。"（前书第 155 页）

在这里，我们不要再费力去证明里嘉图这个学说的错误，我已经在前书这样做过了。在这里，我们只要考究，颁布庇尔银行法的这一派银行理论家，是用什么方法，在里嘉图的教条上加工的。

十九世纪的商业恐慌，尤其是 1825 年和 1836 年的大恐慌，不曾在里嘉图的货币学说上，引起任何新的发展，不过引起了新的应用。它已经不像休谟时代（16、17 世纪）的贵金属跌价那样，也不像里嘉图时代（18 世纪及十九世纪初叶）的纸币跌价那样，是个别的经济现象，而是世界市场上的大风浪。资产阶级生产过程的一切要素的冲突，就是在这种大风浪内放流的；而这种风浪的起源和救治，却在这个过程的最皮毛最抽象的领域（即货币流通的领域），被人寻求。这派经济气象报告者所由以出发的真正的理论前提在事实上不外是这个信条：里嘉图发现了纯金属流通的法则。留待他们做的唯一工作，是把信用流通和银行券流通，也归这个法则支配。

"在商业恐慌中，最一般最显明的现象，是商品价格在一般的长期的昂贵之后，突然地一般地下落。商品价格之一般的下落，可以表现为货币相对价值（与一切商品比较而言）的提高，而商品价格之一般的提高，则可以表现为货币相对价值的下落。但在这两个表现方法下，现象都不过被提出，没有被说明。……不同的语辞，是像由德文译成英文一样，没有把问题变更。里嘉图的货币学说，是极便利的，因为它使一个同义复述，取得因果关系的外观。商品价格这种周期的一般的下落，是由怎样发生的呢？由于货币相对价值之周期的上腾。反之，商品价格这种周期的一般的上腾，又是由怎样发生的呢？由于货币相对价值之周期的下落。这等于说，价格之周期的腾落，由于价格之周期的腾落。……这种同义复述一旦变成因果关系，其他一切都很容易跟着来。商品价格的提高，由货币价值的跌落发生，但根据里嘉图说，则货币价值的下落，又起因于过充的流通，那就是因为流通货币的量超过了一定的水准，这个水准是由货币自身的内在价值和商品的内在价值决定的。同样，商品价格的一般下落，则是因为货币价值因流通不足而提高到它的内在价值之上。所以，价格会周期地腾落，是因为流通的货币会周期地成为过多或过少。虽说价格的上腾也会和减少的货币流通结合在一起，价格的下落也会和增加的流通结合在一起，但我们仍可不顾这个事实，主张（虽然又完全不能用统计证明）在市场商品量收缩或膨胀时，流通货币的量，即令不会绝对地增加或减少，也会相对地增加或减少。现在，我们知道，照里嘉图说来，即在纯金属的流通内，价格的一般变动也会发生，但这种一般变动，会由上下腾落的交代，而归于均衡。比方说，不充实的流通，使商品价格下落，商品价格的下落，使商品输出到外国，商品的输出，使金向国内流入，而货币的流入，再把商品价格提高。而在流通过充，商品输入，金输出的场合，就刚好相反。不过，如果把这种和里嘉图金属流通性质相照应的一般价格变动除开不说，其急性的强性的形态，即恐慌形态（Krisenform），便是属于信用制度已经发展时期，所以像太阳一样明白，银行券的发行，并非恰好依照金属流通的法则支配。金属流通有贵金属的输出和输入，作救济手段。贵金属当作铸币加入通流，故其输入或输出，会使商品价格下落或上腾。但现在，却是人为的，因银行模仿金属流通法则，而在商品价格上面发生了这种影响。如货币流入国内，那就是流通稀薄，货币价值过高，商品价格过低的证据，从而，必须比例于新输入的金，把银行券投在流通内。反过来，就必须比例于金的输出，而把银行券从流通撤退。换言之，银行券的发行，必须依照贵金属的输入或输出，或依照汇兑行市，来调节。里嘉图的谬误的前提是：金只是铸币，所以一切输入的金，都会增加流通的货币，提高价格，一切输出的金，都会减少铸币，并使价格下落。但在这里，这个理论的前提，竟转或一个实际的试验了。这个试验是，使流通的铸币，恰好与当时现存的金相比例。欧维斯坦公（即银行业者琼斯·洛易德），托伦斯，诺曼（Norman），克勒（Clay），亚布兹诺（Arbuthnot）以及其他许多著作家在英国被称为通货原理（Currency principle）派的，都不仅宣传这个教义，且曾经由庇尔爵士 1844 年和 1845 年的银行法，使这个教义成为英格兰和苏格兰银行立法的基础。当这个教义以最大的国民范围试验之后，它在理论上和实际上，都可耻地失败了。关于这点，我们要到以后研究信用学说时，才能说明的。”（前书第 165、168 页）

杜克，威尔逊（见 1844—1847 年的《经济学界》）和富拉吞等人，曾批评过这个学派。但关于货币的性质，他们也没有透彻的理解，而关于货币与资本的关系，他们也很不明白。这一点我们已经讲过好几次；本卷第二十八章的讨论，尤为详尽。在这里，我们只要从下院调查委员会 1857 年关于庇尔银行法的报告，引述若干事例在下面。——F. E.〕

英格兰银行前总裁胡巴特供述："第 2400 号。——金流出的影响……绝对地说，在商品价格上无何等影响。但它会显著影响有价证券的价格，因为比例于利息率的变动，包含这种利息的商品价值必然会受到强烈的影响。"——他提了两个表格。一个是关于 1834 年到 1843 年的；一个是 1844 年到 1853 年的。它们证明十五种最重要商业品的价格变动，完全与金的输出入无关，也与利息率无关。在另一方面，它们却证明在金的输出入（那在事实上是"代表我们的寻找用途的资本"）和利息率之间，有密切的关联。——"在 1847 年，有一极巨额的美国有价证券，向美国流回，俄国的有价证券向俄国流回，其他大陆各国的有价证券，则向我们所从以输入谷物的国家流去。"

胡巴特表中所举的十五种主要商品是：棉花，棉纱，棉织物，羊毛，毛织物，亚麻，麻布，蓝靛，生铁，白铅皮，铜，脂肪，糖，咖啡，丝。

第 I 表　自 1834 年—1843 年

年月日	银行的金属贮藏（镑）	市场贴现率	在十五种主要商品中价格		
			上腾的	下落的	不变的
1834 年 5 月 1 日	9,104,000	$2\frac{3}{4}\%$	—	—	—
1835 年 5 月 1 日	6,274,000	$3\frac{3}{4}\%$	7	7	1
1836 年 5 月 1 日	7,918,000	$3\frac{1}{4}\%$	11	3	1
1837 年 5 月 1 日	4,077,000	5%	5	9	1
1838 年 5 月 1 日	10,471,000	$2\frac{3}{4}\%$	4	11	—
1839 年 9 月 1 日	2,684,000	6%	8	5	2
1840 年 6 月 1 日	4,571,000	$4\frac{3}{4}\%$	5	9	1
1840 年 12 月 1 日	3,642,000	$5\frac{3}{4}\%$	7	6	2

续表

年月日	银行的金属贮藏（镑）	市场贴现率	在十五种主要商品中价格		
			上腾的	下落的	不变的
1841 年 12 月 1 日	4,873,000	5%	3	12	—
1842 年 12 月 1 日	10,603,000	$2\frac{1}{2}$%	2	13	—
1843 年 6 月 1 日	11,566,000	$2\frac{1}{4}$%	1	14	—

第 II 表　自 1844 年—1853 年

年月日	银行的金属贮藏（镑）	市场贴现率	在十五种商品中价格		
			上腾的	下落的	不变的
1844 年 5 月 1 日	16,162,000	$2\frac{1}{4}$%	—	—	—
1845 年 12 月 1 日	13,237,000	$4\frac{1}{2}$%	11	4	—
1846 年 9 月 1 日	16,766,000	3%	7	8	—
1847 年 9 月 1 日	9,140,000	6%	6	6	3
1850 年 5 月 1 日	17,126,000	$2\frac{1}{2}$%	5	9	1
1851 年 6 月 1 日	13,705,000	3%	21	1	2
1852 年 9 月 1 日	21,853,000	$1\frac{3}{4}$%	9	5	1
1853 年 12 月 1 日	15,093,000	5%	14	—	1

关于这点，胡巴特曾加注说："在 1834 年至 1843 年那十年内，在 1844 年至 1853 年那十年内，银行金存额的变动，在每一场合，都会伴以在贴现上垫支的货币的贷放价值之增加或减少；但从另一方面看，国内商品价格的变动，却和由英格兰银行金存额变动所指示的通货量，全没有关系。"（《银行法报告》1857

年第二部第 290、291 页）

因为商品的需要和供给，规制着商品的市场价格，所以在这里，很明白，像欧维斯坦那样，把可贷放的货币资本的需要（或者说可贷放的货币资本的需要与其供给之差，——那表现为贴现率）视为与现实的"资本"的需要相同，那是错误的。商品价格由通货额的变动来调节的主张，现在是隐蔽在这一个命题下面：贴现率的变动，表现现实物质资本（与货币资本相区别而言的）的需要的变动。我们曾经讲过，诺曼和欧维斯坦实际都曾在调查委员会前这样主张过；特别是后者，他不得不朝这方面躲闪，直到最后，弄到没有立足的地方。（见第 26 章）说现存货币量的变动，因将增减国内的流通手段量，所以必定会在该国之内，把商品价格提高或降落，其实是一句古老的谎话。按照这个通货原理，如果金被输出，商品的价格必在金输入国提高；由此，金输入国的输出品的价值，将在金输出国的市场上落下，而在金输入国本国，则将腾起。但实际，金量的减少只会提高利息率，其增加只会把利息率减小。如果我们不是要在成本价格的确定上，或需要与供给的决定上，要把这种利息率的变动计算在内，商品价格是全然不受这种事情的影响的。

在该报告内，一个经营印度贸易的大商家亚力山大，关于五十年代金大量向印度和中国流出的事实（那有一部分是中国太平天国之乱的结果，这个内战，使英国的织品不能在中国销售，一部分是欧洲蚕虫发疫的结果，这种蚕疫使意大利、法兰西的丝品出产大大减少），曾这样说过：

"第 4337 号。是向中国还是向印度流出呢？——答：他们送银到印度，并且就用这个银的大部分购买鸦片，全数送到中国去，作为购买丝的基金；印度市场上的状况（虽有银蓄积在那里），使商人觉得，与其送织品或别的英国工业品到印度去，是不如运银有利。"——"第 4338 号。我们得到的银，不是曾在法国，引起大的出流么？——是的，一个很大的出流。"——"第 4344 号。我们不从法兰西意大利把丝输入，却把大量的中国丝和孟买丝，向法意二国输出。"

所以，被送到亚洲的，不是商品，而是银——世界这一个部分的货币金属。但这不是因为这种种商品的价格，已经在生产国（英格兰）提高，却是因为被输入国的输入已经过度，它们的价格已经在那里下落。（虽然英国是由法国取得它的银，这种银又有一部分必须用金支付。）然若依照通货原理来说，这种输入品，价格是应在英格兰下落，而在印度和中国提高的。

别一个例。在上院委员会前，利物浦第一流大商人威利曾这样供述："第 1994 号。在 1845 年底，没有什么"，像棉织业"那样有利，有那样大的利润。存棉甚丰，上等可用的棉花每磅四便士，就可以买到，这种棉花可用来纺绩上等 40 号细纱，纺绩费用不过四便士，所以纺绩业者的总费用不过八便士。在 1845 年 9 月和 10 月，这种棉纱曾大量售卖，且曾缔结大规模的供应契约，其价格为每磅 $10\frac{1}{2}$ 便士至 $11\frac{1}{2}$ 便士，在若干场合，纺绩业者所获的利润，是与棉花的购买价格相等"。——"第 1996 号。营业至 1846 年初，还很有利。"——"第 2000 号。1844 年 3 月 3 日，棉花存量（627042 包），有今日（1848 年 3 月 7 日）的两倍，但那时候的价格，每磅约贵 $1\frac{1}{4}$ 便士。"（前者是 $61\frac{1}{4}$ 便士，后者是 5 便士。）同时，棉纱——上等的 40 号细纱——原价为 $11\frac{1}{2}$ 便士，至 12 便士，但至 10 月，跌为 $9\frac{1}{2}$ 便士，至 1847 年 12 月，再跌为 $7\frac{3}{4}$ 便士。棉纱的售价，竟与它的原料棉花的购买价格相等。（前书第 2021、2023 号）这种情形，说明了欧维斯坦的自利的智慧。在这场合，他要主张，因为"资本"稀少，所以货币"昂贵"了。在 1844 年 3 月 3 日，银行利息率为三厘，在 1847 年 10 月和 11 月，在八厘至九厘之间；在 1848 年 10 月 7 日，仍为四厘。棉花价格，因销路完全停滞和利息率提高时的恐慌之故，是遥遥落在与供给状态相一致的价格之下。由此引起的结果，一方面是 1848 年棉花的输入额大减少，他方面是美国棉花生产额也减少；因此，在 1849 年棉花价格才有新的涨势。然依照欧维斯坦说，那就是因为国内货币过充，所以商品太过昂贵了。

"第 2002 号。棉工业状况最近又趋恶化。那不是由于原料缺乏。因为，原棉的库存虽显著减少了，但价格还是很低"。但欧维斯坦，在商品的价格或价值和货币的价值即利息率之间，曾陷入一种异常的混乱。在 1847 年 5 月加德卫尔（Cardwell）和吴德爵士（Sir Charles Wood）曾根据通货原理，主张 1844 年的银行法，必须贯彻它的全部内容；威利君在答复 2026 号的问题，对于这个通货原理，却曾加以总括的批评说："在我看，这个原理，将会给货币以过高的价值，但使一切商品的价值变为过低，甚至使人贴本。"——对于这个银行法在一般营业上发生的影响，他说："依照惯例，工业都市对商人和银行业者，会以他们所购备输往北美合众国的商品为对象，开出四个月期的汇票。在这个银行法下，这种汇票，非忍受大牺牲，是没有方法可以找到贴现的。因此，在 10 月 25 日政府以文书（停止银行法的文书）恢复这种四个月期的汇票的贴现以前，定单的实行，曾大受阻碍。"（2097 号）并且，这个银行法的停止，在各地方，都被认为极有利益的。——"第 2102 号。在去年（1847 年）10 月间，几乎一切在这里购买商品的美国购买者，都立即尽可能限制它的购买额。当货币紧逼的消息传到美国来的时候，一切新的定单都停止了。"——"第 2134 号。谷物与砂糖是特殊情形。谷物市场为产额的预料所影响，砂糖则为存量和输入过多的现象所影响。"——"第 2163 号。在我们对美国的支付义务中，……有许多是由委托商品的强制拍卖来清算的；我恐怕，还有许多，是由我们国内的破产来划销的。"——"第 2196 号。如果我的记忆不错，则 1847 年 10 月我国的公债交易所，曾支付过 70% 的利息。"

〔1837 年的恐慌，带着长期间的余痛，并在 1842 年，引起一种有力的恐慌余波。而产业家与商人，因为全然不注意生产过剩——照庸俗经济学者看来，这是一个无意义的名词，是不可能的！——所以结局引起了这种思想混乱，让通货学派把他们的教义，在全国实施出来。1844 年和 1845 年的银行法，就是这样通过的。

1844 年银行法，把英格兰银行划为发行部和营业部。前者收受担保品——最大部分是政府债券——达一千四百万镑，并保有金属贮藏的全部（其中至多只能有 $\frac{1}{4}$ 由银构成），并依二者的全额，发行等额的银行券。一切不在公众手中的银行券，都发到营业部；这种银行券，和少数日常使用所需的铸币（约有一百万），成为营业部的常备准备金。发行部以金给公众，换入银行券，并以银行券给公众，换入金。银行对公众的其余各种交易，则全数交由营业部办理。英格兰和威尔斯 1844 年许可发行银行券的各私立银行，仍保留发行的特权，不过限定了它们的发行的限额；设私立银行中有某行停止发行，英格兰银行，便可依照证券保证的增加额的 $\frac{2}{3}$，把它的无现金保证的银行券额增加起来。在 1892 年，该行的证券保证，已由一千四百万镑增至一千六百五十万镑（实计为 16450000 镑）了。

每有五镑金从银行库内流出，就会有五镑银行券流回到发行部，并且消灭；每有五镑苏维令流入银行库内，就会有一个新的五镑银行券，加入通流内。这样，欧维斯坦的理想的纸币流通——那就是严密遵守金属流通法则的纸币流通——就在实际上实行了；而依照通货学派的主张，恐慌也就由此成为永远不可能的了。

实则，把银行勉强分为两个独立部分，不过使银行在万分紧急的时候，不能自由支配它的可以利用的全部资财，所以，如下的情形不免要因此发生；那就是，当发行部尚有数百万金和一千四百万证券原封未动时，银行部却已濒于破产。这个情形，因为有下面讲的这种事情，所以是更容易发生了；那就是，几乎每次恐慌都有一个时期，在这个时期内，金会激切地向外国流出，这种流出的金，大部要仰给于银行的金属贮藏的。但每有五镑金流出到外国，在国内流通上也就有五镑银行券被夺去，因此，流通手段的量，恰好在最需有最大量流通手段的时候减少了。1844年的银行法，直接使全商业界觉得，宜在恐慌的前夜贮藏多量的银行券为准备，那就是把恐慌加速，并把它们加强。这个银行法，在最紧要的关头，人为地，把货币融通的需要，换言之，把支付手段的需要增进，但同时又限制它的供给，因而在恐慌时期，把利息率抬高到空前的高度。所以，这个银行法不但没有防止恐慌，却把恐慌加强到这个程度，以致不是全产业界要崩溃，就是银行法要崩溃。恐慌曾两度（一度在 1847 年 10 月 25 日，一度在 1857 年 11 月 12 日）达到这个高点；当时政府都曾把1844 年的法律停止，使银行的发行额无须受这样的限制。这种处置，在这两次，都够把恐慌打破。在 1847 年，因为人们都确信，如有第一流的担保品，这种银行券就会再发出来，因而有四五百万镑被贮藏着的银行券得重见天日，回到流通里面来；在

1857 年，超过法定限界的银行券，本不到一百万镑，并且超过发行的期间也很短。

还可讲一讲。1844 年的立法，使我们想起 19 世纪最初二十年，即银行停止付现和银行券贬值的时期。银行券或许会丧失信用的恐惧心，至今仍极为显著：但这是一种过虑；因为，早在 1825 年，已有一次恐慌，因为把已经落在流通外的旧一镑券重行发出，得以打破。这可以证明，就连在最普遍最激切的信用动摇时期，银行券的信用还是维系着。这是一种极易了解的事。因为在事实上，在这种价值记号的背后，有全国民和他们的信用作着后盾。——F. E. 〕

我们且引述若干关于银行法影响的评述。约翰·穆勒相信，1844 年的银行法，曾抑制过度的投机。很幸运，这位贤人是在 1857 年 6 月 12 日这样说的。但四个月后，恐慌就爆发了。他曾郑重地祝贺"银行董事和商业界一般"，因为他们已经"比以前更了解商业恐慌的性质，曾了解他们自己以及公众因奖励过度投机而受到的极大的损害"（《银行法报告》1857 年第 2031 号）。

聪明的穆勒以为，如果发行一镑券垫支给工厂主（即支付工资者），……这种券就不免要落到那为消费目的而把它支出的人手里；这样，银行券自身就构成了对商品的需要，可以暂时有促进价格提高的倾向。（第 2066 号）穆勒君以为，工厂主将支付较高的工资，因为他现在是用纸支付，不是用金支付么？他相信，如果获得 100 镑银行券垫支的工厂主，以这 100 镑纸币兑换现金，而用现金支付工资，这种工资，和用一镑券支付的工资比较，将只形成更小的需要么？他不知道，在若干用地方银行券支付工资的矿产区域，要有多数劳动者合起来，才能得到一个五镑券的事实么？这个事实，增加了他们的需要么？银行业者对工厂主以较小银行券垫支时，会更大方，其垫支货币额也会更增进么？

〔穆勒君对于一镑券所抱的特别的忧虑，不考察他全部经济学著作上的折中主义，那未曾避去任何矛盾的折中主义，是无从说明的。一方面他在许多事情上面赞成杜克而反对欧维斯坦，但在另一方面，他又相信商品价格由现存的货币量决定。他决不信，在其他一切事情不变的情形下，有一个一镑券发行，就会有一个苏维令流到银行库里来；他恐怕，流通手段的量将因此增加，并因而贬值，以致商品价格提高。上面讲的那种恐惧，就因为有这一点在背里作祟。——F. E.〕

关于银行划为二部及过分保证银行券兑现性的办法，杜克曾在《商业凋敝 1848 年至 1857 年》评述：

与 1837 年和 1839 年比较，1847 年的利息率的变动，是更大的，这完全是银行划为两部的结果（第 3010 号）。——银行券的保证，在 1825 年，1837 年，1839 年，都未受影响（第 3015号）。——1825 年金的需要增加，仅因诸地方银行的一镑银行券信用全然失坠，不得不有金补其缺的结果。在英格兰银行也发行一镑银行券以前，这种空缺只能由金补充的。（第 3022 号）——在 1825 年 11 月、12 月，所有对金的需要，都不以输出为目的（第 3023 号）。

"银行在国内外的信用，有时竟致到丧失。在这个事件上，停止支付股息和存款的事情，要比银行券停止兑现的事情，产生了更严重得多的后果。"（第 3028 号）

"第 3035 号：你不是说每一种结局会使银行券停止兑现的事情，会在商业紧逼的时候，引起新的严重的困难么？——答：完全不是这样。"

在 1847 年当中，"如果像 1825 年一样把银行券的发行额增加，那对于银行存金的再度充实，或不无贡献。"（第 3058 号）

在《银行法报告》1857 年内，纽马奇说："第 1357 号：银行划为两部以致金准备也须划为两部的……第一个坏结果，是使英格兰银行的银行业务，即该行与全国商业发生直接接触的活动全部，只能有先时半额的准备金。准备金这样分割的结果，是当银行部的准备金缩至最小限度时，银行不得不把它的贴现率提高。减少的准备金，曾在贴现率上，引起一列的突然的变动。"——"第 1358 号。自 1844 年以来（至 1857 年 6 月），这种变动，曾发生过 60 次，而在 1844 年以前一个同样长的时期内，还不到 12 次。"

特别有趣味的，是巴尔昧（Palmer）——自 1811 年以来，他是英格兰银行的董事，且曾一度任总裁——在上院商业凋敝调查委员会（1848 年至 1857 年）前的供述：

"第 828 号。在 1825 年 12 月，银行仅约保有 1100000 镑的金。在这时候，如果这个法律（1844 年的法律）已经颁布，它会崩溃无疑。在 12 月，我相信，它曾在一星期内，发行五百万或六百万镑银行券，因而大大把当时的恐慌减轻了。"

"第 825 号"。如果银行法早颁布了，则自 1825 年 7 月 1 日以来，"现行银行法应该会引起崩溃的第一个时期（如果英格兰银行要贯彻它已经开始的业务的话），是 1837 年 2 月 28 日；银行所有的准备金额曾一度达到三千九百万至四百万镑，但那时却只有六十五万镑。别一个时期是 1839 年，那自 7 月 9 日继续到 12 月 5 日"。——"第 826 号：这场合的准备金额怎样呢？答：准备金额不足，在 9 月 5 日不足额达二十万镑。在 11 月 5 日，增至大约一百万至一百五十万镑。"——"第 830 号：1844 年的法律，将使银行不能维持 1837 年那样的美国贸易。"——"第 831 号：有三个大的经营美国贸易的公司倒闭了。……几乎每一个经营美国贸易的公司，都被划在信用圈外，假若银行当时不出来援助，我恐怕难得有两三家公司能够维持。"——"第 836 号：1837 年的金融紧逼，是不能和 1847 年的恐慌比较的。因为，1837 年的金融紧逼状况，主要是以美国贸易为限。"——第 838 号。（在 1837 年 6 月初，英格兰银行董事会曾讨论怎样救济金融紧逼的情形。）"那时候有几位先生们辩护这种见解，说……正确的原则，是把利息率提高，从而使商品价格下落，总之，是使货币昂贵，商品低廉，使人们以商品实行国外的支付"。"——第 906 号：1844 年的法律，人为地，限制英格兰银行的权力，而在以前，则限制英格兰银行的权力的，是自然的限制，那就是该行现实的金属库存量。这种人为的限制，使营业感到困难，从而在商品价格上，发生全然不必要的影响。"——"第 968 号：在 1844 年法律的影响下，英格兰银行的金属库存，在普通情形下，不得在实质上较少于九百五十万镑。这个情形，会在价格和信用上，引起一种压迫，那必致在国外汇兑行市上，发生这样的变动，以致金的流入增加，并从而增加发行部的存金额。"——"第 996 号。在现今这样的限制下，贵行对于银是不能支配的。其实，在需用银来影响外汇行市时，这种支配也是必要的。"——"第 999 号：为什么规定在银行的金属库存内只能有 $\frac{1}{5}$ 是存银呢？——这个问题是我不能回答的。"

目的在使货币昂贵呀。除开通货理论不说，则把银行划为二部，和强制苏格兰爱尔兰诸银行发行银行券时应保存定额以上的金准备，都有这样的目的。这些办法，使国家的金属贮藏，发生一种分散的趋势，使它不能矫正逆势的汇兑行市。这一切规则——使英格兰银行在金准备不增加时，不能发行一千四百万镑以上的银行券；使该行的银行部，只能和普通银行一样营业，并在货币过剩时把利息率压下，在货币紧逼时把利息率提高；限制存银额（存银，是矫正对大陆对亚洲的汇兑行市的主要手段）；约束从来不需把金①输出的苏格兰爱尔兰银行，（其借口是维持它们的银行券的兑现性，实则这种兑现性纯然是幻想的，事实是1844年的银行法，第一次才在1857年，使人们突然向苏格兰银行要求兑金）。——的目的，都在使利息率提高。金向国外流出，和为国内流出，虽在作用上有极大的差别，但新的银行立法，绝不注意这件事。因此市场利息率，不断发生激烈的变动。关于银，巴尔昧曾两次（第992、994号）说："在汇兑行市于英格兰有利，从而银有余时，英格兰银行方许以银行券购买白银。"因为"第1003号：使银行的金属贮藏得有颇大部分为银这件事，只有一个目的，那就是在汇兑行市对于英国不利时，可以用银来实行国外的支付"。——"第1004号。银是一种商品，因为它是世界其他各国的货币，所以就这个目的说（为着实行国外支付的目的）……这是最适宜的商品。只有北美合众国在近年是专门用金。"

依照他的见解，英格兰银行，在金融紧逼时期，如果没有不利的汇兑市场使它必须把金输出，决不应超过旧水准，把利息率提高到五厘以上。如果不是因为有1844年的法律，英格兰将毫不感难色，把一切第一流的拿到它那里去的汇票贴现。（第1018—1020号）但因为有1844年的银行法，加以1847年10月银行的处境，使"英格兰银行无论向有信用的商家要求怎样的利息率，商家都情愿接受，因为他们急要避免破产的危险"。但这个法律的目的，也正在提高利息率。

"第1029号。我必须郑重区别，利息率在外国需要（对贵金属的需要）上的影响，和国内信用缺乏时期阻止人们向银行压迫

---

① 译者注：原版"金"误为"货币"。据马恩研究院版改正。

而实行的利息提高办法"。——"第 1023 号：在 1844 年的银行法以前，在汇兑行市于英国有利时，如在国内通行不安的景象，或发生积极的恐慌，银行券的发行是不受任何限制的。单有这一项，已经可以把这个紧逼状态救济。"

说这一段话的人，是一位在英格兰银行董事部服务三十九年的人。现在，我们再听听私银行业者托维尔斯的话。他自 1801 年以来，就是斯朋讷·亚提乌德公司的一位股东。在 1857 年银行法委员会所询问的一切证人中，只有他一个人。曾瞥见当时英国的实在状态，并看到了恐慌的临近。就其他各点说，他也是伯明翰的"小先令派"，因为和他合伙的亚提乌德，是这个学派的创立者。（参看《政治经济学批判》第 59 页）他供述："第 4488 号。足下以为，1844 年的法律曾发生影响么？——答：如果我以银行业者的资格回答你，我就应当答说，它曾发生很丰富的影响，因为他曾使银行业者以及各种（货币——F. E.）资本家，得到丰饶的收获。但对于诚实勤勉的营业家，它的影响却是很坏的。这种营业家要贴现率稳定，方才能够在营业上有自信心。……这个法律，使货币贷放成为一个极有利的营业。"——"第 4489 号；银行法使伦敦股份银行，可以支付股东以 20％—22％ 的股息么？——答：有一家，最近是支付 18％，我相信，还有一家是支付 20％；他们有各种拥护这个法律的理由。"——"第 4490 号：没有大资本的小营业家和诚实商人……最吃这个法律的亏。……我所以会这样觉得，只因为我看见他们有大量的承兑汇票，不能兑付。……这种承兑汇票，额面通常是极小的，大约在 20 镑至 100 镑之间，那有许多不能兑付，并因不能兑付，所以退回到国内各处，这常常是小商人已经感到压迫的标记。"——第 4494 号：他说明现在的营业已经没有利润了。他下述的声明是重要的，因为在一切人都不疑心有恐慌已经临近时，他却看到了潜存着的恐慌。

"第4494号：明兴街（伦敦的咖啡茶叶交易所）的价格虽尚维持原来的水准，但已经没有人买；随便用什么价格，都没有谁能够卖。那不过保持着名义上的价格。"——第4495号。他提到一个情形：有一位法国人，开示一定的价格，送值3000镑的商品，到明兴街去卖。经纪人不能定价格出来，这位法兰西人也不能在价格以下卖。商品因此卖不出去，但这位法兰西人却急需有货币。因此，这位经纪人就依下述方法，垫借他1000镑；那就是这位法兰西人，以这项商品为担保，开一张以三个月为期的1000镑汇票，由这位经纪人承兑。但到三个月满，汇票到期了，该项商品仍未卖掉。这样，这位经纪人不得不兑付汇票了；他虽有3000镑的抵押品，但他不能使它变为现金；因此，他就陷入困难中了。一个人就是这样把别一个人拉下水的。——"第4496号。说到输出的激增。……当国内营业不振时，那必然会引起输出的激增。"——"第4497号：你相信国内的消费已经减少么？——答：极显著地减少了……那很惊人……就这点说，小商人是极好的证人。"——"第4498号。不过，输入也很大；那不指示消费的增加么？——答：不错的，如果输入品可以卖出；但有许多堆栈，堆满着这种东西：在我上面举的那个例，就有值3000镑的一宗商品，虽然输入了，但不能卖出。"

"第4514号：当货币更昂贵时，你就要说，资本是更便宜了么？——答：是的。"——所以，这位先生绝不是欧维斯坦的信徒。依照欧斯坦的意见，利息率高昂，就是资本昂贵。

现在是怎样经营业务呢？"第4516号：……别一些人的营业曾大大扩充，并超过资本的限度，经营着过大的进出口业务；关于这点，是一点疑问没有的。这些人可以很幸运，由此赚到大财产，并把一切的负债偿付清楚。而就我们现在大概的情形说，也确实有极大部分的营业，是在这种制度下经营。这种人，虽然在一次输运上吃20％，30％至40％的亏，也无所谓；因为下一次的营业，可以把它赚回来。但若接连几次失败，他就倒了；而最近的情形，也确实常常如此。有一些公司倒闭时，没有分文资产留下来。"

"第4791号：（过去十年间的——F. E.）低利息率，曾使银行业者蒙受不利的影响，但不把营业账簿放在足下前面，我很难对足下说明，现在的利润（他自己的利润——F. E.），究竟比过去的利润，高出多少。当利息率因银行券发行过度而低下时我们有极大的存款；此后，在利息率高涨时，我们就由此取得直接的利益了。"——"第4794号。当货币可依适度的利息率取得时，我们将有更大的货币需要；我们会贷放出更多的货币；它就是这样（对我们，即对银行业者——F. E.）发生作用的。我们在货币昂贵时所得的利益，要比我们在货币低廉时所得的利益更大；我们所得的利益，会比我们必须有的利益更大。"

我们以前讲过，一切专门家都以为英格兰银行的信用是坚固不摇的。但银行法仍规定该行金柜中绝对须有九百万至一千万镑的金，来保障银行券的兑现性。在这场合，贮藏货币的神圣不可侵犯，是由一种全然和古代贮藏货币不同的方法，来贯彻。利物浦的布罗恩曾在《商业凋敝》1847年至1858年报告第2311号内供称："提到这个货币（发行部的金属贮藏）的好处，那是等于把它抛在海里一样；因为那是分文不能拿出来使用的，否则就是违背国会的法案。"

我们曾经讲过一位营造业者凯甫斯。我们在讨论伦敦近代的建筑业时（第2卷第12章），曾引用他的证言来作例解。他对于银行法的意见，可概括如下（见1857年《银行法报告》）："第5508号：概括说来，你以为现行的银行立法制度，会周期地，使产业的利润，被高利贷者的钱袋吸去么？——答：这正是我的意思。我知道，在建造业上，它确实是这样发生作用的。"

我们曾经讲过，苏格兰的银行，依照 1845 年的银行法，被强制变得和英格兰的银行相差不远。每个银行，如超过法定额发行银行券，它对于这超过的部分，便有保存金准备的义务。我们要知道这个制度的影响，可以参看银行法委员会 1857 年所接到的供述如下。

苏格兰一家银行的董事肯内德在第 3375 号供述："在 1845 年法律实施以前，在苏格兰，有什么可以称做金流通（Goldzirkulation）么？答：没有这一类的东西。"——"第 3376 号：自此以后，有追加的金流通发生么？——答：没有；人民都不高兴用金的。"——第 3450 号。自 1845 年苏格兰各银行所必须保持的大约九十万镑的金，依照他的意见，只有害处，没有好处的，"它是不生产地在苏格兰的资本中，吸去了一个相等的部分"。

苏格兰联合银行的董事安徒生也说："第 3558 号。苏格兰诸银行向英格兰银行提取现金的大需要，都是由外国汇兑行市引起的么？——答：是的；这种需要，虽以金保存在爱丁堡，也无可避免的。"——"第 3590 号。只要我们以同额有价证券存在英格兰银行（或英格兰的私人银行），我们就依然可以和以前一样，由英格兰银行，唤起金的出流。"

最后，我们且从伦敦《经济学界》杂志（威尔逊）引用一段文章如下："苏格兰诸银行把不使用的现金额，存在它们的伦敦代理处；这些代理处又把它存到英格兰银行。这种情形，使苏格兰诸银行在这个金额之内，可以支配英格兰银行的金属贮藏。而在有外国支付时，它们也随时可以到这里来提取。"——这种制度，是被 1845 年的法律所搅乱了。"1845 年法律实施的结果，曾在近年来，使大量的金铸币，由英格兰银行流出，来应付苏格兰的可能发生但也许永远不会发生的需要。……自从那时候以来，通例必须有巨大的金额被拘束在苏格兰，且还须有一个可观的金额，在伦敦和苏格兰之间，来来去去。设有时有某个苏格兰银行业者觉得他的银行券的需要行将增加，他就会由伦敦把金匣运过来；这个时候过去了，这个金匣再运回伦敦去，通例在没有开箱以前，就会再运回去的。"（《经济学界》1847年10月23日第1214页以下）

关于这各点，银行法的创议者，银行业者洛易德即欧维斯坦公，是怎样说呢？

〔他在商业凋敝调查委员会前，已经在1848年说过，"由资本不足而起的金融紧逼及高利息率，是不能由银行券发行额的增加来救济的。"（第1514号）不过，1847年10月25日政府命令许可银行券发行增加的办法，却确实足以减少恐慌的锋芒。

他所坚持的观念是："高利息率与工业不振状况，是工商业可以使用的物质资本减少的必然结果。"（第1604号）但数月来工业的不振状态，乃是这样发生的：物质的商品资本，过剩地堆积着不能卖出，以致物质的生产资本全部或一部分休闲着，以免生产更多的不能卖出的商品资本。

他在1857年的《银行法报告》上曾说："严格遵守1844年法律的原则，将使一切事物照着规则地顺利地通过，货币制度将确实不致动摇，国家的繁荣将无问题，公众对于1844年法律的信任心将一天胜似一天地加强。如果调查委员会要进一步考察这个法律所根据的原理是否正确，其结果是否有益，则真实充分的答复是：看看诸君的周围罢；看看我们国内现在的营业状况罢，看看人民是怎样满意罢，看看社会一切阶级的富裕与繁荣罢。这样，调查委员就可以判断，对于这个获有这种结果的法律，应不应当维持。"（《银行法报告》1857年第4189号）

欧维斯坦就是这样在 7 月 14 日向调查委员吹嘘的。但对于这种赞美歌，调查委员却在同年 11 月 12 日，报以白眼。那就是命令银行董事部，停止 1844 年的有奇迹作用的法律施行，以救济那急待救济的事情。——F. E.]

贵金属与汇兑行市

第三十五章

I　金贮藏额的运动

　　论述金融紧逼（Klemme）时期银行券将被蓄藏的时候，我们曾经说到，这个时期，和最原始社会状态下的不安定时期一样，会盛行贮藏贵金属的办法。1844 年的法律所以值得注意，就因为它要把国内现存的全部贵金属，悉数转化为流通手段。在它看来，金的流出，与流通手段的收缩一致，金的流入，与流通手段的膨胀一致。但实验的结果，却恰好得到相反的证明。除开我们下面要讲的。一个唯一的例外之外，英格兰银行银行券流通总额，自 1844 年以来，从未达到法律批准的最高限。1857 年的恐慌，又证明这个最高限额，在某种情形下，还是不够。自 1857 年 11 月 13 日至 30 日，每日超过这个最高限额的流通额，平均达 488830 镑。（《银行法报告》1857 年第 11 页）那时候，法定最高限额为 14475000 镑，加银行库内的金属贮藏额。

　　关于贵金属的出流和入流，我们可以注意：

　　第一，金属或是在不生产金和银的诸区域内，流来流去，或是从金属产源地把金银流入其他各国，而在这其他各国间，把这

613

种追加的金属分配开来。在此二者之间，我们是要分别清楚的。

在俄罗斯，加里福尼亚，澳大利亚金矿未曾发生影响以前，逐年的供给，自17世纪初年以来，是仅够代置磨损的铸币，供应普通的奢侈品需要，促成银向亚洲输出。

但从这个时期以后，因为亚洲和美洲及欧洲通商的关系，银向亚洲的输出是异常增进了。由欧洲输出的银，大部分是由追加的金来代置。其次，新输入的金，会有一部分，为国内的货币流通所吸收。据估计，至1857年为止，大约有三千万镑金，加到英国的国内流通①。并且，自1844年以来，欧洲和北美洲每一个中央银行的金属准备，都把平均水准增高了。国内货币流通的增加，同时又招来如下的结果：即，在恐慌时期以后接着发生的停滞时期，银行准备的增加已经更迅速，因为有较大量的金铸币，从国内流通冲出，被放在休止状态内。最后，当作奢侈品的贵金属的消费，自新金矿发现以来，也增进了，这是财富增进的结果。

第二，贵金属会在不生产金和银的诸国之间，流来流去。同一国会不断输入金银，又不断输出金银。因为这种单单摆动且屡屡平行着的运动，会有一大部分互相中和，所以结局要决定是流

---

① 这个情形对于货币市场究竟有什么影响，我们可以引用纽马奇的供述如下："第1509号。1853年快要岁暮的时候，公众间发生一种大恐惧：在9月间，英格兰银行递次把它的贴现率提高到三倍……在10月1日……公众间表示一种巨大的惊慌和忧虑。但在11月底以前，这种惊慌和忧虑，就有一部分缓和下来了，待有五百万贵金属从澳大利亚输入之后，就几乎全然消灭了。在1854年秋间，也发生过类似的事情；那一回，也在同年的10月和11月，输进了大约六百万贵金属。在1855年秋间（大家知道这是一个兴奋和不安的时期）也发生这种事情，当时有八百万贵金属在9月、10月和11月之间流入。而在1856年底，我们又发现了同样的事情。因之，我请委员会每一个委员，凭其经验来判断，我们是否常惯把金输入的来到，视为是金融紧迫时期的自然的完全的救济。"

出还是流入，应该问是哪一个方向的运动占优势。但就因为这个缘故，我们在回顾结果时，往往会把这两种运动的不断性和平行性，忽略过去。人们往往假定，贵金属的输入增加或输出增加，只是商品输入和输出的比例之结果和表现。其实，这种增加，同时还表现一个与商品经营毫无关系的贵金属流入与流出的比例。

第三，流入较流出所占的优势，和流出较流入所占的优势，大体说，是由中央银行的金属准备的增加或减少来量计。这个计量器是怎样准确，第一当然要看银行业务一般是怎样集中。因为，在所谓国民银行蓄存着的贵金属，究竟能够怎样代表国家的金属贮藏，就是取决于这一点。但假设情形是这样，那就可以知道，这个计量器并不怎样准确，因为在一定情形下，追加的流入，正可为国内的流通所吸收，或当作追加的奢侈品，把它用掉；并且因为，即使没有追加的流入，金铸币为国内流通而被提出的现象，仍然可以发生；即使没有同时发生的追加的流出，金属的贮藏也仍然能够减少。

第四，金属的流出，在其减少运动继续至长期间，以致减少成为运动的趋势，并把银行的金属准备大大压在中位水准以下，甚至降到平均最低限度时，将会采取出流（Drain）的姿态。这种最低限度，一向是任意规定的；因为那是由规定银行券现金保证的法律，在相异的场合，依照相异的标准，规定的。关于这种出流在英格兰所能达到的量的限制，纽马奇曾在 1857 年银行法委员会前供述：“第 1494 号：依照经验来判断，好像因现行营业变动而起的金属出流，决不致多过三百万镑或四百万镑。”在 1847 年，英格兰银行的金准备，在 10 月 23 日达到最低水准；与 1846 年 12 月 26 日相比，减少了 5198156 镑，与 1846 年 8 月 29 日的最高峰比较，减少 6453748 镑。

第五，所谓国民银行的金属的准备的职能（这种职能，不调节金属贮藏的量，因为这个量，也可因国内外营业的沉滞而增大），可以分成三方面来说：（1）那是国际支付的准备金，一句话，是世界货币的准备基金；（2）是时而扩大时而收缩的国内金属流通的准备基金；（3）是存款支付和银行券兑现的准备基金，（这一部分职能，与银行机能相关，而与单纯当作货币用的货币没有关系）。所以，任一种情形，如果会影响它上述三种机能的一种，也就会影响到它本身。譬如，当作国际基金，它会受影响于支付差额，不必问这种差额是由何种原因唤起，也不必问这种差额与贸易差额成何种比例。当作国内金属流通的准备基金，它又会受影响于这种流通的扩大或收缩。第三种机能，即当作保证基金的机能，虽不规定金属准备的独立运动，但会发生两重的影响。第一，如果发行的银行券在国内流通内是代置金属货币；（在以银为价值尺度的国家，就是代置银铸币），它就会丧失第二种机能即准备基金的机能。贵金属的一部分，向来当作这样使用的，会长久流往国外。在这场合，为国内流通，而把金属铸币提出的现象，不会发生；同时，因流通铸币金属一部分停止不动而起的一时的金属准备额增大的现象，也将消灭。第二，如果在任何情形下，皆须为支付存款和兑付银行券，保有最小限额的金属贮藏，这种机能，就会依一种特别的方法，影响金出流和入流的结果；它会影响银行在任何情形下皆须保有的那一部分贮藏，或影响银行在其他时期使用不着而急求脱手的那一部分贮藏。此外，在流通纯然用金属，银行业务又形累积的场合，银行又须把它的金属贮藏，同时看作是支付存款的保证；以致在金属发生出流时，就可以发生汉堡1857年那样的恐慌。

第六，除了1837年，真正的恐慌常发生在汇兑行市变动之后；那就是，发生在贵金属流入再超过它的流出那时候。

在1825年，现实的恐慌，是在金出流已停止以后才发生的。

1839 年金出流的现象发生了，但并未引起恐慌。1847 年金出流的现象在四月间停止了，而恐慌在十月间发生。1857 年金流出国外的现象在十一月开初，就停止了，但到十一月后来，才发生恐慌。

这个情形，在 1847 年的恐慌中，特别令人注目。那时候，金的出流已在四月间停止了，在引起一个前奏的小恐慌后，直到十月间，真正的营业恐慌方才爆发。

以下的述证，是在 1848 年上院商业凋敝秘密调查委员会前，供述的。这种述证，直到 1857 年方才印行（即 Commercial Distress 1848—1857）。

杜克的述证是："在 1847 年 4 月，金融紧逼起来了，严格说来，那等于是一次恐慌，但其期间比较很短，且也未在商业上，引起任何显著的破绽。到 10 月，紧逼的情形，比 4 月任何时，都更厉害了，于是有一个几乎空前的商业破产事件发生。"（第 2996 号）——"在 4 月间，汇兑行市，尤其是对美的汇兑行市，使我们不得不把巨量的金输出，为那异常大的进口货，实行支付；凭英格兰银行的异常努力，才把金的出流制止，并把汇兑行市提起。"（第 2997 号）——"在 10 月间，汇兑行市于英格兰有别了"（第 2998 号）。——"汇兑行市的变动，是在 4 月间的第三个星期开始的。"（第 3000 号）——"在 7 月和 8 月间，它是摆动着；但自 8 月初起，它就常常于英格兰有利了"（第 3001 页）。——在 8 月，金的出流，是"由国内流通上的需要唤起的"（第 3003 号）。

英格兰银行总裁摩里士：虽说自 1847 年 8 月以来，汇兑行市已于英格兰有利，金也因此有流入，但银行的金属准备却确实减少了。"为国内流通的需要，已有二百二十万镑金走出而在国内流通了。"（第 137 号）——这个情形，一方面要由铁路建造所

使用的劳动者人数已经增加这一点来说明，一方面要由"各银行业者在恐慌时期要自行保有金准备"这件事来说明。（第147号）

前总裁巴尔昧（他自1811年以来，就是英格兰银行的董事）："第684号。自1847年4月中至停止1844年银行法的那一日，汇兑行市都于英格兰有利。"

曾在1847年4月引起一次金融紧逼的金属流出，在这场合，是和在其他多数场合一样，只是恐慌的前奏曲；当恐慌爆发时，它是老早已经回头了。在1839年，正在营业异常衰落时发生了极为激切的金属出流（为谷物等而起的），但没有引起商业的恐慌，也没有引起货币的恐慌。

第七，当一般的恐慌自行归于熄灭时，金与银——且不说有新的贵金属从它的产源地流入——就会再依照平均状态下的比例（即金银在各国间当作金属贮藏的比例），分配开来。在其他一切条件不变时，它在各国存在的相对量，是由各该国在世界市场上所演的节目而定。它会由存额超过平准状态的国家流出，而流入别的国家。这种出流和入流的运动，不过是再在不同诸国的金属贮藏上，恢复原来的配分罢了。但这种再分配，是由各种事情的作用引起的。我们在考察汇兑行市时，会把这各种事情说明。常态的分配一经在那里恢复，那里就会先发生一种超过平准状态的增加，然后再发生出流（这最后一句，是只就英格兰说的，因为它是世界货币市场的中心点。——F. E.）。

第八，金属的出流，大都是国外贸易状况发生变化的征候。

这个变化，却又是快要再发生恐慌的前征①。

第九，支付差额可以于亚洲有利，而于欧洲美洲不利②。

贵金属的输入，会在两个时候占优势。先是在低利息率的最初阶段上，这个阶段紧随在恐慌之后，并且表示生产的限制；其次，是在第二阶段，在这个阶段上，利息率提高，但尚未达到中位的水准。在这个阶段，资本的归流容易实现，商业信用很大，对贷放资本的需要未与生产的扩大为比例的增加。总之，在这两个阶段，贷放资本都比较显得丰饶，所以存在金和银形态上（在这个形态上，它最初是只能当作贷放资本发生机能的）的过剩的资本入流，必定会在利息率上，从而在全部营业的格调上，发生显著的影响。

但一到归流不畅，市场显得壅塞，外表的繁荣只能由信用来勉强维持那时候，出流即贵金属的继续的严重的流出，就会发生。这就是说，只要对贷放资本已有极强的需要，利息率至少已达到中位水准，贵金属的出流就会立即发生的。这诸种情形，将由贵金属的出流反映出来。资本如果在直接当作可贷放的货币资本的形态下不断被提出，那当然会发生影响，但在上述诸种情形下，这种影响又一定会加强。那一定会直接影响利息率。但利息率的提高，不会限制信用的营业（Kreditgeschäfte），反而会扩大

---

① 依照纽马奇说来，金向外国流出，可以由三个原因发生。（1）由于纯粹营业上的原因，那就是输入超过输出，1836年至1844年间的情形和1847年的情形，就是这样。那主要是由于大量的谷物输入；（2）由于国外投资的欲望，例如1853年，英国人都要找到资金，投到印度的铁道业；（3）由于国外支出的必要，例如1853年和1854年在东方发动的战争。

② 第1918号纽马奇供称："设把印度和中国合在一起，而考察印度对澳大利亚的交易，并考察更重要的中国对北美合众国的交易，并在这场合，假设营业成一种三角关系，而由我国在当中作媒介，使其归于平衡，……那么，我们正可以说，贸易差额不仅于英格兰不利，且也于法兰西和北美合众国不利。"——（《银行法报告》1857年第169页）

它，并诱使它的一切辅助的手段，过度地伸张。所以，这个时期，正好是在崩溃时期的前头。

纽马奇曾被问道（《银行法报告》1857年）："第1520号：流通的汇票额，与利息率一同增进么？——答：好像是。"——"第1522号：在平稳的普通时期，总账就是交易的现实工具；但困难发生时，例如在我以上所讲的情形下，如果英格兰银行的贴现率提高了，……那么营业就不能麻麻糊糊，而必须凭汇票了；这种汇票不仅是更适当地证明交易已经完成的证据，且也更适于充作进一步购买的手段；最要紧的，是它能够当作信用手段（Kreditmittel）来获得资本。"——加之，如有某种危险状态的征候，诱使银行提高它的贴现率（同时，这还提示这种或然性：即，银行也许会限制它所贴现的汇票的通用时间），那时候定会发生一种疑惧，生怕这个倾向会渐次加强。每一个人，尤其是信用骑士（Kreditmitter），都想把未来的东西贴现，并在一定瞬间内，能支配多少信用手段就想支配多少。所以，上述的诸种理由，结局是归着在这一点：输入的贵金属的量或输出的贵金属的量，都不是以单纯的量的资格，发生影响。第一，这个量所以会发生作用，是因为贵金属有一种特殊的性质，可以充作货币形态上的资本。第二，它的作用，是像一根羽毛的作用一样。把一根羽毛加到天秤上去，就可以决定上下摆动着的天秤，究竟是哪一面向下坠了。那就是说，它所以会发生作用，是因为当时的情形，只要稍稍加一点，就可以把倾向决定了。没有这两个理由，我们决不能说明，为什么五百万镑至八百万镑的金的出流（照一向的经验，那是从来没有超出这个限界），就能发出这样显著的影响来。在英格兰，平均有七千万镑金流通着。就和这个数额比较，小额的金的增减，也似乎是不足道的，若是和英格兰那样大的生产比较，那就简直是一个小到不能看见的量①。但正是信用制度和银行制度的发展，一方面把一切货币资本驱往生产上使用（那就是把一切货币收入转化为资本），另一方面又在循环的一定阶段，把金属准备减至最小限，以致不复能充任它原要充任的机能。并且，又就是这种发达的信用制度和银行制度，使全有机体发生一种过度的感受性。在生产规模比较更不发达的地方，货币贮藏低过平均标准或大过平均标准，就比较是一件更没有关系的事。而从别一方面说，那怕是极严重的金的出流，也只要不是发生在产业循环的紧要关头，便比较会没有影响的。

在以上的说明上，我们没有考虑贵金属流出起因于农作物歉收以及其他的种种情形。在这种种情形下，生产平衡会发生巨大的突然的扰乱（其表现便是出流）。这种扰乱的影响是无须进一步说明的。扰乱越是发生在生产最为繁剧的时期，它的影响就会越是大。

我们也没有考虑保证银行券兑现的金属贮藏之机能。这种贮藏，是整个信用制度的支点。固然，中央银行是信用制度的支点，但金属准备又是中央银行的支点②。我曾在第一卷第三章论支付手段那一节讲过，由信用制度到货币制度的转变，是必然

---

① 我们且看看韦古林的滑稽的回答。他说，五百万镑金流出，便是少了五百万镑资本。他要由此说明那种种不会在现实产业资本价格无止境上提或下落，无止境伸张或收缩时发生的现象。从另一方面看，把这诸种现象直接当作是现实资本（即从物质要素方面考察的资本）量伸张或收缩的征象来说明，也是一样滑稽的。

② 纽马奇（《银行法报告》1857年）说："第1364号。英格兰银行金属准备，在事实上，……是中央准备或中央金属贮藏，英格兰国内的全部营业，就是在这个基础上面经营的。那就是说，它是国内全部营业所依以旋转的支点：国内一切其他的银行，都把英格兰银行看作是中央贮藏所或蓄水池，它们都从那里取得它们的硬货准备（Reserve von Hartgeld）。而外汇行市的影响，也常常正是落在这个贮藏所和蓄水池上面。"

的。杜克和欧维斯坦双方都承认，为要在最紧急的时期保持金属的基础，有大牺牲真实财富的必要。他们的争点，不过旋转在一个加号或减号上面；他们所争的，只是对这种不可避免的事，应该以更合理或更不合理的方法去应付①。一定量的贵金属（与总生产比较起来，这个量其实是小得很的），被认为是全体系的支点。他们由此惊人地证明了它是恐慌的支点，但舍此不说，那还引起这种美丽的理论上的二元论。当启蒙经济学真正考察"资本"时，是以最轻蔑的眼，看待金和银，把它们看作是事实上最不关紧要最无用处的资本形态。但当他们回头来讨论银行制度时，却是一切倒转过来了，金和银成了资本一般了；为要保存它，其他各种形态上的资本和劳动，都必定要被牺牲。但金和银是怎样和别的财富姿态相区别呢？不是由价值量，因为价值量是由在其内对象化的劳动量决定的。那是由这种事实：金和银是财富的社会性质之独立的体化物，是财富的社会性质之表现。〔社会的财富，是当作个人的财富，才存在的。这种个人，便是它的私有者。它所以是社会的财富，只因为这些个人为要满足他们的欲望，会互相交换在性质上互相不同的使用价值。在资本主义生产下，那只能用货币作媒介。那就是个人的富实现为社会的富，只因为有货币作媒介。财富的社会性质，是体现在货币这个物上面的。——F. E.〕财富的社会存在，表现为社会财富诸现实要素的对方，表现为这种物，这种东西，这种商品，它和社会财富诸现实要素相并立，并且是立在它们的外部的。在生产流畅无阻时，这一点会被忘记。并且，当作财富的社会形态，信用还会把

---

① "所以，实际说来，杜克和洛易德（欧维斯坦）都主张以过早的限制，即提高利息率，减少资本垫支，以应付过度的金的需要。但只有洛易德，会凭他的幻想，引起各种不便利甚至危险的（法律）限制和规则。"（《经济学界》1847 年 12 月 11 日第 1417 页）

货币驱逐，篡夺货币位置。因为信任生产的社会性质，所以人们会让生产物的货币形态，表现为不实在的，意想的，简言之，表现为单纯的观念。但一旦信用动摇，——这个阶段，必然会在近世产业的循环上出现——一切现实的富，都必须现实地突然地转化为货币，为金和银。这是一种发狂的要求，但那必然会由制度的本身唤起的。但能用来应付这种异常要求的金银全部，不过是英格兰银行窖内的若干百万镑而已[①]。在金的出流发生影响时，生产非现实当作社会的生产而被放在社会的统制下这个情形，会痛切地在这个形态上面发生：财富的社会形态，是当作它外部的一物，存在着。固然，资本主义体系和一切以商品经营及私人交换为基础的前期生产体系，是在事实上，同具有这一种情形的。但在资本主义体系内，这种情形，方才在最痛切最奇怪最不合理的矛盾和胡闹的形态上，出现。因为，第一，在资本主义体系内，为直接使用价值而行的生产，为生产自己使用而行的生产，是最完全地废止了，所以，财富只以社会过程的资格存在着，这种社会过程又表现为生产和流通的错综关系。第二，因为随着信用制度的发展，资本主义生产虽不断要突破这个金属限制，要突破财富及其运动所遭遇的物质的同时又为幻想的限制，但每次它都是在这个限制上面，把它的头碰破。

在恐慌中，会发生这种要求；那就是，一切的汇票，有价证券，和商品，应能立即转化为银行货币（Bankgeld），一切的银行货币应能再转化为金。

---

① 问："足下以为，除了提高利息率，便没有别的途径，可以限制金的需要么？"——乍浦曼（古尔讷大汇兑经纪公司的一位股东）答说："这是我的意思。如果我们的金，降到一定点，我们最好是立即把警钟响起来，并当众宣说：我们是在走向衰落的途中，凡要送金出去的，都须自己去冒危险。"（《银行法报告》1857 年第 5057 号）

Ⅱ 汇兑行市 (Der wechselkurs)

〔货币金属的国际运动，大家知道，是以汇兑行市为晴雨计。如果英国对德国的支付比德国对英国的支付更大，马克的价格，以英镑表示，就会在伦敦高涨起来；而英镑的价格，以马克表示，就会在柏林和汉堡跌落下来。英国对德国所负的过重的支付义务，如不能由德国对英国的过重购买，而恢复均衡，则德国的马克汇票 (Markwechsel) 的英镑价格 (Sterlingpreise)，将会高涨到这一点，到这点，人们会情愿不用汇票，而由英国送金属——金币或金块——出去，支付给德国。以上所述，可以说是一般的标本。

如果这个贵金属的输出，竟以强大范围，继续到长的时间，英国的银行准备必定会受到影响，所以，以英格兰银行居首的英国货币市场，自须讲求保护的方策。我们讲过，这种保护的方策，主要就是把利息率提高。在金的出流甚大时，货币市场通常会感到困难；那就是对货币形态上的贷放资本的需要，将显著超过它的供给。利息率自然而然会跟着提高起来；而由英格兰银行规定的贴现率，也会和这个事态相照应，并在市场上通行。但如下的情形，也会发生的：金属的出流，非由于普通的营业关系，而由于其他的原因（例如借款给外国，投资到国外等）。在这种情形下，伦敦的货币市场实际把利息率提高，是一点理由也没有的；因此，英格兰银行会先由"公开市场"的巨大的贷款，"造成货币稀少的情形"，人为地，造成这种状态，使利息率的提高成为合理的或必要的。这个方法，对于英格兰银行，是一年比一年更难实行了。——F. E.〕

利息率的提高，是怎样影响汇兑行市，可由以下各种供述而

知。这各种供述，是 1857 年下院调查银行立法时，提出的。(即《银行法报告》1857 年)

约翰·穆勒："第 2176 号。当营业感觉困难时，……有价证券的价格大大下落了，……外国人这时候会在英国购买铁路股票；英国人所有的外国铁路股票，会卖给外国人。……冀由此依比例减少金的输出。"——"第 2182 号：不同诸国利息率的平衡和商业晴雨计状态（压力）的平衡，通常是赖一个庞大而富裕的银行业者证券商人阶级来实行的。这个阶级，……常常因预料有价证券将会涨价而把有价证券购进……而最适宜购买有价证券的地方，便是把金送到外国去的地方。"——"第 2183 号：这种投资，在 1847 年曾以极大的规模发生，那足以减少金的出流。"

英格兰银行前任总裁胡巴德（他自 1838 年以来，就是英格兰银行的董事）："第 2545 号：在欧洲不同各货币市场上流通的……欧洲有价证券有非常的巨额，这种证券一旦在一个市场上跌价 1% 或 2%，就会立即被购去，送往那价值仍维持原状的市场上去。"——"第 2565 号：外国不是对英国商人负有巨额的债务么？——答：数额极大。"——"第 2566 号：这种债务的收进，说明了资本在英国有极大的蓄积么？——答：在 1847 年，我们就由美俄两国从前对我们所负的若干百万债务的清算，来恢复我们的地位。"（英格兰对于美俄两国，也曾因谷物，同时负着"若干百万"的债务，但那是大部分由英国债务人的破产来"清算"的。参看 1857 年《银行法报告》及本书第 30 章——F. E.）——"第 2572 号：在 1847 年，英国与圣彼得堡间的汇兑行市，是极高的。当政府命令准许银行发行不必以一千四百万镑的限界为限（即超过金准备的限界——F. E.）时，条件是贴现率必须维持为八厘。在这个时候，在这个贴现率上，把金由圣彼得堡运到伦敦来，在这里，照八厘的利息贷出去，以等待三个月期汇票（那是对这种卖出的金开发的）的到期，成了一种有利的营业了。"——"第 2573 号：在金的营业上，有许多点要考虑：那要看汇兑行市，看利息率而定。人们在汇票（对这种金开发的汇票——F. E.）到期以前，会依照一定的利息率，把货币放出去的。"

对亚洲的汇兑市行

以下各点是重要的，一方面因为它们会指示，当英国对亚洲的汇兑行市呈不利状态时，英国只有取偿于别的国家，这些国家由亚洲输入的物品，都是由英国居间而支付的。第二，因为威尔逊在这里，又表现了这种愚笨的尝试，那就是，想把贵金属流出在汇兑行市上的影响，和资本一般输出在汇兑行市上的影响，视为相同；他以为，这二场合的输出，都不是当作支付手段或购买手段，而是为投资（Kapitalanlage）。当然，这是没有疑问的，不论若干若干镑是在贵金属形态上还是在铁轨形态上输往印度，而在印度建造铁路，那是同量资本由一国移转到他国，不过形态不同。并且，这种移转，是不加入普通商业的计算内的；对于这种移转，输出国除希望由铁路未来的收入中，收取一种年所得，也不期待由此生出任何的归流。然若这种输出是在贵金属形态上实行，那虽然不必在一切情形下，但会在以前所说明的情形下，对于贵金属输出国的货币市场，从而对于该国的利息率，发生直接的影响；因为，贵金属直接是可贷放的货币资本，并且是全部货币制度的基础。它也会直接影响汇兑行市。因为在这场合，贵金属会被输出，不过因为伦敦货币市场所供给的印度汇票，不够应付这种额外的汇款。那就是说，印度汇票的需要，超过了它的供给；因此，汇兑行市暂时变为于英国不利，并非因为英国对印度负有债务，不过因为它要送异常的金额到印度去。长此下去，印度对英国货物的需要将会增加，因为那会间接增加印度人消费欧洲货物的能力。反之，如果资本是在轨条等形态上输出，那就不会在汇兑行市上发生影响，因为印度不会由此有款付回来。且也就因此，所以它不必就在货币市场上发生影响。威尔逊却说，这种额外的支出，会唤起额外的对货币通融的需要，从而会影响利息率，所以说那一定会在货币市场上发生影响。这种情形，当然也是可能的；但若说在一切情形下面，都必定会这样，那就完全错了。不管这种轨条是敷设在英国土地还是敷设在印度土地上，它所代表的，都不外是英国一定部门上的生产的扩大。主张生产的扩大（甚至在极大限界内的扩大），一定会增高利息率，否则不能发生，那当然是背理的。货币融通也许会增大，那就是，信用交易的营业额，也许会增大；但在利息率不变的时候，信用活动也是会增加的。而四十年代英国铁道热的时候，情形也确乎是这样的。当时，利息率没有增进。并且，若我们考察的，只是现实资本（在这场合，是商品），那很明白，无论这种商品是决定输出的，还是供国内使用的，它在货币市场上发生的影响必定是一样的。必须英国的国外投资，会限制英国的商业性的输出（那就是必须支付代价，必须有归流的输出），或这种投资已经标示信用的过度伸张或诈欺活动的开始，我们方才能在当中，发现区别。

以下是威尔逊问，纽马奇答。（《银行法报告》1857 年）

"第 1786 号：你以前关于东亚的银需要，曾经说过，照你的意思，虽有巨量的金属贮藏继续输往东亚，但英国对印度的汇兑行市，仍于英国有利。关于这点，你有什么理由么？——答：确实的……联合王国 1851 年输往印度的输出品的现实价值，等于 7420000 镑；此外，尚须加入东印度公司的汇款额（即东印度公司为支办本公司经费而从印度取去的基金）。这种汇款，在 1851 年为 3200000 镑；所以，联合王国输往印度的总输出额，合计为

10620000镑。在 1855 年，商品输出的现实价值，增加至 10350000镑；东印度公司的汇款为 3700000镑；所以，总输出为 14050000镑。我相信，1851 年由印度输入英国的商品的现实价值，是没有方法确定的。但 1854 年和 1855 年的，可以确定。在 1855 年，由印度输往英国的商品的现实价值总额，为 12670000镑；拿这个数额，和 14050000镑比较，差额是于英国有利的。由两个直接通商而起的有利于英国的差额，计为 1380000镑。"

在这里，威尔逊插进来说，汇兑行市还会受间接通商的影响。例如，由印度输往澳大利亚和北美的商品，就是用由伦敦兑付的汇票来支付，所以，这种通商的影响，和印度货物直接运往英国的影响是一样。再者，把印度和中国合起来计算，差额却是于英国不利的，因为中国为购买鸦片，须不断支付于印度，而英国又须支付给中国。这个金额就是这样间接到印度去的。（第 1787、1788 号）

第 1791 号，威尔逊问：资本"或是在轨条和火车头形态上输出或是在金属货币形态上输出"，汇兑行市会不会因此受到不同的影响？对于这个问题，纽马奇的答复是完全正确的。他答说，在过去数年间为建造铁路而送往印度去的一千二百万镑，是被用来购买一种年金，这种年金，是印度依照一定期限必须付给英国的。"如所论只是贵金属市场所受的直接影响，这一千二百万的投资，在输出金属以实行货币投资的限度内，才能发生这样的影响。"

第 1797 号，（韦古林问）："如果这种铁（轨条）不会引起任何的归流，我们怎样能说，它会影响汇兑行市呢？——答：我不相信，在商品形态上输出的那部分支出会影响汇兑行市的状态。……我们可以断然说，二国间的汇兑行市的状态，只会由一国所供给的债务或汇票和别一个所供给的债务或汇票之比较数量，受影响：这是合理的关于汇兑行市的理论。就这一千二百万镑的输送而言，这一千二百万镑起初是在英国募集；现在，如果营业状态是这样，以致这一千二百万镑全数在硬币形态上，在加尔各答，孟买，马德拉贮存下来。……这种突然的需要，当然会强烈地影响银行价格和汇兑行市；其结果，和东印度公司明日突然声称它的汇款额将由三百万镑增至一千二百万镑的结果一样。不过情形并不是这样。这一千二百万镑的半数，是用在英格兰购买商品……铁轨，木材，和其他各种材料……这是英国资本，在英国本国，支出来购买某种向印度输出的商品。当中的事情，也就是这样结局的。"——第 1798 号（韦古林）："但这种供建造铁路用的商品铁木等，是要消费许多外国商品来生产的，这不能影响汇兑行市么？——答：确实的。"

威尔逊现在以为，铁是大部分代表劳动，而为这种劳动支付的工资，却大部分代表输入品（第 1799 号），所以又问道：

"第 1801 号。但一般说来，消费这种种输入商品才能生产出来的商品，是照这个方法送出的：我们不能在生产物的形态上，也不能在别的形态上，由此受得任何的归航品（Retour）；那不会影响汇兑行市，使它对于我们不利么？——答：这个原则，正是在大铁道投资时期（即 1845 年——F. E.）英格兰发生的原则。在接连三四年或四五年内，你曾把三千万镑投在铁路上，并且几乎全部是工资。你在三年间，在铁路建造，火车头制造，车辆制造，车站建造上维持的工人数，比一切工厂区域维持的工人数合计还要更多。这种工人……是把他们的工资，用来购买茶叶，砂糖，酒，和别种外国商品。这种商品是必须输入的；但在这期间，在这种大支出正进行的期间，英国对外国的汇兑行市，并未发生大的扰乱。贵金属没有流出，却反而有流入。"

第 1802 号。威尔逊主张，在英国与印度间，如果贸易差额归于平衡，汇兑行市保持平价（Parikurs），铁与火车头的额外送出，就"必定会影响英国对印度的汇兑行市"。纽马奇却主张，如果轨条，是当作投资送出的，印度对于这种轨条又不在任何形态上支付代价，他就看不见这种影响了。他还说："我也觉得，任何国家不会在对一切通商国家的汇兑行市上，长处在不利状态中。这个原则，我是赞同的。对一个国家的不利的汇兑行市，必然会使它对别一个国家的汇兑行市，变为于它有利。"在这里，威尔逊归到一个平凡论调了。他说："第 1803 号：资本在这个形态上或那个形态上送出，不一样是资本移转么？——答：如果讲的只是债务，足下的话原也不错。"——"第 1804 号。那么，印度建造铁道对于英国资本市场（Kapitalmarkt）发生的影响，在资本用贵金属形态送出的场合，和用商品形态送出的场合，是一样么？并且，那是和全部用贵金属送出一样，会提高资本的价值么？"

如果铁的价格没有提高，那就无论如何，可以证明，包含在轨条内的"资本"的"价值"，没有增加。成为问题的，是货币资本的价值，是利息率。威尔逊是把货币资本和资本一般看作相同的。单纯的事实原来是，曾在英国，为印度建造铁路，募集一千二百万镑。这一件事，与汇兑行市没有直接的关系，而这一千二百万镑结局是怎样处置，也是一个在货币市场上没有关系的问题。如其货币市场是在有利状态上，它不会影响货币市场，是和 1844 年和 1845 年英国的铁路建造，不曾影响货币市场一样。如其货币市场已经略为感到困难，利息率当然会由此受到影响，但只是向涨的方向，但若照威尔逊的理论，这种情形，却将使汇兑行市转为于英国有利，那就是，会阻止贵金属流出（即令不是向印度，至少也是向某一别的国家流出）的趋势。威尔逊先生由一个问题跳到别一个问题去了。在第 1802 号，他问汇兑行市会不会受影响；而在第 1804 号，他却问"资本价值"。那是完全不同的两件事。利息率不是不能影响汇兑行市，汇兑行市也不是不能影响利息率，但在汇兑行市变动时，利息率可以不变，而在利息率变动时，汇兑行市也可以不变。威尔逊不会懂得，在资本被送往外国时，它输送时所采的形态，会在结果上引起差别；那就是，他不会懂得，资本的形态差别，尤其是它的货币形态，有这样的重要性，那是和启蒙经济学的见地极为矛盾的。不过，纽马奇在答复威尔逊时，他的答复也是片面的，又不曾指出，他已突然地毫无理由地由汇兑行市跳到利息率上来。他仅不确实地模糊地答复第 1804 号的问题说："没有疑问的，在这一千二百万镑募集的场合，它究竟是在贵金属形态上还是在材料形态上送出，是一件在一般利息率上不关重要的事。但（这个但字，是一个很美的过桥字眼，他由此转到一个刚好相反的命题）我相信，这并不是全然不关重要的（它是不关重要的，但，但又不是不关重要的），因为在一个场合，六百万镑会立即流回，在别一个场合，它却不会这样迅速流回的。所以，是不是有六百万镑投在国内，还是全部输往国外，那会引起若干的（何等明确啊！）差别。"他说六百万镑立即流回，是什么意思呢？如果有六百万镑在英国支出，在这限度内，它们是在送往印度的轨条火车头等形态上存在，它虽不会从那里流回，它的价值虽要由逐年还债的方法，极其缓慢地流回来，但六百万镑金属却也许极迅速地就会在自然形态上流回的。在这六百万镑是支出在工资上面的限度内，它是被消费了；但垫支在工资上面的货币，却依然在国内流通，或形成准备金。轨条生产者的利润及六百万中用来代置不变资本的部分，也是这样。纽马奇用"流回"这个意义暧昧的名词，不过因为不要直说：货币依然留他国内，而在它充作可贷放的货币资本的限度内，在货币市场上，又只有这个区别（不说流通将能吸收较多硬币这一件事）：这个货币，将由 A 代替 B 把它支出。这种投资方法，是在商品形态上，不是在贵金属形态上，把资本移往外国。除非这种额外输出的商品的生产，必须使用别种外国商品；不然，这种投资，绝不会影响汇兑行市的（并且，无论如何，不会在接受这种投资的国家，影响汇兑行市）。在这场合，额外输出品的生产，当然不是决定用来清算这种额外输入品。但每一种信用输出（Export au Kredit），无论是为投资目的，还是为普通商业目的，都有同样的情形。并且，这种额外输入，还会反过来，在殖民地或北美合众国，唤起额外的对英国商品的需要。

* * *

以前（第 1786 号），纽马奇曾说，因为有东印度公司的汇票，所以英国向印度的输出，会较大于英国从印度来的输入。吴德（Sir Charles Wood）关于这点，曾讯问他，英国向印度的输出，较大于英国从印度来的输入，实际是由这个情形引起的：即，对于从印度来的输入，有一部分，英国不须支付任何的代价。东印度公司（现在是印度政府）的汇票，实际是在印度课得的贡物。例如在 1855 年，由印度到英国的输入，等于 12670000 镑，由英国到印度的输出，等于 10350000 镑，其差额 2250000 镑为于印度有利。"如果事态已尽于此，这 2250000 镑是必须在某形态上汇往印度的。但在这里，有东印度公司的请求。东印度公司宣称：它能对印度各州，开出了 3250000 镑的汇票。（这个数额是征课来为东印度公司在伦敦的各项开支，并支付各股东的股息的）。这个数额不仅把由商业方面引起的 2250000 镑差额抵消了，且还引起 100 万镑的剩余。"（第 1917

号)

第 1922 号（吴德）："东印度公司这种汇票的影响，不是增加向印度的输出，不过依比例减少它，是不是?"（他的意思是说，以等额输出——向印度的输出——填补输入——由印度来的输入——的必要性，可以减少）。纽马奇先生对于这点解释说，英国人为报酬这 3700 镑起见，曾把一个"良好的政府"向印度输出。（第 1925 号）对于这种由英国输往印度的"良好政府"颇有认识的吴德（他曾经一度为印度事务大臣），却正确地讽刺地驳说：（第 1926 号）"然则，据你说，由东印度公司汇票引起的输出，不是商品的输出，而是良好政府的输出了。"——因为英国曾"依这个方法"，输出许多"良好的政府"和许多外国投资，——由此，它取得了种种完全与普通营业进程无关的输入，那是所输出的良好政府所受得的贡物，或是海外殖民地或其他各处的投资的所得，不须支付任何代价的所得——所以很明白，如果英国单是消费这种贡物，不实行任何对当的输出，汇兑率也不会受影响。所以，又很明白，如果英国把这种贡物，生产地或不生产地再投在外国，而不投在英国（例如凭这种贡物而把军需品运往克里米)，汇兑率也不会受影响。加之，在这种从外国来的输入品成为英国人的所得的限度内——当然，这种输入品，必须先当作不须任何代价的贡物，或由这种贡物的交换，或在普通的商业过程中，被支付代价——英国人可以把它消费掉，也可以把它当作资本重新投下。但无论如何，那都不会影响汇兑行市；聪明的威尔逊，却把这一点看落了。无论是本国的生产物还是外国的生产物（在后一场合，那不过要假设本国生产物与外国生产物相交换），只要它是构成所得的一部分，那么，这种所得的消费（无论是生产地消费，还是不生产地消费），就令会影响生产的规模，也不会影响汇兑行市。所以，以下的供述，是可据此来判断的。

第 1934 号。吴德问："怎样把军需品送往克里米，会影响对土耳其的汇兑行市呢?"纽马奇答说："我看不到，单是把军需品输出，也必致影响汇兑行市，只有贵金属的送出，才一定会影响汇兑行市的。"在这里，他把货币形态上的资本，和别的资本区别了。但威尔逊问：

"第 1935 号。如果足下把大量某种物品输出，而不由此发生对当的输入（威尔逊先生忘记了，就英格兰说，那曾有极大的输入发生，但除'良好政府'以及前此为投资而输出的资本外，并不曾由此发生对当的输出。这种输入，不是由通常的商业运动进来的。但这种输入品，会再用来交换美国生产物，而无相当输入，美国生产物即被输出的事实，也不会影响这个事实：这种输入品价值的消费，可不发生任何流向外国的等价的出流。虽没有对当的输出，这种输入品仍然可以进来；所以，它的消费可以不在贸易差额上发生任何关系），足下就不是支付由输入引起的外国债务了。（但若对于这种输入品已在以前，由足下给于外国的信用偿付过，那是不会由此引起任何债务来的。所以问题将与国际差额无关，却还原成为这样：不管所消费的生产物是本国的生产物还是外国的生产物，我们只要问它是在生产方面支出的，还是在不生产方面支出的）。足下必定会由这种行为，影响汇兑行市，因为足下的输出既未曾有相应的输入，是没有外国债务要偿付的。——答：就一般国家而言，确实是这样的。"

威尔逊的这种陈述，等于说，每一个没有相应输入的输出，同时都是一个没有相应输出的输入，因为在输出品的生产上，会有外国的输入的商品参加进去。这个假设是，每一种这样的输出，都以某种未付等价物的输入为前提，或者会唤起这样的输入，从而引起一种对外的债务。即不说下面那个情形，这个假设也是错误的。这两个情形是：（1）英国会接到不须支付任何等价物的白送来的输入品，例如印度输入品的一部分。英国可以用这种输入品和美国的输入品交换，使后者仅有商品向英国输出，而无商品从英国输入。无论如何，就价值而言，英国不过把一部分毫无所费于它的东西输出。（2）英国对于形成追加资本的输入品（例如美国的输入品），也许已经支付了；所以，当它不生产地被消费时（例如用作军需品），那并不形成对美国的债务，也不会影响对美国的汇兑行市。纽马奇曾在 1934 号和 1935 号自相矛盾，吴德在 1938 号曾促使他注意这点，并且问："如果在那种不受得任何代价便行输出的物品（军事支出——F. E.）的制造上，我们所使用的商品，没有任何部分，是由这种物品向着输出的国家得来，这种输出又怎样能影响对该国的汇兑行市呢？假设对土耳其的商业是在普通的平衡状态中，英国对土耳其间的汇兑行市，又怎样会因军需品向克里米输出，而受影响呢?"——在这里，纽马奇不能再平心静气了；他忘记了，对于这个单纯的问题，他已经在第 1934 号，正确地答复了；但说："在我看，我们已经把实际问题考察完了，现在已经踏进一个极高深的形而上学讨论的领域了。"

* * *

〔威尔逊对于他的主张，还有一种解释：汇兑行市会因资本由一国移转到他国，而受影响，不问这种移转，是在贵金属形态上实行，还是在商品形态上实行。威尔逊当然晓得，汇兑行市会受影响于利息率，尤其是受影响于这样二国（假设我们讨论的，正是这二国间的汇兑行市）间的利息率。所以，只要他能够证明，资本一般的剩余，尤其是各种商品（包含贵金属在内）的剩余，会在利息率上发生决定的影响，他对于他的目标，就更向前接近一步了。他的目标是：这种资本如以可观的部分向别一个国家移出，这种移转必定会在这两国，依相反的方向，改变利息率，从而，间接使两国间的汇兑行市也改变。——F. E.]

他在当时由他编辑的《经济学界》（1847 年 5 月 22 日第 574 页）上，曾说：

"很明白，由各种大量库存品（包括贵金属）指示的资本剩余，必定会引起商品一般的价格低落，并且还会使利息率（那是资本使用权的代价）减低，这是第一。如果我们手头有一个商品库存，足在此后二年内供应本国，那与仅足供应二个月的场合比较，我们将能由远较为低的利息率，取得在一定期间内支配这种商品的支配权。这是第二。一切的货币贷借，无论是在何种形式上实行，都不过是商品支配权由此到彼的移转。所以，如果商品过丰，货币利息必定会低，如果商品稀少，货币利息必高，这是第三。如果商品流入得更丰饶，则与买者的人数比较，卖者的人数必定会增加，而当商品量超过直接消费者的需要时，那就会依比例，把一个不断增大的部分贮存到后来使用。在这种情形下，商品所有者便会依较低的条件，为未来的支付或凭信用而卖。如果他们有把握，可以在数星期内把全部存货售出，他们是决不会用这样低的条件卖的，这是第四。"

我们对于第一点的批评是，在生产收缩时，贵金属可以同时有巨大的流入。恐慌以后的那个时期情形，就常常是这样。在继起的阶段内，贵金属可以从主要的生产贵金属的国家，流进来；其他各种商品的输入，在这个时期，则通例由输出来抵消。在这两个阶段内，利息率都很低，并且增进得很慢。对于这个现象，我们已经在前面说明过了。我们要说明这种低利息率，不必要用"各种大量库存品"的影响，作理由。并且，这种影响是怎样发生的呢？棉花的价格贱，使纺绩业者有赚取高率利润的可能。但利息率为什么低呢？那当然不是因为借资营业能获得高昂利润的事实。那只因为在现在的情状下，对贷放资本的需要，尚未与这个利润成比例；那就是，不过因为贷放资本和产业资本有不同的运动。《经济学界》所要证明的，却正好相反：它要证明贷放资本的运动，与产业资本的运动恰好是一致的。

关于第二点，如果我们把这个背理的假定——假定有一个库存品可以供应两年的需要——还原成为一个有若干意义的命题，那就不过假定商品市场是在壅塞中。那会引起价格的下落。购买一包棉花，将只须支付较小的货币额。但我们决不能由此便断言，用来购买一包棉花的货币，已经可以凭更低廉的条件取得。是否更低廉，那要看货币市场情形而定。如果货币真能凭更低廉的条件取得，那不过因为商业信用是在这个状态中，所以可以比平常，少请求一点银行信用。在市场中壅塞着的商品，是生活资料，或生产手段。在这场合，二者的低价格，都会增进产业资本家的利润。但在产业资本的丰饶与货币融通的需要不是互相反对，而是互相一致时，利息为什么能由这种低价格而减低呢？当时的情形，使商人和产业家彼此间更容易给予信用；就因商业信用更易获得的缘故，所以产业家和商人都只需要较少的银行信用；因此，利息率就低了。这种低利息率，与贵金属的入流没有关系，虽然这两种现象可以并行，而引起输入品低价格的原因，也可以引起贵金属的过剩。如果输入品市场真是壅塞了，那就证明对输入品的需要已经减少；在价格如此低廉时，若不假设国内的工业生产已经收缩，我们是没有方法可以说明这种需要的减少的。但在价格低廉输入过大的场合，我们又没有方法说明国内工业生产的收缩。这一切的不合理，都因要证明价格的下落等于利息率的下落，才发生的。此二者可以同时相并而行。但若是这样，那就不外表示产业资本的运动和可贷放的货币资本的运动，是走向相反的方向，决不会表示它的一致。

关于第三点。为什么在商品过剩时，利息会低微这件事，就在这个进一步的说明之后，也还是难于解释。如果商品低廉的结果，为购买一定量商品，我所需用的，以前是 2000 镑，现在比方说，已经减至 1000 镑。但我现在也许还会用 2000 镑，来购买倍于从前的商品，并由同量资本（那也许是我必须借入的）的垫支，来扩大我的营业。现在我是和从前一样，用 2000 镑购买。所以，如果我对商品市场的需要，随商品价格下落而增进了，我对货币市场的需要就会保持不变。但若对商品市场的需要竟然下落，若生产不比例于商品价格的下落而扩大，则《经济学界》的全部法则，都会被抵触；那就是，虽然利润增进，但对可贷放的货币资本的需要却减少。但这种增进的利润，是会引起对贷放资本的需要的。此外，商品价格的低廉，可溯源于三个原因。第一，是由于需要的缺乏。在这场合，利息率低，不是因为商品低廉，而是因为生产停滞。因为，商品低廉，不过是生产停滞的表示。第二，是由于比需要过大的供给。那可以是市场壅塞等的结果，那会引起恐慌，并且在恐慌中，与高利息率结合在一起。第三，那还可以是商品价格下落，以致同一需要，得由较低价格来满足这件事的结果。在后一场合，利息率为什么要下落呢？因为利润提高了么？如果那是因为，要获得同额的生产资本或商品资本，所必需有的货币资本，已经可以更少，那就不过证明，利润与利息是相互成反比例的。所以，在每一个场合，《经济学界》的一般命题，都是错误的。商品的货币价值低微和利息率低微，不一定是互相联结在一起的。如果不是这样，在生产物货币价格最低的最贫乏国家，利息率将会最低，而在农产品货币价格最高的最富有国家，利息率将会最高了。《经济学界》大体也承认，货币的价值下落，不会影响利息率。100 镑现在和以前一样会带回 105 镑。如果 100 镑比以前价值更小了，则 5 镑利息也比以前价值更小。原金额的价值增加或价值减少，不会影响它们的比例。从价值方面考察，一定的商品量，是等于一定的货币额。如果它的价值提高了，它就会等于一个较大的货币额；如果它的价值下落了，结果就恰好相反。如果价值 = 2000，则 5% = 100；如果价值 = 1000，则 5% = 50 那完全不会影响利息率。在这个问题上面，唯一合理的点是：以前购买同量商品，只需有 1000 镑，现在已需有 2000 镑，因此，将有更多的货币融通成为必要的。但这也不过证明利润与利息是成反比例的。因为利润因不变资本要素和可变资本要素便宜可以增进，利息却因此而下落。不过，相反的结果也会发生的，并且常常会发生。例如，棉花可因棉纱棉布无需要而便宜；又棉花可因棉工业有大利润，对棉花有大需要，而相对地昂贵起来。从另一方面说，产业家的利润高，可以正是因为棉花价格低。胡巴德的表，证明利息率的变动与商品价格的变动是完全独立的；利息率的变动，却和贵金属贮藏及汇兑行市的变动，却正好是相合的。

《经济学界》上说："所以，如果商品过剩，货币利息就必定会低微。"但恐慌期中的情形，是正好相反。在那时候，商品过多，不能转为货币，从而利息率高。但在循环的别一个阶段内，因对商品有大的需要，从而，归流很容易发生，所以商品价格会同时提高，但就因归流容易发生，所以利息率低微。那里又说"如果它（商品）稀少，它一定会贵"，但，这种相反的情形，在恐慌以后的收缩时期，也会发生。在这时期，不仅与需要比较来说，就是绝对地说，商品也是稀少的；这时期的利息率也很低微。

关于第四点。在壅塞的市场上，商品所有者如能全般出卖，他一定愿意用更低的价格售卖，但若他能迅速把存货全部售出，他决不会这样做。这是很明白的一点。但为什么利息率会因此下落，却是没有这样明白的。

如果市场壅塞着输入品，利息率可因所有者对贷放资本的需要增进（因为他不要把商品搬到市场上来），而提高起来。但利息率也可以下落，因为商业信用的流畅，会使银行信用的需要，相对地变为微弱。

＊　　＊　　＊

据《经济学界》的说明，1847 年汇兑行市所受的急速的影响，是由于利息率的提高和货币市场所受到的别的压迫。但切不要忘记，汇兑行市虽已有转向，但在四月底以前，金还是继续流入；金流入的情形，一直到五月初，才有转变。

在 1847 年 1 月 1 日，银行的金属贮藏为 15066691 镑；利息率为 $3\frac{1}{2}$%；三个月期的对巴黎的汇兑行市，为 25.75；对汉堡的汇兑行市为 13.10；对阿姆斯特丹的汇兑行市为 $12.3\frac{1}{4}$。在 3 月 5 日，金属贮藏减为 11595535 镑；贴现率增至 4%，对巴黎的汇兑行市，跌为 $25.67\frac{1}{2}$，对汉堡的汇兑行市，跌为 $13.9\frac{1}{4}$；对阿谟斯特登的汇兑行市，跌为 $12.2\frac{1}{2}$。金的出流，仍继续不断。参看下表：

1847年日期	英格兰银行贵金属准备（镑）	货币市场	最高的三个月期的汇兑行市		
			巴黎	汉堡	阿谟斯特登
3月20日	11,231,630	银行贴现率4%	$25.67\frac{1}{2}$	$13.09\frac{3}{4}$	$12.2\frac{1}{2}$
4月3日	10,246,410	银行贴现率5%	25.80	13.10	$12.4\frac{1}{2}$
4月10日	9,867,053	货币极稀少	25.90	$13.10\frac{1}{3}$	$12.4\frac{1}{2}$
4月17日	9,329,941	银行贴现率$5\frac{1}{2}$%	$26.02\frac{1}{2}$	$13.10\frac{3}{4}$	$12.5\frac{1}{2}$
4月24日	9,213,890	逼迫	26.05	13.13	12.6
5月1日	9,337,716	逼迫加大	26.15	$13.12\frac{3}{4}$	$12.6\frac{1}{2}$
5月8日	9,588,759	逼迫最大	$26.27\frac{1}{2}$	$13.15\frac{1}{2}$	$12.7\frac{3}{4}$

在1847年，贵金属由英格兰输出的总额，为8602597镑。其中有：

3226411镑向北美合众国输出

2479892镑向法兰西输出

958781镑向汉塞诸市输出

247743镑向荷兰输出

虽然有三月底汇兑行市的变动，但金的出流，仍在下一个月全月之内继续未曾停止。那也许是向北美合众国流出。

《经济学界》1847年8月21日第954页上曾说："在这里，我们可以看见，增进的利息率及跟着发生的金融紧逼，会怎样迅速地急切地发生作用，来矫正不利的汇兑行市，并使金的流动发生转向，使金再向英国流回。这种作用的发生，完全与支付差额无关。较高的利息率，使英国的和外国的有价证券的价格向下落，并招致外国人来大量购买。"因此，由英国发出的汇票金额增加了，但从他方面说，在利息率高昂时，获得货币的困难是这样大，以致在汇票金额增大时，对这种汇票的需要却减落。由同一原因，对外货的定单也取消了，英国人投在外国有价证券上的投资，都被实现，而把实现所得的货币，转向英国投下了。例如我们在 5 月 10 日的《里奥·德·匡内洛物价》表，就看到这样的话："汇兑行市（对英国的汇兑行市）已有新的退步，那主要是因为英国把大量（巴西）公债卖出的结果，有巨款要汇回来，因而给汇兑市场一种压迫。"在英国利息率极低时投在各种外国有价证券上的英国资本，一到英国利息率提高时，就会取回来的。"

英国的贸易差额

单是印度，就要为"良好的政府"，为英国资本的利息和股息等，向英国付纳五百万镑的贡物，而官吏节蓄的每年汇回来的金额，以及英国商人以其利润一部分每年汇回来投在英国内部的金额，还未计算在内。每一个英国殖民地，都须为相同的理由，继续把一笔大款子汇回来。在澳大利亚，西印度，加拿大等处设立的银行，大都是用英国资本设立的，其股息也是付英国。同样，英国又拥有许多外国有价证券，欧洲的，北美洲的，南美洲的，那都有利息可得。此外，它还参加外国铁路，运河，矿山等的事业，那也有相当的利息。由这各种项目引起的汇款，差不多完全是在生产物（英国输出额以上的生产物）形态上，汇回来的。反之，外国人因拥有英国有价证券而受得的金额，以及英国人留滞外国所消费的金额，比较起来，却是一个小到难于辨认的数额。

如所论以贸易差额及汇兑行市为限，问题会"在一定时候，归为一个时间的问题。照规则……英国输入品是现金支付，它的输出品，却给予长期的信用。在某一些时候，这种差别是一个曾在汇兑行市上发生显著影响的条件。在英国输出像 1850 年那样大大增加的时候，英国资本的投下，必定会继续扩大……所以，1849 年输出商品所引起的汇款，可以到 1850 年方才流回来。但若 1850 年的输出额，还超过 1849 年的输出额六百万镑，则实际的结果，必定是曾依比例，超过同年流回的货币额，有更多的货币，被送往外国。这样，它就在汇兑行市和利息率上发生影响了。但一旦我们的营业陷在恐慌中，我们的输出大减少，前年度因巨额输出而起的汇款，会极显著地，超过我们的输入品的价值；因此，汇兑行市就会转而于我们有利，资本迅急在国内蓄积起来，利息率下落了。"（《经济学界》1851 年 1 月 11 日第 30 页）

外汇行市可由这种种原因发生变化：

（1）暂时的支付差额。不问这种差额是由什么原因发生的：由纯粹商业的原因可以；由国外投资可以；由国家支出例如战争支出也可以；只要它会由此引起对外国的现金支付，就行。

（2）一国货币的贬值。不问那是金属货币，还是纸币。这纯然是名义上的；只要一镑只代表从前半数的货币，它当然不会再算做 25 法郎，只会算做 12.5 法郎。

（3）如果通汇的两国，是一国用银，一国用金充作"货币"，汇兑行市当然要看这两种金属的比价的变动而定，因为这种变动，显明会影响这两种金属的平价（Pari）。最近的例解是 1850 年的汇兑行市；该年的汇兑行市，是于英国不利的（虽然英国该年的输出增加得异常多）。但金仍然没有出流。这是银价比金价暂时提高的结果。（参看《经济学界》1850 年 11 月 30 日

第 1319 页以下）

一英镑的外汇平价，对巴黎为 25 法郎 20 生丁；对汉堡，为 13 马克·版科（Mark Banko）10 $\frac{1}{2}$ 先令（Schilling——旧德币名称）；对阿谟斯特登为 11 古尔登 97 仙。如果对巴黎的外汇行市，超过 25.20，那就依比例，有利于欠法国债的英国人，或有利于法国商品的购买者。这二种人可以用更少数的金镑，来达到目的了。——就那些边远的更不易获得贵金属的国家说，在汇票稀少，不足以清结对英国的汇款时，自然的结果是那种种普通向英国输出的生产物，在价格上大大提高；因为，在这场合，汇款人找不到汇票，只好把这各种生产物送到英国去，这样，对这各种生产物的需要，就增加了。印度的情形，就往往是这样。

不利的汇兑行市，或金的出流，可以在英国存金极多，利息率低微，有价证券价格高昂的时候，发生出来。

在 1848 年当中，英国从印度取得了大量的银；这是因为，1847 年恐慌及印度商业大失信用的结果，上等的汇票极为稀少，而寻常汇票又不容易找到受主。这全部的银，一经来到，便走向大陆去了；在那里，因革命骚动之故，各处都盛行贮藏的习惯。这种银，后来在 1850 年，大部分流回印度去了，因为当时汇兑行市的状态，使这种倒运很有利益。

*　　*　　*

货币制度在本质上是加特力教的；信用制度在本质上是布洛斯推坦教的。"苏格兰人讨厌金"。商品的货币存在，在纸的形态上，是只有社会的存在。信仰使人得救。他们信货币价值为商品的固有精神，他们信生产方法及其预定秩序，他们信个个生产当事人为自行增殖其价值的资本的人格化。但像布洛斯推坦教没有完全从加特力教的基础解放一样，信用制度也没有完全从货币制度的基础解放出来。

前资本主义的状态

　　生息资本——在它的古代形态上，我们也可以称它作高利贷资本（Wucher kapital）和它的孪生兄弟商人资本（Kaufmännischen Kapital）一样，是洪水前期的资本形态，它在资本主义生产方法发生以前许久就已经有了，并且在各式各样的经济社会形态内都可以见到。

　　高利贷资本的存在，只需有这样的条件：至少有一部分生产物转化为商品，同时，跟着商品经营业的发展，货币也在各种不同的机能上发展。

　　高利贷资本的发展，是与商人资本的发展，尤其与货币经营资本的发展，结合着的。在共和末期以降的古代罗马，制造业虽还远在古代平均发展程度以下，但商人资本，货币经营资本，高利贷资本，就已经在古代形态之内，发达到最高点了。

　　我们曾经讲过，货币贮藏这件事必然是会和货币一同出现的。但职业的货币贮藏者必须转为高利贷者，方才成为重要的角色。

　　商人借货币的目的，是用这种货币来赚取利润，是把它当作资本运用，那就是把它当作资本支出。所以货币贷放者在前期形态下对商人的关系，完全和他对近代资本家的关系一样。这种特殊的关系，加特力派诸大学也是感觉到了的。阿尔加拉，萨拉玛加，英哥尔斯达特，扶莱堡（布莱斯高州），梅因兹，科恩，托里尔诸市的大学，先后承认商业贷款的利息是合法的。前五个承认书，尚保存在里昂市政府的档案中，并由布鲁塞·朋斯（Bruyset-Ponthus），编印在《高利贷和利息论》（里昂出版）的附录中。（奥琪尔 M．Augier《公共信用论》巴黎 1842 年第 206页）无论在何种形态下，只要在那种形态下，奴隶经济（不是指家长式的奴隶经济，乃是指后期希腊罗马时代的奴隶经济）变为致富手段，货币因可购买奴隶土地等，也变为占有他人劳动的手段，货币就因为可以这样投下，所以会当作资本用，来增殖它的价值，来生出利息。

但高利贷资本在资本主义生产方法前期的特征形态，是有两类的。我是说特征的形态。这诸种形态，在资本主义生产的基础上都重新出现了，但不过当作次要的形态。在资本主义生产的基础上，它们已经不是决定生息资本的性质的形态。这两种形态，第一种是凭高利贷的方法，以货币贷放于奢侈的阔人，那大体是土地所有者；第二种是凭高利贷的方法，以货币贷放于自有各种劳动条件的小生产者，那包括手工匠，但特别指自耕农民；因为一般说来，在容许独立个别小生产者的前资本主义状态下，必然是以自耕农民阶级，占最大多数。

高利贷使富有的土地所有者破产，又把小生产者的脂膏吸尽。这两层，都唤起大货币资本的形成和累积。但这个过程，究曾在什么程度内，像在近代欧洲一样，把旧的生产方法扬弃，曾否以资本主义生产方法代替旧生产方法，完全要看历史的发展阶段以及各种伴起的事情而定。

当作生息资本的特征的形态，高利贷资本是与小生产，自耕农民，和小手工业老板的支配，照应着。在发展的资本主义生产方法下，劳动条件和劳动生产物，是当作资本，和劳动者相对立的。在这情形下，劳动者不会以生产者的资格，借取任何的货币。如果他借钱，那也是为自己一身的必需，例如到当铺去押当。反之，在劳动者实际上或名义上为他的劳动条件和他的生产物的所有者那时候，他却会以生产者的资格，和货币贷放者的资本——那是当作高利贷资本，和他相对立的——发生关系。牛曼曾说，银行业者受人尊敬，高利贷者遭人嫌恶鄙视，因为前者贷款于富人，后者贷款于贫人（牛曼《经济学讲话》伦敦 1851 年第 44 页）。他这样说时，他不过朦胧地，表明了这一点。他忘记了，在这里，我们应当要考虑，两个社会生产方法的差别，以及和它们相照应的社会秩序的差别。当中的问题不能以贫富的对立这一句话包括尽。不如这样说，吸收贫苦小生产者脂膏的高利贷，和吸收富有大土地所有者脂膏的高利贷，是同时并进的。当罗马贵族的高利贷，完全把罗马平民（小自耕农民）破灭时，这种榨取形态也就宣告终结，纯粹的奴隶经济就把小自耕农经济代替了。

生产者必要生活资料（那便是后来与工资相当的数额）以上的余额（后来那是当作利润和地租出现的），在这场合，会在利息的形态上，全部为高利贷者所吞并，所以，如果拿这个利息水准，和近代利息率的水平相比较，是一件再不合理没有的事。在那时，除国家取去的部分外，一切的剩余价值都包括在利息里面。但在近代，则利息——至少，标准的利息——不过是这个剩余价值的一部分。所以，如果我们这样比较，我们就把这一点忘记了：工资劳动者会为雇用他的资本家，生产利润利息和地租，总之，生产全部剩余价值，并且把全部剩余价值交付于他。卡勒就曾做过这种不合理的比较。他这样比较的目的，是要说明，资本的发展以及伴着发生的利息率的下落，对于劳动者是怎样有利。固然，高利贷者单是榨取牺牲者的剩余劳动，还不会满足；他还要渐次把土地房屋等劳动条件的所有权夺取过来，不间断地从事于这种剥夺；但在这里，他又忘记了，劳动者自有的劳动条件之完全的剥夺，并不是资本主义生产方法所要完成的结果，却是它所由以出发的既成的前提。工资奴隶和现实奴隶一样不能变为债务奴隶（Schuldsklave），至少，不能以生产者的资格，变为债务奴隶。他不过偶然能以消费者的资格，变成这样。在这个形态上，高利贷资本虽会在事实上，把直接生产者的全部剩余劳动占领，但并不会把生产方法改变；生产者所有或具有其劳动条件——以及和这种情形相应的分散的小生产——是这种高利贷资本的本质的前提。在这场合，资本不直接支配劳动，也不是当作产业资本，和劳动相对立。这种高利贷资本，会使这个生产方法穷乏化，使生产力麻痹，不是使它发展。同时，这种高利贷资本，又会使这种悲惨的状态永久化。在这种悲惨的状态下，不会像在资本主义生产下那样，牺牲劳动自身，来发展劳动的社会生产力。

从一方面说，高利贷对于古代的和封建的财富，对于古代和封建的所有权，发生了覆灭的和破坏的影响。从别一方面说，高利贷对于小自耕农的和小市民的生产，总之，对于生产者有其生产手段的各种形态，也曾加以颠覆，使其破灭。在发展的资本主义生产方法下，劳动者不是他的生产条件——他所耕的土地，他所加工的原料等——的所有者。但生产条件与生产者的分离，在这里，表现生产方法上一个现实的革命。分散的劳动者，结合在一个大工作场所内，经营着一种分工合作的活动。工具变为机械了。生产方法不复容许生产器具分散割裂的现象（那是和小所有权制度结合着的），也不复容许劳动者个别分立的现象。高利贷不复能在资本主义生产内，使生产条件与生产者分离，因为他们已经被分离开来了。

高利贷在生产手段分散的地方，把货币财产集中起来。它不改变生产方法，却当作一个寄生虫，紧紧寄生在生产方法上，使生产方法变为悲惨的。它吮吸生产方法的血，破坏它的神经，并强迫再生产在益益惨淡的条件下进行。所以，世人对高利贷的憎恶，会在古代世界，达到最高点。在古代世界，生产者有其生产条件这一回事，同时便是政治关系的基础，是市民独立的基础。

在奴隶制度支配着或剩余生产物由封建领主及其扈从所消费，而奴隶所有者或封建领主又为高利贷所困的限度内，生产方法不会发生变化；不过劳动者会受到更苛刻的待遇。负债的奴隶所有者或封建领主，会榨取得更厉害，因为他们自己被榨取得更厉害。甚至到结局，他们会让位给高利贷业者；这种高利贷业者，就像古罗马的骑士一样，本身也是土地所有者或奴隶所有者。旧榨取者的榨取，还多少是家长式的，因为大体说来，那还是一种政治的权力手段。代这种榨取者而起的，却是残酷的死要钱的暴发户。但虽如此，生产方法依然未曾因此发生变化。

只有从下面那一点说，高利贷才对于一切前资本主义的生产方法，有革命的作用；那就是，它把所有权的形态破坏了，分解了。（政治的等级编制，原来就立在所有权的形态这样一个牢固的基础上，并以同形态的不断的再生产为根据。）在亚细亚的形态上，高利贷维持得很长久，但不致在经济崩溃和政治腐败之外，再引起别的结果。只有在资本主义生产方法的别的条件已经具备的地方和时候，高利贷会表现为新生产方法形成手段之一；它所以会表现为新生产方法的形成手段之一，不外因为它一方面会把封建领主和小生产破灭，另一方面会把劳动条件集中成为资本。

在中世纪，没有一国有支配的一般的利息率。教会自始就禁止放债取息的办法。法律和法庭也不怎样保障贷借。在个别的场合，利息异常的高。微小的货币通流，大多数支付必须使用现金的情形，逼使人们去借钱；加以汇兑业务尚未发达，所以结果更加是如此。利息率，高利贷的概念，都极为纷歧。在查理曼大帝时代，课取100%的利息，便是高利贷。1344年波登湖畔林笃的土著市民，曾收取$216\frac{2}{3}$%的利息。舒里克鲁定$43\frac{1}{3}$%为法定的利息。在意大利，有时必须支付40%的利息，虽然自12世纪到14世纪，通常的利息率未曾超过20%。维洛那曾定$12\frac{1}{2}$%为法定利息。斐特烈二世曾定10%为法定利息，但只适用于犹太人。那并不是对基督教徒说的。但在13世纪，10%已经是德国莱茵区域通常的利息率了。〔胡尔曼《都市制度史》(《中世纪的都市制度》波恩1826年) 第2卷第55—57页〕

高利贷资本有资本的榨取方法，但没有它的生产方法。这种情形，在资产阶级经济的内部，也还可以在各种落后的产业部门或拒绝过渡到近代生产方法的产业部门看到。比方说，如果我们要拿英吉利的利息率和印度的利息率比较，我们必不可用英格兰银行的利息率，却要用那把小机械贷给家庭工业小生产者的利息率作标准。

和消耗的富对立而言，高利贷在历史上是重要的，因为它本身就是资本的一个发生过程。高利贷资本和商人财产，助成一种和土地所有权相独立的货币财产。生产物的商品性质越是不发展，交换价值越不能抓住生产的全部范围和根柢，货币就越表现为真正的富，表现为一般的富，而与它在使用价值上的有限的表现方法相对立。货币贮藏就是立脚在这点上面的。不说它有世界货币和贮藏货币的机能，它还特别是支付手段的形态。它就是在这个形态上，当作商品的绝对形态出现的。但使利息和货币资本发展的，正是它充作支付手段的机能。浪费的腐化的富所欲的，是货币本身，是可用以购买任何一物（也可偿还债务）的货币。小生产者，尤其要取得货币来支付（对地主和国家所纳的实物贡赋和劳役贡赋变为货币地租和货币课税了。这种转化，在这里，演有重要的节目）。在以上两个场合，货币都是当作货币使用的。

再从另一方面说，货币贮藏固然是在高利贷上面方才成为现实的，它的梦也是在高利贷上面实现的，但贮藏货币者所要求的，原不是资本，只是当作货币的货币；只因有利息的缘故，他才把这种贮藏货币，转化为资本——转化为一个手段，来占取剩余劳动的全部或一部分，并把生产条件的一部分占取，但在名义上，这种生产条件却仍是当作别人的所有物和他对立着。所以，一看就知道，高利贷业是住在生产的孔隙内，好比伊壁鸠鲁的神住在世界的孔隙内一样。在商品形态尚未完全成为生产物的一般形态时，货币是难获得的。不完全的程度越是大，货币就越是难于获得。所以，除了货币需要者的支付能力或抵抗能力以外，高利贷者是不知道再有别的限制的。在小自耕农和小市民的生产上，货币主要是当作购买手段用的。当生产条件由偶然事故，或异常事变而为劳动者所丧失，这种丧失又不能由普通的再生产过程来代置时，他们就需要货币来购买。生活资料和原料便是这种生产条件的本质的部分。如果它们涨价了，它们自不能由生产物的代价来代置；又如单纯的歉收，就够使自耕农民不能在自然形态上，将谷种代置。又如古罗马的战争；那一方面使罗马贵族强迫平民服兵役，使平民不能进行劳动条件的再生产，从而使他们贫穷化（在这里，生产条件的贫乏化，减损，或丧失，便是主要的形态），却又以掠夺到的铜（当时的货币），充满贵族的钱柜和地窖。这种贵族不以平民所需的商品，如谷物，牛马等直接给于平民，却把那对于他们自己毫无用处的铜贷放给平民，并利用这个状态，来榨取异常的高利贷的利息，从而使平民变为他们的债务奴隶。在查理曼大帝治下，法郎克的自耕农民，也是给战争弄得破产的，所以，结局他们只好由债务人沦为农奴。在罗马帝国，我们可以常常看到，饥馑逼迫人去出卖儿女，甚至出卖自己，使自己由自由人变为富人的奴隶。以上是讲一般的转点。在个别的考察下，小生产者是保持或是丧失他的生产条件，还取决于无数偶然的事故，每一种这样偶然的事故或丧失，都指示贫乏化的意思，但那都是高利贷者这种寄生虫寄生的点。就小自耕农民说，一头母牛的死亡，就使他不能依照旧的规模，重新开始他的再生产。因此，他就落到高利贷的网中去了，并且他只要一度这样陷落，就会永远不能翻身。

但货币充作支付手段的机能，正是高利贷业之真正的，大的，特有的地盘。每一个会在一定期限到期的货币给付（地租啊，贡赋啊，赋税啊……等），都会引起货币支付的必要。所以，大体说来，高利贷业自古罗马时代起，一直到近代，都寄生在包税人（Steuerpächter, fermiers généraux, receveurs généraux）手里。其后，跟着商业和商品生产的普遍化，购买和支付在时间上分开的情形，又发展了。货币必须在一定期限内交出来。这个情形，怎样会引起种种事情，使货币资本家和高利贷业者直到今天尚还混缠不清，那会在近代的金融恐慌内指示出来。加之，这种高利贷，还会进一步促进货币充作支付手段的必要性，并且是这种促进的主要手段。因为，高利贷会使生产者益益深陷在债务中，并以利息的负担，使他的正常的再生产成为不可能，因而把他通常具有的支付手段破坏。在这里，高利贷是由货币充作支付手段的机能发芽的，但它会把货币的这种机能，它的特有的地盘，扩大起来。

信用制度的发展，是当作反高利贷的反应，实行的。但我们决不要把这点误解了，决不要依照古代著作家，教会神父，路德，或旧社会主义者的意思来解释。它所指的不多不少，恰好是生息资本隶属于资本主义生产方法的条件和需要这一回事。

大体说来，在近代信用制度内，生息资本是与资本主义生产的条件相适应的。但高利贷不仅依然存在着，并且在资本主义生产发达的诸民族，突破了旧时立法所加上的一切限制。就下面这各种人和阶级说，生息资本还是保存高利贷资本的形态；而在下面那种情形下，生息资本也还是保存高利贷资本的形态。在这种情形下，他们还不是在或不能在资本主义的意义上借钱。在这种情形下，他们有的借钱，还是为个人的需要，例如到当铺去借钱；有的例如一味寻乐的富者，还是为浪费才借钱；有些生产者，例如小自耕农民，手工业者等，因为他们不是资本主义的生产者，所以他们还是以直接生产者的资格，领有他们自己的生产条件；最后，还有一些资本主义的生产者，他们是以这样小的规模经营，所以和自营的生产者相类似。

在生息资本为资本主义生产方法一本质要素的限度内，使生息资本和高利贷资本互相区别的事情，绝不是这种资本自体的本性或性质。使它们互相区别的事情，不过是这种资本所依以发生机能的条件已经变化，从而，与货币贷者对立的借者的姿态已经完全变化。甚至一个没有资产的人，也能以产业家或商人的资格，取得信用。这是由于这种信任心，即，当他以资本家的资格发生机能时，他会用借来的资本，占有无给的劳动。他是以可能资本家（Potentiellem Kapitalisten）的资格，受得信用的。这种非常为经济辩护论者赞叹的事情，即，一个无财产但有精力有诚实心有能力有营业知识的人也能变为资本家，从而，一般说来在资本主义生产方法下，每一个人的商业价值，都多少会被正确地估价——虽然会不断招致若干不被欢迎的新的幸运追求者到战场上来，但却能巩固资本的支配权，扩大它的基础，使它能由社会的下层，不断吸收新的力量。这好比，加特力教会在中世纪，曾不分阶级身份财产，而由人民优秀分子中，选出若干，来形成它的等级制度一样。这是巩固僧侣统治权压迫世俗社会的一个主要手段。统治阶级越是能吸收被统治阶级的优秀分子，它的统治权就越是牢固，越是含有危险性。

近代信用制度开拓者的出发点，不是咒诅生息资本一般；反之，却是公然承认生息资本。

在这里，我们说的，并不是像公典（Monts-de-Pinte）那样的反对高利贷的反动。这种公典曾在 1350 年在法兰采·孔特的萨林士地方设立，后来又在 1400 年和 1479 年在意大利的秘鲁基亚和萨文那地方设立。它的目的，是要在高利贷下面保护贫民。这种公典所以值得注意，只因为它指示了历史的讽刺的倒影（Geschicbliche Ironie）；由此，虔敬的愿念，在它的实现上，恰好转化为它的反对物。依照适度的估计，英国劳动阶级对于当铺——那就是继承公典的东西——须支付 100％的利息①。在这里，我们也不是说嚣俄·强伯林（Dr. Hugh Chamberlegne）、约翰·布里斯科（John Briscoe）等人所抱的信用幻想。这些人，曾在十七世纪最后十年间，要用土地银行凭不动产发行的纸币，冀在高

---

① "当铺的利息格外高，这是因为在同一个月内，会频频当入和赎出，人们为要赎出一种质物，常常把别一种质物当入，因而在当时，往往仅能获得一个仅小的货币差额。在伦敦，有 240 家领贴当铺，在各州，约有 1450 家。所使用的资本，据估计，约有 100 万镑。那至少每年周转三次，每次平均课取 $335\frac{1}{2}$％的利息；所以，英国的下层阶级，每年为要获得这 100 万镑的暂时的垫支，须付 100％的利息。而由质物过期赎出所受的损失，还不包括在内。"（杜克提著《劳动人口今昔状态史》伦敦 1846 年第 1 卷第 114 页）

利贷束缚中，把英国的贵族阶级解放①。

12 世纪、14 世纪在威尼斯和热诺亚设立的信用组合（Kreditassoziationen），是为海上贸易及以此为基础的大商业的需要发生的；其目的，是要从旧式高利贷的支配和货币经营业的独占，求到解放。这种都市共和国所设立的名符其实的银行，同时都采取公共信用机关的形态，它们以未来课税的收入为担保，而垫款于国家。不过，我们不要忘记，创设这种组合的商民，就是该国的第一流人士；他们从利害的关系着想，很愿意他们的政府，和他们自己一样，能够从高利贷下面解放出来②，同时，并由这个方法，使国家益益受他们自己控制。所以，当英格兰银行计划设立时，王党曾抗议说："银行是共和国的制度。繁荣的银行，存在于威尼斯，热诺亚，阿谟斯特登和汉堡。但谁听说有法兰西银行，西班牙银行呢？"

阿谟斯特登银行（1609 年）和汉堡银行（1619 年）一样不能在近代信用制度的发展上，划出一个时代。它们都是纯粹的存款银行（Depositenbank）。银行发行的金券（Bons），在事实上，不过是已存入的已铸和未铸贵金属的领受证书，领受人须有保

---

① 就连在他们的著作的题名上，他们也是把"增加土地所有者的一般福利，提高土地所有权的价值，使贵族绅士等人从赋税下得到解放，使他们的年收入增加等"，作为主要的目的。只有高利贷业者将受损失，这样高利贷业者是国民的最可恶的敌人，他们比法兰西的侵略军队，还更于贵族和乡民有害。

② "举例言之。英格兰的查理二世，就须以巨额的高利贷利息和贴水，付于金锻业者（Goldschmiede 银行业的先驱）。那大都等于 20%—30%。一种这样有利的营业，使金锻业者益益垫借款项于王室，预付国家全部的税收接受国会的借款认可书；此外，还彼此竞争着，要把汇票，付款通知单，和借约购进或押进。所以在实际上，全部国家的支入，都经过他们的手"（约翰·佛兰西斯著《英格兰银行史》伦敦 1848 年第一卷第 30、31 页）"银行设立的建议，曾几度提出。它终于成为必要的了。"（前书第 38 页）"受高利贷业者吮吸的政府，已经觉得银行是必要的；必须有银行，它才能以国会的认可书为担保，而以相当的利息率，获得货币"。（前书第 59、60 页）

证，方才可以流通。但在荷兰，商业信用和大商业是随商业和制造业的发展而发展了，而在发展的进行中，生息资本也被隶属在产业资本和商业资本之下了。这个情形，已经在利息率低微这一点上指示了。荷兰在 17 世纪，和英国在现在一样，是经济发展的模范国。以贫穷为基础的旧式高利贷业的独占，在那里，也是由它自身推翻的。

拿荷兰来说，18 世纪全世纪，都有一种呼声，要强力地把利息率压下，俾使生息资本，隶从于商业资本和产业资本，而不致于相反。立法也是依照这个意旨做的。这个运动的主唱者是约瑟亚·蔡尔德（Sir Josiah Child），他是英国普通私立银行的始祖。他竭力反对高利贷业者的独占，像大成农业者摩西父子公司攻击个人成衣业者的独占一样。这位蔡尔德先生同时又是英国证券交易的始祖。所以，他（东印度公司的专权者）是以自由贸易的名义，来辩护他的独占的。对于曼勒（Thomas Manley 他著有《被误解的货币利息》一书伦敦 1668 年），他说："他是胆怯的战栗的高利贷业者之战士，但他的大炮台，是建筑在我认为最不坚固的地点。……他坦白地否认低利息率是富的原因，仅认它是富的结果。"（《商业论》1669 年，阿谟斯特登和柏林的翻译本 1754 年）"但是，如果使一国富裕的，是商业，如果压下利息，足以使商业增大，那就毫无疑问，利息的压下或高利贷的限制，是国富增进的一个有效的主要原因了。说一件事情在一定情形下是原因，同时在别种情形下会是结果，绝不是背理的。"（前书第 55 页）"蛋是鸡的原因，鸡是蛋的原因。利息减低可引起财富的增加，财富的增加，又可引起利息的更大的下落。"（前书第 156 页）"我是勤劳（Industrie）的拥护者，我的反对派却拥护休闲和怠惰。"（第 179 页）

这种有力的反对高利贷的斗争，以及生息资本应隶从于产业资本的要求，不过是这诸种有机的创造之先驱。这诸种有机的创造，在现代银行制度的基础上，树立了资本主义生产的种种条件。因为现代的银行制度，一方面，把一切歇闲的货币准备，累积在它手里，并把这种货币准备，投到货币市场上来，从而把高利贷资本的独占权夺去，另一方面，它又创造信用货币，从而把贵金属的独占权限制。

反对高利贷的思想，以及在高利贷下面解放工商业和国家的要求，不仅在蔡尔德的著作中可以见到，在 17 世纪末叶和 18 世纪初叶出版的一切论述银行制度的著作内，都同样可以见到。同时我们还可以看到种种妄大的幻想，以致认信用，贵金属独占权的解除，贵金属由纸代替等，有奇迹的作用。苏格兰人威廉·帕特孙（William Patterson）——英格兰银行和苏格兰银行的创立者——就是约翰·劳的一世祖（Law der Erste）。

"一切的金锻业者和当铺，都大肆咆哮"，来反对英格兰银行。（麦皋莱《英国史》伦敦 1854—1857 年第 4 卷第 499 页）——"在最初十年间，该银行在奋斗中曾受到大的困难；外界的反对甚烈；它的银行券，要远在其额面价值之下，才有人受。……金锻业者（在他们手中，贵金属的交易，是原始银行业务的基础），阴谋对付该银行；他们的业务，因有该银行的缘故，已经减少了，他们的贴现率被压下了，他们和政府间的业务，都归到他们的敌人的手里了。"（佛兰西斯著《英格兰银行史》第 73 页）

在英格兰银行创立以前，已经在 1683 年，有了创设一个国民信用银行的计划。这个计划的目的之一，是："营业家有巨额商品时，得由该行支持，把商品寄托起来，并以这种寄托的商品为抵押，受得一种信用，来维持他们的使用人，增进他们的业务，一直到他们发现良好的销路的时候，使他们无须贴本售卖。"

经多次的困难之后，这个信用银行，在主教门街的德文夏大屋内设立了。该银行以寄托商品为担保，而在汇票形态上，以寄托商品价值的四分之三，贷于产业家和商人。为要使这种汇票可以流通，每一个营业部门都有一群人，组织一种会社，使持有这种汇票的人，可以凭汇票，像用现金买物一样便易地，购买商品，不过，这个银行未曾有怎样发达的营业。它的机构太复杂，商品跌价时它所冒的危险又太大了。

有许多著作，在理论方面，鼓吹并要求英国近代信用制度的形成。如果我们把这一些著作的实在内容一加考察，我们将只能发现这一种要求，那就是，要求把生息资本和可贷放的生产手段，当作资本主义生产方法的条件之一，隶属在资本主义生产方法下面。如果我们仅考察这一些著作的词句，我们将会惊觉，这种著作的议论，甚至在用语上面，也和圣西门派所怀抱的银行幻想和信用幻想相一致。

重农主义派心目中的耕作者，不是实在的自耕农民，却是大租地农业家（Grosspächter）。同样，圣西门心目中的，尤其是他的学徒心目中的工作者，也不是劳动者，只是产业上和商业上的资本家。他曾说："一个工作者必须有助手。有帮伙，有手工劳动者；他寻求熟练的能干的和忠实的人。他使他们劳动，并使他们的劳动成为生产的。"（圣西门著《经济学和政治学》巴黎1831年第104页）总而言之，我们不要忘记，圣西门一直到他最后的一本著作《新基督教》，方才直接以劳动阶级辩护人的姿态出现，方才宣告他的努力的最后目的，是劳动阶级的解放。一切他以前的著作，在事实上，都不过赞颂近代资产阶级社会，反对封建社会，赞颂产业家和银行家，反对拿破仑时代的元帅和立法学者。拿他和同时代欧文的著作比较，当中有怎样大的差异啊①！就在他的祖述者手里，也像上面那一段话所指示的那样，仍然把产业资本家当作工作者一般。我们如果用批判的眼光，把他们的著作读一遍，我们会看到如下的事实，是一点不会觉得怪异的。这个事实是：他们的信用幻想和银行幻想，是由一位曾一度为圣西门主义派的爱弥尔·培勒（Emile Pereire）所创设的动产信用（Crédit mobilier），实现的。这种信用形态，只有在法兰西那样的国家流行；在那里，信用制度和大工业，都没有发展到现代的水准。在英美二国，那是无论如何不能流行的。——在下面那一段话里面（见《圣西门教义注疏》1828—1829 年 3 版巴黎 1831 年），已经包含动产信用的胚芽。银行业者，可以比资本家和高利贷业者个人以货币用更低的代价，垫借于人。那并不是一件不可理解的事。和土地所有者及资本家比较，银行业者"可以用远较为低的代价，即用更低的利息，为产业家获得工作器具。因为土地所有者及资本家，在借者的选择上，比较容易发生错误。"（第202页）但著者又在一个注解中，自行注说："银行业者介在游惰者和工作者中间，固然必定会引起种种利益，但这种利益，因我的无组织的社会会给自利主义以表现的机会，以致

---

① 如果马克思能亲自编订这个原稿，他一定会把这一段话大大修改的。他所以会写这一段话，那是因为他看见曾经一度为圣西门主义派的人，竟在第二法兰西帝国做种种不堪的事情，有感而发的。在马克思写这一段话的时候，这个学派的救世的信用幻想，正在法兰西，凭着历史的讽刺的倒影，当作一个空前有力的大诈欺，来实现。后来，马克思说到圣西门，是只有赞美他的天才和博学头脑的。在他的前期著作内，他确实把资产阶级和在法国初兴的无产阶级的对立性看落了，他确实是把那一部分从事生产的资产阶级看作是工作者，但这种情形，正好与傅利叶要融和资本和劳动的见解相照应。那是要由当时法国的经济情形和政治情形来说明的。欧文的见解固然进了一进，但这是因为他住在别一种环境中，因为他是生在产业革命和阶级树立已经尖锐化的时代。——F. E.

于减少，甚至于消灭。这种自利主义，表现为各种的形态的诈欺和欺骗行为。因此，银行业者介在工作者和游惰者间，往往从事两方面的榨取，以致于使社会受损害。"在这里，工作者是指产业资本家。此外，他还有错误的地方：那就是，他把近代银行制度所支配的资金，看作是游惰者的资金。实则，就第一层说，那只是产业家和商人在货币形态上保有的暂时歇闲的资本的一部分，那是货币准备或待未来使用的资本；所以，它是休闲着的资本，但不是游惰者的资本。就第二层说，那只是决定永远用来或暂时用来蓄积的所得和节蓄的一部分。这两点对于银行制度的性质，都是必要的。

决不要忘记，第一，货币——贵金属形态上的货币——总归是基础；依照事物的本性，信用制度是永远不能和这个基础分离的。第二，信用制度，是以社会生产手段（在资本和土地所有权的形态上）在私人手里的独占为前提的，所以，一方面，它是资本主义生产方法的一个固有的形态，另一方面，它又是资本主义生产方法发展到尽可能最高点最终点的发动力。

银行制度，从正式组织和集中这两点说，真像 1679 年英国的利息思想里面所说那样，是资本主义生产方法最技巧最完成的生产物。因此，像英格兰银行那样的一个制度，对于工商业，会有大得可惊的权力；虽然工商业的现实运动，仍完全在它的领域之外，并且它对它们也还是被动的。又，它还会因此在形式上（虽也只在形式上），成为社会生产手段总记账和分配的机关。我们讲过，每一个资本家或每个特殊资本的平均利润，非取决于这个资本直接榨取到的剩余劳动，却是取决于总资本所占有的总剩余劳动量，在其中，每个特殊的资本，都不过当作这个总资本的比例部分，取得它的股息。但资本的这种社会性质，最初就是凭信用制度和银行制度的完全发展，来促成并充分实现的。但从另一方面说，是还不只此。它还把社会一切可用的甚至可能的尚未积极从事的资本，放在产业资本家和商业资本家的支配下，以致这种资本的贷放者和这种资本的使用者，都不是这种资本的所有者或生产者。因此，它把资本的私有性质扬弃了，而就其自体说——仅就其自体说，——它还把资本的本身扬弃了。因有银行制度之故，资本的分配，就当作一个特殊的营业，当作社会的职能，从私资本家和高利贷业者手里夺去了。但同时银行和信用，却也由此成为一种最有力的使资本主义生产超过其固有限界来进行的手段。此外，它还是引起恐慌和诈欺的最有效的手段。

银行制度还把各种形态的流通的信用，代替货币。由这种代替，银行制度指示了，在事实上，货币不外是劳动及其生产物的社会性质的一个特殊表现。这个性质，和私生产的基础对立着；它结局常须表现成为一物，表现为一种与其他商品并立的特殊商品。

最后，没有疑问，在资本主义生产方法到共同劳动（Assozi-erten Arbeit）生产方法的推移中，信用制度是一个有力的杠杆；但它发生这种作用时，它不过是一个要素，是不能和生产方法本身其他各种大的有机的变革分开的。但一部分社会主义者，却抱一种幻想，认信用制度和银行制度有一种奇迹似的威力。他们有这种幻想，因为他们完全不认识资本主义生产方法，完全不认识信用制度，当作资本主义生产方法的一个形态的信用制度。只要生产手段不再转化为资本（那也包含土地所有权的废止），这样的信用便不会再有什么意义了。这一点，连圣西门主义派也曾经看出的。但从另一方面说，在资本主义生产方法继续存在的限度内，生息资本就会继续当作资本主义生产的一个形态存在着，并在事实上，成为资本主义信用制度的基础。只有那位应时著作家蒲鲁东——他要维持商品生产，但要废止货币①——会梦想无偿信用（Credit gratuit）这个怪物。这个怪物，自称可以实现小资产阶级观点上的虔敬的愿念。

在《圣西门教经济学和政治学》一书第 45 页，我们见到如下的话："在社会里面有产业工具的人，没有使用这种产业工具的能力或意志，别一些人虽要经营产业，但没有劳动工具。在这种社会内，信用的目的，是依尽可能简易的方法，由前一种人（工具的所有者），把工具移到后一种人（知道怎样使用工具的人）手里。我们须注意，依照这个定义，信用乃是所有权的构成方法的结果。"所以，信用也会和这种所有权的构成方法，一同消灭的。在第 98 页，我们又见到这样的话：现在的银行，"认它们的任务。是追随外部各种营业的运动，不是刺激这各种营业；换言之，银行在它们对工作者（银行，把资本垫借给工作者）的关系上，是负着资本家的使命"。他以为，银行应负起指导的责任，并"由它所支配的营业和它所促成的工作量和工作效用"（第 101 页），来显示它的特征。这种思想，已经有动产信用的观念潜伏在内了。同样，查理·贝魁尔（Charles Pecqueur）也要求，银行（即圣西门派叫做"一般银行制度"的东西）"统制生产"。一般说来，贝魁尔大体上也是圣西门派，不过更彻底得多。他希望"信用制度……统制国民生产的全部运动"。——"诸君要尝试创立一个国民的信用制度。这个信用制度，虽以资金垫借于无所有而有能力有功绩的人，但不强制地，由生产与消费的密接的连带关系把这些借者在它自己下面联结在一起，却让他们自己决定他们的交换和生产。照这个方法，我们能够做到的，不过是现在各私人银行已经做到的。那就是无政府，生产与消费的不

① 马克思著《哲学的贫困》布鲁塞和巴黎 1847 年。——马克思著《政治经济学批判》第 64 页

均衡，某一些人突然破产，某一些人突然富裕。这样，诸君所计划的制度，仍不过为一部分人谋到幸福，但会在别一部分人身上，引起同样多的不幸。……这样做，诸君不过使那些受到支持的工资劳动者，像现在资本家老板互相竞争一样，有互相竞争的资力而已。"（贝魁尔《社会经济学和政治学的新理论》巴黎1842年第433、434页）

我们讲过，商人资本和生息资本，是资本的最古旧的形态。但依照事物的本性，生息资本就会在一般人的概念中，表现为资本的单纯形态。在商人资本的场合，我们可发现一个媒介的活动，不管那是欺骗，还是劳动，还是别的什么东西。反之，在生息资本的场合，则资本的自行再生产的性质，自行增殖的价值，剩余价值的生产，便当作一种秘密的性质，纯粹表现出来。所以，甚至经济学家也有一部分，——特别在产业资本尚未完全发展的国度，例如法兰西——确认生息资本为资本的基本形态，甚至把地租当作是它的变形，因为在地租的场合，仍是贷借的形态支配着。这样，资本主义生产方法内部的体制，是完全被误解了；并且，下面讲的那种事实，还完全被看落了，那就是，土地是和资本一样只是贷放给资本家。除了货币，实物形态上的生产手段，如机械，营业建筑物等，当然也是可以贷借的。在这场合，它们固依然代表一定的货币额；但在利息之外，仍须为磨损支付代价的事实，却是由此等资本要素的使用价值，由它们的特殊的自然形态引起的。在这场合，决定的事情，还是这样一件：即，它们是贷放于直接生产者（那是以资本主义生产方法不存在，至少在发生这种贷借的范围内不存在这一件事为前提）呢？还是贷放于产业资本家（这在资本主义生产方法的基础上，正好是我们的前提）呢？还有一件更不适当更无意义的事，是把为个人消费的租借房屋那一类事情，勉强拉进来。劳动者阶级也曾在这个形态上惨遭欺骗，是一件非常明白的事体；但这也是以生活资料供给他们的零卖商人玩的花样。那是一个第二步的榨取，和初步的在生产过程内直接发生的榨取并行着。在这场合，卖与贷之间的区别，是完全不关紧要的，形式上的。像我们以前讲过的那样，只有在那些对现实关联完全没有认识的人看来，这种区别会表现成为本质的。

*　　*　　*

高利贷和商业一样，只榨取一定的生产方法。它们不创造生产方法，但从外部和生产方法发生关系。高利贷要直接维持它，俾能重新不断地榨取它。高利贷是保守的，它不过使生产方法更悲惨。诸生产要素越是不以商品的资格加入生产过程，越是不以商品的资格从生产过程出来，则由货币再形成诸生产要素的行为，就越是表现为特殊的行为。流通在社会再生产上的职能越是不重要，高利贷业就越是繁荣。

货币财产当作一种特殊财产而发展的事实，就高利贷资本的关系而言，是表示这个意思，即，它所有的请求权，都有货币请求权的形态。如果一个国家的生产，大部分是为现物给付，从而以使用价值为限，则在该国高利贷资本将依比例越是发展。

在这限度内，高利贷有两种的作用：第一，它会在商人阶级的旁边，形成一个独立的货币财产；第二，它会把劳动条件占有，那就是把旧劳动条件的所有者破灭，所以，它在产业资本各种前提条件的形成上，是一个强大的杠杆。

中世纪的利息

"中世纪的人民，纯然是耕作的。在那里，像在封建统治下一样，买卖是很少的，从而利润也是微小的。所以，取缔高利贷的法律，会在中世纪被认为是正当的。并且，在一个农业国，设非为贫穷所逼，人民也很少有借钱的需要。……亨利八世把利息限为一分，杰考布一世限为八厘，查里二世限为六厘，安皇后限为五厘。……在那时代，货币贷放者虽不合法，那却在事实上是独占者，所以，必须限制他们，像限制别的独占者一样。……在我们这时代，是利润率支配利息率；在那时代，却是利息率支配利润率。如其货币贷放者以高利息率课加在商人肩上，商人就须在他的商品上面，敲出高的利润率来。所以，因为要塞满货币贷放者的钱袋，他们必须从买者的钱袋里，敲出巨额的货币来。"（居尔巴特著《银行业的历史和原理》第164、165页）

"我曾听说过，现今在莱比锡市每年要取去10古尔登，那就是每百要取去30的利息。在牛伦堡市，还要多一点，那就是每百要取去40的利息。是不是这样，我不知道。可耻呀，真不知哪里才是止境呀！……现今，在莱比锡，有100佛洛林（floren）的人，每年取40的利息，这等于每年吃一个农民。或市市有1000佛洛林的人，每年取400的利息，这等于每年吃一位骑士或一位富有的贵族。有10000。佛洛林的人，每年取4000的利息，这等于每年吃一位富有的伯爵。有100000佛洛林（这是每个大商人必须有的）的人，每年取40000的利息，这等于每年吃一位富有的亲王。一个有1000000佛洛林的人，每年取400000的利息，这等于每年吃一位大国王。他不须拿他的人身或商品，冒任何的险，他不要劳动，他不过坐在炉边，烘苹果吃。一个小盗坐在家里可以在十年内把全世界吃尽，就是这个道理。"（《商业及高利贷论》1524年，《路德文集》威吞堡1589年第6篇）

"在十五年前我曾写一篇文章，反对高利贷。当时，高利贷业非常蔓延，我并不希望它有什么改良。但自此以后，它变成非常傲慢的了，它已无须担忧会被归到恶德，罪过，或不名誉那一类去。它已经变成纯粹的美德和名誉，而被赞赏了，好像它曾对人民提供伟大的眷爱和基督教的服务一样。在不名誉变为名誉，恶德变为美德的今日，我们要怎么办呢？"（路德《反高利贷致僧侣书》威吞堡 1540 年前书第 306 页）

"犹太人，伦巴特人，高利贷业者，吸血者，是我们的最初的银行业者。他们的性格，几乎可说是不顾廉耻的。……他们又与伦敦的金锻业者相结托。大体说来……我们的最初的银行业者……是一个极不良的社会，他们是贪婪无厌的高利贷者，是冷酷的吸血鬼。"（哈特加斯特尔著《银行与银行业者》第 2 版伦敦 1843 年第 19、20 页）

"威尼斯市设立银行的先例，很快就有人模仿了；一切海滨的都市，一切因独立和通商而著名的都市，都设立了它们的最初的银行。此等都市的船舶，往往要经历很久的时间才会驶归，不可避免的结果，是信用给予的习惯。因有美洲发现和美洲通商的缘故，这个习惯是进一步加强了（这是一个主要点）。货物运输，使他们必须获得巨额的垫支。在古代，这种情形，已经在雅典和希腊发生过了。1380 年汉萨市的布鲁格，已经有一个保险公司设立了。"（奥琪尔《公共信用论》巴黎 1842 年第 202、203 页）

在 17 世纪末叶，近代信用制度发展以前，贷款于土地所有者和专门享乐的富有者这件事，甚至在英国，还是非常盛行。这一点，我们只要读一读诺芝（Sir Dudley North）的著作，就会知道的。诺芝不仅是一个第一流的英国商人，并且是那时候英国最著名的理论经济学者。他说："在我们国内以利息方法贷出的货币，甚至没有十分之一，是贷给经营业务的营业家；最大的部分，是为奢侈品，为人们（他们虽是大土地所有者，但所有地提供的收益，没有货币的支出那样快，并且因为他们不高兴把所有

地卖掉，却宁愿拿它来抵押）的消耗，贷出的。"（《商业论》伦敦 1691 年第 6、7 页）

就 18 世纪的波兰说。"华沙曾有大量的汇兑业务。但那主要以该市银行业者的高利贷为基础，并以此为目的。这种银行业者，凭八厘以上的利息率，把货币贷于浪费的贵族。他们为要取得这种货币，乃从外国获得一种空白汇票信用（Wechselkredit in Blanko）。这种汇票没有任何商品交易作基础。外国的汇划人只好忍耐着，希望这种汇票诈欺所创造的汇款，不致于倒失。不过，因为有达培这样的人以及别的很有名望的华沙银行业者的破产，他们往往须付很高的代价。"（比希著《汇兑的理论和实务》第 3 版汉堡 1808 年第 2 卷第 232、233 页）

利息禁止对于教会的利益

"教会是禁收利息的。但急需钱用时拿财产出卖的事情，却不在禁止之列。把财产在一定期间内移交贷者，作为担保，以待借款付还的事情，也为教会所不禁止。照这个办法，贷者是可以在货币付还以前，拿财产来利用的。……教会本身以及它所统辖的各种团体和神会，都由这个办法，取得了不小的利益。尤其是在十字军时代。这个办法，使国富的一大部分，归所谓'死手'（totem hand）所有。更因犹太人不能从事这种高利贷的缘故（因为固定抵押品的占有，无法掩蔽），结果是更加如此。……设不禁止利息，教会和修道院绝不会有这样富裕。"（前书第 55 页）

第六篇

剩余利润之地租化

第三十七章

绪 论

　　分析历史上土地所有权的各种形态，不是本书所要涉及的范围。本书在资本所生产的剩余价值，有一部分会落到土地所有者手中的限度内，方才讨论到它。所以，我们假定：农业如同制造业一样，由资本主义生产方法所支配，换言之，即农业如同制造业一样，由资本家所经营；而这农业资本家与其他资本家的区别所在，不过是资本及其所运转的工资劳动所依以投下的要素而已。在我们看来，租地农业家生产小麦和其他物产，正如同制造业者生产棉纱或生产机械一样。我们假定资本主义生产方法控制着农业。这假定就表示：这种生产方法，已支配着生产及资产阶级社会的一切方面，且其前提条件，如诸种资本间的自由竞争，资本由一生产部门向其他生产部门移转的可能，以及平均利润的均等水准等，也皆十分成熟。我们在这里所考察的土地所有权形态，是土地所有权一个特殊的历史形态。这一形态，系由资本及资本主义生产方法的影响所转化而成：那或者是由封建土地所有权演化出来，或者是由那为自家生计而经营的小自耕农业演化出来；在这种小自耕农业内，土地占有，表现为直接生产者的诸生产条件之一，他对于土地的所有权，表现为他的生产方法的最有利的条件，表现为他的生产方法得趋于繁荣的条件。资本主义的生产，一般是以劳动者的劳动条件的剥夺为前提，而在农业方面，同样是以农业劳动者土地被剥夺而隶属于为利润而经营农业的资本家这一个事实为前提。尽管有人主张，以前曾经有，现在还有别种土地所有权形态及农业形态存在过，但那种主张，对于我们分析的结果，完全没有影响。那种主张，只有对于这样的经济学者，是适用的；他们不把农业上的资本主义生产方法，及照应于那种生产方法的土地所有权形态，看作是历史的范畴，却把它看作是永远的范畴。

考察土地所有权的近世形态，那在我们是必要的，因为我们的任务，正是考察那些起因于农业投资生产上的及商业上的关系。如不作这种考察，资本的分析便没有完全。因此，我们的研究，专门限于严格的农业上的投资，即人民生活所需各种主要植物产品的生产上的投资。我们不妨以小麦作为这类主要植物的代表，因为近代资本主义发达的各国，都是以小麦为主要的荣养资料。（或者不讲农业，讲采矿业也行，因为它们的法则是相同的。）

亚当·斯密的特殊功绩之一，就是他曾说明：在主要荣养资料生产上投资所得的地租，决定其他农产物（如像亚麻，染料植物生产，或独立家畜饲养等）生产上投资所得的地租，关于这点，自斯密以来，实无何等进步。我们也许可以想到它的例外或补充，但那是属于土地所有权独立研究的范围，不是要在这里讨论的。惟其如此，本书对于无关小麦生产的土地所有权，不予详细讨论，只不时为作例解言及而已。

为完成说明起见，我还要表明：如像水一类物体，在它归一个所有者所有，而表现为土地附属物的限度内，我们是把它作为土地看待的。

土地所有权有一个前提，就是：由若干私人独占地体的一部分，排除其他任何人，使它成为专属于自己私意的领域，而将其支配①。把这个前提放在心中，接着的问题，就是立脚在资本主义生产基础之上，确定这种独占的经济价值（即价值增殖）。关于那些独占者使用或滥用地体一定部分的法律权力，并没有何等问题要解决。这种权力的使用，完全依存于经济上的各种和他们的意志相独立的条件。法律的概念自身，仅指明土地所有者可以处理他自己的土地，正如同其他一切商品所有者，可以处理他自己的商品一样。而且，这种概念——自由的土地私有权的法律概

---

① 关于土地私有权，黑格尔的说明，算是极尽滑稽之能事了。据他所说：看作个人的人，必须把他自己的意志，当作外部的自然之灵，附与以现实性。因此，他必须把这种自然，当作自己的私有物而占有。假若这对于个人，对于当作个人的人类，是预定的命运，那各人为实现当作个人的自己，都不得不成为土地所有者。土地的自由私有权，这种极近世的产物，据黑格尔说来，并不是一定的社会的关系，而是当作个人的人类对于自然的关系，是人类占有一切物的绝对的权利。（见黑格尔著：《法律哲学》柏林 1840 年第 79 页）至少这是很明白的，各个人单凭自己的意志，绝无法反对也想占据这块地体的他人的意志，而成为土地所有者。由是，善意以外，所须做的事情正多。而且，个人究应在何处区划他们的意志实现的限界呢？他们的意志的存在，究应在一国全体实现呢，还是为"表示我的意志对于物的优越"而有占有若干个国的必要呢？这是绝难索解的。黑格尔也在这里大露破绽了。"占有是完全属于个人性质的东西。我所占有的，并不超过我的身体所触到的物以上。但同时第二个问题发生了，即外界的物，较我用手所能捕得的，有较为广大的延长。所以，当我占有某物的时候，他物会与其关联起来。我用我的手进行占有，但占有的领域，却可以扩大。（第 90 页）"然而，这第二物，更与其他物关联起来。这一来，我能把我的意志，当作土地的灵，而注入土地内的限界就归于消灭了。"假若我占有任何物，我的理性，就立即要移到这种观念上面，即，我不仅以这直接归我占有的物为我的所有物，凡与此物相关的他物，也为我的所有物。在这里，明文法（Das positive Recht）必须确定其限界了。因为在此以外，我们不复能由概念推论到什么了。"（第 91 页）这是（概念）的一种极其素朴的告白。这证示这种概念（它一开始就陷入谬误，把完全属于资产阶级社会的一定的法律的土地所有权观念，当作了绝对的东西），对于这种土地所有的现实形态，无从得到何等理解。在这中间，同时并还含有这样一种告白。即，随着社会发展上（即经济发展上）的诸种欲求的变化，明文法也会变更它的定限，并且不得不变更它的定限。

念——在古代世界，只是发生于有机社会秩序（Organischen ge-sellscbaftsordnung）分解的时期；在现代世界，只是发生于资本主义生产发达的地方，而在亚细亚，那不过在若干地域，已由欧洲人输入罢了。资本主义生产方法，在一方面，是以直接生产者由他们为土地单纯附属物的位置（隶农，农奴，奴隶及其他的位置）分离出来这件事为前提，同时是以民众土地实行被剥夺这件事为前提，这是我们在本书前面讨论原始蓄积的那一篇（第一卷第二十四章）已经讲过的。在这限度内，土地所有权的独占，原是一个历史的前提。它是资本主义生产方法的基础，也是其他各种以民众榨取为基础的前期的生产方法的基础。不过，资本主义生产方法在开始时遭遇到的土地所有权形态，却与它不相适合。适合于其要求的土地所有权形态，是由资本主义生产方法自身造出的，那就是使农业隶属于资本。此后，封建的土地所有权，氏族所有权（Clanligentum），马尔克共同体上的小自耕农所有权等，不管其法律形态如何不同，都转化而为适合资本主义生产方法要求的经济形态。资本主义生产方法的大收获之一，在一方面，是使农业由社会最不发达部分单纯依习惯依传统进行的手续，在不抵触私有财产关系的可能限度内，转化为有意识的应用科学的农业①；在另一方面，则是使土地所有，完全从主奴关系得到解放，同时把当作劳动条件的土地，完全和土地所有权及土地所有者——对于他，他的土地所有权，不过是代表他由独占的强制力，得向产业资本家即租地农者征收的一定额现金租税而已——分离其结果，把全部关系破坏，以致苏格兰的土地所有者，竟得在君士坦丁堡，度送其生涯。因此，土地所有权取得纯粹的经济形态，必须脱却以前的一切政治上、社会上的装饰和混合物，简言之，即是要脱却一切传统的附属物，而这附属物，像我们后面所要说到的，当产业资本家自身及其学说代言人对土地所有权为热烈的抗争时，曾被斥责为毫无所用的不合理的赘物。资本主义生产方法的大功绩，就是在一方面使农业合理化，使农业的社会规模的经营成为可能，另一方面使人相信土地所有权的不合理。资本主义生产方法上的这种进步，如同它的其他各种历史的进步一样，是首先把直接生产者化为赤贫，来赢得的。

---

① 举例说吧，那怕是极保守的农业化学者约翰斯敦（Johnston）也承认真正合理的农业，到处都要因私有的存在，而碰到难于克服的限制。在彰明较著辩护土地私有权的独占的著作者中，也有承认这同一事实的。例如查尔·孔德（Charles Comte）君，他那两卷合成的大著，原以辩护私有权为特殊目的，但其中却说："给养一国国民的各部分土地，如其没有利用在最与一般利害关系一致的目的上，该国国民所达到的福祉与势力程度，就还不能适合于它自己的性质。为要让一国国民之富大加发展，就得在可能范围内以单一而最有启蒙精神的意志，管理一国领土的各部分，妥为处理，使各部分都有贡献于其他一切部分的繁荣。不过，这种意志的存在，于私有土地的分割，与国法所保障的各所有者对于自有财产有绝对处分权的条文不能一致。"约翰斯敦，孔德以及其他论著者，在说明私有制与合理的农业经营的矛盾时，只不过认定：一国的土地，有当作一体来耕作的必要。无奈特殊土地生产物的栽培，乃为市场价格的变动所左右，并须随着市场价格的变动，而不绝发生变化。并且，资本主义生产的全副精神，还是直接向着眼前的货币利得。这种种事和这样的农业（它应当供给人类相续各世代所不断要求的一切生活必需品）是相抵触的。比如森林就是一个好例子。森林只有在不属于私有，而属于国家管理的地方，有时才可以妥为处理，使其与全体社会的利害关系相一致。

在讲论问题本身以前，为要避免许多误解，尚须作若干预备的叙述。

农业资本主义生产方法的前提是：现实的土地耕作者，为工资劳动者。这些工资劳动者系为资本家即租地农业家所雇佣，后者不过把农业看为资本的特殊的榨取部门，看为特殊的生产部门而从事经营。他们为要取得在这特殊生产部门使用自己资本的允诺，对于他们所利用的土地的所有者即地主，必须在一定期间内（例为逐年）支付契约所确定的一定的货币额。（恰如货币资本的承借人，须按期支付一定的利息一样。）这货币额，不管是为农耕土地支付的或为建筑地，矿山，渔场，森林等支付的。统称为地租（Grundrente）。在土地所有者依契约贷与租地农业家的全时期内，后者都要付纳这种货币额。因此，所谓地租，不外是土地所有权在经济上实现自己（即成就价值增殖）的形态。而在这里，构成近世社会的骨干的三个阶级，即工资劳动者，产业资本家和土地所有者，就全部立在一块，并相互对立着了。

资本得固定于土地之内，那或是比较暂时性质的，如化学性质的改良，即施肥等；或是比较经久的，如排水沟，灌溉设备，开平，及农业建筑物等。这样被体合在土地内的资本，我曾在其他场所，称为土地资本（La terre-capital）①，这是属于固定资本的范畴。这样被体合于土地内的资本和在生产工具即土地上的诸种改良，都须有利息，这种利息，得为租地农业家支给土地所有

———————————

① 《哲学的贫困》第165页。"我在那里，曾把土地物质与土地资本加以区别。土地物质即土地广袤虽没有何等追加，但只要把追加资本投在既经转化为生产手段的土地上，即可把土地资本增大。……当作资本的土地的经久性，不会在其他资本以上。……土地资本即是固定资本，但固定资本，是和流动资本一样要用尽的。"

者的地租的一部分①。但那不构成严格的地租，这种地租，是为土地本身（不论是在自然状态上，抑是在耕作的状态上）的使用权而支付的。在土地所有权之体系的讨论（那不属本书的计划范围之内）上，我们对于土地所有者的这个收入部分，是应予以从长讨论的。但在本书，只要略加提到就行了。在农业普通生产过程上，比较短时期的投资，照例是由租地农业家去作。此等投资和耕作——如果耕作是依合理的方法进行，不像美洲奴隶所有者那样凶暴的劫夺土地（地主得依契约予以防止），——一样，会改良土地②，使土地生产物加多，使土地由单纯物质，转化为土地资本。既耕的土地，较之具有同样自然性质的未耕土地，有更大的价值。那种体合于土地之内，要经过比较长期才可耗尽的较恒久的固定资本，也主要地，或者如我们在若干生产部门所常见的那样，是由租地农业家投下的。不过，由契约所定的租地期间一经告满，体合于土地内的诸种改良，就要当作与土地实体不可分的偶然属性，转归于土地所有者；土地所有者所以在资本主义生产发达时要尽可能缩短租地的期间，这就是原由之一。在重新订立租地契约时，他就要把这体合于土地内的资本的利息，附加在严格的地租上了。在这场合，由他新租土地的人，或者就是原来在土地上从事那种投资的租地农业家，或者是其他的租地农业家，但那没有区别。这一来，他的地租增大了。或者说，就他想变卖土地的场合说罢——土地价格如何决定，随后就要论到——土地的价值是增多了。他不单是变卖土地，且是变卖改良过的土地，那就是毫无所费于他的体合在土地内的资本，也连同变

① 我在这里其所以说"得为"，就是因为这种利息，必须在一定的情形下，才依地租的法则而调节。例如，如果有具有大自然丰度的新土地参加进来竞争，它就会消灭的。
② 参看安徒生与卡勒之论述。

卖了。把严格的地租的运动置诸不论,这就是土地所有者的财富,随经济向前发达,而益益增大,他的地租不断膨胀,他的所有地的货币价值不绝增进的秘密之一;他们不用自己助力,就可以获得社会的发达之成果。他们是单为消费果实而生的。但这同时是合理的农业的最大障碍之一。因为租地农业家对于他不能期望在租期内完全收回的一切改良和费用,都是因此要规避掉的。这是一种障碍,这一点不仅已在 18 世纪为杰姆斯·安徒生(James Anderson,他是近代地租学说的真正发现者,兼为实际租地农业家,当时知名的农业经营者)所道破,而在现今也为英国现行土地法规的反对者所责难。

关于此点,华尔敦(A. A. Walton)在其所著《大不列颠与爱尔兰的租地保有史》(伦敦 1865 年第 96、97 页)中,曾这样说过:"我国有许许多多农业机关,它们的一切努力,不会怎样改善地租农业家或农业劳动者的位置,不过大大增大了所有地的价值和土地所有者的地租额,在这限度内,它们在耗作改善的现实发展上,不能成就何等重要的或真正值得注目的结果。良好的排水设备,充分的施肥,优越的经营等,再加以加用劳动使土地有彻底的耕耘,那在土壤改良上,在生产增加上,就都会产生惊人的结果:这一点,土地所有者,他的地租代收人,甚至一个农业协会的会长都知道,这是一般租地农业家也同样知道的。不过,这是非有多额的支出不行的。并且租地农业家都十分清楚:不论那会怎样改善土地,增加土地的价值,但由此所获的利益的主要部分,久而久之,总归要以地租增进及土地价值增昂的方式归到土地所有者的手中。……此等辩士们(农业宴会席上的土地所有者及其地租征收人)常常忘记告诉租地农业家的事实,——即租地农业家自身进行的一切改良,结局常不免有最大部分要归到土地所有者怀中的事实,——租地农业家是不会迂阔到不去注意的。……新的租地农业家常察觉到：旧租地农业家不论如何改良租地，这种改良的结果，土地所有者，总归会比例于土地价值因改良而起的增腾，而把地租提高。"

这种过程在严格意义的农业上，尚没有在土地当作建筑场所来利用的场合，那样明白而显现。英国的用在建筑目的上的土地，有一最大部分，非当作自由保有地（freehold）而变卖，而是以九十九年，或尽可能更短期的契约租赁；这契约期间届满，建筑物连同土地本身，都归于土地所有者手中。"他们（租地人）负有这样的义务，在租地契约期间告满的时候，除支付满期以前的非常苛刻的地租外，还要把尚可居住的良好状态中的房屋，移交于大地主。在租契期间快满的当中，土地所有者的代理人或检查人，就要来检查租地人的房屋，使租地人好好安排房屋，然后将其占有，并并归入土地所有者的所有地内。其实是，假若这种制度还长期继续下去，许其充分发挥效力，我们王国的一切房屋，都会连同农村的所有地，归到大地主手中了。伦敦的西区全部腾堡尔·巴南北两面，几乎都属于六位大地主所有，他们以异常高的地租出租。那些租地契约，虽尚未全部满期，但一大部分是快要满期了。在我们王国内的其他任何都市，大抵也是如此。但即使如此，这种排他独占的贪婪制度，并没有停止。我们海港都市的一切船渠设备，几乎全是由这种掠夺过程，落到大地主（Land-Leviathan）们手中了。"（前书第93页）据1861年英格兰及爱尔兰的户口调查，在总人口20066224人中，房屋所有者的人数，有36032人。假若把大房屋所有者与小房屋所有者分开来计算，房屋所有者对于房屋及人口数的比例，就完全不同了。在上述诸种情形之下，这是很明白的一件事。

用建筑物所有权来做实例，是相当重要的。其理由是：第一，那显然表示：严格的地租，与体合于土地内的固定资本之利息（即可成为地租追加部分的利息），各不相同。建筑物的利息，如同由租地农业家体合在农业土地上的资本的利息一样，在租地契约有效期间内，归于产业资本家，那或者是建筑投机家，或者是租地农业家；但不管归谁都好，就其自体说，当作土地利用的代价而必须逐年于一定期日支付的地租，是不会由此受到影响的。第二，那还表示：体合于土地内的资本，结局总归要连同土地，归到土地所有者手中；土地所有者的地租，则将由这种资本的利息而增大。

有些著作者如卡勒之流，一方面，对于资产阶级经济学者的攻击，是立在拥护土地所有者的立场上；他一方面，又努力使资本主义生产制度，由一个对抗的制度，转化而为一个"调和"的制度。他们企图把土地所有权之特殊的经济的表现，即地租，解说为等于利息的东西。他们以为这样一来，土地所有者与资本家间的对抗，就被抹除了。在资本主义生产的初期，与此相反的方法，曾被应用过。当时的土地所有权，尚被人信为是私有财产之原始的，值得尊重的形态；反之，资本的利息，则被看作是高利贷，而受排斥。因此，像杜德勒·诺芝（Dudley North）和洛克以及其他学者，都把资本利息，当作类似地租的一个形态来说明，杜尔阁且由地租的存在，来推论利息的正当。即令体合于土地内的资本的利息，没有追加到地租里面去，地租也得以纯粹的形态存在，而且实际存在；然即使把这事实，暂且不管，前述的最近诸著作家们，也忘记了：土地所有者依这种方式，除了获得于自己毫无所费的他人资本的利息以外，并还把这所谓他人的资本本身，不费一文，夺过来了。土地所有权形态，和一定生产方法内的其他一切所有权形态一样，它的合理化的论据，是生产方法自身，具有历史的过渡的必然性，从而，由它那里发生的生产上和交换上的诸种关系，也具有历史的过渡的必然性。真的，我们以后会知道，土地所有权和其他各种所有权，是由以次的事实来予以区别，就是，到了一定的发展阶段，即令从资本主义生产方法的立场来看，这种土地所有权，也显得是无用的，甚且是有害的。

在别的一个形态上，地租也会与利息混同，致使人忽略它的特殊性质。土地所有者把地球的一片段租贷于人，每年获取一定额的货币，地租就是当作这一定的货币额表现出来的，我们已经知道：各种的货币额，都可以资本化，换言之，都可以视为一个想象的资本之利息。例如，假若它的中位利息率是五厘，则每年200镑的地租，可视为是4000镑资本的利息。这样，资本化的地租，就构成土地的购买价格或价值。一看就知道，这种范畴，和劳动价格那种范畴，是一样不合理的。因为土地非劳动的产物，并没有何等价值。可是在另一方面，这种无理形态背后，却潜伏着一个现实的生产关系。假若某资本家，以4000镑购买每年提供200镑地租的土地，他就是以这4000镑每年获有五厘的平均利息。这和他用4000镑购买有息的有价证券，或以五厘的利息率，直接借给他人，完全一样。总之都是以五厘的利息率，使这4000镑的一宗资本的价值增大。在这种假定之下，他那宗购买土地的价格，在二十年内，就由这块土地所提供给他的收入，被收回了。就因此故，英国土地的购买价格，是依年租多少倍来计算的。这不过是地租资本化的一种不同的表现。其实，那种购买价格，并不是土地的购买价格，而是凭土地所提供的地租，依通常利息率来计算的购买价格。可是，地租资本化，是以地租的存在为前提。反之，地租则不能由它自身的资本化，来推论和说明。我们研究所从而出发的前提，宁是和贩卖相独立的地租的存在。

惟其如此，假若我们假定：地租额不变，土地的价格，就与利息率的高低，成反比例的腾落。通例的利息率，如由五厘降落到四厘，那么，每年 200 镑的地租，就已经不是代表 4000 镑资本一年间的价值增殖，而是代表 5000 镑资本一年间的价值增殖了。由是，同一土地价格，就由 4000 镑增腾到 5000 镑，或者由年租二十倍，变为年租二十五倍了。若在反对的场合，则也发生相反的结果。这是土地价格的运动，这种运动，与地租自身的运动独立，仅为利息率所规制。但我们知道：在社会发达的进程上，利润率有低落的倾向，而在利息率由利润率规定的限度内，利息率也有低落的倾向；我们就把利润率的影响置诸不论罢：可贷放的资本增大的结果，利息率也会有低落的倾向。因此，土地价格，即使与地租的运动相独立，即使与土地生产物（地租成为它的一个构成部分）的价格的运动相独立，它依然有一种可以昂腾的倾向。

以地租本身与地租映在土地购买者眼中的利息形态混同，虽是由于完全不理解地租的性质，但却必然要导出一个极奇怪的结论。因为在任何旧国家中，土地所有权，总被视为一种特别优越的所有权形态；并且，土地的购买，总被视为一种特别确实的投资，由是，地租购买的标准（即利息率），通常总比别种长期投资的场合为低，比如，土地购买者如果把相当于土地购买价格的资本，投在其他方面能获得五厘的利益，投在这方面，将不过获得四厘的利益。这就是说，在地租场合他所付出的资本，比他在其他投资方面，为等额货币收入而付出的资本，要更大。这件事，使提尔士君（Mr. Thiers）在讨论"所有权"的一部异常拙劣的著作（这是他在 1849 年法国国民会议反对蒲鲁东的一篇演说稿的改版本）中，得到地租低微的结论。其实，他所讨论的，不过证明地租的购买价值高昂而已。

资本主义的地租，表现为土地价格或土地价值，由是土地也和其他商品一样被买被卖了，这情形，在若干辩护论者看来，辩护土地所有权是该振振有辞了。他们看见，土地购买者，同其他商品购买者一样支付等价；土地所有权的大部分，也就是这样变换它的所有者，但同一辩护理由，对于奴隶制度，也可通用。在以现金购买奴隶的奴隶所有者看来，奴隶劳动的收益，不过是代表这种购买所投的资本的利息。以地租买卖的事实为地租存在的辩护理由，那是等于以地租的存在，来辩护地租的存在。

要对地租——即立脚在资本主义生产方法基础上的土地所有权之独立的特殊的经济形态——加以科学的分析，必须先把地租，从一切不纯的涂饰的附加物分离开来，而就其纯粹形态来考察，而在另一方面，要理解土地所有权在实地上的诸种作用，更进而对于那些和地租及其性质相矛盾，但却当作其存在样式而表现的事实，加以理论上的考察，又必须认识那些使理论暧昧不明的要素。

在实际上，租地农业家为要取得土地耕作的许可而在租金（Pachtgeld）形式上支给土地所有者的一切，自然都表现为地租。这种贡纳，不论其如何构成，不论其来源如何，终归有一点与严格意义的地租相通，那就是地球一片段的独占，使称为土地所有者的人，有征取贡纳，课加租税的资格。它在土地价格的决定上，与严格意义的地租是相同的。而此土地价格，我们前面已经表明过，无非是把土地出租的所得，加以资本化罢了。

我们已经讲过：体合于土地内的资本的利息，得为地租的外来的构成部分之一；随着经济的向前发展，这对于一国的总地租，必然要成为一种不断增大的追加。不过，就把这种利息暂置不论罢，在租金之中，也可能含有平均利润的，或通例的工资的，或这两者的扣除部分。租金的一部分，得由这种扣除部分构成。即其全部，也有时得由这种扣除部分构成。这就是说，就在严格的地租毫不存在，从而，土地在现实上为无价值的场合，租金也得存在。原来为利润或为工资的这一部分，在这场合，表现为地租的姿态。为什么呢？因为那照例不是归到产业资本家或工资劳动者手中，而是以租金的形式，支给土地所有者。从经济学上立论，这些部分，都不构成地租，然却在实际上，构成土地所有者的地租。这种独占权之经济上的价值增殖，与现实的地租，完全没有区别。并且，那在土地价格上，也有现实地租一样的决定的作用。

我现在不打算在这里说明这种情形，即：资本主义生产方法本身不存在，租地农业家自身不成为产业资本家，或者他的经营方法，不是资本主义的方法，但地租及与资本主义生产方法相照应的土地所有样式，却在形式上存在。这是我们可以在爱尔兰发现的事例。爱尔兰的租地农业家，大概都为小自耕农民。他当作租金支给土地所有者的，往往不仅吸去他的利润——那就是他自己的剩余劳动，他是他自己的劳动工具的所有者，所以他凭这个资格，当然有把它占有的权利——的一部分，并还要吸去他的标准工资（在其他情形下，他对于同量劳动，就会得到这种标准工资）的一部分。此外，在这场合对于土地改良毫无所费的土地所有者，大抵还要剥夺租地农业家由自身劳动体合于土地上的小资本；这和高利贷业者在类似情形下所做的，恰好一样。但其间有一不同之点，就是高利贷业者为要从事这种活动，至少还要用他自己的资本来冒险。这种不断的盗掠，曾形成了爱尔兰土地立法争议的对象。这种土地立法，归根结底不外是强制土地所有者，使他在通告租约解除时，必须赔偿租地人在土地改良上或体合于土地上的资本。拔麦斯登（Palmerston）曾经滑稽的这样答辩："众议院即是土地所有者的议院。"

哪怕在资本主义生产推行的各国吧，土地所有者仍然能够苟求与土地生产物毫无关系的高额地租。可是这种例外的情形，不是我们在这里所要说的。在英国产业区域，曾有人把小块土地租给工资劳动者，充当小庭园，或者供他们在余暇时，赏玩地经营农业（工厂监督专员报告）。这就是这种情形的一个例子。

我们所要论述的，宁是资本主义生产发达诸国的农业地租。举例来说吧，在英国的租地农业家中，有许多小资本家，他们的教育，训练，传习，竞争以及其他情形，决定他们或者强制他们把自己的资本，以租地农业家的资格，投放在农业上面。他们因此不得不以平均利润以下的利润为满足，不得不以利润的一部分，以地租的形式，交付于土地所有者。这就是他们被允许以资本投在土地和农业上的唯一条件。不论在什么地方，土地所有者在立法上都有显著的势力，而在英国，并且有压倒一切的势力。他们正可利用立法，来欺骗整个租地农业家阶级。例如，1815年的谷物条例，——这是在反雅各宾战争当时，为对不劳而获的土地所有者，确保异常增大的地租，而公然课加于土地的面包税——除了异常丰收的二三特殊年度外，就确曾把农产物的价格，维持到谷物得自由输入时的水平以上。不过，其效果究还没有使谷物价格维持到那样高，立法的土地所有者，在对外国谷物输入加以法律的限界时，原希望把谷物价格提到那样高，认此为标准价格的。但租地的契约，却是根据这种标准价格的印象来缔结的。当这种幻想破裂时，又有一种新法律，规定了新的标准价格。而这新法律，也同旧法律一样，不过是贪婪的土地所有者在幻想上无气力的表现。由1815年到1830年，租地农业家就是这样被欺骗的。在这全时期中，农业不景气所以不绝成为话题，原因即在于此：在这全时期中，租地农业家所以会全被剥夺而归于破灭，而由一个新的资本家阶级来代替，原因也在于此①。

有一件遥为普遍而重要的事实是，严格的农业劳动者的工资，压缩到通例平均水准以下。其结果，是把工资的一部分，由劳动者手中扣除下来，成为租金的一个构成部分，这样，劳动者的工资，就在地租的假面之下，归属于土地所有者了。这在英格兰苏格兰（除却所处地位较为有利的若干州以外）是普遍的事实。根据谷物条件过去以前由英国国会委员所作的关于工资水平的调查，——至今日为止，这对于 19 世纪的工资史，是最有价值的几乎还没有人利用的贡献，同时又是英国贵族及资产阶级为他们自己建立的污辱的纪念碑——以次的事实，是毫无疑问地被证明了。即在反雅各宾战争中，地租率所以增进，而与此相应的土地价格所以昂腾，一部分是由于工资缩减，把工资缩减到维持肉体所必要的最低限度以下；换言之，标准的劳动工资，有一部分被支给土地所有者了。当租地农业家的收入异常加多，土地所有者的财富，增加到令人难于相信的程度的时候，有种种情形，如像货币价值低落，农村救贫法的运用等，使上述的结果，成为可能的。然租地农业家及土地所有者主张实施谷物条例的主要论据之一，就是从生理方面说，已经不能再把农业劳动者的工资缩减。这种事态，在本质上并没有什么变改。在英国也好，在欧洲其他诸国也好，标准的工资，都有一部分，依然在为地租所吸收。当时名为亚胥勒爵士的一位博爱贵族，沙夫兹柏勒伯爵，曾为英国工厂劳动者的地位，大发慈悲，对于十小时劳动运动，在国会内替工厂劳动者辩护。而产业家的代言人，为了报复，也曾

① 参看反谷物条例的奖金论文。谷物条例常把谷物价格维持到人为的较高的水准之上。这于状况较好的租地农业家，是有利的，他们由谷物条例所形成的停止状态，受到利益。在这状态中，保护税曾经使许多租地农业家有理由或无理由，得以维持例外的平均价格。

公布一个统计，明示他那个村落内的农业日佣劳动者的工资状态（参见第 1 卷第 23 章，第 v 节英格兰的农业无产阶级）。这个统计所明白证示的，就是这位博爱家所受的地租，有一部分不过是他的租地农业家，为他而实行盗掠农业劳动者的工资的结果。这个统计的发表，从这方面说，也饶有兴味；那就是，由此显示的事实，与 1814 年、1815 年由调查委员所暴露的最丑恶的事实，算是无独有偶。当某种情形，使农业日佣劳动者的工资，不得不有暂时的昂腾的时候，租地农业家们立即就要嚷叫起来，以为：把农业劳动者的工资，提高到其他产业部门通行的水准，必须同时把地租减低，否则，那就会使他们陷于破灭的状况。他们这种嚷叫，明告了一件事实，即租地农业家，曾以地租的名义扣减下一部分工资来，把这一部分工资，拿去支给土地所有者。例如，由 1848 年到 1859 年之间，英国农业劳动者的工资，由以次一列压倒的事实，——如爱尔兰的国外移住，使该地不复能提供农业劳动者的供给；工业方面吸收去了可惊的多数农民；由战争引起了兵员的需要；对澳洲及美洲加里福尼亚省的大移民；以及其他不必一一举述的原因——结合起来，被提高了。同时，如把 1854 年至 1856 年的歉收期间除外，则前述十年间的谷物平均价格，将近低落了 16% 以上。租地农业家由是要求减低地租。他们的要求，也有若干被容纳，但大体没有收到效果。这一来，他们就要在生产成本的节缩上找出路了。为成就这种目的，他们大量采用蒸汽机与新机械。此等机械的采用，一方面要夺去耕马的位置，使耕马由经营上驱逐出来，但在另一方面，又使农业日佣劳动者游离，造出一个人为的过剩人口，由是惹起工资之新的下落。并且，在上述十年间，尽管农民人口，比总人口增殖，一般在相对地减少，甚至在若干纯农业区域，在绝对地减少，上述工资低落的情形，是依然如故的①。同样的事实，由剑桥大学经济学教授福塞特指明了（他是 1884 年在邮政总监任中病故的）。1865 年 10 月 11 日，他在社会科学大会席上说过："农业劳动者开始向国外移住了，由是劳动腾贵，租地农业家都诉说他们不能支付从来那样高额的地租。"在这场合，高的地租和低的工资，是被视为直接一致的。在土地价格水平，竟由这种增进地租的情形来决定的限度内，土地价值的增加，与劳动价值的减少，高的土地价格与低的劳动价格，被视为是一致的。

法国的情形，也是如此。"因为一方面面包，葡萄酒，肉类，野菜果物等价格昂腾，同时劳动价格不变，故租价昂腾。设有年老者比较一下他们的父亲的计划书，而考察约莫一百年以前的状态，他们就会发现：当时法兰西农业地区一个劳动日的价格，与今日一个劳动日的价格，是严密一致的。然而肉类的价格，此后却增大了三倍。……谁是这种革命的牺牲者呢？是租地的所有者（即富有者）么，抑是租地的劳动者（即穷人）呢？……租价的昂腾，是国民灾厄的一个佐证。"（卢比兴 Rubichon 著《法兰西与英吉利的社会结构》第 2 版，巴黎 1837 年，第 101 页）

我们现在且举出若干实例，说明地租或是由平均利润扣除下来的，或是由平均工资扣除下来的。

上面曾经述及的莫尔顿（一个土地所有者的代言人，且为农业技师）说：大租地的租金，较小租地的租金为低，那是许多地方目击到的事实，"因为对于后者的竞争，要比对于前者的竞争更大；并且因为小租地农业家，很少能够从事农业以外的营业，为忧虑自己的土地会被夺去，以致他们分明晓得这样的地租太高

---

① 参照约翰·莫尔顿（John Morton）所著《使用在农业上的诸种力量》。这是他 1860 年在伦敦技术协会的讲稿。这讲稿，是以将近一百个租地农业家，由苏格兰十二州，爱尔兰三十五州搜集来的可靠文件，作基础的。

了，但仍不得不支付"。（见莫尔顿著《所有地的资源》伦敦1858年，第116页）

可是，在他看来，这种区别，在英国是会逐渐消灭的。小租地农业者的国外移住，将促成这种消灭事象的实现。同是这位莫尔顿，他又提出了例子，明示租地农业家自身所受的工资，尤其确实的，是他们的使用人的工资，曾被扣除一部分，加到地租上面来。在不能使用两马犁的七十英亩至八十英亩的租地上，就常有这种情形。"租地农业家若不是和他的劳动者们，同样从事劳动，他靠租地就不能生存。如其他把工作的执行完全委于用人，自己仅从旁监督，他恐怕很快就要发现他无力支付地租。"（前书第118页）莫尔顿由是结论说：如果有一个地方的租地农业家不是极其贫困，他们为要能饲养两三头耕马，他们的耕地就不应在七十英亩以下。

拉味尔尼（Lionce de Lavergne）是农学会及中央农业协会的会员，他凭他的非常的智慧，在所著《英国农村经济》（依伦敦1855年刊的英译本抄引下来）中，曾就牛类（那在法国，会在农业上被使用，英国则不，因为那里是以马代牛耕）的年收益作以次的比较：

法国		英国	
乳	400 万镑	乳	1600 万镑
肉	1600 万镑	肉	2000 万镑
劳动	800 万镑	劳动	—
合计	2800 万镑	合计	3600 万镑

但依照他自己的陈述，英国的收益所以会如此大，不外是该国牛乳的价格，两倍于法国的结果。可是对于牛肉，他却假定这两国有同一的价格（第35页）。因此，如其两国牛乳的价格相同，英国的乳产额就要减半而为800万镑，其总生产就与法国

同，即 2800 万镑了。拉味尔尼把生产量与价格差额同时加在计算内，实在是说得强了一点。因为，英国生产一定物品的所费较法国为高的事实，虽然至多不过表示，归属于租地农业家及土地所有者的利润较大，但在这里，却被表现为英国农业的一个长处了。

拉味尔尼君不仅通晓英国农业经济上的经济利益，且还相信同国租地农业家及土地所有者们的偏见。这一点，已在前书第48页，由他自己证明了。他说："谷物的栽培，常是一件大不利益的事……谷物会使栽培地的土壤枯竭的。"其他各种植物，如像豆科植物、萝卜类等不单不会枯竭土壤，且还具有使土壤加丰的力。这都是为拉味尔尼君所相信的。"豆科植物是从大气中，摄取它发育上的主要诸要素，它返还给土壤的，比较它摄取自土壤的更多。由是，这种植物，不单在转化为动物尿粪以后，会赔偿那由谷物及其他各种使土壤枯竭的植物所引起的损害，并且会直接对这种损害实行补偿，那就是实行二重的赔偿。这一来，它们两者相互交代的栽培，就成了一个原则。诺福尔克州的轮耕，就是基于这种事实。"（第50、51页）

拉味尔尼君既然相信这种基于英国农村心理的神话，自无怪他也会相信以次的论调，那是说，谷物条例废止以来，英国农业日佣劳动者的工资，已失去旧来的变则性了。关于此点，可参照前面第 1 卷第 32 章第 5 节。但是，我们还可听听布莱特（John Bright）君于 1865 年 12 月 14 日，在伯明翰市的演说。他说，有五百万个家庭，在国会中没有任何代表，他表述这种意见之后，接着说："在联合王国的这五百万家庭中，不幸列入被救恤贫民表中的，有一百万，或一百万以上。勉强没有列入被救恤贫民表中，但不断有陷入那种危险境地的家庭，也有一百万。他们的现状和前途，比之那些被救恤的贫民，绝没有更好。试一瞥社会这一部分无知的下等阶层，想想他们的无可奈的境遇，他们的穷乏，以及他们的完全绝望的情形罢。就在美洲合众国，就在奴隶制度之下的南部诸州，一切的黑人也还都期望，有一天会受到解放的恩典。然而我敢明说：像这般人民，我们国里最下阶层的大众们，都没有何等改善境遇的确信，甚至连那种憧憬也没有。各位读过最近关于多塞特州一位农业劳动者约翰·克洛斯的新闻记事么？他每星期劳动六日。他由雇主授予了品行证明书。他曾以每星期 8 先令的工资，继续为那位雇主，劳动二十四年。他就靠这项工资，在一个小屋中，养活七个小孩。有一次，他为要使他的病妻和乳儿得到温暖，曾拾取（从法律上说，那是盗取）值 6 便士的柴篱。为了这个罪名，治安裁判官竟判处他十四日至二十日的监禁。类似约翰克洛斯事件的事件，今日在全国，特别在南部，不难发现几千。他们在这样的状态中，那怕最有诚意的研究家罢，我敢说，也无法解释他是怎样同时维持他的身体与精神。各位且放眼看看全国，观察这五百万个家庭，以及他们这个阶层的绝望状态。没有选举权的多数国民，他们在为重重苦役所磨折，几乎没有片刻休息，这不是我们能够断言的么？且把他们同支配阶级的人比较一下罢！但如其我这么做，我就要被非难为共产主义者了。……且把这些为苦役所磨折，而没有选举权的多数国民，与那般可以视为支配阶级的国民部类加以比较罢，看看后者的富，他们的华丽，和他们的奢侈呵！看看他们的厌倦——他们也有厌倦，但那是饱满的厌倦——看罢，他们不绝由这里忙着跑到那里，仿佛唯一的问题，就是想要发现新的快乐似的。"（《晨星报》1865 年 12 月 15 日所载）

往下，我将要指明，剩余劳动及剩余生产物一般，是怎样和地租混同着。至少，在资本主义生产方法的基础上，这种地租是剩余生产物内一个在质上、在量上皆已特殊规定的部分。剩余劳动一般的自然基础，换言之，剩余劳动所以可能的自然条件，就是在动物性或植物性的土地生产物上，或在渔业的诸生产物上，自然必须能以少于全劳动日的劳动时间，来提供必要的生活资料。农业劳动（这里包含有采集，狩猎，渔业，畜牧等劳动）的这种自然生产力，是一切剩余劳动的基础，并且一切劳动，原来也就是以食物的占有和生产为目的。（同时，动物还供给冷天取暖的兽皮；还有巢穴等。）

在多夫君（Mr. Dove）的场合，剩余生产物和地租之间的混淆，还有别一样的表现。农业劳动与工业劳动，原来是分不开的。工业劳动包括在农业劳动中。农耕部族或家族的剩余劳动和剩余生产物，包含有农业劳动和工业劳动。两者相辅而行。狩猎，渔业，农业，都非有适当的工具不行。织纺之类的工作，在先就是当作农耕的副业来进行的。

我们已在前面表明过：个别劳动者的劳动，又区分为必要劳动与剩余劳动；而劳动阶级的总劳动，也可照这样区分：那个为劳动阶级生产全部生活资料（为这个目的所需的生产手段，也包括在内）的部分，是全社会的必要劳动。而劳动阶级在这种限度以外所成就的劳动，才可以看为是剩余劳动。不过，必要劳动并不仅仅包含农业劳动，其他的生产物，也有一部分，必然要归作劳动者平均消费的，生产这一部分生产物的劳动，也包括在内。就社会方面来说：有些人仅仅成就必要的劳动，其他的人则仅仅成就剩余的劳动。但这不过是他们之间的分工。这正如农业劳动者一般和工业劳动者一般之间的分工一样。一方面的劳动纯粹工业性，与另一方面的劳动纯粹农业性相照应。这种纯粹农业性劳动，绝不是天然的，那宁可说是一种生产物，一种极其近代的生产物，那要与社会发达上一个极其确定的阶段相照应，绝不是到处都有的。有一部分农业劳动，对象化为生产物，这生产物或者是专供奢侈用，或供工业上的原料用，但不用作食品，特别是不用作大众的食品；同样的，有一部分工业劳动，它所体化的生产物，是充作农业劳动者与工业劳动者的必要消费手段。若从社会的观点把这种工业劳动看为剩余劳动，那是一种错误。工业劳动有一部分，和农业劳动的必要部分一样，是必要劳动。它只是原来和农业劳动自然结合着的工业劳动一部分的独立化形态，现在它已经和纯粹农业劳动分离了，但它们相互间还是必要的相互的补充物。（从一种纯粹的物质观点来说：五百个机器织工人，可以生产许多的剩余织物，那是他们衣着所需额以上的。）

最后，为消费目的或为生产目的利用土地时，对土地所有者支给租金，都是用地租的名义。这种地租，有种种现象形态。我们在研究地租的种种现象形态当中，应记得：本身并无何等价值的，也不是劳动生产物的土地，或者像古董，艺术大师作品等那样不能由劳动再生产的物品，其价格是可由许多极偶然的配合来决定的。要卖一件东西，唯一的条件，就是这件东西能被占有，能被让渡。

* * *

研究地租，有混淆分析的三大错误，应当避免。

第一，是各种地租形态的混同。这些形态，是与社会生产过程各发展阶段相照应的。

不管是那种特殊的地租形态，它的一切类型总有一个共通点：地租的占有，是采取这样一种经济形态，土地所有权就是在这种经济形态上实现它自己的；但地租，又以土地所有权的存在为条件，那就是以某个人所有地球某部分的事实为条件。土地所有者，可以是代表共同体的个人，在亚洲、在埃及等地方就是如

693

此；这种土地所有权也可以单是某人对某人（直接生产者）享有主人权利这个事实的附属条件，例如在奴隶制度或农奴制度下就是如此；还可以是非生产者，凭单纯的土地领有名义，对于自然，取得的纯粹的所有权；最后，那还可以是一种对于土地的关系，这种关系，在殖民者或小自耕农民私有其土地的场合，那就是，在直接生产者会在隔离的未社会化的劳动下，占有并生产某片段土地的生产物这个事实内，可以见到。

这各种地租形态的共同点——土地所有权的经济上的实现；各个人凭一种合法的虚构而对于土地一定部分享有排他的所有权——叫人们忽略了它们当中的区别。

第二，一切地租，是剩余价值，是剩余劳动的生产物。地租在它的未发展的形态上，表现为实物地租，还直接是剩余生产物本身。但这会引起一种错误观念，以为：我们对于与资本主义生产方法相照应的地租，只要把剩余价值和利润一般的存在条件解释了，就可以解释清楚。实则这种地租常是利润以上的剩余。它是剩余价值的一个特殊的确定的部分，它和商品价值中，那被称为利润并且也由剩余价值（剩余劳动）构成的部分，是不同的，它是这一部分以上的部分。剩余价值和利润一般存在的条件是：直接生产者劳动的时间，应不止于再生产他们自己的劳动力。他们一般还须实行剩余劳动。这是主观的条件。客观的条件是：他们必须能实行剩余劳动。自然条件就必须是这样：他们可资利用的劳动时间的一部分，够再生产并维持自己的生产者的资格；他们的必要生活资料的生产，不致于消费他们的劳动力的全部。在这里，自然的丰度，构成一个限界，一个起点，一个基础了。而他们的劳动的社会生产力之发展，则构成别一个限界。更严格的说：因为生活资料的生产，是他们的生存与一切生产的最先决条件，故使用在这种生产上的劳动，即是经济学最广义上的农业劳动，必须有足够出生产力，使直接生产者不致在生活资料的生产上，吸去全部可资利用的劳动时间。农业剩余劳动与农业剩余生产物，必定要有实现的可能。设更推广言之，就是说：社会一部分人的全部农业劳动（必要劳动与剩余劳动），要够生产全社会的必要生活资料，而这所谓全社会，包括有非从事农业的劳动者在内。这即是说，农业者与工业者间，必定要有实行大分工的可能；生产生活资料的农业者与生产原料的农业者间，也必定要有实行大分工的可能。生活资料生产者的劳动，从他们自己的观点看，虽然包含有必要劳动与剩余劳动，但从社会的观点看，却只代表社会生活资料生产所必要的必要劳动。全社会内部的分工（那是和个别工作场所内部的分工相区别），有同样的情形发生。全社会的劳动，是生产特殊物品所必需的劳动，是满足社会对若干特殊物品的要求所必需的劳动。假若这种分工是按比例进行的，各种生产物，就会依照他们的价值（在进一步的阶段上，是依照生产价格）而售卖，或是依照那种照一般法则发生的与价值或生产价格不同的价格售卖。这是价值法则：这种法则，原不是就个别商品或物件而言的，而是就在分工状况下独立化的诸特殊的社会生产领域之总生产物而言的。不仅在每个商品要只使用必要的劳动时间；同时，在社会总劳动时间中，也仅能以必要的比例量，使用在各种商品上。因为使用价值，仍是一个条件。个别商品的使用价值，固依存于它本身会满足一种需要的事实。但就社会的生产物总量而言，使用价值则是依存于这种事实，即，它必须适合于社会对该种生产物的已经在量上确定的需要；从而，劳动必须比例于这种社会需要，而按比例，配分于各不同领域。（这一点，在资本配分于各生产领域时，是值得注意的。）在这里，社会的需要，即以社会的标准的使用价值，对于各特殊领域所应有的社会劳动时间的分量，就是一个决定的因素了。不过，在个别商品上表现的，也正是这个法则，即，商品的使用价值，是它的交换价值的前提，从而，是它的剩余价值的前提。这一点，只在下述的场合会影响必要劳动对剩余劳动的比例：那就是在这种比例破坏，以致商品价值及其所含剩余价值不能实现的场合。例如，棉织品。在棉织品的总生产物中，虽只实现在一定条件下必要的劳动时间，但用来生产棉织品的劳动时间，比例的说，却可以是过多的。如果用在这个特殊部门的社会劳动太多，那就是这种生产物有一部分没有用处。所以，全部出售的结果，是和生产量保持必要比例的场合一样。社会劳动时间内那可以用在各种特殊领域的分量之量的限界，不过是价值法则之较广义的表现，虽然必要劳动时间，在这里，是具有不同的意义。必须在那限界之内，才是满足社会欲求所必要的。限界在这里是由使用价值发生的。社会在一定生产条件下，只能把它的全劳动的这么多的部分，使用在特种生产物的生产上。不过，剩余劳动与剩余价值一般的主观条件和客观条件，是与利润或地租的特殊形态无关的。这些条件适用于剩余价值时，是不管它采取怎样的特殊形态的。惟其如此，所以，这些条件并不能解释地租。

第三，在土地所有权的经济的价值增殖中，在地租的发展中，下面这样的特征，会显示出来，即地租的数量，绝非取决于收受地租者的行动，而是取决于与它毫无关系的社会劳动的发展。这样，我们很容易把这种事情，认为是地租（和农业生产物一般）的特性。但那种事情，在商品生产基础上，或较严格的说，在资本主义生产（就它的全范围说，它就是商品生产）基础上，乃是一切生产领域及其一切生产物的共通特征。

地租量从而土地价值，会在社会进步中，被视为是社会总劳动的一个结果，增加起来。当社会进步时，在一方面，土地生产物的市场和土地生产物的需要会扩展；在另一方面，土地本身的需要也会扩展。土地本身，会在一切营业部门，甚至在非农业的营业部门，成为大家竞争的生产条件。就严格的农业地租说，这地租以及土地价值，会随土地生产物的市场的扩展而增进，从而，随着农业以外的人口的增加而增进，随着生活资料或原料的要求与需要的加大而增进。使农业人口与非农业人口比较而言，继续趋于缩减，那是资本主义生产的性质，因为在工业上（严格的工业），不变资本与可变资本相对而言的增加，与可变资本的绝对的增加（虽然是相对减少）是同时并行的；反之，在农业上，耕作一定量土地所必要的可变资本，却会绝对减少，除非假定非农业人口还有更大的增加，以致有新的土地加入耕作。

其实，这个现象，并不是农业及其生产物所特有的现象。这个现象，宁可说适用于商品生产基础上和其绝对形态（资本主义生产）基础上的其他一切生产部门及其生产物。

这些生产物是商品，是使用价值，它具有可以实现并转化为货币的交换价值，仅因有其他商品对它们构成一种等价，有其他生产物看它们为商品，为价值，而与它们相对立。它们有交换价值，只是因为它们不是当作生产者自己的直接生活资料，而是当作商品，当作要转化为交换价值（货币），要被让渡而后始成为使用价值的生产物。这些商品的市场，是由社会分工而发展。生产劳动的分割，使各不同部门把它们各自的生产物，相互转化为商品，转化为等价物，并且相互当作市场。但这一点也不是农业生产特有的现象。

只有在商品生产的基础上，更严格的说，只有在资本主义生产的基础上，地租始能发展为货币地租。这种发展，要比例于农业生产变为商品生产的程度；也同样要比例于非农业生产部门离农业而独立的程度，因为要到这程度，农产品始成为一种商品，一种交换价值，一种价值。剩余价值和剩余生产物的生产，会在资本主义生产的发展中，与商品生产的发展，从而，与价值生产的发展，为同比例的发展。但土地所有权依着它的土地独占权，也会比例于这点，而获有在这个剩余价值中劫掠一个不绝增加的部分的特权。它于是抬高地租的价值，抬高土地本身的价格。在剩余价值和剩余生产物的发展上，资本家自己至少曾成就一种能动的作用。土地所有者，即在剩余价值与剩余生产物上，毫未参加助力，但他们仍在其中，劫掠一个不断增大的份额。这就是他的地位的特征。至若土地生产物的价值，土地的价值，会比例于它们的市场的扩大比例于其需要的增加，比例于商品世界（那与土地生产物相对立，那就是非农业的生产者和非农业的商品生产）的增大而增加，那并不是他们地位上什么特别的事。不过，因为这种种都不用土地所有者加以助力，于是，这件事在他们看来，表现为特别的了，即，价值量，剩余价值量，剩余价值一部分的地租化，都取决于社会生产过程，取决于商品生产一般的发达。就因此故，所以像多夫（Dove）其人，就企图由这种要素去说明地租。他主张：地租并不取决于农产物的量，而是取决于农产物的价值。这价值，又是取决于非农业人口的总数及其生产力。可是，这对于一切其他生产物，也是适用的，因为它们的商品性质所以发展，只因有许多许多种可以充作等价的商品，它们的量很大，它们的种类很多。我们在前面讨论价值的一般性质时，已经把这点指明了。在一方面，一种生产物的交换能力，完全取决于该生产物以外的商品的杂多程度。在另一方面，这种生产物究能以怎样的数量作为商品生产出来，也特别是取决于这一点。

在孤立的考察下，一个生产者，不管他是从事于工业，抑是从事于农业，是一样不会产生价值或商品。他的生产物，在一定的社会关系内，才成为价值和商品。它成为商品的条件，第一是：它必须成为社会劳动的表现，从而，个别生产者的劳动时间，必须当作一般社会劳动时间的一部分。其次，他的劳动的这种社会性质，应表现为一个捺印在生产物上的社会性质，那是由它的货币性质，由它的价格决定的一般交换力，而捺印在其生产物上面的。

这类幻想者，一方面，不解释地租，却仅去解释剩余价值一般，或者更荒谬地，仅去解释剩余生产物一般；而在另一方面，并还弄出一个错误，以致把属于一切商品生产价值生产共通具有的性质，算作是农业生产所独有的性质。这一点，当人们从价值的一般的决定，论到这种商品的一定价值的实现时，是更加肤浅化了。每一种商品，都只能在流通过程内实现它的价值；它是否实现自己的价值，能在何种程度实现自己的价值，都要取决于当前的市场条件。

因此，农业生产物发展为价值并作为价值；它们对着其他商品表现为商品；以及非农业生产物对着它们表现为商品，或者它们发展而为社会劳动的特殊表现等，都不是地租的特性。地租的特性是：农业生产物发展为商品（价值）的条件和它们能够把价值实现的条件越是发展，土地所有权的权力就越是大，越是能够在它们毫无助力的价值中，占取不断增大的部分；而在剩余价值内，也会有一个一个不断增加的部分，转化为地租。

对差地租——总论

我们分析地租，将从一个前提出发：那就是，支付地租的生产物，以剩余价值与总价格一部分分解为地租的生产物——在这里，我们是指农业生产物和矿业生产物——即土地生产物和矿山生产物，是如同其他商品一样，依照它的生产价格售卖。换言之，就是它们的售卖价格，等于它们的成本要素（消费了的不变资本与可变资本的价值）加上一个利润，这利润，是由平均利润率所决定，并依垫支总资本（消费了的和没有消费了的）计算的。所以，我们假定，这种生产物的平均售卖价格，和它们的生产价格相等。现在的问题是：在这个前提下地租何以能发展；利润的一部分何以能转化为地租；商品价格的一部分，何以会归到土地所有者手中。

为要表明这种地租形态的一般性质，我们且假定：某一国的工厂的最大部分，是由蒸汽机关所运转，同时，有一小部分，尚由自然的瀑布所运转。我们还要假定：在那些工业部门的生产价格，就曾经消费资本的 100 的一宗商品量说，是 115。这 15% 的利润，不仅依这消费了的 100 资本来计算，而且要依投在这种商品价值生产上的总资本计算。我们在以前指明过：这种生产价格①，不是由各个工业生产家的个别成本价格所决定。而是由商品在全生产领域的资本平均条件下的平均成本价格来决定。这其实就是市场生产价格（Marktproduktionspreis），是与各种变动有区别的平均市场价格。它大体是在市场价格的形态上，更进一步说，是在调节的市场价格或市场生产价格的形态上。商品价值的性质，在这里表示出来了。在这里我们知道：价值不是由任何个别生产者，生产一定量商品，或若干个别商品所需的劳动时间决定，而是由社会必要的劳动时间决定。这就是说，由这种劳动时间决定，在社会生产条件的一定的平均下，必须用这种劳动时间，来生产市场上某种商品的社会必需总量。

确定的数字关系，在这场合，毫无关系，所以我们要假定：由水力运转的工厂中的生产成本，仅为 90，而非 100。因为调节市场的这商品量的生产价格，是 115，其中利润为 15%，所以由水力运转的工厂，也将以 115，即以调节市场价格的平均价格，售卖其商品。由是，他们的利润，就不是 15%，而是 25% 了。调节的生产价格，将允许他们获有 10% 的剩余利润（Surplusprofit）。这并不是因为他们以生产价格以上的价格售卖商品，却正是因为他们以生产价格售卖商品，因为他们生产商品或运用资本，是在额外有利的条件下进行，是在同一领域内，以平均水平以上的条件进行的。

有两件事立即显得明白了：

第一，利用天然瀑布为推动力的生产者的剩余利润，与其他一切剩余利润，是属于一个种类（我们讨论生产价格时，已经把这个范畴分析过了）。那不是流通过程内的交易之偶然的结果，

---

① 译者注：原本为"生产过程"。

不是市场价格偶然发生变动的结果。这种剩余利润，等于这些有利生产者的个别生产价格，与这全生产领域内调节市场的一般的社会的生产价格间之差额。而这差额，就等于商品一般生产价格，对个别生产价格的超过量。这超过量，有两个调节的限界；在一方面，是个别成本价格，从而是个别生产价格；在另一方面，是一般生产价格。由瀑布生产的商品的价值较小，因为它在生产上要求的劳动总量较小，那就是投在不变资本上的对象化劳动较少。使用在这种场合的劳动，是较为生产的，它的个别生产力，较使用在同一领域内大多数工厂的劳动的生产力更大。它的较大的生产力，是表现在这个事实上：与其他相较，它所要求的不变资本量较小，所要求的对象化劳动量较小。因为水车无需加热，所要的活的劳动量也较少。所使用的劳动的这种较大的个别生产力，缩减了价值，又缩减了商品的成本价格与生产价格。对于产业资本家，这就表示为，他的商品的成本价格较低。对于对象化劳动，他所支付的既然更少，对于较少的所使用的活劳动力，他也支付较少的工资。因为他的商品的成本价格较小，所以他的个别的生产价格也较小。他的成本价格是 90，不是 100。由是，他的个别生产价格。仅为 $103\frac{1}{2}$，而非 115（$100：115 = 90：103\frac{1}{2}$）。他的个另性产价格与一般生产价格的差额，为他的个别成本价格与一般成本价格的差额所限制。这是一个量，它构成他的剩余利润的限界。还有一个限量，就是一般生产价格的量，平均利润率是当作一个调节的因素，加在这种价格里面的。假如煤炭低廉了，他的个别成本价格与一般成本价格的差额就会减小，他的剩余利润也随之减小。假如他被迫要依个别价值，或依其个别价值所决定的生产价格来售卖，这差额就要归于消灭。这在一方面，是这种事实的结果，即商品依它们的一般市场价格售卖，依照这样的价格——竞争使个别价格均衡为这样的价格——售卖；在另方面，是另一种事实的结果，即他所雇用的劳动的较大的个别生产力，正如同劳动的一切生产力一样，非由劳动者受其利益，而是由雇主受其利益。这种生产力，是表现为资本的生产力。

因为一般生产价格的水平（一般利润率的水准，是它的因素之一），是剩余利润的限界之一，所以，除了一般生产价格与个别生产价格的差额，从而除了一般利润率与个别利润率的差额，这种剩余利润就不能更有其他的源泉了。这种差额以上的超过量，表示生产物不是依照调节市场的生产价格售卖，而是在这个生产价格以上售卖。

第二，以上，我们假定，用自然水力不用蒸汽为发动力的工厂主的剩余利润，不与一切其他的剩余利润相区别。一切非由偶然，非由市场价格变动而生的剩余利润，皆取决于这些特殊资本的个别生产价格与一般生产价格之差额；一般说来，一般的生产价格，调节着这个生产领域内的资本所生产的商品的市场价格，或调节着投在这个生产领域内的总资本所生产的商品的市场价格。

现在我们要论到区别了。

当前的这位工厂主所以有剩余利润，他所以能在那由平均利润率调节的生产价格取得一个的剩余，究要归功于怎样的事情呢？

他最先要归功于一种自然力，水的动力，这是天然现成的，它不像把水转化为蒸汽的煤，煤是一种劳动生产物。水没有价值，它无须支付任何等价，它是一无所费的。它是一种自然的生产因素，在它的生产上，没有任何的劳动参加在内。

但还不只此。用蒸汽机关工作的工厂主，也利用自然力；这自然力于他毫无所费，但能使他的劳动更有生产力；此外，在它还促使劳动者生活资料的生产趋于低廉的限度内，它还增加剩余价值，增加利润。这些自然力由资本独占，和合作分工等所引起的社会劳动自然力由资本独占一样。工厂主给煤以代价，但对于水能由聚合状态化为蒸汽的能力，对于蒸汽的伸缩力等，却是不给予代价的。自然力（即借自然力引起的劳动力的增进）的独占，是一切借蒸汽机关而活动的一切资本的共通点。那会使代表剩余价值的劳动生产物部分，与转化为工资的部分相对而言，趋于增加。那会在这种限度内，提高一般利润率，但因剩余利润是由个别利润对平均利润的超过量构成，故没有造出任何剩余利润来。因此，在这场合，一种自然力的利用，瀑布的利用，竟会造成一种剩余利润的事实，并不能单说是这种情形——劳动的生产力，借自然力的运用，已经增加——的结果。那必定还有进一步使它发生变更的情形在。

且从反面来观察。自然力在工业上的单纯应用，会影响一般利润率的水准，因为那会影响生活资料生产所必要的劳动量。不过，就它本身说，它并没有造出和一般利润率相差违的结果来。但这种差违，正是我们在这里所要论及的地方。再者，若干个别资本通常会在它特殊生产领域内实现的剩余利润，——因为在各不同生产领域之间利润率的各种差违，会不断均衡为一种平均利润率——除了偶然的差违不说外，都是由于成本价格的缩减，由于生产价格的缩减。这种缩减，或是由于这样一种事实，即资本是以较大于平均量的量运用，从而生产上的虚费会缩减；同时如像合作，分工一类增加劳动生产力的一般原因，将因活动领域较为广阔，故能以较大的强度来活动；或是由于另一种事实，那就是除机能资本的量不说，还使用较好的劳动方法，新的发明，改良的机械，化学工业秘密，简言之，使用平均以上的新的改进了的生产手段与生产方法（Produktionsmethod）。成本价格的缩减，和由此产生的剩余利润，在这里是发生于机能资本投用的方法。那或者是由于有异常大的数量，累积在一个人手中（当平均是使用同一数量的资本时，这种情形就要归于消除的），或是由于一定量资本在异常有利的条件下发生机能（当这种例外的生产方法普及时，或为更发达的方法所代替时，这种情形也是要归于消除的）。

因此，剩余利润的原因，在这里就是由于资本自身了（这包含它所运转的劳动）；那或者是由于所使用的资本的量的差别，或者是由于所使用的资本的较适合的应用。当然，同一生产领域的一切资本，没有什么特别的原因，要长此依不同的方法使用。事实上，资本间的竞争，有更加消除它们的差别的倾向。价值是由社会的必要劳动时间决定。在这场合，这个法则，是由商品的低廉化，和这种强制——强制在同样有利的条件下制作商品——来贯彻的。但使用水力的工厂主的剩余利润不是这样。他所使用的劳动的生产力提高了，这种提高的生产力，既不是由于资本和劳动，也不是由于若干别于劳动和资本但体合在资本内的自然力之单纯的应用。它是由于这个事实，即，有一种自然力，它不像蒸汽的伸缩力那样，可以在一个生产领域内，为一切资本所能支配，它的运用也不是只要把资本投在这个领域内就会明明白白的，但若利用这种自然力，劳动的天然的生产力就会更大起来。总之，它是一种被独占的自然力。像瀑布一类自然力，是只有那些支配该地段及其附属物的人，才能够利用的这种自然条件，使劳动有极大的生产力，但资本随便怎样都可以把水化为蒸汽，但这种自然条件是否引起较大的生产力，并非取决于资本。水力天然具有地方的性质，在水力不存在的地方，决不能投用资本把它创造出来。它不依存于机械煤等能由劳动形成的生产物。它只依存于土地一定部分之一定的自然状况。占有瀑布的一部分工厂主们，所以能排斥没有这种自然力的另一部分工厂主，使他们不能运用这种自然力，就是因为土地有限制，特别因为有这种水力的土地有限制。当然，虽然某一国的自然瀑布数量有限制，但该国应用在工业目之上的水力量，仍然可以增加。为要充分利用其动力，水力是不难以人工改变的。在一定的条件之下，一种水车可以改进，俾能使用最大可能量的水力。例如，在普通水车不适于给水的地方，可安置涡旋水轮等。但这种自然力的所有，就构成所有者手中的一种独占。这是投资有较大生产力的条件；资本的生产过程，对此是不能加以创造的①。能够这样独占的自然力，常附着于土地。它不是该特殊生产领域的一般条件，并也不是该特殊生产领域一般所能创造的条件。

现在，且让我们来假定：瀑布连同瀑布所在的土地，是保有在这种人手里，他们以土地所有者的资格，以地球一部分的所有者的资格，排斥他人，不许他人在瀑布上投资或借资本来利用瀑布。他们能够允许瀑布的利用，或禁止瀑布的利用。资本不能由它自身造出瀑布来。因此，由使用瀑布而获有的剩余利润，不是由于资本，而是由于一种能被独占，并已被独占的自然力被资本利用。在这些情况之下，剩余利润转化成的地租，就落到瀑布所有者手中了。假若产业资本家每年对瀑布所有者支付 10 镑，他的利润就为 15 镑，那就是生产成本 100 镑的 15%。他的情形，并不比同一生产领域内使用蒸汽的其他一切资本家更坏，或者还要好一点。可是，这位资本家如果是瀑布的所有者，情形就不同了。在那种场合，他会不以产业资本家的资格，而以瀑布所有者的资格，攫得那 10 镑剩余利润。正因为这个剩余，不是由于他

---

① 关于额外利润，可参考《研究》（一本反对马尔萨斯的著作）。

的资本，而是由于他支配着一种与资本分离的有限的而能被独占的自然力。剩余利润，就是这样转化为地租的。

第一，显然的，这种地租，常是一种对差地租（Differential-rent），因为这并不当作一个决定的因素，加入商品的一般生产价格里面，而宁是以商品的一般生产价格为前提。它的发生，常是因为，对于被独占着的自然力享有支配权的个别资本之个别的生产价格，和投在该生产领域的一般资本之一般的生产价格间，有一种差额。

第二，这种地租，不是发生于所使用的资本或所使用的劳动的生产力之绝对的增加（这只能把商品的价值缩减），而是发生于投在该生产领域内的个别资本，和不许使用这种异常天赐有利的生产力条件的资本比较，有较大的相对丰度。假若蒸汽的使用，会提供使用水力时所不能有的压倒的利益，或者，可抵消水力运转所获得的利益而有余，那就不管煤有价值，水力无价值，水力仍将不被使用，也不能产生任何剩余利润或地租了。

第三，自然力不是剩余利润的源泉，而仅是剩余利润的自然基础，因为这种自然基础，允许劳动生产力有异常的增加。这好比，使用价值为交换价值的担当者，而非其原因。假若该使用价值没有劳动也能创造出来，它将无交换价值可言，但当作使用价值，它依旧有同样的有用效果。在另一方面，无论何物，如非有使用价值，如非有这种劳动的自然担当体，它也决不能有交换价值。假若不是各种不同的价值，被均衡化为生产价格，各种个别生产价格，被均衡化为调节市场的一般生产价格，劳动生产力由使用瀑布而起的单纯增加，就仅会减低使用瀑布所生产的商品的价格，对于包含在那些商品中的利润分额，将无何等增加。同样，从另一方面说，假若资本不是把它所使用的劳动之自然的与社会的生产力，当作是它自己的生产力据为己有，那么，劳动的这种增加的生产力也就不会转化为剩余价值。

第四，瀑布的所有权，对于剩余价值（利润）或商品价格一般内的那本来不会造出但因利用瀑布方才造出的部分的创造，没有何等关系。即使没有土地所有权存在，例如，假若提供瀑布的土地，是当作无主的土地一样，为工厂主所利用，这种剩余利润也还会存在。因此，土地所有权，并不创造转化为剩余利润的那一部分价值，那不过使占有瀑布的土地所有者，能够从工厂主口袋中，把这种剩余利润赚到自己口袋中来。总之，土地所有权不是这种剩余利润创造的原因，而是它转化为地租的原因，是这一部分利润或这一部分商品价格，归土地所有者或瀑布所有者占有的原因。

第五，显然的，瀑布的价格（即瀑布所有者，如把瀑布卖给他人，或卖给工厂主所取得的价格），纵然会加入工厂主的个别成本价格中，但却不立即加入商品的生产价格中。因为在这里，地租是发生于用蒸汽机关生产的同种商品的生产价格；这种价格的决定，和瀑布是没有关系的。并且，瀑布的价格，还是一种不合理的表现，在它后面，隐着一个现实的经济关系。瀑布和土地一般，和其他自然力一样没有价值，因为它不代表任何对象化的劳动。价格既通例是用货币表现的价值，它既无价值，所以实在也不能在货币上表现。这种价格，不过是资本化的地租罢了。土地所有权使土地所有者，得攫取个别利润与平均利润之间的差额。由是，这样获得的逐年更新的利润，就可以资本化，因而表现为自然力本身的价格了。假若由使用瀑布所实现的剩余利润，每年为100镑，平均利息为5%，这10镑，就是代表一宗200镑资本的年利息；在这场合，瀑布所有者能借瀑布而逐年获得的这10镑的资本化，就表现为瀑布自身的资本价值了。瀑布本身是没有价值的，它这价格，不过是所占剩余利润的一个单纯的反射，这一点，若用资本主义的方法计算，就立刻要表现成这样：200 镑的价格，只是 20 年与 10 镑剩余利润的乘积。而在其他条件不变的情形下，同一瀑布还可使它的所有者，在三十年、一百年或无限的年数内，逐年获取 10 镑。在另一方面，假若发明了某种不适合于水力的新生产方法，把用蒸汽机关生产的商品的成本价格由 100 镑缩减到 90 镑，剩余利润及剩余利润的地租化以及由地租发生的瀑布价格，都将归于消灭了。

我们已经把对差地租的一般概念解说过了。以次，将就严格的农业方面，来考察对差地租的意义。凡适用于农业方面的话，也大体适用于矿业。

第三十九章

对差地租的第一形态（对差地租 I）

当里嘉图写出下面的文句时，他完全是对的。

"地租常是使用两个等量的劳动和资本所获得的生产物间之差额。"（见《经济学及赋税之原理》第 59 页）但在所论为地租而非剩余利润一般的限度内，他必须补充说："在同量土地之上。"

换言之，就是，剩余利润如其是正常的而非由于流通过程的偶然行为，它就常是由两个等量劳动和资本的生产物间的差额，产生出来。当两个等量劳动和资本，使用在等量土地上，所得的结果不同时，由此生出的剩余利润，就转化为地租。不过这种剩余利润，并不是绝对要由等量投资的不等结果发生。各种不同的投资范围，可运用不等的资本量。大体说，那正是我们的前提。但各相等的比例部分，例如每个 100 镑，会提供不等的结果，即是说，利润率是不同的。这就是剩余利润在任一投资领域存在的一般的前提。第二个前提，就是这种剩余利润转化为地租（和利润有区别的地租）；至若这种转化何时发生，如何发生，在何等条件下发生，那是应当加以分析的。

里嘉图所论，如其是限于对差地租，他下列的文句，也是对的："同一土地或新土地上所得的生产物如其不等，则减少那种不等程度的任何情形，皆有降低地租的倾向。而增加那种不等程度的任何情形，则必然要产生相反的结果，而有提高地租的倾向。"（前书第74页）

不过，在这些原因之中，不仅包括一般的原因（丰度与地位），也包括有这几种事实：（1）赋税的分配，是否一致；如在英国，当收税工作尚未集中，赋税尚加担在土地，而不加担在地租上的时候，赋税的分配就往往有不一致的结果。（2）因为农业这个产业部门，因有传统性质关系，要求其一致水准化，较之制造业，是更困难，故在一国不同的地方，农业的发展程度是不同的，由此也要发生差异。（3）租地农业家间的资本分配，是不平等的。农业为资本主义生产方法的把握，自营农业者转化为工资劳动者，在实际上，是这种生产方法最后胜利得到的结果，故这方面的种种不等，要较大于其他任何产业部门。

在这种种预备的说明之后，我将简述我自己的分析的特性，那与里嘉图他们的分析，是不同的。

*　　　*　　　*

首先要考察的，是：以同量资本，用在相等面积之不同种土地上，会生出诸种不同的结果。如面积不等，也依据同样大的土地面积来计算。

这诸种不等结果，有两个和资本无关的一般原因，是：（1）土地的丰度（关于这第一点，应当说明，土地自然丰度包括什么，包括那样种种的要素）；（2）土地的位置。这在殖民地方面，是一个决定的因素；就一般而论，那决定诸种土地先后开垦的顺序。显然的，对差地租的这两个相异原因，即丰度与位置，得向相反的方向而作用。即某种土地的地位尽管非常好，其丰度却极为贫弱；别一块土地的丰度极好，但地位甚差。这种情形，因为可以说明一国土地开垦，何以可以由优良地进到劣等地，但也可以由劣等地逆进到优良地，故极关重要。最后显然可见的是：社会生产一般的进步，在一方面，固由地方市场的造出，由交通运输机关的帮助，使一切以位置为对差地租原因的差异，发生水准化的影响；但同时在另一方面，又因为会使农业由制造业分离并构成大生产中心，并使各地方农村陷在相对隔绝状态中，所以会使各种土地的地方位置，越发有差异。

不过，我现在可把位置这一点置诸度外，而仅仅考察自然的丰度。如把气候等要素不说，则自然丰度之差，不外是上层土壤的化学构成之差，换言之，不外是上层土壤所包含的植物荣养素之差。不过，我们即使假定有两个土地面积，其化学构成相等，其自然丰度相等，但在现实有效的丰度上，仍视这种荣养素要够被植物吸收的程度如何，能够直接被利用在荣养植物目的上的程度如何，而发用别差。因此在自然丰度相等的诸种土地上，这相等丰度究能利用到何种程度，一部分还要看农业化学的发达如何，一部分要看农业上的机械发达如何。这就是说，土地的丰度，虽为土地的客观性质，但常含有一种经济上的关系，即对于农业化学发展状态和农业机械发展状态的关系；当然，它会随这种发达状态发生变化。那种种使土地与丰度相等的其他土地相比，而在事实上仅有较小生产力的诸种障碍，得由化学的手段（例如对于硬性的黏土性土壤，施以一定的流质肥料；对于重性的黏土性土壤，加以燃烧之类）或机械的手段（例如对于重性的土壤，使用特殊的耕犁之类）而除去。排水也是属于后一种手段。诸种土地间的耕作序列，得依此等手段而倒转过来。例如在英国农业的某种发达期间，我们就曾在轻的砂性土壤与重的黏性土壤间，见过这种事实。在耕作的序列上，诚是由丰度高的土地，进到丰度低的土地，但在历史上，也有由丰度低的土地进到丰度高的土地的例。土壤构成之人为的改善，或农业方法的改变，也能产生同样的结果。最后，当下层土壤加入耕作，而追加于耕作面积时，因下层土壤有差别而在土地等级上引起变化所，也是这样。这个情形，一部分是应用新农业方法（如饲畜植物的栽培）的结果，一部分是应用机械手段把下层土壤转化为上层土壤或使下层土壤与上层土壤混合，或耕作下层土壤但不将其翻掘的结果。

在相异诸土地的对差丰度上，会加上一切影响，这一切影响，归结起来，是下面这样，即：就经济学上所谓丰度来说，劳动生产力的状态（在这场合，便是指农业立即吸收土地自然丰度的能力，这种能力，是随发展阶段不同而不同的），是和土地的化学构成，及其他自然特质，一样是所谓土地自然丰度的要素。

因此，我们要假定，农业是在一定的发展阶段上。我们更要假定土地种类间的等级，是要按照这种发展阶段来计算的。（就不同诸土地的同时的各种投资说，情形就当然常常是这样。）在这场合，对差地租得表现为上进的或下降的序列。因为，就实际在耕作中的各种土地的总体来说，这序列虽然是既定的，但在其间，常有一个连续的运动。

现在且假定有 A、B、C、D 四级土地存在。更假定小麦一卡德的价格为 3 镑即 60 先令。因为这里所谓地租，仅是对差地租，这每卡德 60 先令的价格，就最劣等地说，即等于生产成本（Produktionskosten），即等于资本加平均利润。

假定 A 级土地为最劣等地，以 50 先令的投资，产出 1 卡德，值 60 先令。其利润为 10 先令或 20%。

假定 B 级土地是以等额投资，产出 2 卡德小麦，值 120 先令。其利润为 70 先令。即有 60 先令的剩余利润。

假定 C 级土地以等额投资，产出 3 卡德，值 180 先令，其总利润为 130 先令，有 120 先令的剩余利润。

假定 D 级土地产出 4 卡德，值 240 先令，其剩余利润为 180 先令。

以上的假定，引起以次的序列。

其地租各为：D＝190 先令－10 先令（即 D 与 A 间的差额）；C＝130 先令－10 先令（即 C 与 A 间的差额）；B＝70 先令－10 先令（即 B 与 A 间的差额）。B、C、D 这各级土地的地租总额为 6 卡德，即 360 先令。这等于 D 与 A，C 与 A，及 B 与 A 间的各个差额的总和。

第 I 表

土地种类	生产物		资本垫支	利润		地租	
	卡德	先令		卡德	先令	卡德	先令
A	1	60	50	$\frac{1}{6}$	10	—	—
B	2	120	50	$1\frac{1}{6}$	70	1	60
C	3	180	10	$2\frac{1}{6}$	130	2	120
D	4	240	50	$3\frac{1}{6}$	160	3	180
总计	10	600				6	360

在一定状况下表现一定生产物的这种序列，抽象地观察起来（现实上也是如此，其原因已经述过了），可以是由 A 进到 D，即由丰度较小的土地，上进到丰度较大的土地；也可以是由 D 降到 A，即由丰度较大的土地，下降到丰度较小的土地；最后，还可时而上进，时而下落，例如由 D 到 C，由 C 到 A，由 A 到 B。

在下降的序列内，过程是如下面这样：小麦 1 卡德的价格，逐渐上进，例如由 15 先令进到 60 先令。D 级土地所生产的 4 卡德（我们可假定 4 是代表四百万卡德），一感到不充足，小麦的价格，就要昂腾到这程度，以至不足的额数，得由 C 级土地创造出来。这就是说，每卡德的价格，必须昂腾到 30 先令。小麦的价格要昂腾到 30 先令，B 级土地才可以耕作，要更昂腾到 60 先令，A 级土地才可以耕作，如果不是这样，那就一定因为，投在 B 级或 A 级土地的资本，情愿以低于 20% 的利润率满足。这样，在 D 方面，地租起先是每卡德 5 先令，产额 4 卡德，合计 20 先令；接着是每卡德 15 先令，4 卡德合计 60 先令；以后是每卡德 45 先令，4 卡德合计 180 先令。

假若 D 级土地的利润率，原来为 20%，它那 4 卡德的总利润，也就不过 10 先令。不过，这 10 先令，在小麦价格 15 先令的场合，较之在 60 先令的场合，要代表较多量的小麦。不过，因为小麦为劳动力的再生产要素，每卡德都有一部分，要代置工资，另一部分须代置不变资本，故在这前提下，剩余价值较大，随而在其他情形不变的限度内，利润率也会较高（利润率的问题，应另外详细讨论）。

反之，假如序列是采取相反的方向，假如运动是由 A 级土地起，那么，在必须耕作新土地的时候，小麦每卡德的价格，先会超过 60 先令；但 2 卡德必要的供给，一经由 B 级土地得到满足，小麦价格就会回跌到 30 先令。B 级土地用 30 先令生产小麦 1 卡德，但以 60 先令的价格售卖。为什么呢？因为它的供给，恰好够满足需要。这样，B 级土地就要产生 60 先令的一项地租了。C 级土地和 D 级土地的地租，也是这样产生的。但我们常要这样假定：C 与 D 虽然是依照 15 先令或 20 先令的现实价格，供给每卡德小麦，但因 A 级土地的一卡德的供给依然为满足总需要所必要，故市场价格仍为 60 先令。在这场合，需要增进了，不能像最先一样由 A 满足了，也不能像此后一样由 A 与 B 满足了，但这种需要增进的影响，不是 B 级、C 级、D 级土地能依次被耕作，却宁是一般扩大耕作的范围，以致丰度较大的土地，后来才偶然落到耕作的领域内。

在这第一个序列上，价格的增进，将抬高地租，降低利润率。不过，利润率的这种降低，得由有反对作用的诸种情形，全部的或者部分的，予以阻制。关于此点，以后是要详细讨论的。我们不应忘记一般利润率，不是均等地，由一切生产领域的剩余价值决定。农业上的利润，并不决定工业上的利润，却反而是工业上的利润，决定农业上的利润。这点也留待后面再说。

在第二个序列上，所投资本的利润率不变。利润的数量，表现为较小量的谷物了，与其他商品比较起来，谷物的相对价格，是昂腾了。利润如其增大，那所增大的利润部分，也不是采取利润增加的形态，流入产业的租地农业家怀中，却宁是采取地租的形态，而与利润分离。不过，在这里所假定的前提下，谷物价格是不变的。

所以，价格不变也好，价格昂腾也好，由劣等地连续向优等地前进也好，在由优良地连续向劣等地逆行也好，那对于对差地租的发展与扩大，是毫无变化的。

以上，我们假定：（一）价格在第一序列昂腾，在第二序列不变；（二）耕作由优良地向劣等地不断进行，或由劣等地向优良地不断进行。

现在，我们且假定：小麦的需要，由原来的 10 卡德增到 17 卡德。又假定，最劣等地 A，由别一个 A 土地所驱逐，后者得以 60 先令的生产成本（50 先令的成本，加 20% 的利润 10 先令）生产 $1\frac{1}{3}$ 卡德的小麦（每卡德的生产价格为 45 先令），或这样假定：旧来的 A 级土地，因续行合理的耕作的缘故，已经变得较为优良；或因栽种金花菜等的缘故，已经可以用同一费用，变得较为生产，以致同一垫支资本的生产额增大到 $1\frac{1}{3}$ 卡德。我们还可假定：B、C、D 各级土地所供给的生产额虽然照旧，但丰度在 A 与 B 之间的 A′，和丰度在 B 与 C 之间的，B′、B″ 一类新土地，被耕作起来。在这场合。将见到以次诸种现象：

第一，小麦一卡德的生产价格，或其调节的市场价格，由 60 先令低落到 45 先令，或低落 25%。

第二，由丰度大的土地进到丰度小的土地的过程，和由丰度小的土地进到丰度大的土地的过程，得同时并行。A′级土地，其丰度虽较 A 为大，但却比从来耕作的 B、C、D 为小。B′ 及 B″，其丰度比 A、A′ 及 B 虽较大，比 C 及 D 却较小。这样，耕作的顺序，就是彼此交错着的了。耕作不是向丰度绝对低下（与 A 比较而言）的土地进行，而是向丰度比较低下（与最高丰度的既耕地 C 及 D 比较而言）的土地进行。在另一方面，也不是向丰度绝对高的土地进行，而是向丰度相对高（与向来的丰度最小的土地 A 或 A 与 B 比较而言）的土地进行。

第三，B 的地租减少；C 及 D 的地租虽然同样减少，但谷物地租总额，却由 6 卡德增大到 $7\frac{2}{3}$ 卡德。付租的既耕土地数量增加了，生产物数量，也由 10 卡德增加到 17 卡德了。A 的利润虽然不变，但以小麦来表现的利润，却增大了。不过，相对的剩余价值既然增大，利润率本身也是可以增进的。在这场合，因为生活资料低廉，故工资从而可变资本的支出，从而投资总额，都会相应缩减。货币形态上的地租总额，则由 360 先令减少到 345 先令。

我们在这里列出一个新的系列。

最后，假如仅是 A、B、C、D 各级土地照旧耕作，而他们各各的收获力是这么增进，以致 A 的收益由 1 卡德增到 2 卡德，B 由 2 卡德增至 4 卡德，C 由 3 卡德增至 7 卡德，D 由 4 卡德增至 10 卡德，以致诸种同样的原因，在种类不同的土地上发生相异的效果，那么，生产总额就要由 10 卡德增大到 23 卡德。如假定人口增殖，价格低落，这 23 卡德可为需要所吸收，则将生出以次的结果。

第 II 表

土地种类	生产物		投资	利润		地租		每卡德的生产价格（先令）
	卡德	先令		卡德	先令	卡德	先令	
A	$1\frac{1}{3}$	60	50	$\frac{2}{9}$	10	—	—	45
A	$1\frac{2}{3}$	75	50	$\frac{5}{9}$	25	$\frac{1}{3}$	15	36
B	2	90	50	$\frac{8}{9}$	40	$\frac{2}{3}$	30	30
B′	$2\frac{1}{3}$	105	50	$1\frac{2}{9}$	55	—	45	$25\frac{2}{7}$
B″	$2\frac{2}{3}$	120	50	$1\frac{5}{9}$	70	$1\frac{1}{3}$	60	$22\frac{1}{2}$
C	3	135	50	$1\frac{8}{9}$	85	$1\frac{1}{2}$	75	20
D	4	180	50	$2\frac{8}{9}$	130	$2\frac{2}{3}$	120	15
合计	17					$7\frac{2}{3}$	345	

第 III 表

土地种类	生产物		投资	每一卡德的生产价格	利润		地租	
	卡德	先令			卡德	先令	卡德	先令
A	2	60	50	30	$\frac{1}{3}$	10	0	0

续表

土地种类	生产物		投资	每一卡德的生产价格	利润		地租	
	卡德	先令			卡德	先令	卡德	先令
B	4	120	50	15	$2\frac{1}{3}$	70	2	60
C	7	210	50	$8\frac{4}{7}$	$5\frac{1}{3}$	160	5	150
D	10	300	50	6	$8\frac{1}{3}$	250	8	240
合计	23						15	450

这个表的数字如同其他的表一样，是任意选定的，但其假定完全合理。

第一而且主要的假定，是：农业上的改良，会在种类不同的土地上，给予不均等的效果。在这场合，就是对于最优良地 C 及 D，较之对于 A 及 B，会给予较大的效果。经验已表示事实通例是如此；不过与此反对的场合，也是能发生的。假如农业上的改良，对于劣等地，比之对于优良地要收到大的效果，优良地的地租，就不会增进，且反而要低减。——不过，在上面的表上我们是这样假定的：在一切种类土地的丰度绝对增进时，优良地 C 及 D 的较大的相对丰度也增进。所以，在投资相等的场合，生产物间的差额将会加大，对差地租将会增加。

第二个假定，是：总需要的增大，与总生产物的增大相并行。第一我们无须想象这种增大，是突如其来的，应认定那是渐次进行，以致第Ⅲ序列得以成立。第二，认生活必需品低廉时，它的消费仍不会增大，那是一种错误。英国谷物条例的撤废，证明了与此相反的事实（参照牛曼的论著）。反对的见地，无非是根据这样的事实，即，收获上由气候引起的突然的大变化，在某一个时候，会招致谷物价格的异常的低落，在另一个时候，会招致它的异常的昂腾。在这场合，突然的短时间的价格下落，就没有时间，可以在消费的扩大上，发生十分的影响。但价格的下落，如其是由于调节的生产价格本身的下落，而具有永续的性质，则相反的结果可以发生。第三，谷物有一部分得消费于威士忌或啤酒上面，并且这两种物品的消费的增加，决不会止于狭隘的限界以内的。第四，这种情形，一部分是由人口的增加，另一部分则是由于这个事实，即一国如其为谷物输出国（在十八世纪中叶以后，英国还是这样的输出国），它的谷物的需要，就非单纯国内消费的限界所可规制。最后，小麦的生产如其增大，从而共价格低廉，那小麦就要代替裸麦、燕麦，而成为多数人民的主要食物；单因为这种原因，小麦的市场就会增大。这好比在生产物减少，价格昂腾的场合，会得到相反的结果一样。——在这诸种假定之下，用前所采用的数字来计算时，上述第Ⅲ序列，就要表示出以次的结果：一卡德的价格，由 60 先令下落到 30 先令，即下落 50%，生产额与第 I 序列比较，将由 10 卡德增加到 23 卡德，即增加 130%。就地租而论，R 的地租虽不变，C 的地租却会增大一倍，D 的地租增大一倍以上。而地租总额，则由 18 镑增到 23 镑，即增大 $22\frac{1}{9}$%。

把三个表（其中第 I 表被我们用两次，一次是由 A 到 D 上进，一次是由 D 到 A 逆进）拿来比较，我们就会得到如下的结果。在这场合，我们或是把这三个表，视为是社会一定状态下的一定的阶段排列，好像它们是同时并存于三个不同的国家一样；或是把这三个表视为是在同一国家诸相异发展时期内彼此连续的。

（1）一种序列完成时，不管它曾经过怎样的形成过程，往往总表现为下降的序列。因为在地租的考察上，往往总是由提供地租量最大的土地出发，最后，才归到不提供地租的土地。

（2）不提供何等地租的最劣等地的生产价格，常为调节的市场价格，不过，就第 I 表所示的上进序列而言，调节的市场价格，却只有不绝耕作较优土地，方才能维持不变。在这场合，因为 A 级土地在如何程度内，保持其调节位置，要取决于最良土地的生产量，故在这限度内，最良土地所生产的谷物的价格，就变为调节的价格。假若 B、C、D 的生产额超过需要，A 就要失去它的调节的作用了。当斯托齐（Storch）选定最良土地为调节的土地时，他是想到了这点的。美国的谷物价格，就是这样调节着英国的谷物价格。

（3）对差地租，是发生于各种土地的自然丰度的差异（把位置的问题抛开不说），这种差异则是取决于当时耕作的发展程度。那就是，对差地租的发生，是因为最良土地的面积有限制，因为等额的资本必须投在种类相异的诸土地上，这各种不同的土地，对于等量的资本，是会提供不等量生产物的。

（4）对差地租与分级对差地租的存在，可循下降的序列，如由优良地到劣等地；可循上进的序列，如由劣等地到优良地，也可实行两者交错的序列。（第 I 序列的成立，可依由 D 到 A 的进程，也可依由 A 到 D 的进程；第 II 序列则包括两种运动。）

（5）对差地租有时可在土地生产物的价格不变的场合成立，有时可在它昂腾的场合成立，有时还可在它下落的场合成立，这要看它的构成方法而定。在价格下落的场合，生产总额和地租总额都可增大；最劣等地 A，或为较优良的土地所驱逐；或其自身因改良而变为较优良的土地，其他优良土地，甚至最优良土地的地租，虽会减少（第 II 表），但从来不提供地租的土地，却将发生地租。这个过程，也可与货币地租总额的减少相伴。最后，当价格因耕作的一般改善而下落，以致最劣等地的生产额与生产价格减落时，优良地一部分的地租，或者不变，或者减少，但最优良地的地租，却会增大。与最劣等土地相比较，各级土地的对差地租，在生产量间的差额为已定时，是取决于小麦每卡德的价格。但在价格为已定的场合，对差地租，则是取决于生产量的差额的大小。当一切土地的绝对丰度都增进时，如果优良地的丰度，较劣等地的丰度，还有相对的更大的增进，则诸生产量间的差额，也会同时增大。所以，在价格为 60 先令的场合（第 I 表），D 的地租，是由它与 A 比较的对差生产物（Differentielles Produenkt）所决定，换言之，即由 3 卡德的超过额所决定。这样，D 的地租，就等于 $3 \times 60 = 180$ 先令。然在价格为 30 先令的场合（第 III 表），则 D 的地租，是由它对 A 的超过生产量 8 卡德所决定，即 $8 \times 30 = 240$ 先令。

就韦斯特，马尔萨斯，里嘉图等人来说，尚还有一种关于对差地租的根本错误的前提流行着。他们认对差地租，必然要以不绝向较劣等土地进行或农业生产力不断减退的事实为前提。我们以上的说明，把这个错误推翻了。我们已经知道对差地租在向较优良土地进行的场合，也能发生。在较优地代替劣等地而处于最下位的场合，也是能够发生的。这就是说，对差地租得与农业上的逐渐改进，结合在一起。对差地租的条件，只是各级土地的不等。在考察生产力发达的限度内，对差地租含有这样的意义，即总地积的绝对丰度的增进。也没有废止这种不等，那宁是增大它或是任其照样不变，或是略略减少它。

由十八世纪初叶至中叶，英国金银价格尽管下落，谷物价格还是不断低落，同时，（就这全时期而论）地租及其总额，耕地面积，农产额，人口等，也都有增加。这事实，与第 II 表相结合的第 I 表相适合。不过，这暗示最劣等地 A 不是已经改良，就是已被驱逐于谷物耕作圈之外。当然，那不是说它也不被利用在其他农业的或工业的目的上。

由十九世纪初（应更精确地指出日期）至 1815 年间，谷物价格在不断昂腾，同时地租及其总额，耕地面积，农产额，人口等，也不断增大。这事实，与向上进的第 I 表相适合（这里应引述当时论述劣等地耕作的若干文句）。

在配第与达芬兰特（Davenant）的当时，农民及土地所有者，都对于土地的改良及开垦，发一种怨恨声。较优良土地的地租下落了，而地租的总额，则因有地租的地积扩大，而大增起来。

（关于以上三点，随后还要揭示抄引的文句。对于一国诸相异耕地间的丰度差别，我们也要在后面，引述若干讨论的文字。）

关于对差地租一般，我们应注意，市场价值，常超在生产物总量的总生产价格以上。例如，就第 I 表来说罢，10 卡德总生产物所以卖 600 先令，就因为市场价格，是由 A 级土地的生产价格（每卡德 60 先令）所决定。然实在的生产价格却是：

A	1 卡德 = 60 先令	每 1 卡德 = 60 先令
B	2 卡德 = 60 先令	每 1 卡德 = 30 先令
C	3 卡德 = 60 先令	每 1 卡德 = 20 先令
D	4 卡德 = 60 先令	每 1 卡德 = 15 先令
合计	10 卡德 = 240 先令	平均每 1 卡德 = 24 先令

10 卡德的实在生产价格，为 240 先令。然却以 600 先令售卖，即贵卖 250%。每一卡德的实在平均价格为 24 先令，然因市场价格为 60 先令，所以也是贵卖 250%。

这就是由市场价值决定。这市场价值，在资本主义生产方法的基础上，是由竞争而贯彻的。这种决定，造出了一种虚伪的社会价值。这是发生于市场价值的法则，土地生产物也要这个法则支配的。生产物（包括有土地生产物在内）的市场价值的决定，是社会无意识地或不存心地成就的一种社会行为。这种社会行为，不是根据于土地及其丰度差别，却必然是根据生产物的交换价值。假若我们设想；资本主义的社会形态被扬弃了，社会组织为一有意识有计划的协作体，那么，10 卡德小麦，就是代表某量包含 240 先令的独立化的劳动时间。在这场合，社会就不会以 $2\frac{1}{2}$ 倍于这生产物所含的现实劳动时间，来购买这种土地生产物了。这一来，土地所有者这个阶级的基础就消灭了。这种作用，和外国输入，生产物价格以同一程度下落的作用，恰好一样。所以，说：维持现在的生产方法，但假设对差地租归于国家，则在其他情形不变的限度内，土地生产物的价格可以不变：那种说法，是不失为正确的；但若说，资本主义生产由协作体代替时，生产物的价值，仍保持不变，那却是错误。同类商品有同一市场价格，是这样一种方法，在资本主义生产方法基础上，一般说，在以个人间商品交换为基础的生产的基础上，价值的社会性质就是用这个方法实现的。当作消费者看的社会，对于土地生产物支付太多了。在土地生产上原来在社会劳动时间的实现构成一个负数的东西，现在竟对于社会一部分即土地所有者，构成一个正数。

第二种情形，对于次章对差地租第二形态的说明，关系重要。这种情形，是如次所述。

成为问题的，不仅是每英亩（或每公顷）的地租，也不仅是每英亩生产价格与市场价格间的差额，或个别生产价格与一般生产价格间的差额。各种土地究有多少英亩加入耕作，也成为问题。在这里直接关系重要的，只是地租总额的大小，只是总耕地面积的总地租的大小。但这件事，同时还使我们过渡到别一个问题的说明上去。那问题是当价格没有昂腾时，就价格下落的场合说，当各种土地的相对丰度之差也没有增进时，何以地租率

（Rate der Rent）会增进。以上我们有：

第 I 表

土地种类	英亩	生产成本	生产物	谷物地租	货币地租
A	1	3 镑	1 卡德	0 卡德	0 镑
B	1	3	2	1	3
C	1	3	3	2	6
D	1	3	4	3	9
合计	4		10	6	18

设把以上各级土地的耕作英亩数，增大一倍，则如次：

第 Ia 表

土地种类	英亩	生产成本	生产物	谷物地租	货币地租
A	2	6 镑	2 卡德	0 卡德	0 镑
B	2	6	4	2	6
C	2	6	6	4	12
D	2	6	8	6	18
合计	8		20	12	36

我们还可假定两种场合，其中第一场合，生产在两种劣等地上扩大了。如下表：

第 Ib 表

土地种类	英亩	生产成本		生产物	谷物地租	货币地租
		以每英亩计	合计			
A	4	3 镑	12 镑	4 卡德	0 卡德	0 镑
B	4	3	12	8	4	12
C	2	3	6	6	4	12
D	2	3	6	8	6	18
合计	12		36	26	14	42

最后，假定生产与耕地面积，在所有四级土地上，为不等的扩大。

第 Ic 表

土地种类	英亩	生产成本		生产物	谷物地租	货币地租
		以每英亩计	合计			
A	1	3 镑	3 镑	1 卡德	0 卡德	0 镑
B	2	3	6	4	2	6
C	5	3	15	15	10	30
D	4	3	12	16	12	36
合计	12		36	36	24	72

第一，每英亩的地租，在所有上述四种场合第 I 表、第 Ia 表、第 Ib 表、第 Ic 表都是不变的。因为在每英亩同种类土地上投下等量的资本，所得的结果，实际是不变的。这里所作的假定，无非是在任何国家任何时候都可以见到的事实。这事实就是：不同的诸种土地，各以一定的比例，参加在总耕地内，而耕地总面积，又是以变化着的比例，分配在各种耕地间。当我们比较两个不同的国家，或比较一个国家两个不同的时期时，后一层是常可见到的。

假若把第 I 表、第 Ia 表加以比较，我们就知道：假若四种土地的耕作，是以同一的比例增进，则耕作英亩数增大一倍，总生产物也增大一倍，谷物地租及货币地租，同样增大一倍。

然而我们如次以第 Ib 表与第 Ic 表和第 Ia 表比较，我们就将发现，这两场合的耕地面积，都是三倍了，都由 4 英亩增大到 12 英亩了。不过，在第 Ib 表，不提供地租的 A，和只提供最小对差地租的 B，增大额是最大的。即在新耕地的 8 英亩中，A、B 各占 3 英亩，合计占 6 英亩，反之，C、D 则各占 1 英亩，合计不过占 2 亩。换言之，在增加的土地面积中，A 及 B 占 $\frac{3}{4}$；C 及

D，不过占 $\frac{1}{4}$。根据这种假定，并把第 Ib 表与第 I 表比较，则知耕地面积虽然三倍了，生产物却不会三倍。10 卡德生产物，没有增到 30 卡德，却仅增到 26 卡德。在另一方面，在增加的土地面积中，有一部分是属于不提供何等地租的 A；而在优良地的增加额中，也是主要部分为 B 所占，故谷物地租不过由 6 卡德增大到 14 卡德，货币地租不过由 18 镑增大到 42 镑。

但以第 Ic 表和第 I 表比较，则在第 Ic 表内，不提供地租的土地面积，毫不增大，提供最小地租的土地面积，只略略增大，主要的增加部分，都为 C 及 D 所占，所以，比较起来，我们会发现以次的结果，即，耕作地面积三倍了，其生产物由 10 卡德增至 36 卡德，则三倍以上；谷物地租由 6 卡德增至 24 卡德，即四倍以上。货币地租，也同样由 18 镑增加到 72 镑了。

在所有以上这些场合，依照事物的本性，土地生产物的价格，就会维持不变的。地租总额，在这一切场合，都随耕作的扩张而增大（如果耕作扩张的，不完全限于不提供地租的最劣等地）。不过，地租总额的增大，是不一样的。假如耕作的伸展，行于优良土地，以致生产量不但比例于土地的扩大而增进，且还要迅速，这种场合的谷物地租与货币地租，就要比例于耕地的扩展而增加了。假若耕作的扩张，主要局限于最劣等地及其上一级的土地（假定最劣等地是不变的），那种场合的地租总额，就不会比例于耕作的扩张而增大。假若有两个国家，它们的不提供地租的土地 A 的性质相等，它们的地租总额，就与最劣等地和次劣等地在总耕地面积上所占的英亩数成反比例，从而，与等量投资在等总面积土所获的生产量成反比例。所以，在一国总土地面积范围内，最劣等耕作地的量，与较优良耕作地的量之比例，在总地租额上所生的影响，和最劣等耕作地的质与较优等及最优等耕作地的质之比例在每英亩的地租上，从而（如果其他情形不变），在地租总额上，所生的影响，是相反的。这两种要素的混淆，曾经对于对差地租，引起许多的反对论调。

要之，地租总额，可单由耕作的扩充而增加，可由土地上投下较多资本与劳动而增加。

但最重要的点，是在这里：我们虽假定，各级土地每英亩地租间的比例不变，从而，依每英亩投资额计算的地租率不变，但我们却须承认以次的事实：即以第 Ia 表（耕地亩数及其投资额依比例增大）和第 I 表比较时，就会发现：当总生产比例于耕地扩大而增加，即双方都倍加时，地租总额也会倍加。英亩数由 4 增加到 8，地租总额同样由 18 镑增大到 36 镑。

且假定总面积为 4 英亩来说罢，我们将发现：其地租总额为 18 镑，从而，平均地租——不提供何等地租的土地，也计算在内——为 $4\frac{1}{2}$ 镑。比如，拥有这 4 英亩全部的土地所有者，就能这样计算。同样，对于一国全体的平均地租，也能借统计，照样计算出来。18 镑的地租总额，是由投用 10 镑资本获得的。我们称这两个数字的比例为地租率。在这场合，地租率是 180％。

同一地租率，是于第 Ia 表。在这场合，所耕作的土地，虽非 4 英亩而为 8 英亩，但各种土地，是以同一的比例，扩大耕作。36 镑的地租总额，对 8 英亩土地和 20 镑资本，也生出每英亩 $4\frac{1}{2}$ 镑的平均地租和 180％的地租率。

然一观察第 Ib 表（在这里，耕作的扩大主要局限于两种劣等地），我们就会发现：12 英亩的地租为 42 镑，从而每英亩的平均地租为 $3\frac{1}{2}$ 镑。因为投用总资本为 30 镑，故地租率为 140％。每英亩的平均地租，减少 1 镑，地租率则由 180％降落到

140%。在这场合，地租总额虽由 18 镑增大到 42 镑，但每英亩的平均地租，和就资本计算的平均地租，都减低了。生产尽管增大，但没有比例的增大。那怕各级土地每英亩的地租，和就投用资本计算的地租，都维持原样不变，以上的结果，仍是要产生的。因为扩大耕作地的 $\frac{3}{4}$，都由不提供地租的 A，和提供最小量地租的 B 所分占。

假若在第 Ib 表，仅有 A 级土地扩大，以致 A 为 9 英亩，B、C、D 各仅 1 英亩，则地租总额依然为 18 镑，12 英亩中每英亩的地租为 $1\frac{1}{2}$ 镑；就 30 镑投用资本计算的地租为 18 镑，从而，其地租率为 60%。每英亩的平均地租，和就投用资本计算的地租，都大大减少，地租总额也不曾增大。

最后，以第 Ic 表与第 I 表及第 Ib 表比较看罢。与第 I 表比较，耕作面积三倍了，投用资本也三倍了。12 英亩的总地租，为 72 镑，从而，每英亩的地租，在第 I 表为 $4\frac{1}{2}$ 镑，在此则为 6 镑。就投用资本计算的地租率（72 镑：30 镑），由 180% 增高到 240%。生产物总额，则由 10 卡德增大到 36 卡德。

在第 Ib 表上，耕作的总英亩数，投用资本额，与各种耕地间之差，都与 Ic 表无不同之处，仅分配不同：把第 Ic 表与这个表比较一下，就知道在第 Ic 表上生产额不是 26 卡德，而是 36 卡德，每英亩的平均地租，不是 $3\frac{1}{2}$ 镑而是 6 镑，就等量垫支总资本计算的地租率，也不是 180%，而是 240%。

Ia、Ib、Ic 诸表所示的诸种相异状态，不管是同时并存于相异诸国还是连续存在于同一国家，终可由以上的说明，达到这种结论，即，在不提供地租的最劣等的收益不变，从而谷物价格不变的场合，在各级耕地丰度之差不变的场合，在投用于各级土地同单位（英亩）耕作面积上的等量资本的生产物量不变的场合，从而，在各级土地每英亩的地租的比例不变，就同级土地各部分所投资本来计算的地租率不变的场合；总之，在所有这些场合，第一，随着耕作面积扩大，投资量增大，地租总额（耕作的扩大，局限于无租土地的场合除外）常常会增大；第二，每英亩的平均地租（以耕作总英亩数，除地租总额）和平均地租率（以投下总资本除地租总额）都会有极大的变化。不过，这两者的变化方向虽同，但却是相互以不同的比例变化。设把耕作的扩大局限于无租土地 A 的场合除外，那每英亩的平均地租，和就农业投资来计算的平均地租率，是取决于各级土地在耕作全面积上所占的比例额，或是取决于投用总资本在丰度不等各级土地间的配分。不管耕作面积的大小如何，从而（除了扩大只限于 A 的场合）也不管地租总额的大小如何，在各级土地对总面积中所占的比例保持不变的限度内，每英亩的平均地租，乃至就投用资本计算的平均地租率，同样会没有变化。地租总额，诚然不仅会随耕作扩大和投资扩大而增加，甚且要大大增加，但如其不提供地租和提供最小对差地租的土地面积，比提供较大地租的优良地的面积，有更大的扩张，每英亩的平均地租，和就资本计算的平均地租率，就都会减少。反之，假若优良地在总耕地面积中，相对地占有较大的部分，并由是相对地吸收较大的投资，每英亩的平均地租和就资本计算的平均地租率，都要按比例增大起来。

因此，假若我们考察总耕地每英亩或每公顷的平均地租，像普通做统计一样，把同时代的各国，或同一国的各时代加以比较，那就会发现以次的事实。即：每英亩地租平均水准，从而地租总额，是以一定的（绝非不变的，却实在是更迅速变动的）比例，与一国农业上的绝对丰度（非相对的丰度）相照应，换言之，与一国农业由等面积平均提供的生产物量相照应。因为优良地在耕地总面积上所占的比例愈大，则在同大面积上投下等量资本所获的生产物量愈大，每英亩的平均地租也愈大。在反对的场合，则发生相反的结果。这样，地租就好像不是由对差丰度的比例所决定，而像是由绝对丰度所决定了，结局，对差地租的法则，就似乎因此失去作用了。惟其如此，有些现象，就被否定，或就被人企图以谷物平均价格上和各种织耕地对差丰度上不存在的区别去说明了。其实那些现象，是单纯基于以次的事实，即，在无租土地的丰度相等，从而生产价格没有差异，而各种土地间的差额也没有变化的限度内，地租总额对耕地总面积的比例，对耕地所投总资本的比例，并不单由每英亩的地租或就资本计算的地租率来决定，且要由各级土地在总耕地面积上所占的比例，或投用总资本在各级土地间的配分比例来决定。奇妙得很，这情形一向就被人完全忽视了。但无论如何，下面一点是为我们所承认的。那于我们研究的进展上，颇关重要。那一点是：每英亩平均地租的相对水准与平均地租率（即地租总额对土地总投资的比例）——当价格，当各种耕地间的丰度之差，当每英亩的地租，当就各种现实付租土地每英亩所投资本或就一切付租资本计算的地租率，却不发生变化的时候——得单由耕作范围的扩大，而增进或减少。

*　　　*　　　*

关于对差地租形态 I，还应作以次的追加叙述。这种叙述，对于对差地租形态 II，也是可以部分适用的。

第一，我们已经知道，每英亩的平均地租，或就资本计算的平均地租率，得在耕作扩大，价格不变，及各种耕地间的对差丰度不变的场合增进。如果一国全部的土地概被占有，土地的投资，耕作，人口达到某种一定的水准——当资本主义生产方法立于支配地位，并控制着农业的时候，所有这些事情，都被假定为既经存在的——各种各色的未耕地的价格（假定已有对差地租），是取决于与同性质且同位置的既耕地的价格。前者虽不提供何等地租。但其价格却与后者相同（这是就各种开垦费用扣除以后说的）。土地的价格，事实上不外是资本化的地租。那怕就是在既耕地的场合罢，其价格的支付，也不过是支付将来的地租。试举一例。在标准利息率为5厘的场合，那就是把二十年的地租，一次垫支出来。土地是当作提供地租的东西来出卖。就地租（它在这里是作为土地的果实看的，其实不过在外观上是这样）之预想的性质来说，未耕地也与既耕地并无区别。未耕地的价格，正如同地租（那表现为土地价格的简式）一样，在土地没有实行利用的限度内，完全是幻想的。不过，这种价格，是如上面所说那样，预先决定了的，一遇有购买者，即将实现出来。因此，如一国现实的平均地租，是由该国现实的平均年地租总额，和它对既耕地总面积间的比例所决定，则未耕土地部分的价格，是由既耕土地部分的价格所决定，从而，它不过是诸种既耕地的投资及其结果的反映。因为除了最劣等土地，一切种类的土地都提供地租（这种地租，随资本量及与它相照应的耕作强度，一同增大，那是我们将在对差地租形态 II 项下要见到的），故未耕土地部分的名目价格得以成立，并因而变为商品，变为土地所有者的一种富源。这同时说明了，一全地带的土地价格，甚至未耕土地部分的价格，为什么会增大起来（参看奥普特克的著作）。例如，北美合众国的土地投机，就单纯是立脚在这种反映上面。这种反映，是资本和劳动投在未耕地上的。

第二，耕地一般的扩大，或是向着较劣等的土地进行，或是视当时情形，以相异的各种比例在各种已定的土地上进行。自然哪，向较劣等的土地进行，决不是出于任意的：在以资本主义生产方法为前提的限度内，那宁是价格昂腾的结果；而在其他任何生产方法之下，则是必要的结果，但并不是绝对如此的。就位置说，也许较优良地，还不及比较的劣等地。在一个新国内，土地的位置，对于耕作的扩大，是一个决定的条件。并且，一定地带的土地系统（Bodenformation），大体说虽是属于丰度高的部类，但其中也有优良地、劣等地杂然相间的场合。在这种场合，某一些劣等地，单因为与优良地接近的理由，已经就必须进行耕作，假若一种劣等地，它的周围都是优良地，它和那些具有较大丰度但不接近既耕地或将耕地的土地比较，就获有位置上的利益。

比如，在美国西部诸州中，密西根是最初输出谷物的一州。其土地大都贫弱，但因其邻接纽约州，并可利用诸湖泊与爱里运河的水运，故比之天然具有较高丰度的诸州，反而抢前了。但把这一州与纽约州比较，却也显示出了由优良地到劣等地的推移。纽约州特别是西部地方的土地，比之密西根州丰饶得多。而在小麦栽培上，特别是如此。这种丰饶土地，是因实行劫夺土壤的耕作，变为不毛了；密西根州的土地，现在还显得较为丰饶。

"在 1836 年，小麦粉主要是由纽约州及上部加拿大出产小麦地方供给，经巴弗略而输往西部。然此后仅仅经过十二年的今日，巨额的小麦及小麦粉，都沿着爱里河由西部供给并通过爱里运河，通过巴弗略及其邻港布拉克洛克，而向东方输送了。1847 年欧洲的饥馑。小麦及小麦粉的输出，特别受到了刺激。由是西部纽约的小麦跌价，其栽培利益减少了。纽约州的农民，都宁愿从事饲畜，干酪制造，及果树栽培等。因为他们认定，在这些生产部门，西北部地区没有直接同他们竞争的力量。"（约翰斯敦著《北美记》，伦敦 1851 年，第 1 卷第 222 页）

第三，有些人，因为看见在殖民地及新国中，谷物得以比较低廉的价格输出，就以为那里的土地，必然有比较高的自然丰度，这是一种错误的假定。在那里，谷物不仅在价值以下售卖，并且在其生产价格（即由旧国平均利润率所决定的生产价格）以下售卖。

诚如约翰斯敦所说（前书第 223 页），"对于年年以如此大量小麦供给巴弗略的这些新州，我们常惯以为，它们有大自然丰度并且有无限的丰饶土地"。但其实，这第一要看经济的状态如何。例如像密西根这种地方的全体人民，其初，几乎全是从事农业，特别是从事农产物的大量生产。他们仅能用这种农产物，与工业品和诸种热带产物交换。因为他们的过剩生产物，全都表现为谷物。建立在近代世界市场基础上的殖民诸州，和旧时特别是古代殖民地相区别的，特征就在这里。近代殖民地由世界市场受到衣服工具一类完成品。但这些完成品，在其他情形下，却是它们必须自己制作的。仅因为在这种基础上，所以北美合众国诸州，又能够把棉花作为主要的生产物了。允许它们这样做的，是以世界市场为基础的分工。因此，它们似乎以新国的资格，得以相对小的人口，产生极大量的剩余生产物；但当中的原因不是由于它们土地的丰饶，也不是由于它们的劳动的生产力，而宁是由于它们的劳动，从而它们那种劳动所体化的剩余生产物，采取了偏在一面的形态。

再者，新开垦的从未耕作过的丰度较低土地（如其气候条件不特别恶劣），就是在不施肥料而其耕作又限于极上层部分的限度内，也至少会在这上层部分，蓄积有多量易于溶解的植物荣养素，以致在长期间内可以有收获。而在西部大草原地带，那还几乎不须支出任开垦费，可仅借天然力来把它开垦①。这些丰度较低地域，居然供给过剩生产物，这不是由于土地丰度大，每英亩土地的产量大，而宁是由于这种事实，即有许多英亩，可以仅仅施以表面上的耕作。因为这种土地，对于耕作者未课担何等费用，比之旧国的土地，其所费是极为有限的。例如，在分益农契约存在的纽约，密西根，加拿大诸州某些部分，就可见到这种实情。一个家族凭地面耕作法所能耕作的土地，比如为 100 英亩。每一英亩的生产量虽不见大，但由 100 英亩所获得的总生产量，却残留下一个可以变卖的大剩余额。此外，还要加上一种利益，就是在自然牧场上，几乎不要花费任何人工费用，就能饲养家畜。在这里具有决定作用的，是土地的量，而不是土地的质。这种地面耕作法的可能性，自然是与新土地的丰度成反比例，与其生产物的输出成正比例，而或徐或速地耗尽的。"但虽然如此，这样的国度仍将有很好的收获（小麦在内）。由这种土地吸取精华的最初的人，得有多量的小麦送往市场。"（前书第 224 页）在旧的诸文化国中，所有权的关系，以及由既耕地价格决定未耕地价格的情形等，使这种在外延上扩大的经营，成为不可能的。

要之，这种土地，用不着像里嘉图所想象的那样丰饶，也并不是只有丰度相等的土地才被耕作。这是由以次的事实可以推知的。1844 年，密西根州的小麦栽培地为 465900 英亩，其产额为 4739000 布奚。即每亩平均为 $10\frac{1}{5}$ 布奚。就中把谷种扣除下来，

---

① 现在，这种大草原地带或斯特普诸地的耕作，正在急速地发达，但正是这种事实，使最近马尔萨斯的"人口压迫生活资料"的有名命题，成为笑料。它刚好在农民的怨声中，引起了相反的主张，即，如果压迫人口的生活资料的增加，没有强力加以阻止，农业与德意志必定会同趋破灭。因为此等大草原地的耕作，刚开始着手，所以它对于欧洲农业的革命影响，将来还要比过去要痛切感到的。——F. E.

每亩平均为 9 布奚弱。密西根州有 29 郡，其中，每英亩平均产额 7 布奚的，有两郡；平均产额 8 布奚的 3 郡；9 布奚的 2 郡；10 布奚的 7 郡；11 布奚的 6 郡；12 布奚的 3 郡；13 布奚的 4 郡；16 布奚的，仅仅 1 郡；此外，尚有 18 布奚的一郡。（前书第 226 页）

就实地耕作而论，较大的土地丰度，与这种丰度的较大的即时利用性相一致。不过，土地丰度的即时利用性（Sofortiger Aisnutzbarkeit），在本来贫弱的土地上，也可以比在天然丰饶土地上更大。而这本来贫弱的土地，正是垦殖者首先着手开垦的土地；在其资力不足的场合，他们不得不首先开垦这种土地。

最后：在由 A 到 D 的各级土地上，把耕作在较大的面积上扩展——把必须耕作较劣土地（比既耕地更劣的土地）的情形除开下说，——例如，耕作 B 及 C 的较大面积，那绝非以谷物价格预先腾贵为前提。这恰如棉纺绩业的逐年累进的扩大，不必以纱价不断昂腾为前提一样。市场价格的大涨大跌，诚有影响于生产范围。但即舍此不论，假定对生产没有阻止影响也无促进影响的平均价格的存在，那原来与蓄积相一致的相对的过剩生产，也会在农业方面（和在资本主义经营的其他一切生产部门一样）不绝发生的。这种相对的过剩生产，在其他生产方法之下，是直接由人口的增殖所引起，而在殖民地，则是由不断的移入所引起。需要不绝增大。预见到这种情形的人，就不断在新土地上投下新的资本，虽然土地生产物的种类，会随种种情形而不同。而必定会引起这个现象的事情，就是新资本的形成。但就个别资本家说，在他能够自己支配的限度内，他是由他的可资利用的资本范围，来衡量他的生产范围。他所着眼的，是尽可能，占有市场上的广大领域。假使生产过剩了，他并不责备他自己，而只责备他的竞争者。个别资本家扩大他的生产的方法，或是占有现存市场的较大部分，或是扩大市场本身。

第四十章

对差地租的第二形态（对差地租Ⅱ）

　　以上我们考察对差地租，仅把对差地租，看作是等量诸资本投在丰度相异而面积相等的诸土地上而将有不等的生产力这一件事的结果；投在最劣无租土地上的资本的收益，和投在较优良土地上的资本的收益，彼此有一个差额存在。我们以上所考察的对差地租，就是由这个差额决定的。在这场合，诸种投资是相并存在于相异诸土地面积之上。每一个新的投资，都表示土地耕作的扩大和耕地面积的扩大。不过，在最后的分析上，对差地租就其性质而言，就无非是投在土地上的等量诸资本有不等的生产力这一件事的结果。但生产力相异的诸资本量，连续投在同一土地上的场合和相并投在不同诸土地上的场合，在结果相同的限度内，究竟能否发生区别呢？

　　假设以3镑生产成本投在A级土地一英亩上，生产1卡德小麦，这样，这3镑成为1卡德小麦的生产价格及调节的市场价格；同时，投在B级土地一英亩上的3镑生产成本，生产2卡德小麦，提供3镑的剩余利润；投在C级土地一英亩上的3镑生产成本，生产3卡德小麦，提供6镑的剩余利润；最后，投在D级土地一英亩上的3镑生产成本，生产4卡德小麦，提供9镑的剩余利润。又假设把以上的12镑生产成本或10镑资本，以同一的顺序，以同一的收获，使用在同一土地上，也会达到同一的结果。我们必须承认，这种投资方法的差别，在考察剩余利润的形成的限度内，是毫无关系的。在这任一方面，都是投下 10 镑的一宗资本。以这宗资本的四个价值部分（每部分 $2\frac{1}{2}$ 镑）相并地分投在丰度相异的四英亩土地上也好，或者连续地投在同一英亩土地上也好，它所提供的生产量固各各不同，但总有一部分，不提供何等剩余利润。其他诸部分，则分别比例于它们高出无租部分的收益超过额，提供一种剩余利润。

剩余利润与就资本价值各不同部分计算的不同剩余利润率。在任一场合，是都会形成的。剩余利润正好是地租的实体，地租倒不过是构成这种剩余利润的一个形态罢了。但在上面的第二方法上，剩余利润地租化（即剩余利润由资本主义租地农业家手中移到土地所有者手中的形态转化），毕竟有若干困难会发生。英国租地农业家其所以对于政府的农业统计顽强反抗，原因就在此。关于投资现实结果的确定，他们与土地所有者间，所以会发生抗争，原因也就在此（莫尔顿）。地租是土地租赁契约成立时确定的。此后由连续投资所生的剩余利润，在租地契约有效期间内，是要流入租地农业家口袋中的。就因此故，租地农业家要求长期的租地契约，反之，土地所有者则借其优势，强行一种可以年年解除的租赁契约（tenancies at will）。

这样看来，等量诸资本以不同结果，相并投用于同等面积的土地上，还是连续投用于同一土地上，那对于剩余利润形成的法则，虽无何等关系，但很明白，剩余利润的地租化，会由此引起一个显著的区别。后一方法，一方面，把剩余利润的地租化，限定在较狭隘的限界内，另一方面，更把它限定在较不确定的限界内。因此，在推行集约耕作方法（intensiver kultur。从经济学上说来，这所谓集约耕作方法，无非是不使资本分配于相并存在的土地上，而使其累积于同一土地上）的诸国中，土地课税评价人的工作，极其重要，且极复杂困难；这是莫尔顿在其《所有地的资源》（伦敦 1858 年 209 页）中指明过了的。就那些较有永续性质的土地改良来说，租地契约一满期，由人工增进的土地的对差丰度就会与自然的丰度相合一，由是，地租的评价也就与各级（丰度相异的）土地上的一般的评价相合一了。反之，在剩余利润，系由经营资本量所决定的限度内，一定量经营资本的地租额，就要加算在一国平均地租上面。所以新的租地农业家，必须有足够的资本，继续从前同一的集约耕作方法。

*   *   *

在对差地租 II 的研究上，还有以次几点值得注意。

第一，对差地租 II 的基础和出发点，是对差地租 I，这就不但从历史上来看是如此，就是从它在任何一定时期内的运动来看，也是如此。这就是说，对差地租 II 的基础与出发点是这种事实，即丰度及位置相异的诸种土地，会同时相并地被耕作，或者是，农业总资本会以相异诸部分，同时相并地投用在性质相异的诸种土地上。

从历史上看，这是显而易见的。殖民地的殖民者，只有仅少的资本可用。他们的主要生产因素，是劳动及土地。每个家庭的主脑，都努力为他自己及他一家造出独立的经营范围，从殖民伙伴们的经营范围脱离开来。就在资本主义前期的诸种生产方法下，在严格意义的农业上，也不得不一般这样推行的。在牧羊的场合，在被看为一个独立生产部门的畜牧的场合，虽也如此，但他们多少是在共同地利用土地，并且它的利用自始就系向外延方面进行的。资本主义的生产方法，是由生产手段（在事实上和在法律上）属于耕作者自身的旧生产方法出发，简言之，是由手工业的农业经营出发。生产手段的累积及资本化，以及与这种过程相对立的直接生产者转化为工资劳动者的过程，自然都是由这种农业经营，逐渐发展而来的。在资本主义生产方法是这样表现它的特征的限度内，它最初主要是见于牧羊及畜牧事业一般上。不过，在这场合，资本主义生产方法的特征，不是表现于资本累积在较小土地范围内的事实上，而宁是表现于大规模的生产上，由此，马的饲养费及其生产费就有节约的可能了。其实，在这种场合，特征并不是在同一土地上投用了较多的资本。依照耕作的自然法则，当耕作达到某一定水准，而相应引起土地的枯竭时，资本（即已被生产出来的生产手段），自然要成为土地耕作上的决定的要素。在既耕地比之未耕地尚仅占相对小面积，地力也尚未达到枯竭程度的限度内（这在严格意义的农业与园艺业盛行以前，曾见之于牧畜与肥肉业盛行的时代），新开始的生产方法，主要是在这点，和自耕农的方法相区别：即为资本家计算而耕作的土地的面积较宽大，从而，资本在外延上投用在较大的土地面积上。因此，我们最先就要记着：对差地租 I，是一个出发点，是一个历史的基础。在另一方面，对差地租 II 的运动，不论在任一定的瞬间，都只是表现在这个领域内，这个领域的自身，就是对差地租 I 的一个杂色的基础。

第二，在对差地租 II 上面，除了丰度之差以外，还要加上资本（及信用能力）在租地农业家间的分配比例之差。在严格的制造业上，各营业部门迅速确立了营业范围的特殊的最低限度，和与此相应的资本的最低限度（在此最低限度以下，个别的营业不能希望经营成功）。同样，各种营业部门，又确立了，大多数资本家在这最低限度的资本以上，平均地说，通常必须支配着，并且实际支配着怎样多的资本。在此以上，得形成额外利润；在此以下，就得不到平均的利润。资本主义生产方法之侵入农业领域，是缓慢而不一律的，这在英国就可以见到。（英国是农业上应用资本主义生产方法的古典国。）如其谷物不许自由输入，或者允许自由输入，但其范围小，从而影响也有限，则在此限度内，决定市场价格的，是那种以较劣土地，以平均生产条件以下的诸种条件，而从事耕作的生产者。投用在农业上，由农业所支配的资本总量，有一大部分，是在此等生产者手中。

自耕农在零碎的土地上，支出了多量劳动，那是事实。但这种劳动，是个别分立的劳动；它被剥脱去了生产力之客观的社会的及物质的诸种条件，那就是没有具备这各种条件。

这种情形，使现实的资本主义租地农业家，得占有剩余利润的一部分。假若资本主义的生产方法，在农业上，也同在制造业上一样发达，这个情形就不会有了。

我们且先把这种剩余利润得以地租化的诸种条件，置诸度外；仅仅考察在对差地租 II 上面，剩余利润是怎样构成的。

在这场合，对差地租 II 显然是对差地租 I 的不同的表现。在本质上，两者是一致的。不同诸土地间的丰度之差，仅在这种限度内，会在对差地租 I 的场合发生影响：那就是，这种丰度之差，使投在土地上的等量诸资本，或不等量诸资本的等量诸比例部分，产生不等的结果，产生不等的生产物。这种不等，是起因于连续投在同一土地上的相异诸资本间，或是起因于投在相异诸土地上的诸资本间，但这种区别，不会在土地丰度之差上，在诸资本的生产物之差上，从而，在丰度较大的诸投资部分的对差地租的构成上，引起任何的变化。在投资相等时表示不等丰度的，依旧是土地。这里仅有一点不同：就是在对差地租 I 的场合，是相异诸土地，和投在土地上的社会资本诸不同的等量部分发生关系；而在这对差地租 II 的场合，则是同一土地和连续投下的不同诸资本部分发生关系。

在第 I 表，是把 10 镑的资本，分为四个 $2\frac{1}{2}$ 镑的独立资本部分，由相异诸租地农业者，各别投在 A、B、C、D 各一英亩的土地上。假若把这同一资本，连续投在同一 D 级上的一英亩之上，而由第一次投资收获 4 卡德，第二次投资收获 3 卡德，第三次 2 卡德，最后投资 1 卡德（把这个序列反过来也行），那么，由生产力最小的资本部分所提供的 1 卡德的价格（即 3 镑），将不产生任何对差地租，而在生产价格每卡德 3 镑的小麦，尚有供给的必要的限度内，生产价格就是由它决定。因为在这里，依照我们的假定，是实行资本主义生产方法，从而在 3 镑价格中，包含有 $2\frac{1}{2}$ 镑资本一般所提供的平均利润，所以其他每 $2\frac{1}{2}$ 镑的资本部分，会照应其生产物的差额，来产生剩余利润。因为这生产物，并非以它自身的生产价格售卖，而系以诸 $22\frac{1}{2}$ 镑投资中，生产力最小的资本部分的生产价格售卖。这个生产力最小的资本部分，不提供何等地租，其生产物价格，依照生产价格的一般法则，调节着。剩余利润的形成，与第 I 表相同。

在这里，又表示对差地租 II，是以对差地租 I 为前提。假定 $2\frac{1}{2}$ 镑资本所提供的生产物的最低限度，即这资本由最劣等地所收获的生产物量，为 1 卡德。又假定：D 级土地的租地农业者，除投下一个 $2\frac{1}{2}$ 镑的资本，收获 1 卡德而提供 3 卡德对差地租外，更在这同一 D 级土地上，投下新的 $2\frac{1}{2}$ 镑，而这 $2\frac{1}{2}$ 镑，和投在最劣等地 A 上的等量资本一样，只不过收获 1 卡德。在这场合，这种新的投资，既只给予他以平均利润，故为一种没有地租的投资。因为在那 1 卡德生产物中，没有可以转化为地租的剩余利润存在。但在另一方面，D 级土地这第二次投资的收益虽然这样减少，但那于利润率上不会有何等影响。那恰如把新的 $2\frac{1}{2}$ 镑，投在一英亩 A 级土地的场合一样。像这种投资，既不影响剩余利润，从而也就不影响 A、B、C、D 诸种土地的对差地租。不过，在租地农业者看来，这 $2\frac{1}{2}$ 镑在 D 级土地上的追加投资，和第一个投在 D 级土地一英亩上的资本 $2\frac{1}{2}$ 镑，是同样有利的。假若他除此以外，更以两个 $2\frac{1}{2}$ 镑的资本投下，一收获 3 卡德的追加生产物，一收获 2 卡德的追加生产物，那与 D 级土地最初 $2\frac{1}{2}$ 镑的投资比较，收益是确实减少了。因为最初投资所获的生产物为 4 卡德，剩余利润为 3 卡德。不过，这所减少的，只是剩余利润量。对于平均利润，对于调节的生产价格，那是无影响的。如果会发生影响，那不过因为这诸种提供较小剩余利润的投资的追加生产，使 A 级土地的生产，成为不必要的。A 级土地被驱逐于耕作圈外了。在这场合，D 级土地一英亩上的追加投资的丰度减少，与生产价格的下落是相伴发生的。举例来说，如 B 土地一英亩，成为调节市场价格的无地租的土地，生产价格就要由 3 镑低落到 $1\frac{1}{2}$ 镑。

D 级土地的生产量，从前为 4 卡德，现在却为 4+1+2+3＝10 卡德。但因 1 卡德的价格，现在是由 B 所调节，放低落到 $1\frac{1}{2}$ 镑了。D 与 B 的差额，为 10−2，即 8 卡德，每卡德值 $1\frac{1}{2}$ 镑，合计

12 镑。但 D 的货币地租，从前却是 9 镑。这是值得注意的。两个各 $2\frac{1}{2}$ 镑的追加资本的剩余利润率尽管低下了，但就一英亩来计算的地租额，却增大了 $33\frac{1}{3}$%。

我们由此知道：对差地租一般，特别是在它的第一形态与第二形态组合起来的时候，那该会引起何等复杂的配合。但里嘉图一流的人，却把这看为是极片面的，极单纯的。在上述的场合，我们会遇到，调节的市场价格低落，同时高丰度土地的地租增进，因而绝对的生产物，绝对的剩余生产物都有增加。（在对差地租 I 的下降序列，每英亩的绝对剩余生产物纵令不变或者减少，其相对剩余生产物，从而每英亩的地租，却可增进。）不过，同时在同一土地上连续所投诸资本的丰度，即令此等投资是大部分用在较低的土地上，也不免减少。从一个观点看来，——就生产物而论，就生产价格而论。——劳动的生产力是增进了。但从另一观点看来，那是低落了；因为同一土地上相异诸投资的剩余利润率，和每英亩的剩余生产物，都减少了。

对差地租 II，在逐次投资的丰度向下降落的场合，在此等投资仅能投在最劣等地 A 的时候，才必然与生产价格的昂腾和生产力的绝对下落相结合。假如 A 级土地一英亩，以 $2\frac{1}{2}$ 镑的投资供给生产价格 3 镑的 1 卡德；设加投 $2\frac{1}{2}$ 镑，即共投 5 镑，不过供给 $1\frac{1}{2}$ 卡德，这 $1\frac{1}{2}$ 卡德的生产价格就为 6 镑，从而每卡德的生产价格为 4 镑。生产力在投资增大时减少。在这里，每一次这样的减少，都表示每英亩的生产物在相对减少。而就比较优良的诸种土地说，那却不过表示超过的剩余生产物的减少。

在集约耕作方法发达时，换言之，在资本连续投用在同一土地上时，承受此等投资，或在较高程度上承受此等投资的，主要是优良的土地，这是一种自然的事实（我现在所说的，不是把从来不能使用的土地转化为可用土地的永久改良）。因为连续诸投资的丰度的降下，主要地说必须依照上述的方法发生作用。所以会如此，是因为这种土地含有较多量的丰饶的自然要素，只要加以利用，投在这上面的资本，就大有希望获得更多的利益。

在谷物条例废止以后，英国的土地耕作，更加集约化了；以前栽培小麦的土地，已有许多使用在其他的目的，特别是使用在畜牧上了，同时，最适于小麦栽培的丰饶地，已配备有新的排水设备及其他的改良。由是，小麦栽培上的资本，是累积到更窄狭的地域了。

在这种场合——最优良地的最高剩余生产物与不提供地租的A级土地的生产物之间，存在有任何一种可能的剩余率，这剩余率，非与每英亩剩余生产物的相对增加相一致，而是与其绝对增加相一致；——新形成的剩余利润（结局要化为地租），并非代表原来的平均利润中转化为地租的部分（非代表原来包含平均利润的那部分生产物的部分），而宁是代表一种追加剩余利润，这追加剩余利润，要由这种形态转化为地租的。

反之，如谷物需要增大，市场价格昂腾到A的生产价格以上，则由A、B及其他任何种类土地所收获的剩余生产物，都非以3镑以上的价格售卖不行：只有在这场合，A、B、C、D各级土地一个追加投资的结果的减少，始与生产价格及调节的市场价格之昂腾，结合在一起。这种情形，可以经过一个相当长的时期，不致唤起追加土地（那至少是A级）进于耕作，也不依其他影响，招致较低廉的供给，在这限度内，如果其他情形不变，工资就要因面包价格的腾贵而昂腾，利润率则相应下落了。在这场合，增大了的需要，不论是由较A为劣的土地的耕作来满足，抑是由 A、B、C、D 四种土地中任一种土地的追加投资来满足，都无关系。在任一场合，对差地租，总归要伴随利润率的下落而增进。

既耕土地上的追加资本的丰度的减少，会招致生产价格的昂腾，利润率的下落，和对差地租的增进——因为在这样的情形下，就好像现在是由比 A 级还劣的土地，调节市场价格一样，会在一切种类的土地上，使对差地租增进。这样一种场合，被里嘉图视为唯一的场合，标准的场合，他会使对差地租 II 的全部构成，归属于这一点。

假如只有 A 级土地耕作，而在同一土地上的连续的投资，又不伴有生产物的比例的增大，情形也是这样的。

在这场合，我们在分析对差地租 II 的时候，是完全把对差地租 I 不放在眼里了。

除了这个场合——在这场合，既耕地的供给不够，市场价格继续提到生产价格之上，以致到后来，只好把新的追加的较劣的土地加入耕作，或投在各种土地上的追加资本的总生产物只好依照较高的（较以前为高的）生产价格来供给——追加资本的生产力之比例的减少，是不会影响调节的生产价格和利润率的。除开上面那个场合，尚有三个场合，是可能的。

（a）在 A、B、C、D 任一种土地上所投的追加资本，如只提供由 A 生产价格所决定的利润率，这种投资，就不会形成何等剩余利润，不会形成何等可能的地租。这个情形，和 A 级追加土地加入耕作的情形完全一样。

（b）假若追加投资提供较多的生产物，那在调节的价格不发生变化的限度内，新的剩余利润（可能的地租）自然会要形成。但不一定如此；即是说，在这种追加生产，把 A 级土地驱逐到耕作圈外，从而，驱逐到互相竞争的土地序列以外的场合，那就不会形成新的剩余利润。在这场合，调节的生产价格将低落。这样，假如工资与此相伴低落，或比较低廉的生产物形成不变资本要素，利润率就会增进。假若追加资本的生产力，在最优地 C 及 D 上增进，剩余利润（从而地租）的增大，究将以何种程度，与价格的低落及利润率的增进结合在一起，那完全是取决于已经增进的生产力的水平，取决于新投追加资本的量。工资即令不低落，利润率也得由不变资本诸要素的价格下落而增进。

（c）假若追加投资与剩余利润的减少相伴，但这种追加投资的生产物，比 A 级土地等量投资的生产物，尚有一超过额，那么，如果供给的增大，尚不致把 A 级土地驱逐到耕作圈外，剩余利润无论如何是会新形成的。这种剩余利润的新形成，得同时发生于 D、C、B、A 各级土地上。反之，如其最劣等地 A 被驱逐于耕作圈外，调节的生产价格将趋于低落。表现在货币上的剩余利润（对差地租），究会增进抑是低减，那要看每卡德价格的下落和构成剩余利润的卡德数的增大之间，成什么比例。不论怎样，这里总展示了一件注目的事实：即，在连续诸投资的剩余利润减少时，生产价格初看起来虽似乎非增进不可，但减落的情形并不是不能发生。

投资增加而剩余收益减少的情形，完全和以次的场合相照应；即，在具有 A 与 B，B 与 C，C 与 D 的中间丰度的土地上，各各投以 $2\frac{1}{2}$ 镑的新的独立的四个资本，而分别收得 $1\frac{1}{2}$ 卡德，$2\frac{1}{3}$ 卡德，$2\frac{2}{3}$ 卡德或 3 卡德的生产物。在这一切种类的土地上，这四个追加的资本，都形成剩余利润（可能的地租）。不过，与投在较优土地上的等量资本的剩余利润比较，它们的剩余利润率是会减低的。并且，这四种资本投在 D 一类土地上面，还是配分于 D 与 A 之间，也是全然没有关系。

现在，且来论究对差地租这两个形态间一种本质的区别。

生产价格不变，各种土地间的差也不变，则在对差地租 I。每英亩的平均地租，或就资本计算的平均地租率，得与地租总额一同增进。不过，所谓平均，无非是一个抽象，在这场合，每英亩的，或就资本计算的现实地租额，是不变的。

在同一前提下，就对差地租 II 说，则就所投资本计算的地租率虽然不变，但就每英亩衡量的地租额，却能增大起来。

现在假定：A、B、C、D 间的相对丰度不变，但不是每英亩投 $2\frac{1}{2}$ 镑，而是投 5 镑；其合计总资本，不为 10 镑，而为 20 镑，结果生产增加一倍。这如同以不变的成本，对上述诸种土地，不耕作一英亩而各别耕作二英亩一样。利润率将维持不变，利润率对于剩余利润或地租的比例也不变。但现在 A 虽产出 2 卡德，B、C、D 虽分别产出 4 卡德、6 卡德、8 卡德，但因这种生产增加，非资本不变、丰度增进一倍的结果，而是比例的丰度不变、资本增大一倍的结果，故生产价格和以前一样，每卡德 3 镑。A 的 2 卡德，现值 6 镑。这和以前每卡德值 3 镑一样。在所有这四种土地上，利润都增加了一倍。但这不过是所投资本增大一倍的结果。地租也以同一比例增大一倍了。即在 B 方面，已不是 1 卡德，而为 2 卡德；在 C 方面，不是 2 卡德，而为 4 卡德；在 D 方面，不是 3 卡德而是 6 卡德；它们的货币地租，分别为 6 镑，12 镑，18 镑。每英亩的货币地租和每英亩的生产物，一样增加一倍。由是，这种货币地租资本化的土地价格，也增大一倍。我们这样计算谷物地租额与货币地租额的增大，和土地价格的昂腾，是因为土地价格计算的标准（英亩）为一不变量的土地。反之，当作地租率而就所投资本来计算时，地租的比例额上，是不发生何等变化的。36 镑地租总额对于 20 镑投下资本的比例，正好等于 18 镑地租总额对于 10 镑投下资本的比例。货币地租对于各种土地所投资本的比例，也是这样。比如，就 C 级土地来说，以前是 $2\frac{1}{2}$ 镑的资本，6 镑的地租，现在是 5 镑的资本，12 镑的地租，其比例正好相等。在这场合，在所投诸资本之间，没有何等新的差别，不过也要发生新的剩余利润，因为追加的资本，是以收获同一比例生产物的条件，投在提供地租的某种土地或一切提供地租的土地上。比如，单是在 C 级土地上面，作加倍的投资，则在 C、B、D 间，依资本计算的对差地租，将不会有什么变化，因为 C 的对差地租量虽增大一倍，投下的资本，也增大一倍了。

这表示：在生产价格，利润率，丰度差额（从而，就资本计算的剩余利润率或地租率）不变的场合，每英亩的谷物地租额及货币地租额，从而，土地的价格，都可以增进。

在剩余利润率与地租率低落的场合，换言之，在提供地租的追加投资的生产力低落的场合，也同样可以有上述的结果。假如 $2\frac{1}{2}$ 镑的第二个投资，不曾把生产物增大到一倍，B 不过产出 $3\frac{1}{3}$ 卡德，C 不过产出 5 卡德，D 不过产出 6 卡德，则这第二个 $2\frac{1}{2}$ 镑投资的对差地租，在 B 非 1 卡德而为 $\frac{1}{2}$ 卡德，在 C 非 2 卡德而为 1 卡德，在 D 非 3 卡德而为 2 卡德。这两个连续投资的地租与资本间的比例，如次表：

	第一次投资		第二次投资	
B	地租　3镑	资本 $2\frac{1}{2}$ 镑	地租 $1\frac{1}{2}$ 镑	资本 $2\frac{1}{2}$ 镑
C	地租　6镑	资本 $2\frac{1}{2}$ 镑	地租　3镑	资本 $2\frac{1}{2}$ 镑
D	地租　9镑	资本 $2\frac{1}{2}$ 镑	地租　6镑	资本 $2\frac{1}{2}$ 镑

　　资本之相对的生产力的比率，从而就资本计算的剩余利润率，尽管这样低减，但谷物地租及货币地租，在 B 方面，却由 1 卡德增大到 $1\frac{1}{2}$ 卡德（由 3 镑增到 $4\frac{1}{2}$ 镑）；在 C 方面，由 2 卡德增大到 3 卡德（由 6 镑增到 9 镑）；在 D 方面，则由 3 卡德增大到 5 卡德（由 9 镑增到 15 镑）。在这场合，与投在 A 级土地上的资本比较起来，诸种追加资本的生产力的差额，是减少了，其生产价格不变。不过，每英亩的地租增腾了，每英亩的土地价格也增腾了。

　　至若以对差地租 I 为基础的对差地租 II 的诸种配合，我将在以次诸章予以分析。

第四十一章

对差地租 II（第一场合：生产价格不变）

这个前提，包含这样的意思：即，市场价格依然由投在最劣等地 A 上面的资本，来调节。

Ⅰ. 假设加投在 B 级、C 级、D 级付租土地上面的追加资本，是和投在 A 级土地上面的同量资本，生产等量的生产物，换句话说，如果依照调节的生产价格，这种追加资本是只能提供普通利润，不提供任何剩余利润，地租所受的影响就等于零。一切都和旧来一样。其结果，恰好和 A 级最劣等地，曾有任何数的英亩，被加到既耕地面积去一样。

Ⅱ. 假设追加资本，会在每一种土地上，比例于它的量，生产出追加生产物来。那就是说，生产的量，会依照各级土地的特有的丰度，比例于追加资本的量，增大起来。我们在第三十九章，是从下面的第Ⅰ表出发。

第 I 表

土地种类	英亩	资本（镑）	利润（镑）	生产成本（镑）	生产物（卡德）	售卖价格（镑）	收益（镑）	地租		剩余利润率
								卡德	镑	
A	1	$2\frac{1}{2}$	$\frac{1}{2}$	3	1	3	3	0	0	0
B	1	$2\frac{1}{2}$	$\frac{1}{2}$	3	2	3	6	1	3	120%
C	1	$2\frac{1}{2}$	$\frac{1}{2}$	3	3	3	9	2	6	240%
D	1	$2\frac{1}{2}$	$\frac{1}{2}$	3	4	3	12	3	9	360%
总计	4	10		12	10		30	6	18	

这个表现在化为第 II 表。

第 II 表

土地种类	英亩	资本（镑）	利润（镑）	生产成本（镑）	生产物（卡德）	售卖价格（镑）	收益（镑）	地租		剩余利润率
								卡德	镑	
A	1	$2\frac{1}{2}+2\frac{1}{2}=5$	1	6	2	3	6	0	0	0
B	1	$2\frac{1}{2}+2\frac{1}{2}=5$	1	6	4	3	12	2	6	120%
C	1	$2\frac{1}{2}+2\frac{1}{2}=5$	1	6	6	3	18	4	12	240%
D	1	$2\frac{1}{2}+2\frac{1}{2}=5$	1	6	8	3	24	6	18	360%
总计	4	20			20		60	12	36	

在上表，各级土地的投资，都倍加了。但在这里，并不是必须要这样的。只要有一种或几种有租土地，随便依照什么比例，投下追加的资本，法则就会是这样的。唯一必要的事是，各级土地的生产，必须与资本为同比例的增加。在这场合，地租提高不过是土地投资增加的结果，并且与这种资本增加成比例。生产物和地租，都因投资增加，并比例于投资的增加，而增加了；就生

752

产物的量和地租的量来说，这当中的情形，和同级有租土地的耕作面积增大，并用同量资本（即从前投在同种土地上的投资量）来耕作的情形，也正好相同。比方说，第Ⅱ表所表示的结果是像上面那样，但若把每英亩 $2\frac{1}{2}$ 镑追加的资本，转投在 B 级、C 级、D 级各级土地的别一个英亩上面，结果也会完全一样的。

再者，这个假定，并不包含资本的使用有更大的丰度的意思，它不过包含这个意思，即追加资本使用在同一面积上，会获得先前一样大的结果。

在这里，一切的比例关系都保持不变。当然，如果我们不考察比例的差，而只考察纯粹算术的差，各种相异土地的对差地租，是可以发生变化的。比方说，我们假设追加资本只在 B 级和 D 级土地投下。在这场合，D 级和 A 级的差额就是 7 卡德，以前仅为 3 卡德。B 级和 A 级的差额，就为 3 卡德，以前仅为 1 卡德。而 C 级和 B 级的差额，是-1，以前却是+1 等。但算术的差，在对差地租Ⅰ虽有决定的重要性（因为它表示等量投资的生产力的差别），在这里，却是不关重要的；因为，那只是追加投资量有差别的结果，或者追加或者不追加的结果；就投在各级土地每一个相等的资本部分说，其间的差额却是没有变动。

Ⅲ. 假设追加资本引起剩余生产物，从而形成剩余利润；不过这个剩余利润率，不与追加资本的增加成比例，而是递减着。

第Ⅲ表

土地种类	英亩	资本（镑）	利润（镑）	生产成本镑	生产物（卡德）	售卖价格（镑）	收益（镑）	地租		剩余利润率
								卡德	镑	
A	1	$2\frac{1}{2}$	$\frac{1}{2}$	3	1	3	3	0	0	0
B	1	$2\frac{1}{2}+2\frac{1}{2}=5$	1	6	$2+1\frac{1}{2}=3\frac{1}{2}$	3	$10\frac{1}{2}$	$1\frac{1}{2}$	$4\frac{1}{2}$	90%

土地种类	英亩	资本（镑）	利润（镑）	生产成本（镑）	生产物（卡德）	售卖价格（镑）	收益（镑）	地租 卡德	地租 镑	剩余利润率
C	1	$2\frac{1}{2}+2\frac{1}{2}=5$	1	6	$3+2=5$	3	15	3	9	180%
D	1	$2\frac{1}{2}+2\frac{1}{2}=5$	1	6	$4+3\frac{1}{2}=7\frac{1}{2}$	3	$22\frac{1}{2}$	$5\frac{1}{2}$	$5\frac{1}{2}$	330%
总计		$17\frac{1}{2}$	$3\frac{1}{2}$	21	17		51	10	30	

追加的第二个资本是均等地还是不均等地投在各级土地上面呢，剩余利润的递减的生产是以同比例还是以不同比例进行呢，追加的投资是全部落在同级付租土地上，还是均等地或不均等地分投在各级付租土地上呢，这种种在这第三个假设上，也是没有关系的。对于这里所要说明的法则，这种事情是无关紧要的。唯一的前提是：追加的投资。在任何一级付租土地上，都会提供剩余利润，但其比例，与资本追加的量相对而言，是渐减的。这种递减的限度，照第Ⅲ表的例来说，是在 4 卡德＝12 镑（即第一个投资在最优级地 D 上面的生产物）和 1 卡德＝3 镑（即同一个投资在最劣等地 A 上面的生产物）之间变动。最优地第 Ⅰ 个资本的生产物，是生产物的最高界限，而不付租也无剩余利润的最劣等地 A 的同额资本的生产物，是生产物的最低界限，那是连续各投资，在任何一种有剩余利润的土地上，依照连续各投资的渐减的生产力，无论如何不得不提供的生产物。第二个假设，与较优土地中有同级新土地加入耕作面积，以致某级耕地的量增大的情形相照应；第三个假设，就和这样的情形相照应，即被耕作的追加土地，有各级的丰度，分配在 D 级和 A 级之间，最优地和最劣地之间。如果连续的投资完全发生在 D 级土地，它们可包括 D 级与 A 级的现存的差别，但也可仅包含 D 级和 C 级的差别，同样还可仅包含 D 级和 B 级的差别。如果完全发生在 C 级土地，它们

将只包含 C 级和 A 级的差别，或 C 级和 B 级的差别；如果完全发生在 B 级土地，它们就只表现 B 级和 A 级的差别了。

法则是：在这各级土地上地租都有绝对的增加，不过增加的程度，不与加投的资本，成比例。

就追加资本和投在土地上面的总资本说，剩余利润率都在减小；但剩余利润的绝对量，却增加。这好比，在资本一般的利润率渐减时，利润的绝对量大都会增加一样。所以，投在 B 级土地上面的资本的平均剩余利润率＝90％，而第一个投在 B 级土地上面的资本的剩余利润率＝120％。但总剩余利润却由 1 卡德增至 $1\frac{1}{2}$ 卡德，由 3 镑增至 $4\frac{1}{2}$ 镑。就总地租自体考察——不把它拿来和倍加的垫支资本量相比较——它是绝对增加了。各级土地地租的差额及其相互比例，会在这里发生变动；但在这里，这种差额的变动，是互相比较的各种地租已经增加的结果，不是这个事实的原因。

Ⅳ．假设加投资本于较优良地所提供的生产物，会较原投资所提供的生产物更大。这是一个用不着进一步分析的情形。这是一件自明的事。在这个假设下，每英亩的地租将会增加，并且比追加的资本量，以较大的比例增加，而不必问这种投资是在那一级土地投下的。在这个场合，追加的投资与改良互相结合着。较小资本的追加，比从前较大资本的追加，会生出同样的或较大的结果来的情形，也包含在这个项下面。不过这个情形，并不与上面讲的情形，完全一致。当中有一个区别，对于一切投资都很重要。例如，如果 100 提供 10 的利润，而在一定形态上使用的200，提供 40 的利润，那就是利润由 10％增至 20％，在这限度内，它的结果，是和 50 使用在一个更有效的形态上，不是生产 5的利润，而是生产 10 的利润一样。在这里，我们是假设，利润与生产物的比例增加相结合。但当中的区别是，在一个场合，我必须把资本加倍，在别一个场合，我是用同量的资本，生产加倍的结果。我（1）或是用半数活的和对象化的劳动，生产和以前相等的生产物；（2）或是用同量的劳动，生产倍于从前的生产物；（3）或是用加倍的劳动，生产四倍于从前的生产物。这几种情形，并不是完全一样的。在第一场合，活的劳动或对象化的劳动，将被游离出来，可以用在别的方面；对劳动和资本的支配能力，就增大了。资本（和劳动）的游离，就它的本身说，就是财富的一种增加；它的影响，和追加资本由蓄积得到的（不过蓄积的劳动是省除了）情形，完全一样。

假设一个100镑的资本，生产长10公尺的一个生产物。这100包括不变资本，也包括活劳动和利润。在这场合，每公尺所费为10。现在，如果我可以用同样的一个资本100，生产20公尺，每公尺所费就为5了。反之，如果我能用50的资本生产一个10公尺的生产物，一公尺同样费5。假设单有这样的商品供给已经很够，那就会有50的资本游离出来。又，如果我必须投下200的资本来生产40公尺，每公尺仍费5。在价值的决定和价格的决定上，像上面那样的区别是看不出的；在与资本垫支相比例的生产物量上，像上面那样的区别也是看不出的。但在第一场合，资本将被游离；在第二场合，在生产物必须加倍时，可以无须有追加的资本；在第三场合，追加生产物的取得，则仅因垫支的资本已经增加，不过增加的比例，和追加生产物必须依旧生产力来供给的场合相比较，已经不同了。（那是属于第一篇论究的问题。）

从资本主义生产的观点看，不变资本的使用常比可变资本的使用，为低廉。因为它所顾及的，不是剩余价值的增进，而是成本价格的下落。只要调节的生产价格是保持不变的，则成本的节省（即使所节省的，是创造剩余价值的要素，是劳动），也会于资本家有益，并给资本家以利润。在事实上，它是以这一点为前提：即，与资本主义生产方法相照应的信用发展和贷放资本充实。假设在一方面，我使用 100 镑追加的不变资本（在这里，假设 100 镑为 5 名劳动者在一年间的生产物）；在另一方面我使用 100 镑的可变资本。假设剩余价值率＝100％，这 5 名劳动者所创造的价值，是＝200 镑；反之，那 100 镑不变资本则仍为 100 镑，即令把 5％的利息计算进来，也不过＝105 镑。同一个货币额，只因它垫支在生产上时或是常作不变资本的价值量，或是当作可变资本的价值量，以致从生产物方面考察，表现为极不相等的价值。再者，从资本家的观点看，就商品的成本说，我们还发觉有一种区别，即 100 镑的不变资本，如果是投在固定资本上，那就只有磨损会移入生产物的价值内，而投在工资上面的 100 镑，却必须完全由商品价值再生产出来。

就殖民家和一般独立的小生产者（他们全然不支配资本，或须出高利息，方才能够把资本支配）来说，代表工资的生产物部分，是他们的所得，而就资本家说，这个生产物却是代表资本垫支。所以，前者会把这种劳动支出，视为是劳动收益的必要先决条件，而这种劳动收益，也就是他最先要考虑的事情。除去必要劳动之后，如有剩余劳动，那当然是实现在剩余生产物上；当他能够把它卖出，或亲自把它使用时，他定然会把它看作是一件不费什么的东西，因为它不曾费去任何对象化的劳动。在他看来，只有对象化劳动的支出，是富的支出。当然，他会尽可能依高价格来卖；但就使在价值以下售卖，甚至在资本主义的生产价格以下售卖，在他看，那也还是利润，除非这种利润，因为负债或典借等的结果，已预先注定要付给别人。反之，在资本家看来，则可变资本的支出和不变资本的支出，同样是资本的垫支。后者的比较大的垫支，会在其他一切情形不变的条件下，减低成本价格，并且在实际上减低商品价值。所以，利润虽完全是由剩余劳动发生，完全由可变资本的使用发生，但在个别资本家看来，活劳动依然是顶破费的生产成本要素，是必须尽量减至最小限度的。这不过是一个真理在资本主义形态上的曲解。这个真理是：与活劳动比较而言，所使用的过去劳动越是多，社会劳动的生产力就越是增进，社会财富就越是增大。当我们从竞争的观点考察时，每一件事情，都会以虚伪的倒立的形态出现。

在生产价格不变的前提下，追加的资本，可以用不变的生产力，或用渐增的生产力，或用渐减的生产力；投在较优良的土地上，即投在 B 级以上的各种土地上。依照我们的前提，要把追加的资本投在 A 级土地，那只有在生产力不变的条件下（在这场合，A 级土地会依然不付地租），或生产力渐增的条件下（在这场合，投在 A 级土地上的资本一部分会提供地租，其余的部分则不），方才是可能的。若 A 级土地的生产力是在减少，那就是不可能的，因为在这场合，生产价格将不能维持不变，而必致于涨起。但在这一切情形下（无论追加投资所带来的剩余生产物，是与追加投资的量成比例，还是在比例之上，或是在比例之下，也无论在资本增加时，剩余利润率是不变，还是上涨，或是下落），每英亩的剩余生产物和与它相应的剩余利润都会增加，而结局地说，谷物地租或货币地租也会增加。依每英亩计算的剩余利润量或地租量的增加，即依不变单位（在这场合，是一定量土地，例如一英亩或一公顷）计算的增大的量，表现为一个增大的比例。所以，在这情形下，依每英亩计算的地租量，单纯是投在土地上的资本增加的结果。在生产价格不变时，无论追加资本的生产力是不变，是渐减，是渐增，这个结果都可以发生。生产力是不变，是渐减，还是渐增这种种情形，会影响每英亩地租量增大的范围，但不会影响每英亩地租量增大的事实。这是对差地租Ⅱ的特有现象，是它和对差地租1的区别所在。如果追加的投资，不是在时间上连续投在同一土地上，却是在空间上相并投在新的等质的追加土地上，地租量也会增加，并如上所述，既耕地全部面积的平均地租也会增加，但每英亩的地租量不会增加。如果结果（就总生产和剩余生产物的量和价值说）保持不变，资本累积在狭隘土地面积内的情形将会提高每英亩的地租量；反之，在同一条件下，如果资本分散在较大的土地面积，则在其他一切不变的情形下，每英亩的地租是不会增加的。但资本主义生产方法越是发展，资本在同一土地面积内的累积，也会越是发展，而依每英亩计算的地租也会提得越是高。因此，如果有两个国家，它们的生产价格是一致的，各级土地间的差额是一致的，但一国的投资是连续投在有限的地面上，别一国的投资却是并列投在较广的地面上，则在前一个国家，每英亩的地租，从而土地的价格将会更高，在后一个国家，将会更低；虽然这两个国家的地租总额，是相等的。在这场合，地租量的差别，不能由各级土地自然丰度的差别，也不能由所使用的劳动量的差别来说明，那只能由投资方法的差别来说明。

在这里，我们说到剩余生产物，是指代表剩余利润的生产物。在其他各处，我们却是用多余生产物或剩余生产物，指代表总剩余价值的生产物部分，间或指代表平均利润的生产物部分。这个特殊的意义，是这个名词在付租资本的场合得到的；我们以前曾经讲过，那是会引起误解的。

第四十二章

生产价格下落（第二场合：对差地租II）

在追加资本，以不变的，渐减的，或渐增的生产力的比率投下时，生产价格是可以下落的。

I 追加资本以不变的生产力投下

在这场合，我们假定，生产物会按照土地的品质和种类，比例于投在各级土地上的资本，来增加。在各级土地的差别保持不变时，这包含剩余生产物比例于资本增加额而增加的意思。所以，一切会影响对差地租的 A 级土地上的追加投资，在这场合，都被排除了。在 A 级土地上，剩余利润率 = 0；它依然要 = 0；因为我们曾假定，追加资本的生产力，从而，剩余利润率，是依然不变的。

在这种前提下，调节的生产价格下落，不过因为成为调节器的，已经不是 A 级土地的生产价格，而是比较优一等的 B 级土地的生产价格，或任何比 A 级土地更优良的土地的生产价格，以致资本从 A 级土地，或从 A、B 二级土地（如果成为调节器的，是 C 级土地的生产价格）撤除出来，一切低级的土地，都从小麦栽培地的竞争中，退出来。在这场合，在已定的前提下，有一个必要条件是，追加投资的追加生产物，应该能把需要满足，以致较低级的土地 A 等的生产，在供给的形成上，成为多余的。

　　比方拿第 Ⅱ 表作例，但假设只 18 卡德，不需有 20 卡德，已经可以把需要满足。A 级土地将会退出来；B 级土地及其生产价格 30 先令，将成为调节的。在这场合，对差地租取得如下的形态：

第Ⅳ表

土地种类	英亩	资本（镑）	利润（镑）	生产成本（镑）	生产物（卡德）	售卖价格每卡德（镑）	收益（镑）	地租		剩余利润率
								谷物（卡德）	货币（镑）	
B	1	5	1	6	4	$1\frac{1}{2}$	6	0	0	0
C	1	5	1	6	6	$1\frac{1}{2}$	9	2	3	60%
D	1	5	1	6	8	$1\frac{1}{2}$	12	4	6	120%
总计	3	15	3	18	18		27	6	9	

　　所以，和第 Ⅱ 表比较，总地租是由 36 镑减至 9 镑，由谷物 12 卡德减为 6 卡德，而总生产却仅减少 2 卡德，由 20 卡德减至 18 卡德，而依资本计算的剩余利润率，也减落一半，由 180% 减至 90%①。在这场合，生产价格的下落，伴有谷物地租和货币地租的减少。

　　拿它来和第 Ⅰ 表相比较，则减少的仅是货币地租。谷物地租在这二场合都是等于 6 卡德。但在一个场合，它会带来 18 镑，在他一场合，它只带来 9 镑。就 C 级土地和 D 级土地说，谷物地租都和第 Ⅰ 表相同。实在说，因为有追加的生产（那是由有一致

_____

① 译者注：马恩研究院版在此有一附注。如果依照前面所举的平均地租率＝总地租额÷所投总资本，则平均地租率应为 60% 不为 90%。以下，还有同样的情形。这是由于计算基础的差别。

效果的追加资本唤起的），A 级土地的生产物就由市场排除出来了。A 级土地已经没有资格在生产上参加竞争了；一个新的对差地租 I 在这里形成了，较优的 B 级土地在这里所担任的职能，和较劣的 A 级土地从前所担任的职能，完全一样。因此，从一方面说 B 级土地的地租消灭了，从别一方面说，按照我们的前提，B 级，C 级，和 D 级间的差别，仍不因追加资本的投入，而发生变化。为这个理由，转化为地租的生产物部分就减小了。

如果为要完成上述的结果——使 A 级土地在需要的满足上，成为不必要的——C 级或 D 级或二级土地上的投资，必须加到一倍以上，情形就不同了。我们且假设，C 级土地有第三个投资。

第Ⅳa 表

土地种类	英亩	资本（镑）	利润（镑）	生产成本（镑）	生产物（卡德）	售卖价格（镑）	收益（镑）	地租		剩余利润率
								谷物（卡德）	货币（镑）	
B	1	5	1	6	4	$1\frac{1}{2}$	6	0	0	0
C	1	$7\frac{1}{2}$	$1\frac{1}{2}$	9	9	$1\frac{1}{2}$	$13\frac{1}{2}$	3	$4\frac{1}{2}$	60%
D	1	5	1	6	8	$1\frac{1}{2}$	12	4	6	120%
总计	3	$17\frac{1}{2}$	$3\frac{1}{2}$	21	21		$31\frac{1}{2}$	7	$10\frac{1}{2}$	

在这场合，与第Ⅳ表相比，C 级土地的生产物，由 6 卡德增至 9 卡德，剩余生产物由 2 卡德增至 3 卡德，货币地租由 3 镑增至 $4\frac{1}{2}$ 镑。与第Ⅱ表（在那里，C 级土地的货币地租为 12 镑），和第Ⅰ表（在那里，C 级土地的货币地租为 6 镑）相比，它是下落了。总谷物地租＝7 卡德，与第Ⅱ表的 12 卡德比较，是跌落了；但与第Ⅰ表的 6 卡德相比，却是增加了。就货币地租说，那

是 $10\frac{1}{2}$ 镑，比之前二表（18 镑与 36 镑），都是下落了。

如果第三个 $2\frac{1}{2}$ 镑的投资，是投在 B 级土地上，生产量也会变化，不过地租不受影响，因为按照我们的前提，各连续投资不会在同种土地上，引起任何的差异。B 级土地也不提供任何的地租。

反之，如果我们假设第三个投资，是投在 D 级土地，不是投在 C 级土地上，我们就得第Ⅳb 表。

在这场合，总生产物为 22 卡德，比第 I 表的二倍还要多，虽然投下的资本不过 $17\frac{1}{2}$ 镑，而第 I 表则为 10 镑，所以，就所投下的资本说，还不到二倍。又，那比第 II 表的总生产物，也更大二倍，虽然第 II 表的资本 20 镑，要比较更大。

与第 I 表相比，D 级土地的谷物地租，由 2 卡德增至 6 卡德，而货币地租依然不变，仍为 9 镑，与第 II 表相比，D 级土地的谷物地租依然不变，仍为 6 卡德，但货币地租由 18 镑减至 9 镑了。

第Ⅳb 表

土地种类	英亩	资本（镑）	利润（镑）	生产成本（镑）	生产物（卡德）	售卖价格（镑）	收益（镑）	地租		剩余利润率
								卡德	镑	
B	1	5	1	6	4	$1\frac{1}{2}$	6	0	0	0
C	1	5	1	6	6	$1\frac{1}{2}$	9	2	3	60%
D	1	$7\frac{1}{2}$	$1\frac{1}{2}$	9	12	$1\frac{1}{2}$	18	6	9	120%
总计	3	$17\frac{1}{2}$	$3\frac{1}{2}$	21	22		33	8	12	

拿总地租来比较，第Ⅳb 表的谷物地租为 8 卡德，比第 I 表的 6 卡德更大，比第 II 表的 12 卡德更小。货币地租在第Ⅳb 表为

12镑，比第Ⅳa表的 $10\frac{1}{2}$ 镑更大，比第 I 表的 18 镑更小，比第 Ⅱ 表的 36 镑也更小。

要使第Ⅳb表的总地租，在 B 级土地已不提供地租之后，仍可与第 I 表的总地租相等，我们必须再有 6 镑的剩余生产物，依照每卡德 $1\frac{1}{2}$ 镑（新的生产价格）的价格，就是还须有 4 卡德。这样，我们再度有了 18 镑的总地租，与第 I 表相同。在这场合，必须有多少的追加资本，那要看我们是把资本投在 C 级土地还是投在 D 级土地，还是分投在这两种土地上。

就 C 级土地说，5 镑资本结果才得到 2 卡德的剩余生产物，从而 10 镑的追加资本，才会提供 4 卡德的追加剩余生产物。就 D 级土地说，5 镑追加资本在这里的根本前提下，就会生产 4 卡德的追加谷物地租。这里的根本前提是：追加投资的生产力依然不变。由此，我们得下二表。

总货币地租恰好为第 Ⅱ 表的一半；在那里，追加资本，是在生产价格不变的条件下，投下的。

但最重要的一点，是与第 I 表相比较。

第Ⅳc表

土地种类	英亩	资本（镑）	利润（镑）	生产成本（镑）	生产物（卡德）	售卖价格（镑）	收益（镑）	地租		剩余利润率
								卡德	镑	
B	1	5	1	6	4	$1\frac{1}{2}$	6	0	0	0
C	1	15	3	18	18	$1\frac{1}{2}$	27	6	9	60%
D	1	$7\frac{1}{2}$	$1\frac{1}{2}$	9	12	$1\frac{1}{2}$	18	6	9	120%
总计	3	$27\frac{1}{2}$	$5\frac{1}{2}$	33	34		51	12	18	

土地种类	英亩	资本（镑）	利润（镑）	生产成本（镑）	生产物（卡德）	售卖价格（镑）	收益（镑）	地租		剩余利润率
								卡德	镑	
B	1	5	1	6	4	$1\frac{1}{2}$	6	0	0	0
C	1	5	1	6	6	$1\frac{1}{2}$	9	2	3	60%
D	1	$12\frac{1}{2}$	$2\frac{1}{2}$	15	20	$1\frac{1}{2}$	30	10	15	120%
总计	3	$22\frac{1}{2}$	$4\frac{1}{2}$	27	30		45	12	18	

我们发觉，在生产价格下落一半，由每卡德60先令减至30先令时，总货币地租依然不变，换言之，依然为18镑。但谷物地租则相应地倍加了，由6卡德增至12卡德了。B级土地的地租消灭了；C级土地的货币地租在第IV c表内，增加了半数，在第IV d表内，减少了半数；D级土地的货币地租，在第IV c表内，依然不变。仍为9镑，在第IV d表内，由9镑增至15镑了。生产已由第 I 表的10卡德，增至第IV c表的34卡德，第IV d表的30卡德。

利润已由第 I 表的2镑，增至第IV c表的 $5\frac{1}{2}$ 镑，第IV d表的 $4\frac{1}{2}$ 镑。总投资在一场合由10镑增至 $27\frac{1}{2}$ 镑，在他一场合由10镑增至 $22\frac{1}{2}$ 镑，都增加一倍以上。地租率（Rentrate）即以垫支资本计算的地租，就各级土地说，由第 IV 表到第 IV d 表，总是相同的。其实，这一个情形，已经包含在我们的假定中。我们的假定是：各级土地两个连续的投资，有不变的生产力的比率。但与第 I 表相比，就一切土地的平均说，就各级土地的个别来说，这种

生产力的比率都减落了。在第 I 表，平均是 = 180%，而在第 IV c

表，= $\dfrac{18}{27\frac{1}{2}} \times 100 = 65\frac{5}{11}$%，在第 IV d 表则 = $\dfrac{18}{22\frac{1}{2}} \times 100 = 80$%。每

英亩的平均货币地租是增加了。它的平均，以前在第 I 表，4 英

亩平均计算，是等于每英亩 $4\frac{1}{2}$ 镑，现在第 IV c 表和 IV d 表，却

是 3 英亩平均计算，等于每英亩 6 镑。拿付租土地平均计算，以

前是等于 6 镑，现在却是每英亩等于 9 镑。每英亩地租的货币价

值也提高了，它所代表的谷物生产物，已经倍于从前了。但 12

卡德谷物不到 33 卡德或 27 卡德总生产物的半数，而在第 I 表，

则 6 卡德代表总生产物 10 卡德的 $\dfrac{3}{5}$。所以，当作总生产物的可

除部分，地租是减少了，而依所投资本计算的地租，也是减少

了；但它的依每英亩计算的货币价值却增加了，其生产物价值还

更是增加了。我们且拿第 IV d 表中的 D 级土地来说，我们就发

觉，用在它上面的生产成本 = 15 镑，其中有 $12\frac{1}{2}$ 镑是所投的资

本。货币地租是等于 15 镑。在第 I 表，同一 D 级土地的生产成

本 = 3 镑，其中有 $2\frac{1}{2}$ 镑是所投的资本，货币地租 = 9 镑，那就

是，货币地租三倍于生产成本，约四倍于资本。在第 IV d 表，D

级土地的货币地租为 15 镑，恰好与生产成本相等，仅较资本更

大 $\dfrac{1}{5}$。不过，每英亩的货币地租较大 $\dfrac{2}{3}$，那就是，不是 9 镑，而

是 15 镑了。在第 I 表，谷物地租 3 卡德，等于总生产物 4 卡德的

$\dfrac{3}{4}$；在第 IV d 表，谷物地租 10 卡德，等于 D 级土地一英亩总生

产物 20 卡德的半数。这说明了，每英亩地租的货币价值和谷物

价值都增进了，不过它在总收益中只形成一个较小的可除部分，并且与垫支资本相比例是在减落。

第 I 表的总生产物的价值 = 30 镑，地租 = 18 镑，超过总生产物的半数。第 Ⅳ d 表的总生产物的价值 = 45 镑，地租 = 18 镑，不到总生产物的半数。

为什么在每卡德的价格跌为 $1\frac{1}{2}$ 镑，从而跌落一半时，为什么在参加竞争的土地由 4 英亩减为 3 英亩时，总地租会保持不变，谷物地租会加倍，而依每英亩计算，则谷物地租和货币地租都增加呢？这当中的理由是，有更多卡德的剩余生产物被生产了。谷物价格依 50% 跌落了，剩余生产物却依 100% 增加了。但因要完成这个结果，在我们的条件下，总生产必须三倍，而优良地上的投资，也须在加倍以上。优良地上的投资究须依什么比例增加，那最先要看，追加的投资是依什么比例，分配在较优地与最优地之间；当然，在这里，我们还是假定，资本在每一级土地上的生产力，会比例于它的量，而增加的。

如果生产价格下落的程度较小，则生产同额货币地租所必要的追加资本也更少。如果使 A 级土地排斥在耕作圈外所必要的供给量——那也不单纯取决于 A 级土地每英亩的生产物，并且取决于 A 级土地在全部既耕面积中所占的比例部分——是更大，从而，在较优（较 A 为优）地上必要的追加资本量也更大，则在其他情形不变的情形下，货币地租和谷物地租还会更增大，虽然就 B 级土地说，这二者都不免要归于消灭。

如果 A 级土地的被撤除出来的资本 = 5 镑，我们在这场合要比较的，就是第 Ⅱ 表和第 Ⅳb 表。总生产物是由 20 卡德增至 30 卡德了。货币地租却只有一半的大，是 18 镑，不是 36 镑了。谷物地租依然不变，仍为 12 卡德。

如果总生产物 44 卡德，价值 66 镑，可以由 D 级土地，用资本 $27\frac{1}{2}$ 镑来生产——依照 D 级土地的旧比率来计算，每 4 卡德要有 $2\frac{1}{2}$ 镑资本——总地租就再度和第 II 表的水准一样。我们可得下表：

土地种类	资本（镑）	生产物（卡德）	谷物地租（卡德）	货币地租（镑）
B	5	4	0	0
C	5	6	2	3
D	$27\frac{1}{2}$	44	22	33
总计	$37\frac{1}{2}$	54	24	36

第 II 表的总生产为 20 卡德，这里的总生产却是 54 卡德；但货币地租却是一样的，一样是 36 镑。但在第 II 表，总资本为 20 镑，这里却是 $37\frac{1}{2}$ 镑。垫支的总资本差不多加一倍，但生产却几乎三倍了。谷物地租加倍了，但货币地租仍然不变。所以，如果因较优的付租土地（即 A 级以上的土地）投下了追加的货币资本——生产力依然不变——之故，价格竟然跌落了，总资本，就会有一种趋势，不与生产及谷物地租，为同比例的增加；这样，因价格下落而起的货币地租的损失，再可由谷物地租的增加，来赔补了。这个法则，还会由如下的事实指出：即，垫支资本，在投于 C 级土地的量，大于投于 D 级土地的量，投于付租较小的土地的量，大于投于付租较大的土地的量时，必须依比例，成为较大的。这一点，不外因为要使货币地租保持不变或增加，必须生产出一定额的剩余生产物来；这样所需的资本，会与土地

768

提供剩余生产物的丰度，成反比例；那就是，丰度愈大，所需的资本愈小。如果 B 和 C 之间的差额，C 和 D 之间的差额是很大的，则要达到这个目的所需的追加资本会更小。这当中的关系，是依存于下列各事：（1）价格下落的比例，那就是 B 级土地（现在不支付地租的土地）和 A 级土地（以前不支付地租的土地）的差额；（2）B 级以上各种优地间的差额的比例；（3）新投追加资本的量；（4）这种资本在各级土地上的分配。

实在说，我们觉得，这个法则所表示的，不外就是第一场合所已经说明的。那就是，在生产价格为已知数时，不问它是怎样大，地租总会因投资增加而增进。A 级土地被排出的结果，我们是有了一个新的对差地租 I，那是以 B 级土地为最劣等地，而以每卡德 $1\frac{1}{2}$ 镑的价格为新的生产价格。这适用于第 II 表，也适用于第 IV 表。法则还是一样，不过现在不以 A 级土地，而以 B 级土地，不以 3 镑的生产价格，而以 $1\frac{1}{2}$ 镑的生产价格，为出发点了。

在这里，只有这样的重要点。如果为要使资本从 A 级土地撤除出来，使谷物供给无 A 级土地也可以供应得来，是需有这许多许多的追加资本的，我们就发觉和这个事情一同发生的，可以是每英亩的地租不变，可以是每英亩的地租增加，也可以是每英亩的地租减少。虽然就全部土地说，不是如此，但至少就若干土地说，就已耕地的平均说，是如此。我们曾经看到，谷物地租和货币地租并不老是互相均等的。而谷物地租所以在经济学上仍有它的位置，不过是由于一种传习。我们一样可以证明，比方说，一个工厂主现在用 5 镑利润所购得的棉纱，可以比他以前用 10 镑利润购得的棉纱，更多得多。但无论如何，那可以指明，土地所有者诸君如果同时是制造厂，砂糖工厂，造酒工厂等的所有者或股东，他们就还能在货币地租下落时，以所需用的原料的生产者资格，获得一个巨大的利益①。

Ⅱ 追加资本以渐减的生产力的比率投下

这个情形，不会在问题上面，引起任何新的要素，如果生产价格，像上面所考察那样是下落。那就是，把资本加投在较优地（A级以上的土地）上面的结果，使 A 级土地的生产物成为多余的，因而资本从 A 级土地撤除出来，或使 A 级土地用在别种生产上。我们对于这一点已经论述得很详尽了。由此指出了，在这场合，每英亩的谷物地租和货币地租，可以是增加的，可以是减少的，也可以是不变的。

为易于比较起见，我们再把第 Ⅰ 表录在下面：

① 以上由第Ⅳa表至第Ⅳb表，都包含一种错误的计算，所以有重算的必要。这一点，虽不影响这些表所展开的理论观点，但关于每英亩的生产，那包含一种极奇特的数字比例。不过在原则上，那还是无可反对的。在一个显示凹凸高低的侧面图上，我们常惯把代表垂直线的幅度，大大超过那代表水平线的幅度。不过，假使有人觉得他的农民的心情，会由此大受损伤，他尽可以把指示英亩数的数字加大起来，他高兴加大到怎样，就可以加大到怎样。又，在第Ⅰ表，我们是用每英亩1卡德，2卡德，3卡德，4卡德来表示，如果他要用每英亩10布奚，12布奚，14布奚，16布奚（8布奚=1卡德）来表示，也无不可。在这场合，由此等数字推出的其他各表数字，是依然在盖然性的限界之内；我们将会发觉，其结果，即地租增加与资本增加的比例，是完全没有两样的。以下各种由编者加进的表，就曾经这样实行过的。——F. E.

第 I 表

土地种类	英亩	资本（镑）	利润（镑）	生产成本（镑）	生产物（卡德）	谷物地租（卡德）	货币地租（镑）	剩余利润率
A	1	$2\frac{1}{2}$	$\frac{1}{2}$	3	1	0	0	0
B	1	$2\frac{1}{2}$	$\frac{1}{2}$	$1\frac{1}{2}$	2	1	3	120%
C	1	$2\frac{1}{2}$	$\frac{1}{2}$	1	3	2	6	240%
D	1	$2\frac{1}{2}$	$\frac{1}{2}$	$\frac{3}{4}$	4	3	9	360%
总计	4	10			10	6	18	180%（平均）

现在我们假设 B 级、C 级、D 级以渐减生产力供给的 16 卡德，已经够把 A 级土地排在耕作圈外，第 II 表就变成了下表：

第 V 表

土地种类	英亩	资本（镑）	利润（镑）	生产物（卡德）	售卖价格（镑）	收益（镑）	谷物地租（镑）	货币地租（镑）	剩余利润率
B	1	$2\frac{1}{2}+2\frac{1}{2}$	1	$2+1\frac{1}{2}=3\frac{1}{2}$	$1\frac{5}{7}$	6	0	0	0
C	1	$2\frac{1}{2}+2\frac{1}{2}$	1	$3+2=5$	$1\frac{5}{7}$	$8\frac{4}{7}$	$1\frac{1}{2}$	$2\frac{4}{7}$	$51\frac{3}{7}$%
D	1	$2\frac{1}{2}+2\frac{1}{2}$	1	$4+3\frac{1}{2}=7\frac{1}{2}$	$1\frac{5}{7}$	$12\frac{6}{7}$[①]	4	$6\frac{6}{7}$	$137\frac{1}{7}$%
总计	3	15		16		$27\frac{3}{7}$	$5\frac{1}{2}$	$9\frac{3}{7}$	$94\frac{2}{7}$（平均）*

在这里，追加资本的生产力的比率是渐减，但各级土地的减

---

① 译者注：原版为 $15\frac{2}{5}$，$137\frac{1}{5}$ 与 $94\frac{3}{10}$，据马恩研究院版改正。

少额彼此有别，同时，调节的生产价格也由 3 镑减为 $1\frac{5}{7}$ 镑了。

投资增加了一半，由 10 镑增至 15 镑了。货币地租却差不多跌落了一半，即由 18 镑跌至 $9\frac{3}{7}$ 镑，同时谷物地租仅减少 $\frac{1}{12}$，即由 6 卡德减至 $5\frac{1}{2}$ 卡德。总生产物由 10 卡德增至 16 卡德，增加 160%。谷物地租在总生产物中，约占三分之一强。垫支资本与货币地租，成 15 与 $9\frac{3}{7}$ 之比；而在以前，则成 10 与 18 之比。

Ⅲ 追加资本以渐增的生产力的比率投下

这个情形，和这一章开头讨论的第一种情形——生产价格下落但生产力的比率不变——不过有下面这一点区别：即，把 A 级土地排在耕作外所必须有的追加生产物，在这场合，可以更迅速地实现出来。

无论追加资本的生产力是在下落还是在增进，这个事实的影响，总要看这种投资是怎样分配在各级土地之间，而有不同。这种相异的影响，或是使各种土地间的差额归于抵消，或是把它加强。较优良地的对差地租以及总地租，就比例于此，而减少或增加的。这一点，我们已经在讨论对差地租 I 的时候见了。就其余各方面说，则一切都要看这几件事，方才能够决定：即与 A 级土地一同被驱逐的土地面积和资本是怎样大，满足需要所须供应的追加生产物，在生产力增进时，相对地说，必须有怎样大的投资。

在这里，唯一值得研究的点是这样。这个点，使我们再回来讨论，这个对差利润（Differential Profit）是怎样转化为对差地租。

在生产价格依然不变的第一场合，追加资本有一些是投在 A 级土地上。这种投在 A 级土地上的追加资本，对于对差地租是没有关系的；因为 A 级土地和以前一样不提供地租，它的生产物的价格，还是那样，并且继续在市场上有调节的作用。

在第二场合的变例一（生产价格下落，但生产力的比率保持不变），A 级土地必被排在耕作之外；在第二场合的变例二（生产价格和生产力的比率都下落），还更是这样；因为，如果不是这样，A 级土地的追加投资，就会把生产价格提高。但在这里，在第二场合的变例三（生产价格下落，因为追加资本的生产力增进），这个追加资本却可以投在 A 级土地上面，和投在较优地上面一样。

我们且假定，投在 A 级土地的追加资本 $2\frac{1}{2}$ 镑，会生产 $1\frac{1}{2}$ 卡德，不是生产 1 卡德。这样我们得第Ⅵ表。

第Ⅵ表

土地种类	英亩	资本（镑）	利润（镑）	生产成本（镑）	生产物（卡德）	售卖价格（镑）	收益（镑）	地租		剩余利润率
								卡德	镑	
A	1	$2\frac{1}{2}+2\frac{1}{2}=5$	1	6	$1+1\frac{1}{5}=2\frac{1}{5}$	$2\frac{8}{11}$	6	0	0	0%
B	1	$2\frac{1}{2}+2\frac{1}{2}=5$	1	6	$2+2\frac{2}{5}=4\frac{2}{5}$	$2\frac{8}{11}$	12	$2\frac{1}{5}$	6	120%
C	1	$2\frac{1}{2}+2\frac{1}{2}=5$	1	6	$3+3\frac{3}{5}=6\frac{3}{5}$	$2\frac{8}{11}$	18	$4\frac{2}{5}$	12	240%
D	1	$2\frac{1}{2}+2\frac{1}{2}=5$	1	6	$4+4\frac{4}{5}=8\frac{4}{5}$	$2\frac{8}{11}$	24	$6\frac{3}{5}$	18	360%
总计	4	20	4	24	22		60	$13\frac{1}{5}$	36	240%

这个表要和基本的第Ⅰ表及第Ⅱ表（在该表内，两倍的投资，和不变的与资本垫支相比例的生产力，结合着）相比较。

依照我们的前提，调节的生产价格是下落了。如果它没有变动，还是等于 3 镑，则以前仅投资 $2\frac{1}{2}$ 镑时不提供地租的最劣等地，也将提供地租，虽然并没有比较更劣的土地被放进耕作范围内。只要土地的生产力，就资本的一部分说已经增加，就原投下的资本说则不增加，情形就会这样的。第一个 3 镑的生产成本，生产 1 卡德；第二个 3 镑的生产成本，生产 $1\frac{1}{5}$ 卡德；但总生产物 $2\frac{1}{5}$ 卡德现在是依照它的平均价格售卖的。

生产力的比率如果和追加的投资一同增加，那一定因为已有某种改良，这种改良，可以是在一英亩内投下的资本已经增加（例如投下更多的肥料或更多的机械劳动等）；或者是，因为有了这种追加的投资，资本便会成为异质的，更生产的投资。在这二场合，每英亩 5 镑资本的投下。会生出一个 $2\frac{1}{5}$ 卡德的生产物来，而这个资本的半数或 $2\frac{1}{2}$ 镑，却仅会生出一个 1 卡德的生产物来。把暂时的市场状况除开不说，A 级土地的生产物决不能长此以较高的生产价格，而不以新的平均价格售卖，除非 A 级土地中仍有一个大的面积，继续只用 $2\frac{1}{2}$ 镑的资本耕作。但每英亩 5 镑资本的新比例及改良的经营方法一经普遍化，调节的生产价格就会降至 $2\frac{8}{11}$ 镑的。这两个资本部分间的差别，将会消灭；在这场合，A 级土地每英亩，如果还只用 $2\frac{1}{2}$ 镑来耕作，那就是一种反常的现象，不能适合于新的生产条件了。这样，成问题的，不复是在同英亩内投下的诸不同资本部分，有收益上的差额，而是每英亩的投资有充分与不充分的分别了。

由此，第一，我们知道，如果多数租地农业家（那必须是多数，因为如果只有少数，他们就只会被强迫在他们的生产价格之下售卖）手中的资本不充分，这个现象会和各级土地在下降序列内呈现的差别，发生相同的结果。劣等土地的劣等耕作，将增加较优良地的地租；它甚至会使劣等地的较优耕作，也提供地租。在反此的情形下，这种劣等地的较优耕作，是决不提供地租的。第二，我们知道，对差地租在它由同一总面积上各连续投资发生的限度内，会在实际上，归着到一个平均数。在这个平均数上，不等量投资的影响，不复成为可认识，可辨别的东西，以致不会在最劣等地上引起地租；但（1）使一英亩（A 级土地）的总收益的平均价格，成为新的调节的价格；（2）表现为每英亩土地在新条件下进行充分耕作所必要的资本总量——在其内，诸个别的连续的投资以及它们各自的影响，是混在一起，不能辨认了——的变动。各优级土地的个别的对差地租，也是这样。总之，在每一场合，对差地租都是由各级土地的平均生产物和最劣等地用标准资本额所生产的生产物之差额，决定的。这个标准资本额，现在已经比以前更高了。

任一级土地，没有投资都不会提供生产物。就单纯的对差地租，即对差地租 I 来说，也是这样的。我们说，调节生产价格的 A 级土地一英亩，依照这样的价格提供这样多的生产物，并且说，较优的 B 级、C 级、D 级土地提供这样多的对差生产物（Differentialprodukt）并依照调节的价格，提供这样多的货币地租，我们的意思常常是假定，有一定额的资本被使用。这一定额的资本，在一定的生产条件下，被认为是标准的。这好比，每一个产业部门，为要能依照生产价格来生产商品，都须有一定的最小限额的资本。

如果因同一土地上连续的各次投资，伴有某种改良之故，这个最小限额发生了变化，这个变化也是渐次实行的。当 A 级土地（比方这样说）尚有一定英亩数未取得这种追加的经营资本时，A 级土地中那耕作较优的部分，就将因生产价格依然不变，而发生一种地租，而一切较优地如 B 级、C 级、D 级等的地租，也都会提高起来。但新的生产方法只要一旦充分普及，而成为标准的生产方法，生产价格就会下落。较优地的地租也将减落，而不曾具有平均经营资本的那部分 A 级土地，就会在它的个别的生产价格之下，从而在平均利润之下，售卖了。

在生产价格下落的场合，那怕追加资本的生产力是递减的，也只要所需的生产物，因投资增加之故，已经可以由较优良的土地供给，以致 A 级土地的经营资本可以撤除出来，A 级土地不再参加某种生产物（例如小麦）的竞争，这时，上述情形就会发生了。B 级土地现在成了调节的土地了。现在平均必须投在这一级土地上的资本量，被视为标准的资本量。我们每说到各种土地丰度的差别，都是假定这种新的标准资本量，已经在每英亩的土地上使用的。

从别方面看，很明白，这种平均的投资（例如在英格兰 1848 年以前每英亩 8 镑的投资，在这年以后每英亩 12 镑的投资），会在租地契约上，当作标准。设有某租地农业家支出比这更多的资本，由此生出的剩余利润，就可以在租期未满以前，不转化为地租。而在租约已经满期以后，那会不会转化为地租，还要看租地农业家的竞争而定，因为把这种额外资本投下的，就是他们。在这里，那种永久性的改良（它会继续保证，使同一的投资或较小的投资，得生产较大的生产物）是我们不要说到的。这种改良虽然也是资本的生产物，但其作用，完全和天然土地品质上的差异相同。

所以，我们知道，在对差地租 II 的上面，我们有一个要素必须考察。这个要素在对差地租 I 的上面，是不会出现的，因为对差地租 I 与每英亩标准投资额的变动，可以不生关系。从一方面说，A 级土地（调节的土地）上诸相异投资的结果是被混在一起了，A 级土地的生产物，现在是表现为每英亩的标准的平均生产物了。从别方面说，每英亩投资的平均最低限或平均量，也发生变动了，以致这种变动，居然表现为土地的特质。最后，这是剩余利润转化为地租形态的转化方法上的区别。

与第 I 表、第 II 表、第四十一章相比较，第 VI 表还说明，与第 I 表相比，谷物地租加了一倍以上，与第 II 表相此，仅增加 $1\frac{1}{5}$ 卡德，同时，与第 I 表相比，货币地租是倍加了，与第 II 表相比，却是一点变化没有。如果在其他情形不变的条件下，追加资本有较大部分投在较优的各级土地上，或追加资本投在 A 级土地所生的影响比较没有这样显著，以致 A 级土地每卡德的调节的平均价格会提得更高，那还会更显著增加的。

如果由资本增加引起的生产力的增加，竟在不同的土地上，发生不同的影响，那就会在对差地租上，引起变动的。

无论如何，那都证明，在生产价格因追加资本的生产力的比率增进而下落时，只要生产力的增进比资本垫支的增进更为迅速，投资已经倍加的每英亩的地租将不只倍加，并且会加到一倍以上。但若生产价格，竟因 A 级土地生产力的增加特别更迅速，以致于下落得更低，它也未尝不可下落。

我们且假设，B 级土地和 C 级土地的追加投资，不能和 A 级土地的追加投资，同样把生产力增加，则就 B 级和 C 级说比例的差额将会减少，而生产物的增加，且将不能与下落的价格相均衡，所以，和第 II 表比较起来，D 级土地的地租会增加，B 级和 C 级土地的地租将会减少。

第 Ⅵa 表

土地种类	英亩	资本（镑）	利润	每英亩生产物（卡德）	售卖价格（镑）	收益（镑）	谷物地租（卡德）	货币地租（镑）
A	1	$2\frac{1}{2}+2\frac{1}{2}=5$	1	$1+3=4$	$1\frac{1}{2}$	6	0	0
B	1	$2\frac{1}{2}+2\frac{1}{2}=5$	1	$2+2\frac{1}{2}=4\frac{1}{2}$	$1\frac{1}{2}$	$6\frac{3}{4}$	$\frac{1}{2}$	$\frac{3}{4}$
C	1	$2\frac{1}{2}+2\frac{1}{2}=5$	1	$3+5=8$	$1\frac{1}{2}$	12	4	6
D	1	$2\frac{1}{2}+2\frac{1}{2}=5$	1	$4+12=16$	$1\frac{1}{2}$	24	12	18
总计	4	20		$32\frac{1}{2}$			$16\frac{1}{2}$	$24\frac{3}{4}$

最后，如果在生产力的增进保持相同的比例时，投在较优级土地上的追加资本，比投在 A 级土地上的追加资本更多，又或投在较优级土地上的追加投资，是以渐增的生产力比率发生作用，货币地租都会增进。在这二场合，差额都要增大的。

如果由追加投资而起的改良，会全般地或局部地减小 A 级土地和较优地的差别，那就是它给 A 级土地的影响比给 B 级、C 级土地的影响更大，货币地租就会下落。最优地生产力的增加越是小，货币地租就会下落得越是大。无论谷物地租是增进，是下落，还是保持不变，货币地租总取决于影响程度不等的比例。

假设各级土地追加丰度的比例差额不变，但加在付租土地上的资本，比加在无租 A 级土地上的资本更多，并且加在付租较多的土地上的资本，也比加在付租较少的土地上的资本更多，或假设追加的资本相等，但投在较优地和最优地上面的资本的丰度，比投在 A 级土地上的资本的丰度增加得更大，并且依比例，投在较优地的资本的丰度，也比投在次优地的资本的丰度增加得更大，货币地租就会提高，谷物地租也同样会提高。

但在一切情形下，只要追加的生产力是资本增加的结果，不是投资额依然不变，单是丰度提高的结果，地租就会相对提高的。这是绝对的观点。它说明了，在这里，像在以前各场合一样，地租和每英亩的追加地租（而在对差地租 I 的场合，如就全部既耕面积说，那还可把平均地租额说在内），都是资本加投在土地上的结果。无论这个追加资本是在价格不变的场合或低落的场合，用不变的生产力比率发生机能，还是在价格不变的场合或低落的场合，用下落的生产力比率发生机能，还是在价格低落的场合，用增进的生产力比率发生机能，结局都是这样的。因为我们的假定（价格不变但追加资本的生产力比率不变，或下落，或增进，价格下落但追加资本的生产力比率不变，或下落，或增进）结局可以归成这样：即，在价格不变或下落时，追加资本的生产力比率可以不变，在价格不变或下落时，生产力比率也可以下落，并且在价格不变或下落时，生产力比率也可以增进。虽然在这一切场合，地租还可以不变或下落，但在其他情形不变的条件下，如果没有资本的追加使用，来充作丰度增加的条件，地租就会下落得更厉害。所以，在这场合，地租虽然会绝对地减少，但资本增加仍是地租相对量的原因。

第四十三章

生产价格增高（第三场合：对差地租Ⅱ）

〔生产价格的提高，是假定不支付任何地租的最低级土地的生产力已经减小。如果调节的生产价格提高到每卡德 3 镑以上，那一定因为投在 A 级土地上的 $2\frac{1}{2}$ 镑，已不能生产 1 卡德，投在 A 级土地上的 5 镑，已不能生产 2 卡德，或已经有比 A 级还劣的土地加入耕作。

在第二个投资的生产力不变或增进时，这个情形只在如下的条件下，才是可能的；那就是，第一个 $2\frac{1}{2}$ 镑投资的生产力已经减低。这个场合是常常发生的。例如，在浅耕的场合。当上层土壤已显出枯竭的样子，因而凭旧式的耕作方法已不能提供一样多的收益时，人们就会用深耕的方法，犁起下层土壤来，凭更合理的方法，使它的收益，比以前更多。但严密说来，这个特殊场合，不属于这里的范围。第一个 $2\frac{1}{2}$ 镑投资的生产力的下落，就连在情形类似的场合，也会成为较优级土地的对差地租 I 减落的原因。在这里，我们虽只讨论对差地租 Ⅱ。但因为当前的特殊情形，若不假定对差地租 Ⅱ 的存在，便无从发生，并且在事实上，对差地租Ⅰ的一种变形，也是在对差地租Ⅱ上面表现反应作用，所以我们且在这里举一个例，如下第Ⅶ表。

货币地租和货币收益，是和第Ⅱ表一样。已经提高的调节的生产价格，恰好弥补了生产物的量减少；因二者系以相反的比例变动，所以，不待说，双方的积是保持不变的。

第Ⅶ表

土地种类	英亩	投资（镑）	利润（镑）	生产成本（镑）	生产物（卡德）	售卖价格（镑）	收益（镑）	谷物地租（卡德）	货币地租（镑）	地租率
A	1	$2\frac{1}{2}+2\frac{1}{2}$	1	6	$\frac{1}{2}+1\frac{1}{4}=1\frac{3}{4}$	$3\frac{3}{7}$	6	0	0	0
B	1	$2\frac{1}{2}+2\frac{1}{2}$	1	6	$1+2\frac{1}{2}=3\frac{1}{2}$	$3\frac{3}{7}$	12	$1\frac{3}{4}$	6	120%
C	1	$2\frac{1}{2}+2\frac{1}{2}$	1	6	$1\frac{1}{2}+3\frac{3}{4}=5\frac{1}{4}$	$3\frac{3}{7}$	18	$3\frac{1}{2}$	12	240%
D	1	$2\frac{1}{2}+2\frac{1}{2}$	1	6	$2+5=7$	$3\frac{3}{7}$	24	$5\frac{1}{4}$	18	360%
总计	4	20			$17\frac{1}{2}$		60	$10\frac{1}{2}$	36	240%

在以上的场合，第二个投资的生产力，是比第一个投资原来的生产力更高了。但就使第二个投资的生产力，和第一个投资原来的生产力一样大，情形也没有两样。那有如下表：

第Ⅷ表

土地种类	英亩	投资（镑）	利润（镑）	生产成本（镑）	生产物（卡德）	售卖价格（镑）	收益（镑）	地租 谷物（卡德）	货币（镑）	剩余利润率
A	1	$2\frac{1}{2}+2\frac{1}{2}=5$	1	6	$\frac{1}{2}+1=1\frac{1}{2}$	4	6	0	0	0
B	1	$2\frac{1}{2}+2\frac{1}{2}=5$	1	6	$1+2=3$	4	12	$1\frac{1}{2}$	6	120%
C	1	$2\frac{1}{2}+2\frac{1}{2}=5$	1	6	$1\frac{1}{2}+3=4\frac{1}{2}$	4	18	3	12	240%
D	1	$2\frac{1}{2}+2\frac{1}{2}=5$	1	6	$2+4=6$	4	24	$4\frac{1}{2}$	18	360%
总计		20			15		60	9	36	240%

在这里，依同比例增进的生产价格，使生产力的减少，在收益和货币地租两方面充分得到补偿。

这第三场合，只能纯粹地表现在这个情形下面：那就是，第二个投资的生产力下落时，第一个投资的生产力保持不变（在第一场合和第二场合，我们也假定第一个投资的生产力保持不变）。在这里，对差地租 I 不受影响，只有和对差地租 II 相照应的部分，发生变化。我们举两个例如下：在第一个例，第二个投资的生产力，减小 $\frac{1}{2}$；在第二个例，第二个投资的生产力，减小 $\frac{1}{4}$。

第IX表

土地种类	英亩	投资（镑）	利润（镑）	生产成本（镑）	生产物（卡德）	售卖价格（镑）	收益（镑）	地租 谷物（卡德）	地租 货币（镑）	地租率
A	1	$2\frac{1}{2}+2\frac{1}{2}=5$	1	6	$1+\frac{1}{2}=1\frac{1}{2}$	4	6	0	0	0
B	1	$2\frac{1}{2}+2\frac{1}{2}=5$	1	6	$2+1=3$	4	12	$1\frac{1}{2}$	6	120%
C	1	$2\frac{1}{2}+2\frac{1}{2}=5$	1	6	$3+1\frac{1}{2}=4\frac{1}{2}$	4	18	3	12	240%
D	1	$2\frac{1}{2}+2\frac{1}{2}=5$	1	6	$4+2=6$	4	24	$4\frac{1}{2}$	18	360%
总计		20			15		60	9	36	240%

第IX表与第VIII表相同，不过在第VIII表，是第一个投资的生产力减小；第 XI 表是第二个投资的生产力减小。

第 X 表

土地种类	英亩	投资（镑）	利润（镑）	生产成本（镑）	生产物（卡德）	售卖价格（镑）	收益（镑）	地租 谷物（卡德）	地租 货币（镑）	地租率
A	1	$2\frac{1}{2}+2\frac{1}{2}=5$	1	6	$1+\frac{1}{4}=1\frac{1}{4}$	$4\frac{4}{5}$	6	0	0	0
B	1	$2\frac{1}{2}+2\frac{1}{2}=5$	1	6	$2+\frac{1}{2}=2\frac{1}{2}$	$4\frac{4}{5}$	12	$1\frac{1}{4}$	6	120%

续表

土地种类	英亩	投资（镑）	利润（镑）	生产成本（镑）	生产物（卡德）	售卖价格（镑）	收益（镑）	地租 谷物（卡德）	地租 货币（镑）	地租率
C	1	$2\frac{1}{2}+2\frac{1}{2}=5$	1	6	$3+\frac{3}{4}=3\frac{3}{4}$	$4\frac{4}{5}$	18	$2\frac{1}{2}$	12	240%
D	1	$2\frac{1}{2}+2\frac{1}{2}=5$	1	6	$4+1=5$	$4\frac{4}{5}$	24	$3\frac{3}{4}$	18	360%
总计		20		24	$12\frac{1}{2}$		60	$7\frac{1}{2}$	36	240%

上表的总收益，货币地租，及地租率，和第Ⅱ表，第Ⅶ表，第Ⅷ表相等，因为在投资额保持不变时，生产物与售卖价格，却依反比例变化了。

但在生产价格增进时，还有一个可能的场合。那就是，一向无耕作价值的更劣等的土地，现在也加入耕作。在这场合，又是怎样呢？

我们假设有这样一个土地（我们以 a 指示它），参加进来竞争。在这场合，一向无租的土地将会提供一个地租，以上的第Ⅶ表，第Ⅷ表，第Ⅹ表，也将采取如下的形态：

第Ⅶa表

土地种类	英亩	资本（镑）	利润（镑）	生产成本（镑）	生产物（卡德）	售卖价格（镑）	收益（镑）	地租 谷物（卡德）	地租 货币（镑）	增加
a	1	5	1	6	$1\frac{1}{2}$	4	6	0	0	0
A	1	$2\frac{1}{2}+2\frac{1}{2}$	1	6	$\frac{1}{2}+1\frac{1}{4}=1\frac{3}{4}$	4	7	$\frac{1}{4}$	1	1
B	1	$2\frac{1}{2}+2\frac{1}{2}$	1	6	$1+2\frac{1}{2}=3\frac{1}{2}$	4	14	2	8	1+7
C	1	$2\frac{1}{2}+2\frac{1}{2}$	1	6	$1\frac{1}{2}+3\frac{3}{4}=5\frac{1}{4}$	4	21	$3\frac{3}{4}$	15	1+2×7
D	1	$2\frac{1}{2}+2\frac{1}{2}$	1	6	$2+5=7$	4	28	$5\frac{1}{2}$	22	1+3×7
总计	5			30	19		76	$11\frac{1}{2}$	46	

土地种类	英亩	资本（镑）	利润（镑）	生产成本（镑）	生产物（卡德）	售卖价格（镑）	收益（镑）	地租		增加
								卡德	镑	
a	1	5	1	6	$1\frac{1}{4}$	$4\frac{4}{5}$	6	0	0	0
A	1	$2\frac{1}{2}+2\frac{1}{2}$	1	6	$\frac{1}{2}+1=1\frac{1}{2}$	$4\frac{4}{5}$	$7\frac{1}{5}$	$\frac{1}{4}$	$1\frac{1}{5}$	$1\frac{1}{5}$
B	1	$2\frac{1}{2}+2\frac{1}{2}$	1	6	$1+2=3$	$4\frac{4}{5}$	$14\frac{2}{5}$	$1\frac{3}{4}$	$8\frac{2}{5}$	$1\frac{1}{5}+7\frac{1}{5}$
C	1	$2\frac{1}{2}+2\frac{1}{2}$	1	6	$1\frac{1}{2}+3=4\frac{1}{2}$	$4\frac{4}{5}$	$21\frac{2}{5}$	$3\frac{1}{4}$①	$15\frac{3}{5}$	$1\frac{1}{5}+2\times7\frac{1}{5}$
D	1	$2\frac{1}{2}+2\frac{1}{2}$	1	6	$2+4=6$	$4\frac{4}{5}$	$28\frac{4}{5}$	$4\frac{3}{4}$	$22\frac{4}{5}$	$1\frac{1}{5}+3\times7\frac{1}{5}$
总计	5			30	$16\frac{1}{4}$		78	10*	48	

土地种类	英亩	资本（镑）	利润（镑）	生产成本（镑）	生产物（卡德）	售卖价格（镑）	收益（镑）	地租		增加
								卡德	镑	
a	1	5	1	6	$1\frac{1}{8}$	$5\frac{1}{3}$	6	0	0	0
A	1	$2\frac{1}{2}+2\frac{1}{2}$	1	6	$1+\frac{1}{4}=1\frac{1}{4}$	$5\frac{1}{3}$	$6\frac{2}{3}$	$\frac{1}{8}$	$\frac{2}{3}$	$\frac{2}{3}$
B	1	$2\frac{1}{2}+2\frac{1}{2}$	1	6	$2+\frac{1}{2}=2\frac{1}{2}$	$5\frac{1}{3}$	$13\frac{1}{3}$	$1\frac{3}{8}$	$7\frac{1}{3}$	$\frac{2}{3}+9\frac{2}{3}$
C	1	$2\frac{1}{2}+2\frac{1}{2}$	1	6	$3+\frac{3}{4}=3\frac{3}{4}$	$5\frac{1}{3}$	20	$2\frac{5}{8}$	14	$\frac{2}{3}+2\times6\frac{2}{3}$
D	1	$2\frac{1}{2}+2\frac{1}{2}$	1	6	$4+1=5$	$5\frac{1}{3}$	$26\frac{2}{3}$	$3\frac{7}{8}$	$20\frac{2}{3}$	$\frac{2}{3}+3\times6\frac{2}{3}$
总计				30	$13\frac{5}{8}$		$72\frac{2}{3}$	8	$42\frac{2}{3}$	

　　a级土地的加入，引起一个新的对差地租Ⅰ。在这个新基础上，对差地租Ⅱ也同样在一个变化了的姿态上展开。在上述三表上，a级土地皆有不同的丰度；比例递增的丰度序列，是由A级

---

① 译者注：原版为$2\frac{1}{4}$及9。

土地开始的。增进的地租序列，与此相照应。所付地租最小的土地（即从前不付地租的土地）的地租，是一个不变量，它不过单纯地加在一切较高的地租上；要先减去这个不变数，差额的序列才会明白地表现在一切较高的地租上；它与各级土地丰度序列的平行性，也才会明白表示出来。在这几个表上，A 级土地到 D 级土地的丰度，是成 1∶2∶3∶4 这样的比；各级地租的比，也与此相照应。

在第Ⅶa 表为 $1 : 1+7 : 1+2\times7 : 1+3\times7$

在第Ⅷa 表为 $1\frac{1}{5} : 1\frac{1}{5}+7\frac{1}{5} : 1\frac{1}{5}+2\times7\frac{1}{5} : 1\frac{1}{5}+3\times7\frac{1}{5}$

在第 Ⅹa 表为 $\frac{2}{3} : \frac{2}{3}+6\frac{2}{3} : \frac{2}{3}+2\times6\frac{2}{3} : \frac{2}{3}+3\times6\frac{2}{3}$

简言之，如果 A 级土地的地租 = n，则比 A 级丰度高一级的土地的地租 = n+m，故其序列为 $n : n+m : n+2m : n+3m$ 等。——F. E.〕

*　　*　　*

〔因为上述第三场合；在原稿上，仅有一个标题，未曾加以细述，所以编者曾予以补充如上。现在，还要由以上的全部研究，关于对差地租Ⅱ的全部研究——那包含三个主要场合和九个变例——引出一般的结论来。但原稿上所举的例，对于这个目的，并不十分适合。第一，这各种例解所比较的各种面积相等的土地的收益，是成 1∶2∶3∶4 之比。这未免过于把当中的差额强调了。而在这个基础上展开的假定和计算，也未免包含过于强调的数字关系。第二，这各种例解，会引起一种完全错误的外观。如果生产力程度是成 1∶2∶3∶4 之比，地租是成 1∶2∶3∶4 的序列，人们或不免会由这第一序列，推出第二序列来，以致于由总收益的二倍化，三倍化，四倍化等，来说明地租的二倍化，三倍化，四倍化等。这是完全不正确的。当生产力程度成 n：n+1：n+2：n+3：n+4 之比时，地租会成 0：1：2：3：4 之比。地租相互间之比，不是等于生产力程度相互间之比，只是等于生产力差额（那是以无租土地为零点而计算的）相互间之比。

原稿所载的表，当然是为说明本文而举的。但为要使这种研究的结果（见下）有适合的根据，我且在下面，给予一列新表，在其内，收益是以布奚（$=\frac{1}{8}$ 卡德 = 36. 35 公升）和先令（= 马克）计算的。

这些表里面的第一个表（第 XI 表），和以上第 I 表相当。它表示五级土地 A—E 的收益和地租，其中第一个投资 50 先令，有利润 10 先令，故每英亩的总生产成本为 60 先令。谷物收益被假定很低，即每英亩 10，12，14，16，18 布奚。由此得到的调节的生产价格，是每布奚 6 先令。

以下的 13 个表，与本章和前二章所讨论的对差地租 Ⅱ 的三个场合相应，那就是，假定有一个追加的投资 50 先令，投在各级土地的每英亩内，生产价格或是不变，或是下落，或是上腾。每一个这样的情形，都表示有第二个投资，它和第一个投资比较，有（1）不变的生产力；（2）下落的生产力；或（3）有提高的生产力。在此，有几个变例，还要特别加以说明。

在第一场合，生产价格不变时，我们有：

变例一，第二个投资的生产力不变（第 XII 表）。

变例二，第二个投资的生产力下落。这个情形只能发生在 A 级土地无第二个投资的情形下。那或是：

（a）B 级土地同样不提供地租（第 XIII 表），或是：

（b）B 级土地不是完全无租（第 XIV 表）。

变例三。第二个投资的生产力提高（第 XV 表）。

这个情形也不许 A 级土地有第二个投资。

在第二场合，生产价格下落，我们有：

变例一。第二个投资的生产力不变（第 XVI 表）。

变例二。第二个投资的生产力下落（第 XVII 表）。

这两个变例都假定 A 级土地被排在竞争之外，B 级土地成为无租的，并调节生产价格。

变例三。第二个投资的生产力上腾（第 XVIII 表）。

在这场合，A 级土地依然是调节的。

在第三场合，生产价格提高，那有两个情形是可能的，第一个情形是，A 级土地仍然没有地租，依然有调节作用；第二个情形是，一种比 A 级更劣的土地加入竞争，并调节价格，A 级土地则提供地租。

第一种情形：A 级土地依然有调节作用：

变例一。第二个投资的生产力不变（第 XIX 表）。

这个变例，在第一个投资的生产力减小的场合，方才会发生。

变例二。第二个投资的生产力下落（第 XX 表）。

在这个例上，第一个投资的生产力，是可以保持不变的。

变例三。第二个投资的生产力提高（第 XXI 表）。

那假定第一个投资生产力的下落。

第二种情形：一种较劣的土地（以 a 表示）加入竞争；A 级土地提供地租。

变例一。第二个投资的生产力不变（第 XXII 表）。

变例二。第二个投资的生产力下落（第 XXIII 表）。

变例三。第二个投资的生产力提高（第 XXV 表）。

这三个变例，在问题的一般条件下，是会自行说明的，所以无须详加论述。

现在我们把各表列举在下面。

第 XI 表

土地种类	生产成本（先令）	生产物（布衺）	售卖价格（先令）	收益（先令）	地租（先令）	地租增加额
A	60	10	6	60	0	0
B	60	12	6	72	12	12
C	60	14	6	84	24	2×12
D	60	16	6	96	36	3×12
E	60	18	6	108	48	4×12
					120	10×12

把第二个投资投在同一土地上，我们得到下述诸场合：

第一场合：生产价格依然不变

变例一，第二个投资的生产力依然不变。

第 XII 表

土地种类	生产成本（先令）	生产物（布衺）	售卖价格（先令）	收益（先令）	地租（先令）	地租增加额
A	60+60＝120	10+10＝20	6	120	0	0
B	60+60＝120	12+12＝24	6	144	24	24
C	60+60＝120	14+14＝28	6	168	48	2×24
D	60+60＝120	16+16＝32	6	192	72	3×24
E	60+60＝120	18+18＝36	6	216	96	4×24
					240	10×24

变例二，第二个投资的生产力下落，A 级土地无第二个投资。

（a）B 级土地变为无租土地的场合：

土地种类	生产成本（先令）	生产物（布奚）	售卖价格（先令）	收益（先令）	地租（先令）	地租增加额
A	60	10	6	60	0	0
B	60+60=120	12+8=20	6	120	0	0
C	60+60=120	$14+9\frac{1}{3}=23\frac{1}{3}$	6	140	20	20
D	60+60=120	$16+10\frac{2}{3}=26\frac{2}{3}$	6	160	40	2×20
E	60+60=120	18+12=30	6	180	60	3×20
					120	6×20

（b）B级土地不是完全无租的场合。

第ⅩⅣ表

土地种类	生产成本（先令）	生产物（布奚）	售卖价格（先令）	收益（先令）	地租（先令）	地租增加额
A	60	10	6	60	0	0
B	60+60=120	12+9=21	6	126	6	6
C	60+60=120	$14+10\frac{1}{2}=24\frac{1}{2}$	6	147	27	6+21
D	60+60=120	16+12=28	6	168	48	6+2×21
E	60+60=120	$18+13\frac{1}{2}=31\frac{1}{2}$	6	189	69	6+3×21
					150	4×6+6×21

变例三，第二个投资的生产力提高，但在这里，A级土地也没有第二个投资。

第ⅩⅤ表

土地种类	生产成本（先令）	生产物（布奚）	售卖价格（先令）	收益（先令）	地租（先令）	地租增加额
A	60	10	6	60	0	0
B	60+60=120	12+15=27	6	162	42	42
C	60+60=120	$14+17\frac{1}{2}=31\frac{1}{2}$	6	189	69	42+27

土地种类	生产成本（先令）	生产物（布芙）	售卖价格（先令）	收益（先令）	地租（先令）	地租增加额
D	60+60=120	16+20=36	6	216	96	42+2×27
E	60+60=120	$18+22\frac{1}{2}=40\frac{1}{2}$	6	243	123	42+3×27
					330	4×42+6×27

第二场合：生产价格下落

变例一，第二个投资的生产力不变。A级土地被排在竞争外，B级土地变为无租的。

第XVI表

土地种类	生产成本（先令）	生产物（布芙）	售卖价格（先令）	收益（先令）	地租（先令）	地租增加额
B	60+60=120	12+12=24	5	120	0	0
C	60+60=120	14+14=28	5	140	20	20
D	60+60=120	16+16=32	5	160	40	2×20
E	60+60=120	18+18=36	5	180	60	3×20
					120	6×20

变例二，第二个投资的生产力下落；A级土地被排在竞争之外，B级土地成为无租的。

第XVII表

土地种类	生产成本（先令）	生产物（布芙）	售卖价格（先令）	收益（先令）	地租（先令）	地租增加额
B	60+60=120	12+9=21	$5\frac{5}{7}$	120	0	0
C	60+60=120	$14+10\frac{1}{2}=24\frac{1}{2}$	$5\frac{5}{7}$	140	20	20
D	60+60=120	16+12=28	$5\frac{5}{7}$	160	40	2×20
E	60+60=120	$18+13\frac{1}{2}=31\frac{1}{2}$	$5\frac{5}{7}$	180	60	3×20
					120	6×20

变例三，第二个投资的生产力提高，A级土地依然参加竞争，B级土地负担地租。

第XVIII表

土地种类	生产成本（先令）	生产物（布衣）	售卖价格（先令）	收益（先令）	地租（先令）	地租增加额
A	60+60=120	10+15=25	$4\frac{4}{5}$	120	0	0
B	60+60=120	12+18=30	$4\frac{4}{5}$	144	24	24
C	60+60=120	14+21=35	$4\frac{4}{5}$	168	48	2×24
D	60+60=120	16+24=40	$4\frac{4}{5}$	192	72	3×24
E	60+60=120	18+27=45	$4\frac{4}{5}$	216	96	4×27
					240	10×24

第三场合： 生产价格提高

A. 如果A级土地依然无租而有调节作用。

变例一，第二个投资的生产力依然不变；那假定第一个投资的生产力减小。

第XIX表①

土地种类	生产成本（先令）	生产物（布衣）	售卖价格（先令）	收益（先令）	地租（先令）	地租增加额
A	60+60=120	5+15=20	6	120	0	0
B	60+60=120	6+18=24	6	144	24	24
C	60+60=120	7+21=28	6	163	48	2×24
D	60+60=120	8+24=32	6	192	72	3×24
E	60+60=120	9+27=36	6	216	96	4×24
					240	10×24

① 译者注：原版生产物及售卖价格二项内的数字，与第XXI表该二项的数字相同。据马恩研究院版改正。

变例二，第二个投资的生产力下落；但第一个投资的生产力依然不变。

第 XX 表

土地种类	生产成本（先令）	生产物（布臬）	售卖价格（先令）	收益（先令）	地租（先令）	地租增加额
A	60+60=120	10+5=15	8	120	0	0
B	60+60=120	12+6=18	8	144	24	24
C	60+60=120	14+7=21	8	168	48	2×24
D	60+60=120	16+8=24	8	192	72	3×24
E	60+60=120	18+9=27	8	216	96	4×24
					240	10×24

变例三，第二个投资的生产力提高；但依照前提条件，第一个投资的生产力必须下落。

第 XXI 表

土地种类	生产成本（先令）	生产物（布臬）	售卖价格（先令）	收益（先令）	地租（先令）	地租增加额
A	60+60=120	$5+12\frac{1}{2}=17\frac{1}{2}$	$6\frac{6}{7}$	120	0	0
B	60+60=120	6+15=21	$6\frac{6}{7}$	144	24	24
C	60+60=120	$7+17\frac{1}{2}=24\frac{1}{2}$	$6\frac{6}{7}$	168	48	2×24
D	60+60=120	8+20=28	$6\frac{6}{7}$	192	72	3×24
E	60+60=120	$9+22\frac{1}{2}=31\frac{1}{2}$	$6\frac{6}{7}$	216	96	4×24
					240	10×24

B. 如果有更低级的土地（用 a 表示）充任调节的作用，A 级土地就提供地租，但在这情形下，就一切的变例来说，第二个投资的生产力都可以是不变的。

变例一，第二个投资的生产力不变。

第 XXII 表

土地种类	生产成本（先令）	生产物（布娄）	售卖价格（先令）	收益（先令）	地租（先令）	地租增加额
a	120	16	$7\frac{1}{2}$	120	0	0
A	60+60=120	10+10=20	$7\frac{1}{2}$	150	30	30
B	60+60=120	12+12=24	$7\frac{1}{2}$	180	60	2×30
C	60+60=120	14+14=28	$7\frac{1}{2}$	210	90	3×30
D	60+60=120	16+16=32	$7\frac{1}{2}$	240	120	4×30
E	60+60=120	18+18=36	$7\frac{1}{2}$	270	150	5×30
					450	15×30

变例二，第二个投资的生产力下落。

第 XXIII 表

土地种类	生产成本（先令）	生产物（布娄）	售卖价格（先令）	收益（先令）	地租（先令）	地租增加额
a	120	15	8	120	0	0
A	60+60=120	$10+7\frac{1}{2}=17\frac{1}{2}$	8	140	20	20
B	60+60=120	12+7=19	8	168	48	20+28
C	60+60=120	$14+10\frac{1}{2}=24\frac{1}{2}$	8	196	76	20+2×28
D	60+60=120	8+12=28	8	224	104	20+3×28
E	60+60=120	$18+13\frac{1}{2}=31\frac{1}{2}$	8	252	132	20+4×28
					380	5×20+10×28

变例三，第二个投资的生产力提高。

第 XXIV 表

土地种类	生产成本（先令）	生产物（布奂）	售卖价格（先令）	收益（先令）	地租（先令）	地租增加额
a	120	16	$7\frac{1}{2}$	120	0	0
A	$60+60=120$	$10+12\frac{1}{2}=22\frac{1}{2}$	$7\frac{1}{2}$	$168\frac{3}{4}$	$48\frac{3}{4}$	$15+33\frac{3}{4}$
B	$60+60=120$	$12+15=27$	$7\frac{1}{2}$	$202\frac{1}{2}$	$82\frac{1}{2}$	$15+2\times33\frac{3}{4}$
C	$60+60=120$	$14+17\frac{1}{2}=31\frac{1}{2}$	$7\frac{1}{2}$	$236\frac{1}{4}$	$116\frac{1}{4}$	$15+3\times33\frac{3}{4}$
D	$60+60=120$	$16+20=36$	$7\frac{1}{2}$	270	150	$15+4\times33\frac{3}{4}$
E	$60+60=120$	$18+22\frac{1}{2}=40\frac{1}{2}$	$7\frac{1}{2}$	$303\frac{3}{4}$	$183\frac{3}{4}$	$15+5\times33\frac{3}{4}$
					$581\frac{1}{4}$	$5\times15+15\times33\frac{3}{4}$

以上诸表，引出如下的结论：

最先，它们说明了，地租的序列，正好与丰度差额的序列，（以无租的调节的土地为零点而计算的），保持恰好一致的比例。地租的决定要素，不是绝对的收益，只是收益的差额。无论各级土地是每英亩生产1，2，3，4，5布奂，还是每英亩生产11，12，13，14，15布奂，在这二场合，地租都是依照0，1，2，3，4布奂的系列，或与此相当的货币额的序列。

但这个结论，从同一土地上诸连续投资的总地租额来看，还更是重要。

在以上论究的十三个场合，有五个场合，其地租总额是和投资额一同倍加的。那就是，地租总额不等于10×12先令，却等于10×24先令。这五个场合是：

第一场合（价格不变）变例一（生产力不变）第XII表。

第二场合（价格下落）变例三（生产力增加）第XVIII表。

第三场合（价格上腾）第一种情形（即 A 级土地依然有调节作用的情形）所包括的三个变例。第 XIX 表，第 XX 表，第 XXI 表。

有四个场合，地租不只加倍。那四个场合是：

第一场合（价格不变）变例三（生产力增加）。第 XV 表。地租总额是增至 330 先令了。

第三场合（价格上腾）第二种情形（A 级土地支付地租的情形）所包括的三个变例：第 XXII 表（地租 = 15×30 = 450 先令）第 XXIII 表（地租 = 5×20+10×28 = 380 先令）第 XXIV 表（地租 = 5×15+15×33$\frac{3}{4}$ = 581$\frac{1}{4}$先令）。

有一个场合地租总额增加，但其增加，未及第一个投资所提供的地租额的二倍。那是：

第一场合（价格不变）变例二（第二投资的生产力下落，但 B 级土地不是全然无租）。第 XIV 表（地租 = 4×6+6×21 = 150 先令）。

最后，只有三个场合，是一切土地合计的地租总额，在有第二个投资的时候，和在只有第一个投资的时候（第 XI 表）一样。那是这几个场合，在这几个场合，A 级土地被排在竞争之外，B 级土地成为调节的，无租的。在这几个场合，还不仅 B 级土地的地租要消灭，并且地租序列中每一个连节的地租，都要减少。这便是这种结果的条件。这几个场合是：

第一场合变例二。条件是这样，以致 A 级土地被排开（第 XIII 表）。地租总额 = 6×20 = 10×12 = 120，和第 XI 表完全一样。

第二场合变例一和变例二。在这里，A 级土地依照前提，也必然要被排除（第 XVI 表和第 XVII 表），地租总额也是 = 6×20 = 10×12 = 120 先令。

这就是说，在一切可能的情形中，大多数的情形，会在土地上的投资增加时，使每英亩有租土地的地租，尤其是地租总额增加。在我们研究的十三个场合中，只有三个场合，地租的总额是依然不变的。在这三个场合，向来不支付地租的最劣等地，皆退出竞争，而由高一级的土地代替它，成为不纳地租的。但就在这诸场合，最优地的地租，与第一个投资的地租相比，还是会增进起来。当 C 级土地的地租由 24 先令减为 20 先令时，D 级土地的地租由 36 先令增至 40 先令，A 级土地由 48 先令增至 60 先令了。

总地租落在第一个投资水准（第 XI 表）以下的情形，只能在这个场合发生，即 B 级土地和 A 级土地一样退出竞争，以致 C 级土地变为无租的调节的。

使用在土地上的资本越是多，一国的农业和一般文明越是发展，每英亩的地租以及地租总额也越是增进，而社会在剩余利润形态上付给土地所有者的贡物也越是大——当然，我们在这里是假定，一切既耕的土地，都保有竞争的资格。

这个法则，说明了大地主阶级的奇怪的生活力。任何社会阶级也不像他们那样浪费；任何社会阶级也不像他们那样有权可以不问货币的来源，继续要求那种和"他们的身份相合"的奢侈；任何阶级也不像他们那样可以放心大胆在债务上堆起债务来。他们常常立得住。这是因为别人有资本投在土地里面。那种资本，会为他们生出地租来，并且，由此生出的地租，还不是资本家由此取得的利润所能比拟。

但这个法则，又说明了大地主的生活力，为什么会渐渐地枯竭。

当英国的谷物税在 1846 年撤废时，英国的工厂主都相信，他们会由此把地主阶级的贵族，化为待救济的贫民。但不但没有做到这样，他们是比以前更富了。这是怎样弄的呢？理由极其单纯。第一，租地农业家现今在缔结契约时，每年会要求 12 镑，不止要求 8 镑。第二，在下院极占势力的地主们，曾以排水设备和土地永久改良的名义，给他们自己一种极大的国家补助金。最劣等地既没有完全被驱逐，至多不过暂时改作别的用途，所以，地租就与投资为比例的增加了，因此，土地贵族就比以前更好了。

但一切物都是不能免于死灭的。横渡海洋的轮船，北美，南美和印度的铁道，把特殊的诸地带，拉过来和欧洲的谷物市场相竞争。从一方面说。北美的草原和阿根廷的草原，已加进来竞争。此等草原，只要依照它那自然的状况，就可以耕作了。这种处女地。就是用原始的耕作方法，不加以任何的肥料，也还可以在若干年内，提供丰富的收获。此外，还有俄罗斯的和印度的共产共同体的土地，它们有一部分生产物，并且是一个不断增大的部分的生产物，必须要卖掉，因为这种共同体为要应付课税——那是凭国家的毫无怜惜的虐政，甚至凭非刑拷打，来诛求的——不得不拿一大部分生产物，出来换钱。这种生产物的售卖，是不顾生产成本的。收税的日期到了，农民无论如何必须有货币；因此，商人愿给什么价格，他们就会凭什么价格卖。当这种处女地的草原地，和时时在课税诛求下的俄罗斯、印度的农民，参加进来竞争了，这时候欧洲的租地农业家和农民，在旧地租下面，自然站不住足。欧洲土地的一部分，遂断然不能在谷物生产上，参加竞争了；地租随处都下落；我们的第二场合变例一（价格下落，追加投资的生产力也下落），竟成为欧洲的通例了。因此，从苏格兰到意大利，从法国南部到普鲁士东部，到处都能听到土地所有者的嗟怨。幸而，不是全部草原都被耕作。还有许多草原，足以使欧洲一切大地主、小地主破产咧！——F. E.〕

＊　　＊　　＊

在分析地租时所应考察的各个项目是：

A　对差地租

（1）对差地租的概念。以水力为例解。怎样推移到真正的农业地租。

（2）对差地租Ⅰ，那是由不同各种土地丰度间的差别发生的。

（3）对差地租Ⅱ，那是由同一土地各连续投资发生的。关于对差地租Ⅱ要研究下面各种情形。

（a）生产价格不变；

（b）生产价格下落；

（c）生产价格增进。还要研究：

（d）剩余利润的地租化。

（4）这个地租对于利润率的影响

B　绝对地租

C　土地价格

D　关于地租的结论

＊　　＊　　＊

我们考察对差地租时，会得到一般的结论如下：

第一，剩余利润可由各种各样的方法形成。一方面，它可以在对差地租的基础上形成，那就是，把全部农业资本，投在一个土地面积上面，这个面积是由有各式各样丰度的土地构成的。其次，是当作对差地租Ⅱ，那以同一土地诸连续的投资有各式各样的对差生产力（Differential produktivität）为基础，在这里，那是指某种土地，与无租的调节生产价格的土地相比，就等量投资说，有较大的生产力（以若干卡德小麦来表示）。但无论这种剩余利润是怎样发生的，它转化为地租，由租地农业家移到土地所有者的事实，总以这样的事情为先决条件：即，个别者连续投资的部分生产物虽具有各种不同的现实的个别的生产价格（那与一般的调节市场的生产价格无关），但这各种个别的生产价格，已在事前，均衡化为一个个别的平均生产价格。当一英亩生产物的一般的调节的生产价格，超过它的个别的平均生产价格时，这种超过额便形成每英亩的地租，并且是这种地租的尺度。就对差地租Ⅰ说，对差结果（Differentialrente）可以在自体上辨认出来；因为在这场合，我们已经假定每英亩的标准的投资和标准的耕作程度，而所比较的，不过是并存着的各不同部分的土地。就对差地租Ⅱ说，却须先把它们做成可以辨认的；它们必须在事实上转化为对差地租Ⅱ，但这只有照上述的方法，可以做到。我们拿第Ⅲ表来作例。

B级土地对于第一个 $2\frac{1}{2}$ 镑的投资，是每英亩提供 2 卡德，对于第二个同样大的投资，是每英亩提供 $1\frac{1}{2}$ 卡德；合计，一英亩提供 $3\frac{1}{2}$ 卡德。这从同一土地生出的 $3\frac{1}{2}$ 卡德，不会表示，它的那一部分是第一个投资的生产物，那一部分是第二个投资的生产物。它们在事实上是一个总资本 5 镑的生产物；实在的事实不过是：$2\frac{1}{2}$ 镑的一个资本提供 2 卡德，5 镑的一个资本却不提供 4 卡德，仅提供 $3\frac{1}{2}$ 卡德。（但就令 5 镑是提供 4 卡德，以致两个投资的收益相等，甚至提供 5 卡德，以致第二个投资可以多提供

1卡德，情形也是完全一样的）。最初 2 卡德的生产价格是每卡德 $1\frac{1}{2}$ 镑，而第二个 $1\frac{1}{2}$ 卡德的生产价格，便是每卡德 2 镑。$3\frac{1}{2}$ 卡德合计的成本为 6 镑。这是总生产物的个别的生产价格。由此形成的平均生产价格为每卡德 1 镑 $14\frac{2}{7}$ 先令；把尾数除掉，就是 $1\frac{3}{4}$ 镑。依照那由 A 级土地决定的一般生产价格 3 镑计算，每卡德会提供 $1\frac{1}{4}$ 镑的剩余利润，把 $3\frac{1}{2}$ 卡德合计来算，是 $4\frac{3}{8}$ 镑的剩余利润。就 B 级土地的平均生产价格说，那大约是由 $1\frac{1}{2}$ 卡德表示。B 级土地的剩余利润，是表现在 B 级土地生产物的一个可除部分上，那就是表现为谷物地租 $1\frac{1}{2}$ 卡德；依照一般的生产价格，那是依照 $4\frac{1}{2}$ 镑售卖的。但从另一方面说，B 级土地每英亩超过 A 级土地每英亩的多余生产物，并不是直接就是剩余利润，不是直接就是剩余生产物。依照我们的前提，B 级土地每英亩是生产 $3\frac{1}{2}$ 卡德，而 A 级土地每英亩只生产 1 卡德。所以，B 级土地的多余生产物是 $2\frac{1}{2}$ 卡德，但剩余生产物仅为 $1\frac{1}{2}$ 卡德；这是因为，在 B 级土地投下的资本，倍于在 A 级土地投下的资本，从而，B 级土地的生产成本也倍于 A 级土地的生产成本。假设 A 级土地同样得到 5 镑的投资，生产力的比率依然不变，A 级土地的生产物就不是 1 卡德，是 2 卡德了。所以，现实的剩余生产物，不能由 $3\frac{1}{2}$ 和 1 的比较来求，而应由 $3\frac{1}{2}$ 和 2 的比较来求。所以，那不是 $2\frac{1}{2}$ 卡德，而是 $1\frac{1}{2}$ 卡德。再者：如果 B 级土地再投下第三个 $2\frac{1}{2}$ 镑资本，那只生产 1 卡德，以致这 1 卡德要 3 镑的成本，和 A 级土地一样，那么，它的售卖价格 3 镑，便只能代置生产成本，只能提供平均利润，而不能提供剩余利润，从而，也没有任何部分转化为地租了。总之，任一种土地每英亩的生产物，与 A 级土地每英亩的生产物比较，都不会指出，它是同额投资或是较大额投资的生产物；也不会指出，追加的生产物是否只代置生产价格；更不会指出，它是否以追加资本已有较大的生产力这一个事实为根由。

第二，在追加资本——其限界，在我们所论，为剩余利润的新形成的限度内，是那种刚好与生产成本相抵的投资，这种投资生产 1 卡德的生产成本，恰好与 A 级土地一英亩同额投资生产 1 卡德的生产成本相等，依照前提，是 3 镑——的生产力比率减小时，我们由以上的说明，可以推出像下面这样的结论来：即，B 级土地每英亩总投资不再形成地租的限界，是这一点，在这一点，B 级土地一英亩生产物的个别的平均生产价格，提得和 A 级土地一英亩的生产价格一样高。

如果 B 级土地所投下的资本，不过不能提供剩余利润，也不能提供新地租，但还能收回生产价格，它就会提高每卡德的个别的平均生产价格，但不会影响前此各个投资的剩余利润（那结局就是地租）。因为，平均生产价格常在 A 级土地的生产价格之下，并且当一卡德的价格超过额减小时，卡德的数会依同比例增加起来，故价格的总超过额得以保持不变。

在假定的场合，最初两个投资 5 镑，在 B 级土地生产 $3\frac{1}{2}$ 卡德，依照前提，其中有 $1\frac{1}{2}$ 卡德是地租，那等于 $4\frac{1}{2}$ 镑。假设有

第三个投资 $2\frac{1}{2}$ 镑加入，但它只追加生产 1 卡德。因此，这 $4\frac{1}{2}$ 卡德的总生产价格（包括 20% 的利润）等于 9 镑，每卡德的平均价格等于 2 镑。这样，B 级土地每卡德的平均生产价格，就由 $1\frac{5}{7}$ 镑增至 2 镑，而与 A 级土地的调节价格相比较，每卡德的剩余利润，就由 $1\frac{2}{7}$ 镑减为 1 镑了。但 $1 \times 4\frac{1}{2} = 4\frac{1}{2}$ 镑，完全和以前 $1\frac{1}{7} \times 3\frac{1}{2} = 4\frac{1}{2}$ 镑一样。

假设再有第四个、第五个追加资本 $2\frac{1}{2}$ 镑投在 B 级土地上，并只能各自依一般的生产价格生产一卡德，那么，每英亩的总生产物现在是 $6\frac{1}{2}$ 卡德，而其生产成本为 15 镑。B 级土地每卡德的平均生产价格遂再由 2 镑①增至 $2\frac{4}{13}$ 镑，而每卡德的剩余利润，与 A 级土地的调节的生产价格比较，也再由 1 镑减为 $\frac{9}{13}$ 镑。但这 $\frac{9}{13}$ 镑现在不是以 $4\frac{1}{2}$ 卡德计算，而是以 $6\frac{1}{2}$ 卡德计算了。$\frac{9}{13} \times 6\frac{1}{2} = 1 \times 4\frac{1}{2} = 4\frac{1}{2}$ 镑。

由此推出的第一个结论是：在一定情形下，不必要提高调节的生产价格，已经可以在付租土地上，把追加的资本投下，一直到追加资本完全不提供剩余利润，而只提供平均利润的程度。由此还可以推出这样的结论：即，不问每卡德的剩余利润怎样减少；每英亩的剩余利润总额在这里总是保持不变的。每卡德剩余

---

① 译者注：原版为"1镑"。

利润的减少，会由每英亩所生产的卡德数的增加来补偿，因为前者的减少和后者的增加是相应的。要使平均生产价格提高到和一般生产价格相等（在这场合，就 B 级土地说，是提高到 3 镑），那必须有追加的资本投下，以致追加资本的生产物的生产价格，比调节的生产价格 3 镑更高才行。但我们将会知道，没有进一步的事情，单是这样，还不能使 B 级土地每卡德的平均生产价格，提高到和一般生产价格 3 镑相等。

假设 B 级土地：

（1）生产 $3\frac{1}{2}$ 卡德，那和以前一样，是依照 6 镑的生产价格生产的。这是两个各为 $2\frac{1}{2}$ 镑的投资生产的；这两个投资都生产剩余利润，但它的数额是减小了。

（2）生产 1 卡德，那是依照 3 镑的生产价格生产。换言之，生产这 1 卡德的一个投资的个别的生产价格，与调节的价格相等。

（3）生产 1 卡德，那是依照 4 镑的生产价格生产。换言之，生产这 1 卡德的一个投资的个别的生产价格，比调节的价格更高 25%。

这样，我们每英亩是由一个 10 镑的投资，依照 13 镑的生产价格，生产 $5\frac{1}{2}$ 卡德；投资额比原来的投资额四倍了，但生产物还不及第一个投资的生产物的三倍。

以 13 镑的生产价格，生产 $5\frac{1}{2}$ 卡德，每卡德的平均生产价格是等于 $2\frac{4}{11}$ 镑。与调节的生产价格 3 镑比较，依然每卡德超过 $\frac{7}{11}$ 镑。这个超过额可以转化为地租。依照调节价格 3 镑售卖，

$5\frac{1}{2}$ 卡德可以得 $16\frac{1}{2}$ 镑。减去 13 镑生产成本之后，还有剩余利润或地租 $3\frac{1}{2}$ 镑。依照 B 级土地现在的平均生产价格每卡德 $2\frac{4}{11}$ 镑计算，那是代表 $1\frac{5}{72}$ 卡德。货币地租减少了 1 镑，谷物地租减少了大约 $\frac{1}{2}$ 卡德。固然，B 级土地上第四个追加的投资，不仅未生产剩余利润，甚至连平均利润也没有充分提供出来。但虽如此，剩余利润和地租还是照旧存在的。现在我们再假说，不仅（3）项的投资，甚至（2）项的投资，也须在调节的生产价格以上进行生产；以致总生产是依照 6 镑生产成本，生产 $3\frac{1}{2}$ 卡德，依照 8 镑生产成本，生产 2 卡德，合计是依照 14 镑生产成本，生产 $5\frac{1}{2}$ 卡德。每卡德的平均生产价格为 $2\frac{6}{11}$ 镑，这样，每卡德将提供 $\frac{5}{11}$ 镑的剩余。这 $5\frac{1}{2}$ 卡德依照 3 镑的价格售卖，共得 $16\frac{1}{2}$ 镑；除去 14 镑生产成本，尚剩下 $2\frac{1}{2}$ 镑充为地租。依照 B 级土地现在的平均生产价格，这是等于 $\frac{55}{56}$ 卡德。所以，地租是比以前更小了，但还是存在着。

无论如何，我们总可以指出，就较优的土地说，如果它的追加投资的生产成本，较调节的生产价格为大，地租至少在可以实行的限度内，是不会完全消灭的，不过必须要比例于这种无丰度的资本在总资本支出上所占的部分，并比例于它的丰度的减少，而减少。它的生产物的平均价格，常会在调节的价格之下，从而，常常会留下一个剩余利润可以转化为地租。

我们且假设，B 级土地每卡德的平均价格，与一般的生产价

格相一致（因为四个连续的投资，——$2\frac{1}{2}$镑，$2\frac{1}{2}$镑，5 镑，5

镑——有递减的生产力）。

资本（镑）	利润（镑）	收益（卡德）	生产价格		售货价格（镑）	收益（镑）	可以化为地租的剩余	
			每卡德（镑）	总计（镑）			卡德	镑
（1）$2\frac{1}{2}$	$\frac{1}{2}$	2	$1\frac{1}{2}$	3	3	6	1	3
（2）$2\frac{1}{2}$	$\frac{1}{2}$	$1\frac{1}{2}$	2	3	3	$4\frac{1}{2}$	$\frac{1}{2}$	$1\frac{1}{2}$
（3）5	1	$1\frac{1}{2}$	4	6	3	$4\frac{1}{2}$	$-\frac{1}{2}$	$-1\frac{1}{2}$
（4）5	1	1	6	6	3	3	-1	-3
15	3	6		13		18	0	0

在这场合，租地农业家对于每卡德，都是依照他的个别的生产价格来卖，所以，就全部收获而言，每卡德的平均价格，恰好与调节的价格 3 镑相一致。所以，他仍为 15 镑的资本，取得 20%的利润＝3 镑。但地租是消灭了。在每卡德的个别生产价格和一般的生产价格相均衡时，这当中的余额究竟到哪里去了呢？

第一个 $2\frac{1}{2}$ 镑的剩余利润为 3 镑；第二个 $2\frac{1}{2}$ 镑的剩余利润

为 $1\frac{1}{2}$ 镑；垫支资本 $\frac{1}{3}$ 的剩余利润，即 5 镑的剩余利润，为 $4\frac{1}{2}$

镑，那等于 90%。

就第三个投资 5 镑而言，那不仅没有提供剩余利润，并且他

的生产物 $1\frac{1}{2}$ 卡德，如依照一般生产价格售卖，还会引起一个负

$1\frac{1}{2}$ 镑。最后，就第四个投资 5 镑而言，它的生产物如依照一般

生产价格售卖，还会引起一个负 3 镑。两个投资合计，会引起一

个负 $4\frac{1}{2}$ 镑，恰好和第一个、第二个投资所提供的剩余利润 $4\frac{1}{2}$

镑相抵了。

剩余利润与负利润（Minusprofit）互相抵消。因此，地租消灭了。但在事实上，这个情形所以是可能的，仅因为剩余价值内那构成剩余利润或地租的要素，现今已参加入平均利润的形成中。租地农业家要由 15 镑的投资，牺牲地租，来取得 3 镑的平均利润，即 20%的平均利润。

B 级土地的个别的平均生产价格，所以会均衡化为一般的调节市场价格的 A 级土地的生产价格，仅因为最初者投资的生产物的个别价格，虽在调节的价格之下，但其间的差额，益益为这样的差额——即以后诸投资的生产物的个别价格超过调节的价格之差额——所抵消。最初诸投资的生产物单独出售时会表现为剩余利润的东西，都渐渐地，变为它们的平均生产价格的一部分，从而，参加平均利润的形成，到最后，完全为平均利润所吸收。

假设投在 B 级土地的资本不是 15 镑，而是 5 镑，假设上表的追加 $2\frac{1}{2}$ 卡德，是 A 级土地 $2\frac{1}{2}$ 英亩（每英亩用资本 $2\frac{1}{2}$ 镑），新加入耕作的结果，那么，投下的追加资本仅为 $6\frac{1}{4}$ 镑，从而，为生产 6 卡德而投在 A 级土地和 B 级土地上的总支出，仅为 $11\frac{1}{4}$ 镑，而非 15 镑，而这 6 卡德的总生产成本（包括利润）也仅为 $13\frac{1}{2}$ 镑。但这 6 镑依然合计可以卖到 18 镑，不过资本支出已经减少 $3\frac{3}{4}$ 镑，B 级土地的地租依然和以前一样是每英亩 $4\frac{1}{2}$ 镑。如果追加的 $2\frac{1}{2}$ 卡德，是由比 A 级更劣的土地，例如 A—1，A—2 生产，情形就又不同了。这样，就 A—1 级土地的 $1\frac{1}{2}$ 卡德说，每卡德的生产价格=4镑。就最后的1卡德说，即A—2所生产的1卡德说，生产价格是=6镑。在这场合，这6镑将成为每卡德的调节的生产价格。B级土地所生产的$3\frac{1}{2}$卡德，在这场合，可以卖到21镑，不只卖$10\frac{1}{2}$镑；因此，它所提供的地租将为15镑，不是$4\frac{1}{2}$镑，以谷物计算，是$2\frac{1}{2}$卡德，不是$1\frac{1}{2}$卡德。同样，A级土地每卡德现在也会提供值3镑的地租=$\frac{1}{2}$卡德。

在我们进一步论述这一点以前，我们还要注意一点。

如果总资本内生产有余的$1\frac{1}{2}$卡德的部分，和总资本内生产赔本的$1\frac{1}{2}$卡德的部分，互相抵消，B级土地1卡德的平均价格，就会均衡化为A级土地的调节的一般的生产价格每卡德3镑，并和它相一致。假设最初诸投资的剩余生产力为已知数，这个均衡过程是发生得怎样快呢，又投在B级土地上的资本，到什么程度，就必须以平均以下的生产力来投下呢，要决定这个问题，就要看以后诸投资，与投在最劣等地（调节的土地）A上的等量资本比较，它的相对的生产力，是怎样在平均以下；或者说，要看以后诸投资的生产物的个别生产价格，与调节的价格比较是怎样。

*   *   *

由以上所述，我们可得结论，像下面这样：

第一，如果追加资本投在同一土地内，但仍有剩余生产力，则在这限度内，哪怕这种剩余生产力是渐减的，每英亩的绝对的谷物地租和货币地租，仍然会增加；虽然和垫支资本比例而言（那就是剩余利润率或地租率），它会相对地减少。在这场合，限界是由那个只提供平均利润的追加资本划出的。就这个追加资本的生产物来说，个别的生产价格，是和一般的生产价格相一致了。在这种情形下，生产价格是保持不变，除非最劣等地，因有追加的生产供给，已经成为多余的。但即使价格下落，这种追加的资本，在一定限界之内，也依然能够生产一个剩余利润，不过更小罢了。

第二，只生产平均利润的追加资本的投下（其剩余生产力＝0），不会改变现存的剩余利润和地租的水准。每卡德的个别的平均价格，就较优各级的土地来说，是增加了；每卡德的剩余部分是减小了，但负担这种剩余部分的卡德数却增加了，因此，二者的乘积得以保持不变。

第三，如果追加投资的生产物的个别生产价格，是在调节的价格之上，换言之，如果追加投资的剩余生产力，不仅等于零，并且比零小；是一个负数（那就是比同额投资在A级土地——调节的土地——上的生产力更小），这种追加投资就会使较优地总生产物的个别的平均价格，益益接近于一般的生产价格，从而把二者间的差额益益减小。但形成剩余利润或地租的，就是这种差额。原来形成剩余利润或地租的东西，现在会益益加入平均利润的形成。但投在B级土地每英亩的总资本。依然会提供剩余利润，不过在追加资本量的生产力益益较平均为低时，它会因资本量增加，并比于生产力低于平均的程度，趋于减少罢了。在资本增加，生产增加时，每英亩的地租竟绝对地下落。这和前一场合不同。在前一场合，每英亩的地租，只是和投资追加量比较而言，相对地向下落。

地租不会消灭，除非B级较优地上面总资本的个别的平均生产价格，变为与调节的价格相一致。这样，前几个有较大生产力的投资的剩余利润，就会全部被加在平均利润里面了。

每英亩地租的下落的最低限界，就是地租完全消灭。但这一点，不是在追加资本开始用平均以下生产力（unterproduktiviät）生产的时候发生，而是在这时候发生的。在这时候，用平均以下生产力来生产的追加投资量，已经这样大了，以致前几个投资的超过平均的生产力，竟为它们的作用所抵消，而所投下的总资本的生产力，也竟和 A 级土地的资本的生产力相等，从而，B 级土地每卡德的个别的平均价格，竟和 A 级土地每卡德的个别的平均价格相等。

在这场合，调节的生产价格，还一样是每卡德 3 镑，虽然在这场合，地租会完全消灭。从这一点过去，生产价格方才会因追加资本生产力低于平均的程度加甚，或因生产力一样低于平均的追加资本量的加大，而必致于提高。比方说，在前几面的那一个表内，如果在同一土地，凭每卡德 4 镑的成本，生产 $2\frac{1}{2}$ 卡德，不只 $1\frac{1}{2}$ 卡德，那我们合计就有 7 卡德生产成本，合计为 22 镑。那就是，每卡德成本 $3\frac{1}{7}$ 镑。那已经比一般生产价格更高 $\frac{1}{7}$，所以一般生产价格必须提高。

因此，在最优等地每卡德的个别的平均价格与一般的生产价格属于一致以前，换言之，在后者超过前者的超过额（即剩余利润和地租）完全消灭以前，追加的资本，会有一个很长的时期，能够凭平均以下（甚至在低于平均的程度益益增加的场合）的生产力来使用。

然就在这个场合，较优地地租的消灭，仍不过表示，它们的生产物的个别平均价格，与一般生产价格相一致，所以后者并不一定就要提高。

在上例，B 级土地（那是较优良的土地，但它在良地或付租地的序列中，是在最低格）用 5 镑资本，凭着剩余生产力，生产 $3\frac{1}{2}$ 卡德，又用 10 镑资本，凭着平均以下的生产力，生产 $2\frac{1}{2}$ 卡德，合计 6 卡德；那就是，有 $\frac{5}{12}$ 由生产力在平均以下的资本部分生产。必须到这点，这 6 卡德的个别的平均生产价格，才会提到每卡德 3 镑，才会与一般的生产价格相一致。

在土地所有权的法则下，这最后的 $2\frac{1}{2}$ 卡德，是不能这样依照每卡德 3 镑的成本生产出来的——除非它们能在 $2\frac{1}{2}$ 英亩新的 A 级土地上生产。追加资本还只依照一般生产价格来生产的情形，就是限界。超过这个限界，追加资本就不会投在同一土地上了。

如果租地农业家对于前两个投资，曾经支付过 $4\frac{1}{2}$ 镑的地租，他自须继续这样支付，从而，每卡德成本 3 镑以后的每一个投资，都不免要使他的利润打一个折扣了。个别平均价格的均衡过程，就在生产力在平均以下的场合，受到阻碍了。

我们对于这个场合，且凭我们以上的那个例来解释。在这个例，A 级土地每卡德 3 镑的生产价格，调节着 B 级土地的价格。

资本（镑）	利润（镑）	生产成本（镑）	收益（卡德）	生产成本每卡德（镑）	售卖价格		剩余利润（镑）	损失（镑）
					每卡德（镑）	总计（镑）		
$2\frac{1}{2}$	$\frac{1}{2}$	3	2	$1\frac{1}{2}$	3	6	3	—
$2\frac{1}{2}$	$\frac{1}{2}$	3	$1\frac{1}{2}$	2	3	$4\frac{1}{2}$	$1\frac{1}{2}$	—

资本（镑）	利润（镑）	生产成本（镑）	收益（卡德）	生产成本每卡德（镑）	售卖价格每卡德（镑）	售卖价格总计（镑）	剩余利润（镑）	损失（镑）
5	1	6	$1\frac{1}{2}$	3	3	$4\frac{1}{2}$	—	$1\frac{1}{2}$
5	1	6	1	3	3	3	—	3
15	3	18				18	$4\frac{1}{2}$	$4\frac{1}{2}$

前两个投资所生产的 $3\frac{1}{2}$ 卡德的生产成本，对于租地农业家，同样是每卡德 3 镑，因为他须支付 $4\frac{1}{2}$ 镑的地租。这种地租，就是他的个别的生产价格和一般的生产价格之差额，那是不流到他钱柜里去的。所以就他说来，前二个投资的生产物的价格余额，并不能用来补偿他第三个投资和第四个投资生产上所受的损失。

第三个投资的 $1\frac{1}{2}$ 卡德，费租地农业家 6 镑（利润包括在内）。但依照调节的价格每卡德 3 镑，那仅能卖到 $4\frac{1}{2}$ 镑。那就是，他不仅须把全部利润损失掉，且还要损失资本 $\frac{1}{2}$ 镑，或损失所投资本 5 镑的 10%。就第三个投资说，利润和资本的损失，对于他，是等于 $1\frac{1}{2}$ 镑；就第四个投资说，是等于 3 镑，合计损失 $4\frac{1}{2}$ 镑，刚好与前面两个投资的地租相等。但前面两个投资的个别的生产价格，并不能因此，就在 B 级土地总生产物的个别平均价格上发生均衡作用，因为它的剩余额，已经当作地租，付给第三者了。

如果需要使追加的 $1\frac{1}{2}$ 卡德，必须由第三个投资来生产，调节的生产价格就会增至每卡德 4 镑。调节的市场价格提高了，结果是 B 级土地第一个投资和第二个投资的地租增加，A 级土地也会有地租了。

所以，对差地租虽然只是形式上的剩余利润的地租化，但因土地所有权使土地所有者能够从租地农业家手里，把这种剩余利润夺过来，所以我们发觉了，同一土地上诸连续的投资，或同一土地上所投的资本的增加，在资本生产力的比率下落而调节的价格保持不变时，会更早得多地，遇到它的限界。因此，剩余利润的形式上的地租化，会在事实上，多少引起一种人为的限制。（这种形式上的地租化，其实不过是土地所有权的结果）。在这场合，一般生产价格的提高（那是限界弄得更狭隘的结果），固然是对差地租增进的原因，但对差地租这样一种地租的存在，同时也是一般生产价格所以会在更早的时期，以更大的速度，趋于昂腾的原因。必须如此，必要的追加生产物的供给，方才可以有把握。

此外，我们还要注意：

如果 A 级土地能由第二个投资，在 4 镑以下，把追加的生产物供给出来，B 级土地投资增加的结果，就不能像上述那样，把调节价格提到 4 镑。又，如果有比 A 级还劣的新土地，能凭 3 镑以上 4 镑以下的生产价格，把追加的生产物供给出来，它加入竞争的结果，也是这样。所以我们知道，就对差地租 I 和对差地租 II 说，虽然前者是后者的基础，但它们却相互成为限界，由此，有时是连续地在同一土地上投下资本，有时是并存地在新的追加土地上把资本投下。在别的时候，例如当有较优土地加入序列的时候，它们同样会当作相互的限界，来发生作用。

假设谷物的需要增进，其供给，仅能依标准以下的生产力，在有租土地上连续投资，或依渐减的生产力，在 A 级土地上追加投资，或依 A 级①以下的新土地上的投资，来满足。

我们且以 B 级土地，代表有租土地。

追加的投资，要求市场价格，提高到以前的调节的生产价格（即每卡德三镑）以上，使一卡德的（在这里，它可以代表一百万卡德，而每英亩也可以代表一百万英亩）的追加生产，可以在 B 级土地上发生。在这场合，付租最高的 C 级、D 级等土地上面，追加生产也是能够发生，不过剩余生产力（Surplusptoduktivkraft）会减小。但我们假设，为要充实需要，我们必须在 B 级土地生产一卡德罢。假设要生产这一卡德，与其以追加资本投在 A 级土地，或降而使用 A—1 土地，不如加投等额资本于 B 级土地的便宜（比方说，A 级土地，要追加资本 $3\frac{3}{4}$ 镑，才能生产一卡德；A—1 土地却须使用 4 镑，才能生产一卡德），那么，B 级土地的追加投资，就会调节市场价格了。

---

① 译者注：马恩研究院版误为 B 级。

我们以上假设，A 级土地生产一卡德，其生产价格为 3 镑，B 级土地合计是生产 $3\frac{1}{2}$ 卡德，其个别的生产价格，合计为 6 镑。我们现在假设还是那样。但若在 B 级土地，必须加投 4 镑生产成本（那包括利润），才可以生产追加的一卡德，而在 A 级土地上，却只须有 $3\frac{3}{4}$ 镑就可以生产出来，那就很明白，它将会在 A 级土地上生产，而不在 B 级土地上生产了。所以，我们必须假设，在 B 级土地上，只需加投生产成本 $3\frac{1}{2}$ 镑，就可以把这追加的一卡德，生产出来。在这场合，$3\frac{1}{2}$ 镑将成为总生产的调节价格。B 级土地现在可以用 $15\frac{3}{4}$ 镑的价格，售卖 $4\frac{1}{2}$ 卡德的生产物了。前 $3\frac{1}{2}$ 卡德的生产成本，是 6 镑，后一卡德的生产成本是 $3\frac{1}{2}$ 镑，合计为 $9\frac{1}{2}$ 镑。可以化为地租的剩余利润 $=6\frac{1}{4}$ 镑，在以前仅为 $4\frac{1}{2}$ 镑。在这场合，A 级土地一英亩，也可以提供地租 $\frac{1}{2}$ 镑。但调节 $3\frac{1}{2}$ 镑生产价格的，不是最劣等耕地 A，而是较优的耕地 B 了。在这里，我们当然假定，和已耕地 A 有同等有利位置的新的 A 级土地，已经不能得到，以致，只有负担还要较大的生产成本，方才能把第二个资本，投在已经耕作的 A 级土地，或较 A 级还要低劣的土地 A—1。当对差地租 II 因连续诸投资而发生作用时，那已经提高的生产价格的限界，将由较优良的土地去调节，从而最劣等的土地（即对差地租 I 的基础），将也能负担地租了。在这场合，那怕单就对差地租说，一切已耕的土地，也同样能负担地租了。这样，我们将会有下面两个表格。在那里面，我们把生产成本这个名词的意义，解为垫支资本加 20% 的利润之和。那就是 $2\frac{1}{2}$ 镑资本加 $\frac{1}{2}$ 镑利润，合计为 3 镑。

土地种类	英亩	生产成本（镑）	生产物（卡德）	售卖价格（镑）	货币收益（镑）	谷物地租（卡德）	货币地租（镑）
A	1	3	1	3	3	0	0
B	1	6	$3\frac{1}{2}$	3	$10\frac{1}{2}$	$1\frac{1}{2}$	$4\frac{1}{2}$
C	1	6	$5\frac{1}{2}$	3	$16\frac{1}{2}$	$3\frac{1}{2}$	$10\frac{1}{2}$
D	1	6	$7\frac{1}{2}$	3	$22\frac{1}{2}$	$5\frac{1}{2}$	$16\frac{1}{2}$
总计	4	21	$17\frac{1}{2}$		$52\frac{1}{2}$	$10\frac{1}{2}$	$31\frac{1}{2}$

这是 B 级土地未有 $3\frac{1}{2}$ 镑新投资以前的状态。这 $2\frac{1}{2}$ 镑的新投资，是只提供一卡德的。在有这种投资以后，我们便有下表所示的情形了：

土地种类	英亩	生产成本（镑）	生产物（镑）	售卖价格（镑）	货币收益（镑）	谷物地租（镑）	货币地租（镑）
A	1	3	1	$3\frac{1}{2}$	$3\frac{1}{2}$	$\frac{1}{7}$	$\frac{1}{2}$
B	1	$9\frac{1}{2}$	$4\frac{1}{2}$	$3\frac{1}{2}$	$15\frac{3}{4}$	$1\frac{11}{14}$	$6\frac{1}{4}$
C	1	6	$5\frac{1}{2}$	$3\frac{1}{2}$	$19\frac{1}{4}$	$3\frac{11}{14}$	$13\frac{1}{4}$
D	1	6	$7\frac{1}{2}$	$3\frac{1}{2}$	$26\frac{1}{4}$	$5\frac{11}{14}$	$20\frac{1}{4}$
总计	4	$24\frac{1}{2}$	$18\frac{1}{2}$		$64\frac{3}{4}$	$11\frac{1}{2}$	$40\frac{1}{4}$

〔这里的计算，也不是完全准确的。B 级土地的租地农业家，为要生产 $4\frac{1}{2}$ 卡德，第一须费生产成本 $9\frac{1}{2}$ 镑，第二，须费地租

$4\frac{1}{2}$ 镑，合计 14 镑；每卡德的平均 $= 3\frac{1}{9}$ 镑。他的总生产的这个平均价格，是这场合的调节的市场价格。照此计算，A 级土地的地租，不是 $\frac{1}{2}$ 镑，而是 $\frac{1}{9}$ 镑；而 B 级土地的地租，则照旧为 $4\frac{1}{2}$ 镑。$4\frac{1}{2}$ 卡德照 $3\frac{1}{9}$ 镑的价格售卖，$= 14$ 镑，其中 $9\frac{1}{2}$ 镑为生产成本，剩余利润仍为 $4\frac{1}{2}$ 镑。我们知道，这个数字，虽必须加以更改，但已经可以说明，怎样那种较优良的付租土地，将由对差地租Ⅱ，而实行调节价格的作用；并由此，使一切土地，甚至从来不付地租的土地，都变为能担负地租的土地了。——F. E.]

当谷物的调节的生产价格提高，或调节的土地所生产的一卡德谷物的价格提高时，或某级土地的调节的投资增大时，谷物地租就必定会增进。其结果，好像各级土地都变为更不丰饶，好像新投下 $2\frac{1}{2}$ 镑所生产的，不是 1 卡德，而是 $\frac{5}{7}$ 卡德。同一投资所生产的更多的谷物，便转化为剩余生产物了。表现为剩余利润，从而表现为地租的，就是这种剩余生产物。假设利润率依旧不变，租地农业家用他的利润，将只能够买更少的谷物了。在工资不增加时，利润率是可以依旧不变的，那或是因为劳动者的工资可以被压下至仅能维持肉体生存的最低限度，那就是压下到劳动力的标准价值之下；或是因为，劳动者消费所需的由制造业供给的物品，已经变得更便宜；或是因为劳动日延长或加强，以致非农业的诸生产部门的利润率（那会支配农业的利润）即使不增加，也仍旧不变；最后，或是因为在农业上虽投下同额的资本，但不变资本会增加，可变资本会减少。

所以，不把比最劣等地还更劣等的土地拉进来耕作，也可以在一向被认为最劣等的 A 级土地上面，生出地租来。我们现在考察的，是它的第一种方法。依照这个方法，地租是由这样发生的：那就是，从来在市场上调节的 A 级土地的个别的生产价格，对新的更高的生产价格（依标准以下的生产力，加投资本于较良土地，以生产必需的追加生产物时，就会发生这种较高的生产价格），发生差额。

如果追加生产物必须由 A—1 级土地供给，而其生产价格，必须是 4 镑，A 级土地每英亩的地租，将增为 1 镑。但在这场合，成为最劣等耕地的，将不是 A，而是 A—A 级土地在各级付租土地中，占有了最下级的位置。对差地租 I 已经变更了。但这个情形，在考察对差地租 II 的时候，是可以毋庸考察的。所谓对差地租 II，是由同一土地上连续诸投资有不等的生产力这件事，发生的。

但在此外，A 级土地，还可由其他两种方法发生对差地租。

在价格（任何一定的价格，即使和以前的价格比较，它已经是较低的价格）不变的场合，如果追加资本的投下，会生出剩余生产力来，A 级土地就会生出对差地租。一看就明白，这种追加的投资，在一定点内，一定也会在最劣等地上，生出这种剩余生产力来。

其次，反过来，如果 A 级土地上连续诸投资的生产力渐渐减小，那也会把对差地租引出来。

在这两个场合，我们都假定，需要的状况，使生产已有增加的必要。

但在这两个场合，由对差地租的观点看，是有一个真正的困难，由以前已经说明过的法则，发生出来。这个法则是：决定因素，常常是总生产中（或总投资中）每卡德的个别的平均生产价格。但 A 级土地不像别的较优良的土地。就 A 级土地言，并不是从外部，给予一个生产价格，为各个新的投资，限制个别生产价格到一般生产价格的均衡化。因为，A 级土地的个别的生产价格，正是调节市场价格的一般生产价格。

我们且假设：

（1）连续诸投资的生产力增大。以致 A 级土地一英亩，可以用和 6 镑生产成本相照应的 5 镑资本垫支，生产 3 卡德，而不只生产 2 卡德。最初的 $2\frac{1}{2}$ 镑投资，供给 1 卡德，其次的 $2\frac{1}{2}$ 镑投资，供给 2 卡德。在这场合，以 6 镑的生产成本，生产 3 卡德，每卡德平均的成本为 2 镑；如果这 3 卡德就是用 2 镑的价格售卖，A 就仍然不会生出地租，它不过把对差地租 II 的基础改变而已。2 镑将代 3 镑，成为调节的生产价格。现在，一个 $2\frac{1}{2}$ 镑的资本，平均会在最劣等地上，生产 $1\frac{1}{2}$ 卡德，不只生产 1 卡德。并且现在，这还是各级优良土地上每个 $2\frac{1}{2}$ 镑投资的公定的丰度。因此，一向来由此等优良土地供给的剩余生产物，会有一部分，在此后，加入它们的必要生产物的形成，它们的剩余利润，也会有一部分，加入平均利润的形成。

反之，如果我们像计算各种优良土地一样计算，不以平均的计算，影响绝对的剩余，但认定一个一般的生产价格，当作投资的限界，则第一个投资生产的一卡德，费 3 镑；第二个投资生产的 2 卡德，每卡德仅费 $1\frac{1}{2}$ 镑。那就会在 A 级土地，引起一卡德的谷物地租，和 3 镑的货币地租了，因为还是照旧价格售卖，所以合计仍售 9 镑。再假设有第三个投资 $2\frac{1}{2}$ 镑，和第二个投资，以相同的生产力投下，那就是用 9 镑的生产成本，合计生产 5 卡德。如果有调节作用的，是 A 级土地的个别的平均生产价格，每

卡德现在就会卖 $1\frac{4}{5}$ 镑了。这样，平均价格会再下落。这不是因第三次投资的丰度已经增加；不过因为，已有一个新的投资，用第二次投资一样的剩余丰度被投下。这诸种凭较高但并未再有变化的生产力投在 A 级土地上的连续诸投资，不会提高各级有租土地的地租，但会依比例减下生产价格，并在其他各情形不变的情形下，依比例下落其他各级土地的对差地租。反之，如果第一个投资（即以 3 镑的生产成本，生产 1 卡德）依然当作标准，这 5 卡德就将卖 15 镑，而 A 级土地上后来各次投资的对差地租，也将等于 6 镑。A 级土地一英亩的追加资本的追加（不问它是在那一个形态上应用），在这场合，将成为一种改良，并从而使原来的资本部分，变为更生产的。所以，说资本的 $\frac{1}{3}$ 生产 1 卡德，其余多 $\frac{2}{3}$ 生产 4 卡德，是一句毫无意义的话。我们只能说每英亩 3 镑仅生产 1 卡德，每英亩 9 镑就生产 5 卡德。在这场合，会不会发生地租，会不会发生剩余利润，那完全取决于境遇。就通例来说，调节的生产价格，是必定会下落的。如果 A 级土地上有更优良也更多费的耕作方法，仅因为在各种优良土地上都是如此，换言之，仅因为有一般的农业革命，情形就会是这样的。在这场合，如果我们是就 A 级土地的自然丰度说，我们就假定，它要用 6 镑或 9 镑来耕作，不能仅用 3 镑了。如以大量生产物供应国内的 A 级土地的已耕面积，已有多数采用这种新方法，那就更加是这样。但若这种改良，最初不过有小部分 A 级土地采用，耕作较良的那一部分土地，就会提供一个剩余利润了，土地所有者也会迅急把它的全部或一部分，转化为地租，并当作地租确定下来了。如果需要是与增大的供给并步增大，那就会比例于 A 级土地渐次采用新耕作方法的程度，渐渐地，在一切 A 级土地上引起地租来，这种剩余生产力，也将依照市场状况，全部的或部分的，被没收掉。资本支出增大时，A级土地的生产价格到A级土地生产物的平均价格的均衡化过程，也会因这种增大资本支出的剩余利润固定化为地租这一个事实，而被阻止。在这场合，我们又得到一个例证，可以证明，剩余利润转化为地租，换言之，土地所有权的介入，会把生产价格提高，以致对差地租不单纯是个别生产价格和一般生产价格保有差额的结果。关于这一点，我们以前论述较优土地，讨论追加资本的生产力渐减的场合时，也曾提示这样的例证。就A级土地言，个别生产价格与一般生产价格的合一过程将受阻碍，因为A级土地平均生产价格，调节生产价格的过程，将会受阻碍。它会使生产价格，提高到必须提高的程度以上，从而，引起一种地租。并且，在谷物的输入自由时，因租地农业家被逼要把那种依照外国生产价格只能在谷物耕作上参加竞争，但不能负担地租的土地，用在其他的目的上（例如用作牧畜场），以致唤起或维持相同的结果。在这场合，将只有付租的土地能生产谷物，所以，只有那种能负担地租的土地，会从事耕作；换言之，只有那种其个别的平均生产价格较外国生产价格为低的土地，会被耕作。不过大体说来，我们仅可假定，在上述的场合，生产价格会减低，但不是减到平均价格的水准；它会在高在这种水准以上，但低在最劣等耕地A的生产价格以下。因此，A级新土地的竞争，会被限制着。

（2）追加者投资的生产力减小。假设A—1土地必须用4镑才能生产追加的一卡德，A级土地却用 $3\frac{3}{4}$ 镑可以更便宜地，生产追加的一卡德。但和第一个投资所生产的一卡德比较，却要更贵 $\frac{3}{4}$ 镑。在这场合，A级土地所生产的2卡德的总价格 $= 6\frac{3}{4}$ 镑；

每卡德的平均价格 = $3\frac{3}{8}$ 镑。生产价格是提高了，但仅提高 $\frac{3}{8}$ 镑。但若把追加资本投在可凭 $3\frac{3}{4}$ 镑来生产的新土地上，它就还会提高 $\frac{3}{8}$ 镑，至 $3\frac{3}{4}$。这样，一切其他的对差地租都会依比例提高了。

如果 A 级土地每卡德 $3\frac{3}{8}$ 镑的生产价格，是这样在投资增加的场合，均衡化为它的平均生产价格，并成为调节的，它就不会提供任何地租，因为它不提供任何的剩余利润。

但若第二个投资所生产的一卡德，是照 $3\frac{3}{4}$ 镑售卖，则 A 级土地也将提供一个地租 $\frac{3}{4}$ 镑；并且，就连那些未有任何追加投资的 A 级土地，那些依然以每卡德 3 镑成本生产的 A 级土地，每英亩也会提供 $\frac{3}{4}$ 镑的地租。不过，如果在 A 级土地中尚有未耕的部分，价格当然只会暂时提高到 $3\frac{3}{4}$ 镑。A 级土地这一部分的加入竞争，将使 3 镑的生产价格，维持到 A 级土地全部用尽的时候。因为这种 A 级土地所处的较有利的位置，使它的每卡德的生产，可以比 $3\frac{3}{4}$ 镑便宜一点。因此，虽说有一英亩土地负担地租时，土地所有者不会让租地者可以对任何一英亩不支付地租，但我们仍无法像上面那样假设。

所以，是生产价格均衡为平均价格，还是第二次投资 $3\frac{3}{4}$ 镑的个别的生产价格取得调节作用，那要看第二次投资在已有的 A 级土地上，是怎样普遍通行而定。后一种情形，只要像下面那样，就会发生的。那就是，土地所有者有时间，把剩余利润（这种剩余利润，在每卡德价格 $3\frac{3}{4}$ 镑，需要方才能够满足以前，是可以赚到的）固定化为地租。

*　　*　　*

利比居对于连续把资本投在同一土地上，其生产力将会减小的事实，曾有所论述，那是可以参看的。我们已经讲过，投资的剩余生产力递次减小的结果，是生产价格不变时，常常把每英亩的地租增加；并且，就在生产价格减小时，这个情形也可以发生。

以下，我们可以拢总地评述：

由资本主义生产方法的观点看，如果获得同一种的生产物，已须有追加的支出，已须有一种以前无须的给付，生产物的价格，就会相对地趋于昂贵。因为，我们每次说到生产上消费的资本的代置，都只指价值的代置，指一定生产手段所代表的价值的代置。当作生产因素不须成本便可加入生产的自然因素，无论在生产上能够尽怎样的职能。都不是当作资本的构成部分，加入生产内的。它是资本的无偿的自然力，它是劳动的无偿的自然生产力，但在资本主义生产方法的基础上，那是和一切的生产力一样，表现为资本的生产力。所以，即使在生产上有一个原来不要任何费用的自然力加入，但若由它助成的生产物已经够把需要满足，它在价格的决定上，就决不能参加进去。但若在发展的进程中，所需要的生产物，已不能全数由这种自然力的协助来供给，以致必须有追加的生产物要在没有这种自然力协助的情形下，或在人力协助的情形下生产，那就有一个新的追加要素，参加到资本里面了。因此，为要获得相等的生产物，便须有比较多的资本支出了。其他一切的情形不变，生产是更昂贵了。

*　　*　　*

（以下，采自一个"自 1876 年 2 月中开始"的草稿。）

对差地租和地租： 当作合并在土地内的资本的利息

有一些所谓永久的改良，那是由种种必须有资本支出的操作，来使土地的物理性质，甚至使土地的化学性质一部分，发生变化，那可以说是资本被合并在土地内。这所谓永久的改良，是使一块位置确定并有限制的土地，取得别一块土地（其位置不同但常常在前者的附近）天然就已具有的特性。譬如，这块土地天然就是平坦的，但别一块土地须设法变为平坦。一块土地有天然的流水的沟，但别一块土地须由人力把水排出。一块土地天然有深的泥土层，但别一块土地须用人工去开深。某块粘土质的土地，天然混有适量的砂，但别一块须特别为此目的，把砂混进去；一块沼地天然就有灌溉或水分，但别一块土地须用劳动——用资产阶级经济学的用语来说，是用资本——来灌溉。

把那种由人力取得比较利益的土地的地租称为利息，但不把那种天然具有比较利益的土地的地租称为利息，当然是一个很有意味的理论（不过，在引伸的时候，这个理论也实际弄得歪曲了，以致说，因为在一个场合地租与利息实际是互相一致的，所以，在别一个场合，即地租实际不是利息的场合，地租也须名作利息，也须假作是利息）。但土地在资本投下后所以提供地租，并不是因为资本被投在土地，却是因为这种投资，曾使土地变为一个比从前有较大生产力的投资部门。假设全国一切的土地都需有这种投资；以致每一个尚未得到这种利益的土地，都须先通过这个阶段，以致每一个已经有这种投资的土地所负担的地租（那就是它在一定场合提供的利息），竟也构成对差地租，——不问它是天然具有这种利益，还是由人力获得这种利益。

这个还原为利息的地租，在所投资本是渐次收回的时候，会成为纯粹的对差地租。不然，同一个资本，会以资本的资格，有二重的存在了。

*　　*　　*

一切反对里嘉图，反对价值单纯由劳动决定的人，论到那由土地差别生出的对差地租时，都主张，在这里，有价值决定作用的，是自然，不是劳动；但同时，也把这种价值决定作用，归于位置，甚至更显著地，把它还原为土地耕作所合并的资本的利息。这真是一个非常有趣的现象。同量的劳动，会在一定时间所创造的生产物内，生产同量的价值；不过，在劳动量不变时，这个生产物的量或大小，从而，归于这个生产物任一个可除部分的价值部分，是仅取决于生产物的量：这又取决于这一定量劳动的生产力，非取决于此量的大小。这种生产力是起因于自然，还是起因于社会，那是毫无关系的。不过，在这种生产力须费劳动，从而须费资本的场合，它会使生产成本增加一个新成分；在单纯自然的场合，却不是这样。

在分析对差地租时，我们假设最劣等地不支付地租。更广泛地说，假设只有那种土地支付地租，那种土地的生产物的个别的生产价格，低在调节市场的生产价格之下，因此，有一个转化为地租的剩余利润照这个方法发生出来。最先我们必须知道，这个前提是否正确的问题，对于对差地租的法则，是全然没有关系的。

我们且把一般的调节市场的生产价格，命为 P。就劣等地 A 的生产物说，P 和它的个别的生产价格相一致，那就是，它刚好支付那在生产上消费掉的不变资本和可变资本的价格，加平均利润（＝企业利益加利息）。

在这场合，地租等于零。比 A 上一级的 B 级土地的个别的生产价格等于 P′，并且 P>P′：那就是 P 不只支付 B 级土地生产物的现实的生产价格，那还有余。假设 $P-P'=d$；d 代表 P 超过 p′ 的余额，代表剩余利润，是这一级土地的租地农业家所生出的。这个 d 化为地租，付于土地所有者。假设第三级土地 C 的现实的生产价格为 P″，而 $P-P''=2d$；这 2d 也转化为地租；同样，假设第四级土地 D 的个别的生产价格为 p‴，而 $P-P'''=3d$，那也转化为地租等。现在，我们且认定，A 级土地地租等于零，其生产物价格=P+O的假设，是错误的。A级土地也许也支付一个地租=r。在这场合，我们可以得到两重的结论。

第一：A级土地生产物的价格，不是由它的生产价格调节，它还在它的生产价格之上，包含一个余额，那就是=P+r。因为，假设资本主义生产方法是在常态中，假设这个余额r（地租农业家付于土地所有者的），既不是由于工资的扣除，也不是由于资本平均利润的扣除，那么，它所以能够支付这种余额，不过因为它的生产物也是在生产价格以上售卖，从而，假使这个余额不在地租形态上移交给土地所有者，它便也会提给他一个剩余利润。在这场合，就市场全部的各级土地的生产物说，调节的市场价格，不是资本在一切生产部门会带来的生产价格（那等于资本支出加平均利润），而是生产价格加地租，不是P，而是P+r。因为，A级土地生产物的价格，表示调节的一般的市场价格之限界（依照这种价格，总生产物便能得到供给）；并且，它也就在这个限度内，调节着这个总生产物的价格。

但第二，虽然土地生产物的一般价格要在本质上被修正，但对差地租的法则，并不因此就废止。因为，如果A级土地生产物的价格，从而一般市场价格，=P+r，则B级、C级、D级等土地生产物的价格，同样会等于P+r。但因就B级土地说，P-P′=d，所以，$(P+r) - (P′+r)$ 依然=d。就C级土地说，P—P″=$(P+r) - (P″+r)$ = 2d，而就D级土地说，P—P‴= $(P+r) -(P‴+r)$ = 3d，其余可以类推。所以，对差地租是和以前由相同的法则支配着，虽然地租包含一个与这个法则相独立的要素，并与土地生产物价格同时取得一个一般的加额。由此可知，丰度最小的土地无论是怎样发生地租，对差地租的法则都不仅与这种地租无关；并且，也只有用这个方法，我们方才能恰好把握住对差地租的性质。这个方法是把A级土地的地租，假定为=0。它是=0，还是>0，在我们讨论对差地租时，那就是一件没有关系的事，并且在事实上，它也不放在我们的计算内。

所以，对差地租法则，和以下的研究所得到的结果，是完全独立的。

我们且更进一步，研究我们的前提——最劣等土地 A 不支付地租——的基础，我们一定会得到这样答复：即，如果土地生产物（例如谷物）的市场价格，竟达到这样的水准，以致把追加的资本垫支，投在 A 级土地上，也会支付普通的生产价格，并对资本，提供普通的平均利润，那就已经是加投资本于 A 级土地的十分的条件了。那就是，这种条件，已经够使资本家为普通利润而投下新的资本，并使它依照通常的方法，来增殖它的价值。

在这里，我们要注意：就在这个场合，市场价格也必须较 A 级土地的生产价格更高才行。因为，追加的供给一经发生，很明白，供求的比例就会变化。以前是供给不足，现在却是充足了。所以，价格是必定要下落的。因要能够下落，它必须比 A 级土地的生产价格更高。但新加入耕作的 A 级土地既比较没有那样丰饶，价格自不会再落到和 B 级土地生产价格调节市场那时候一样。A 级土地的生产价格，不是市场价格暂时的提高之限界，而是市场价格比较永久的提高之限界。——反之，哪怕新加入耕作的土地，比一向有调节作用的 A 级土地，有更大的丰度，但若它不过刚好够供应追加的需要，市场价格就会保持不变的。而最低级土地是否支付地租的研究，在这场合，就和我们这里的研究，合而为一了。因为，在这里，A 级土地不支付任何地租的前提，必须由如下的事实说明：即，市场价格，够使那些资本主义租地农业家，可以用这个价格来补偿他所使用掉的资本加平均利润；简言之，市场价格会供给他以商品的生产价格。

无论如何，资本主义租地农业家，如果他能以资本家的资格有所决定，他就一定要能够在这种关系下面耕作 A 级土地。资本实行通例价值增殖过程的条件，在 A 级土地上面，是已经存在了。但由这个前提（如果租地农业家耕作 A 级土地不须支付地租，他就能依照平均的价值增殖关系，把资本投在 A 级土地上面），决不会引出如下的结论来：即，现今属于 A 级的土地，仍然会让租地农业家一点不客气地支配下去。必须不支付地租，租地农业家方才能依照普通利润来增殖价值的事实，在土地所有者看来，决不能成为白租土地于租地农业家的理由，他决不会因此，便这么慈善地看待这位营业朋友，而以无偿的信用（crédit gratiut），给于他。如果当中竟包含这样的一个前提，那实无异是土地所有权的抽象，是土地所有权的废止。这种土地所有权的存在，正好是投资的限制，正好是资本在土地上任意增殖价值的限制，这一个限制，决不会在租地农业家的单纯的默想——如果他不须支付任何地租，如果他在实际上可以把土地所有权看作是不存在的，他就能由他的资本，由 A 级土地的利用，打出普通的利润来——之前，倒下来。土地所有权的独占，限制资本的土地所有权，在对差地租的场合，就已经假定了；因为，如果没有通种独占，剩余利润根本就不会转化为地租，而享受这种剩余利润的，将是租地农业家，不是土地所有者了。不过，A 级土地虽不在对差地租形态上，支付地租，但在 A 级土地上，土地所有权还是当作一种限制，存在着。如果我们考察，在一个实行资本主义生产的国家，竟可以不付地租，而把资本投在土地上，我们就会发觉，那虽不在法理上，也会在事实上，包含土地所有权的废止。这一种废止，只能在一定的状况下面发生，这种状况，依照它的性质，就只是偶然的。

第一，如果土地所有者自己就是资本家，或资本家自己就是土地所有者，这个情形就会发生的。在这场合，他能在市场价格已经充分提高，使他能由 A 级土地打出生产价格（即资本代置额加平均利润）的时候，亲自经营他的土地。但为什么呢？因为就他而言，土地所有权不是他投资的限制。他可以把土地视为是单纯的自然要素，所以能够从资本价值增殖的考虑，从而，从资本主义的考虑，来处置一切。这种情形，在实际上会发生，但只是当作例外来发生。资本主义的土地耕作，既以机能资本与土地所有权的分离为条件，所以在原则上，它是排斥土地所有权归自己经营的情形。我们立即可以看到，那完全是偶然的。如果对谷物的追加需要，使必须耕作的 A 级土地的范围，较大于自营者所有的面积，换言之，如果那种土地必须有一部分出租，方才能够完全耕作，则关于这个限制——即土地所有对于投资所加的限制——假设的见解，就立即倒下了。如果我们从那个与资本主义生产方法相照应的资本与土地间，租地农业家与土地所有者间的分割出发，然后反过来，假设土地所有者是自己经营并通例以全范围自己经营，好像没有土地所有权在他们面前独立存在，无须从土地的耕作，取出任何的地租来，那真是背理的矛盾（参看以下要引述的亚当·斯密关于矿山地租所说的话）。像这样的土地所有权的废止，只是偶然的。那可以发生，也可以不发生。

第二，在当作一个复合体的租地中，也未尝不能有某一块土地，它在市场价格保持一定的水准时，不支付任何的地租，所以在实际上，这块土地是无代价租借的，但那在土地所有者看来，并不是这样，因为他不把这个租地的总地租，看作特别是某一块土地的地租。在这场合，就租地农业家而言，如所论恰好为租地里面那无租的一块，当作投资限制的土地所有权就消灭了；而使它成为这样的，正好是他和土地所有者间的契约。但他所以能对这块土地不付地租，只因为他对这一块是当作它的附属部分包涵着的土地支付了地租。这里我们是以一种配合为前提；在这个前提下，较劣的 A 级土地，不是当作一个独立的新的生产部门，以补充供给的不足，却是当作较良土地的一个不可分离的插在中间的部分。但我们现在研究的情形，却是 A 级土地每一块都分别经营着，从而在一般的资本主义生产的前提下，也必须分别租出去。

第三，租地农业家能在同一租地上投下追加的资本，虽然在现行的市场价格下这样取得的追加生产物，仅能给他以生产价格，给他以普通利润，但并不使他有支付追加地租的剩余利润。在这场合，就投在土地内的资本的一部分说，他须支付地租；就别一部分说，他是不支付地租。不过，这个假设对于问题的解决，是很少用处的。由这一种考虑就知道：即，如果市场价格（和土地丰度），使他能用追加资本来获得较大的收益，换言之，如果这个追加资本，对于他，会和他的旧资本一样，可以在生产价格之外，获得一个剩余利润，他就会在租期依然继续的时候，把这个剩余利润，自己收起来。为什么呢？因为，在租期未满以前，土地所有权对于他的土地投资的限制，是不发生的。但这个单纯的事情——为要确保这个剩余利润，这种追加的较劣的土地，必须独立地开垦，独立地出租——却断然证明了，投在旧土地上的追加资本，不够供应必要的追加需要。所以，一个假设排除了别一个假设。我们正可以说，最劣等地 A 的地租，本身就是一个和土地所有者自耕土地相比较而言的对差地租，（但这纯然是一个偶然的例外），或是和旧租地内不供任何地租的追加投资相比较而言的对差地租。但（1）这种对差地租，不是由各级土地的丰度上的差别发生，从而，它的发生，也不以 A 级土地不支付地租，其生产物依照生产价格售卖的假设，为前提。（2）同一租地的追加投资会不会提供地租，对于那个新开垦的 A 级土地是否支付地租的问题，是全无关系的，这好比，虽然同行某制造业者，因为自己的资本不能全部投在自己的营业上面，因而把资本一部分投在有息的有价证券上面，或竟在实行某无充分利润只多少会在利息以上提供一点东西的条件下，实行某种扩大，但仍不妨在同时有新的独立的制造业经营建立起来。对于他，这是一个附随事项。追加的新的经营，只须提供平均利润，且也就是抱这个期待进行的。不过售租地的追加的投资，和 A 级新地的追加的耕作，要互为限制。情愿忍受不利生产条件而以追加资本投于同一租地的情形，是有限度的。这个限度要看参加竞争的 A 级土地上的新投资来定。而在另一方面，A 级土地能提供多少的地租，也要看那参加竞争的旧租地的追加投资，方才能够把它的限界定下来。

但这一切伪谬的遁辞，都不能把问题解决。用简单的话说来，这个问题是：假设谷物的市场价格（我们在这种研究上，用谷物代表各种土地生产物），使 A 级土地的一部分加入耕作，使投在这种新土地上的资本，能取得生产物的生产价格，即资本代置额与平均利润；换言之，假设资本在 A 级土地上的通例的价值增殖条件已经存在。请问，这够不够呢？够不够使这种资本实际投下呢？还是市场价格必须涨到连最劣等土地 A 也提供地租的时候，才够呢？土地所有者的独占，对于投资，是一种限制么？（从纯粹资本主义的观点看来，只要没有这种独占，便没有这种限制的）。这个问题所从以提出的条件，说明了：虽然在旧租地上有追加的投资，而依照现行的市场价格，那又只能提供平均利润，不能支付地租，但这个事实，决不能解决如下的问题，即，资本能不能实际在同样只提供平均利润但不支付地租的 A 级土地上投下。这个问题是依然没有解答的。不提供任何地租的追加投资，仍然没有把需要满足这件事，是由 A 级土地中尚有开垦新地的必要这件事证明了。如果 A 级土地的追加的开垦，仅能在它提供地租（即在生产价格之上尚能有所提供）的限度内，方才可以发生，那是只有两种情形，是可能的。第一是，市场价格必须涨到这样，以致连旧租地的最后的追加投资，也能为租地农业家或土地所有者，提供剩余利润。在这场合，这种价格增进和最后追加投资的剩余利润，必须是这个事实——A级土地不提供地租，即不能耕作——的结果。因为，如果生产价格，如果平均利润的提供，已经够使A级土地被耕作，那么，价格就无论如何不能涨到这一点的；只要能提供生产价格，新土地便会加进来竞争的。这样，旧租地的不提供任何地租的追加投资，便须和同样不提供地租的A级土地的投资，相竞争了。——第二是，旧租地上的最后投资，仍不提供地租，但市场价格提高到充分程度，以致A级土地可以开垦，可以提供地租。在这场合；不提供地租的追加投资所以可能，仅因为A级土地，在市场价格尚未充分提高而使它可以提供地租以前，不能被耕作。没有这个条件，它也许在价格还很低的时候，就加入耕作了；而一切以后的在旧租地上的投资——这种投资要求有高的市场价格，来提供普通利润但不提供地租——都会不能发生。因为，在市场价格如此高昂时，它也不过提供平均利润。在A级土地加入耕作，成为调节市场的生产价格的，既然只是低微的市场价格，所以在这场合，旧租地上各种以后的投资，就连这种平均利润也会不能提供了。这就是说，在这种前提下，各种以后的投资，一般是不会发生的。与不提供地租的旧租地上的投资比较而言，A级土地的地租，诚然是对差地租。但A级土地会构成这种对差地租，却只是这个条件的结果。这个条件是，如果它不支付地租，它就全然不能被耕作。在这场合，第一个先决条件，是支付地租——这个地租的发生，不是由于土地种类的差别——的必要。这种必要，对于旧租地上一切可能的追加的投资，成为一种限制。在这二场合，A级土地里的地租，都不单纯是谷物价格提高的结果；反之，最劣等地必须提供地租，方才许加入耕作的事实，倒是谷物价格所以会提到那样高，以致这个条件可以实行的原因了。

对差地租有这个特征：那就是，在这场合，土地所有权，仅仅把剩余利润取去，如果地主不把它取去，那也会被租地农业家取去，并且在一定情形下，在租约满期以前，也实际是由租地农业家取去。在这场合，土地所有权只是商品价格一个部分（这个部分的发生，土地所有者是未在生产上有任何协助的，那宁可说是调节市场价格的生产价格系由竞争决定这一件事的结果，它会分解为剩余利润），所以会发生移转的原因。这种移转，是把价格的这个部分由一个人移到别一个人，由资本家移到土地所有者。在这场合，土地所有权，并不是创造价格这一部分的原因，也不是引起这种价格增进（那是这种移转的先决条件）的原因。反之，如果最劣等地——其耕作虽能提供生产价格——不在生产价格以上还生产一点东西便不能被耕作，土地所有权便也成了这种价格增进的创造的原因了。土地所有权本身就会造出地租了。就便像第二场合所述一样，A级土地所支付的地租是对差地租（和旧租地最后一次仅提供生产价格的追加投资比较而言的对差地租），那也不会有什么改变。因为，必须到调节的市场价格已经充分提高，足使A级土地也可提供地租的时候，A级土地才能被耕作的事实，就是市场价格提高到这一点——在这一点，旧租地上的最后投资，仅获得生产价格，但这种生产价格，就A级土地而言，却可以在同时提供一种地租——的唯一的理由。土地一般须支付地租的事实，在这里，便是A级土地和旧租地最后一次投资之间发生对差地租的原因。

我们广泛说——在谷物价格由生产价格调节的前提下——A级土地不支付地租时，我们是把地租一词，解在这个名词的范畴的意义上。如果租地农业家所支付的租金（Pachtgeld），是他的劳动者的标准工资的扣除额，或是他自己的标准的平均利润的扣除额，那他还是没有支付地租，因为地租是商品价格内一个独立的与工资和利润显然分开的部分。我们曾经指出，实际的情形，常常是这样。如果一个国家的农村劳动者的工资，一般被压在标准的平均工资水准之下，以致从工资取出的一部分，通例转化为地租，则在这限度内，虽最劣等地的租地农业家，也不能成为例外。这种低工资，在那种使最劣等地有耕作可能的生产价格内，已经是一个构成部分了；生产物依照生产价格的售卖，也不使这种土地的租地农业家，有支付地租的能力。土地所有者也许会把他的土地，租给劳动者，这种劳动者也许情愿把售卖价格在工资以上的部分，以全部或最大部分，在地租形态上支付出去。在这一切场合，虽支付了租金，但都没有真正的地租。不过，在情形与资本主义生产方法相一致的地方，地租与租金必须是一致的。而在这里要研究的，也正是这种通常的情形。

在上述情形内，资本主义生产方法内的现实的土地投资，是可以不提供地租的。但这种情形，对于我们的问题，毫无判决的作用。但殖民地情形的论及，在我们的问题上，还更不能有何种作用。使殖民地成为一个殖民地——在这里，我们是指真正的农业殖民地——的事情，不单是有大量丰饶土地尚在自然状态中这件事，最要紧的一件事是：这种土地尚未被占有，尚还没有私有权。就土地方面考察，使殖民地和旧国发生巨大区别的，就是这件事。换言之，就是因为在殖民地，尚还在法理上或事实上未曾有土地所有权。这是卫克斐尔德曾经正确指明的[①]。并且在他以前许久，老米拉波（重农主义者）以及其他若干老经济学者，

---

① 卫克斐尔德《英国与美国》，伦敦 1833 年。并参看第 1 卷第 25 章。

就已经把这点指出了。这些殖民家究竟是毫不客气地把这种土地占为己有，还是要在土地价格这个名义下面，付国家一笔钱，方才算真正把它占有，在这里，是一件没有关系的事。又，已经定居的殖民者是否即是法律上的土地所有者，也是一件没有关系的事。总之，在那里，土地所有权实际并不是投资的限制，也不是没有资本的劳动的限制。先来的殖民家，虽然把土地一部分占为己有了，但新来的人仍可以把他的资本或劳动，利用在新的土地上。所以，当我们要研究，土地所有权会怎样在土地所有权成为投资限制的地方，在土地生产物的价格上并且在地租上发生影响时，如果竟拿自由的资产阶级的殖民地来作例解，那真是再不合理没有了。因为，在这种殖民地上，既没有农业的资本主义生产方法，也没有与其相应的土地所有权形态。并且，在这种殖民地上，连土地所有权这个东西，也还根本没有。但里嘉图在论地租的那一章，就是这样进行的。一开始，他就说，他要研究土地的占有，对于土地生产物的价值，会发生什么影响。但接着他就以殖民地为例，假设在那里，地皮和土地是相对的保持元素的资格，其利用不为土地所有权的独占所限制。

单纯的法律上的土地所有权，不会为土地所有者造出任何地租。但这种所有权，使他有权阻止土地被人利用，除非经济关系已经许可他在土地利用（或是利用在真正的农业上，或是利用在别的生产目的上，例如建筑等）的时候，取得一个剩余。他不能增减土地利用范围的绝对量，但能增减可以在市场上见到的土地量。所以，像傅利叶所说，一个特征的事实是：在一切的文明国家，都有一个比较很大的部分的土地，常常在不耕作的状态中。

假设需要的状态，使新地（它的丰度，比一向耕作的土地的丰度更小）有耕作的必要，土地所有者，会因为土地生产物的市场价格尚不过刚好够为租地农业家提供这种土地投资的生产价格，刚好够为租地农业家提供平均利润，就白白把这种土地租出么？决不是这样的，投资仍然要给他一个地租才行。在土地出租不能给土地所有者一个租金以前，土地是不会出租的。所以，市场价格必须超过生产价格，而等于 P+r，要这样，土地所有者方才有受到一个地租的可能。但因为依照我们的假设，不出租，土地所有权，是不能有收益的，从而是经济上无价值的，所以，只要市场价格稍稍提到生产价格之上，那就可以使新土地（较劣的土地）到市场上来。

现在我们要问：最劣等地的地租，既不能由丰度上的差异发生，然则，在最劣等地也有地租时，我们能不能推论说，土地生产物的价格必然是独占价格（Monopolpreis，在这里，它是由普通的意义解释的），或者说，必然是这样一种价格，在这种价格内，地租是和课税一样参加（不过它是由土地所有者受领的课税，不是由国家受领的课税）呢？这种课税在经济上有一定的限界，是一件自明的事。限制它的，是旧租地上的追加的投资，是外国土地生产物（假设那是免税输入的土地生产物）的竞争，是土地所有者相互间的竞争，最后是消费者的需要和支付能力。但我们的问题不在这里。我们的问题是：最劣等地所支付的地租，会不会像课税加入课税品价格里面一样，加入它的生产物的价格里面去，（依照我们的假设，调节一般市场价格的，就是这个价格）那就是说，会不会成为一个与其价值相独立的要素。

这并不是必然的结论。人们所以会这样主张，不过因为商品价值与其生产价格的差别，一直到现在，尚不曾被人理解。我们曾经讲过，一个商品的生产价格，决不与其价值相一致，虽然合计起来，一切商品的生产价格，只由它们的总价值来调节，虽然各种商品的生产价格的变动，在其他条件不变的情形下，是全然由他们的价值的变动来决定。我们还曾指出，一个商品的生产价格，可以在其价值之上，可以在其价值之下，但很少恰好与其价值相一致。所以会发生如下的现象：即，土地生产物在生产价格以上售卖时，并不一定就是在价值以上售卖。同样，平均说来，产业生产物虽依照它们的生产价格售卖，但这个事实，又并不是它们依照价值售卖的证明。农业生产物在生产价格之上但在价值之下售卖，也是可能的；同样，在相反的方面，也有许多工业生产物提供生产价格，仅因为它们是在价值以上售卖。

一种商品生产价格对其价值的比例，只能由生产所使用的可变资本部分对不变资本部分的比例来决定，或由生产所使用的资本的有机构成来决定。如果资本在一定生产部门内的构成，比社会平均资本构成更低，换言之，如果与社会平均资本比较，投在工资上面的可变资本部分，与投在物质劳动条件上面的不变资本部比例而言，显得更小，它的生产物的价值，就一定会高在它的生产价格之上。换言之，使用较多活劳动的资本，在劳动榨取率不变时，将比社会平均资本一个同样大的可除部分，生产更多的剩余价值，更多的利润。这样，它的价值就超过它的生产价格了；因为生产价格是等于资本代置额加平均利润，而平均利润就比这个商品所生产的利润更小。因为，由社会平均资本生产的剩余价值，比这个低位构成的资本所生产的剩余价值是更小的。反过来，如果投在一定生产部门的资本，比社会平均资本有较高的构成，结果就刚好相反。它所生产的商品的价值，将立在它们的生产价格之下；就一般最发展的工业的生产物来说，情形就一般是这样的。

如果一定生产部门的资本，比社会平均资本有较低的构成，这原来不过表示如下的事实：即，在这个特殊生产部门之内，社会劳动的生产力，是在平均水准之下；因为，生产力已经达到什么程度，就看不变资本部分对可变资本部分显着怎样的相对的优势，就看投在工资上面的资本部分是怎样减小。反过来，如果一定生产部门的资本有较高的构成，那就表示它的生产力的发展，已经超过平均的水准。

把艺术作品除开不说，那当然是不在我们讨论的范围之内的。这样，很明白，不同诸生产部门，将依照它们的技术的特殊性，而在不变资本对可变资本间，有不等的比例，以致这个部门须有较多的活劳动，别的部门却仅须有较少的活劳动。例如，在必须与农业分别清楚的开采业上，当作不变资本一个要素的原料，就完全没有，甚至补助材料也不过间或演有重要的节目。但在开矿业上，不变资本的别一部分，即固定资本，仍有重要作用。所以就在这场合，发展的进步，还是可以由不变资本的相对（与可变资本相对而言）的增加，来测量的。

如果在真正的农业上，资本的构成，是比社会平均资本的构成更低，那一看就明白，在一个生产发展的国家，农业是不能和加工的工业，以相同的程度进步。把一切在经济上面有决定意义的事情除开不说，我们也可由下述一点，来说明当中的理由：即，与更后的甚至挽近的化学，地质学和生理学的发展，尤其是与这几种科学在农业上的应用比较，机械科学的发展是比较早，比较快的。但就其余各点说，那还是一个不容置辩的早已为人知道的事实①；即，农业的进步，不断表示在不变资本对可变资本的相对的增加上。在一个采行资本主义生产方法的国家，例如英国，农业资本的构成，是否比社会平均资本的构成更低，还是一个只能由统计来判断的问题，不过，为我们的研究，这也是一个用不着详细讨论的问题。但无论如何，我们总可牢牢在理论方面

① 参看东巴尔（Dombasle）和琼斯（R. Jones）的议论。

记着，只有在这个前提下，农业生产物的价值，方才可以超在它的生产价格之上。那就是，只有在这个前提下，农业上一定量的资本，才能比一个有社会平均构成的等量资本，生产更多的剩余价值，推动并支配更多的剩余劳动，从而，推动并支配更多的劳动一般。

所以，这个假定，已经可以说明我们这里研究的地租形态。这个地租形态，是只能在这个假定下面发生的。并且，在这个假定成立的地方，也就会有和这个假定相照应的地租形态成立起来。

但农业生产物的价值超过其生产价格，这一个单纯的事实，却不够说明这一种地租的存在。这种地租，是和各种土地的丰度差别，也和同一土地上各连续投资的丰度差别，相独立的；这种地租，必须在概念上，和对差地租相区别的；我把这种地租，叫做绝对地租（Absolute Rente）。有许多制造业生产物，具有这样一种特性：即，它们的价值比它们的生产价格更高，但它并不因此就生产一个可以转化为地租的平均利润以上的剩余，或剩余利润。相反的，生产价格及其所包含的一般利润率的存在和概念，正是以这个事实为基础的，那就是，个个商品不依照它们的价值售卖。生产价格是由商品价值的均衡，发生的。这种均衡，在各生产部门所消费的资本价值归还各该生产部门以后，把全部的剩余价值分配开来，但其分配，不是比例于各生产部门所生产的剩余价值量，不是比例于各生产部门的商品所包含的剩余价值量，却比例于垫支资本的量。只有这样，平均利润和商品的生产价格（平均利润就是这种生产价格的特征的要素），方才会成立。资本有一种不断的趋势，要由竞争，使总资本所生产的剩余价值，可以在分配上，发生这一种均衡，并克服这个均衡过程的一切阻碍。因此，有一种趋势，只许可这样的剩余利润发生出来；这种剩余利润，不是由商品价值与其生产价格之差额发生，却是由一般的调节市场的生产价格，与个别的生产价格之差额发生；那就是，只能容许这种剩余利润，它只能在一定的生产部门内发生，不能在两个不同的生产部门之间发生；从而，它不影响诸不同生产部门的一般的生产价格或一般利润率，却也许是以价值的生产价格化及一般利润率为前提。但我们以前讲过，这个前提，是以社会总资本会在不同诸生产部门间以不断变动的比例来分配这一件事，为根据，换言之，以资本会不断移出移入，资本能由一部门移到他一部门，资本能在各生产部门间自由运动，为根据。这许多的生产部门，为社会总资本各个独立的部分，代表同样多的可以利用的投资部门。在这里，我们是假定，资本的竞争——如某生产部门的商品的价值，超过它的生产价格，或所生产的剩余价值，超过平均利润，这种竞争就会发生的——不受任何的限制，或仅有偶然的暂时的限制。这样，价值才可以还原为生产价格，这个生产部门的过剩的剩余价值，才可以比例地分配在资本所能利用的一切部门。所以，假若情形相反，若资本碰到一种不能克服或仅能局部克服的困难，以致资本只能在一定部门内投下，只能在完全地或局部地排除了剩余价值到平均利润一般均等化过程的条件下投下，那就很明白，商品价值在这诸生产部门超过生产价格的剩余，会形成一种剩余利润，那能转化为地租，能独立化为与利润相对立的东西。这一种外力，便是限制资本在土地上投下的土地所有权，或者说是与资本家相对立的土地所有者。

在这里，土地所有权就是障碍。有了这个障碍，要把新的资本投在一向未曾耕作或未曾租出的土地，不纳一种税，是不许可的。换言之，就令新加入耕作的土地，是不提供对差地租的，所以在没有土地所有权时，只要市场价格少许提高（以致调节的市场价格，只能对最劣等地的耕作者，提供生产价格），就能加入耕作的；但在有土地所有权时，它的耕作，却不能不要求一种地租。因有土地所有权的限制，市场价格已非提到这一点不可了；在这点，土地才能够支付生产价格的剩余，才能够支付地租。但农业资本所生产的商品的价值，依照前提，是高在它们的生产价格之上，这个地租（除了一个我们要立即加以研究的情形），也就是价值超过生产价格的余额，或是这个余额的一部分。但地租究竟是等于价值和生产价格的全部差额，还是等于这个差额的或大或小的一部分，那完全要看供给和需要的状态，要看新加入耕作的土地的范围来决定。在地租不等于农业生产物价值超过生产价格的余额时，这个余额就常常有一个部分会加入一切剩余价值在不同诸个别资本间的一般均衡化过程和比例分配过程内。在地租等于价值超过生产价格的余额时，均衡化过程就会把剩余价值超过平均利润的部分，全数提出来。

但无论这个绝对地租是等于价值超过生产价格的全部剩余，还是等于这个剩余的一部分，农业生产物总常常是依照独占价格售卖的。这不是因为它们的价格超过它们的价值，却是因为它们的价格等于它们的价值，或因为它们的价格在它们的价值之下，但超在它们的生产价格之上。农业生产物的独占是这样形成的：那就是，它不像别的工业生产物那样，把它的价值超过一般生产价格的部分，均衡化为生产价格。既然价值内和生产价格内那代表成本价格的部分是一个事实上给予了的不变量（代表生产上消费掉的资本 = k），所以，当中的差额，只能由别一部分（即可变部分）即剩余价值来成立。它在生产价格内 = p（即利润）。固然，这个利润就社会资本（或当作社会资本一个可除部分的个别资本）说，是等于总剩余价值。但这个利润，在商品价值内，却是等于该特殊资本所生产的现实的剩余价值，是该特殊资本所生产的商品价值内一个不可少的部分。如果商品的价值超过它的生产价格，则生产价格 = k+p，价值 = k+p+d，而其中的 p+d 代表商品里面包含的剩余价值。要之，价值与生产价格的差额 = d，它指示，这个资本所生产的剩余价值，是怎样超过依一般利润率计算应有的剩余价值。由此，我们可以结论说，农产物的价格，可以超过它的生产价格，但不和它的价值一样高。又，我们还可结论说，在价格尚未和它的价值一样高以前，农产物的价格可以继续提高到一定的点。同样，又可结论说，农产物价值超过其生产价格的剩余仅因为有土地所有权的独占，所以会在农产物的一般的市场价格上，成为一个决定的要素。最后，我们还可以结论说，在这场合，生产物的昂贵，不是地租的原因；反之，地租才是生产物昂贵的原因。如果最劣等地每单位面积的生产物的价格 = p+r，则一切对差地租，都会相应地，依照 r 的倍数来增加；因为依照前提，p+r 是调节的市场价格了。

如果非农业社会资本的平均构成 = 85c+15v，剩余价值率 = 100%，生产价格就 = 115。如果农业资本的构成 = 75c+25v，剩余价值率相等，生产物的价值和调节的市场价值 = 125。假设农业的生产物和非农业的生产物会均衡化为一个平均价格（为简单的目的，我们假设这两个生产部门的总资本是相等的），则总剩余价值 = 40，那就是资本 200 的 20%。各部门的生产物，都照 120 售卖。在生产价格的均衡化中，非农业生产物的平均市场价格，将在其价值以上，农业生产物的平均市场价格，将在其价值以下。如果农业生产物依照完全的价值售卖，它就要加 5；如果工业生产物依照完全的价值售卖，它就要减 5。如果市场关系不允许农业生产物依照完全的价值售卖，不许它在售卖时，实现它全部的超过生产价格的余额，结果就是在两极端之间；工业生产物将略在其价值以上售卖，农业生产物将略在其生产价格以上售卖。

土地所有权虽能把土地生产物的价格，提高到它的生产价格之上，但市场价格会怎样高过生产价格，而与价值相接近，又农业所生产的超过一定平均利润率的剩余价值，会依什么程度，转化为地租，又依什么程度，加入剩余价值到平均利润的一般均衡过程，那都非取决于土地所有权，乃取决于一般的市况。在每一场合，这个绝对的因价值超过生产价格而起的地租，总只是农业剩余价值的一部分，是由这个剩余价值转化成的地租，是这个剩余价值为土地所有者夺去的部分。同样，在有一般的调节的生产价格时，对差地租也只是剩余利润转化成的地租，是土地所有者夺去的剩余利润。只有这两个地租形态，是正常的地租形态。在此二者以外，地租是只能以真正的独占价格为基础，这种独占价格既非由商品的生产价格决定也非由商品的价值决定，乃由购买者的需要和支付能力决定。其考察，是属于竞争学说的范围。市场价格的现实的运动，就要在这个范围内讨论的。

如果一国全部适于耕作的土地都租出去了——假设资本主义生产方法和正常的关系是普及的——那就会没有任何土地不提供地租；但投在土地上面的资本，仍然可以有一部分，不支付任何地租。因为土地一经租赁出去，土地所有权就不复是必要投资的绝对的限制了。但在这场合，它还会当作相对的限制；因为和土地体合着的资本，将被收为土地所有者的所有，从而对于租地农业家，成为一个极其明显的限制。只有在这个场合，地租才会完全转化为对差地租，不过在这时候，对差地租已不是由土地品质的差别决定，而是由这种差别——某土地最后一次投资的剩余利润和最劣等地租赁所付的地租的差别——决定了。把土地当作投资场所，土地所有权在必须有贡赋才允许别人去耕作的限度内，方才会成为绝对的限制。但这种允许一经得到，它就不复能在该土地的投资量上，成为绝对的限制了。说个譬喻。第三者对于建筑房屋的土地的所有权，是房屋建造的一个限制。但这块土地一经为建筑而租赁下来，租者要在这块土地上建造几层，土地所有者却是无权干涉的。

如果农业资本的平均构成，和社会平均资本的构成相等，或比较更高，绝对地租就会消灭（这所谓绝对地租，是常常依照我们以上展开的意义使用的，那和对差地租不同，也和以真正独占价格为基础的地租有别）。在这场合，农业生产物的价值，会不在它的生产价格之上；与非农业资本比较，农业资本所推动的劳动不会更多，所实现的剩余劳动也不会更多。如果农业资本的构成，在耕作的进步中，与社会平均资本的构成相均衡，同样的情形也会发生。

在最初一瞥之下，好像我们既假定农业资本的构成会提高，其不变部分与其可变部分相对会增大起来；却又假定土地生产物的价格会充分提高，使新的较劣的土地也支付地租（在这个场合，这种地租，只能由市场价格超过价值和生产价格的事实发生，简言之，只能由生产物的独占价格发生），当中未免是有矛盾。

在这里，我们必须这样分别。

第一我们在考察利润率的形成时，已经讲过，技术构成均等的诸资本（它们会比例于机械和原料，而推动同样多的劳动），会因不变资本部分有不同的价值之故，而有不同的构成。原料或机械，在一个场合，可以比在别一个场合更昂贵。要推动同量的劳动（要把同量的原料加工好，依照我们的前提，是必须推动同量的劳动的），在一个场合，比在别一个场合，必须垫支较大的资本；因为，如果我使用资本100，要在这100中，用40（不是用20），来购买原料，我就当然不能推动等量的劳动了。不过，很明白，只要较贵的原料的价格变为与较贱的原料的价格相等，它们就会在技术构成方面，成为均等的。在这场合，可变资本和不变资本的价值比例，变为相等的了，虽然所使用的活劳动，与所使用的劳动条件的量和性质之间的技术比例，未曾发生任何的变化。从另一方面说，就低位有机构成的资本说，好像也只要不变资本部分的价值提高，它就会在单纯的价值构成上，和一个高位有机构成的资本，好像出现在相等的阶段上。比方说，假设有一个资本 = 60c + 40v（因为它所使用的机械和原料，比所使用的活劳动力更多），别一个资本 40c + 60v（因为它所使用的活劳动为 60%，所使用的机械仅为 10%，而与所使用的劳动力比较，也仅使用较少的较便宜的原料，比方说 30%），那么，只要原料和补助材料的价值由 30 涨至 80，构成就会均衡起来，以致就第二个资本说，有机械 10，原料 80，劳动力 60，那便是 90c + 60v，以百分率计算，一样是 60c + 40v。虽然在这个场合，它的技术构成并未发生任何变化。那就是说，有机构成相等的诸种资本，能够有不等的价值构成。而以百分率计算，价值构成相等的诸资本，也能在有机构成方面，立在相异的阶段上，从而，在劳动社会生产力的发展上，表示不同的阶段。所以，农业资本虽在价值构成上立于一般水准上，但这个事实，不能证明，农业上面的劳动的社会生产力，是发展得一样高。它不过证明，它的生产物（那就是它的生产条件的一部分）是更贵了，或像肥料那样的补助材料已经比以前，须从更远的地方运入了。

但除了这一点，其次我们还要说明农业之真正的性质。

假设节省劳动的机械，化学补助手段等，在农业上面占有较大的作用范围，以致不变资本，在技术上（那就是不仅在价值方面，并且在数量方面），和所使用的劳动力的量相对，增大起来。但在这场合，农业和采矿业有相同的点。那就是，我们不仅要考察劳动的社会生产力，并且要考察劳动的自然生产力，即依存于自然劳动条件的生产力。农业的社会生产力的增加，也许仅好赔补自然力的减少，甚至连这种赔补也不够，——并且，这种赔补也只能在一个时间内有作用——所以，在这场合，技术虽然发展，但生产物并不更便宜，那不过使生产物不致于更昂贵罢了。又，如下的情形也是可能的：即，在谷物价格上涨时，相对的剩余生产物虽会增加，绝对的生产量还是可能减少。在不变资本（那大部分是由机械和家畜构成，对于它们，只有磨损要代置）相对增大，而投在工资上面的可变资本部分（那必须全部由生产物代置）相应减小时，这个情形就会发生的。

但如下的情形，也是可能的：即，在技术补助手段不甚发达时必须待市场价格大涨，方才会被耕作而同时又支付地租的最劣等地，在农业进步后，却只要市场价格稍稍超在平均以上，就能被耕作而同时又支付地租了。

就大规模的饲畜事业说，与存在家畜自身上的不变资本比较，所使用的劳动力是极小的。曾有人援引这个事实，来反驳如下的主张。这个主张是，以百分率计算，农业资本所推动的劳动力，比非农业的社会平均资本所推动的劳动力，会更多。但在这里，我们须注意，我们在说明地租时，我们用作基础的，是生产植物性荣养滋料（那是文明国家的主要生活资料）的那一部分农业资本。亚当·斯密——这是他的贡献之一——已经证明，就饲畜家以及一切非以生产主要生活资料（谷物）为目的而投在土地上的资本说，有一种完全不同的决定价格的方法。在这场合，就那种当作人工牧场而在饲畜业上利用的土地——它可以转化为某种品质的农耕土地——的生产物说，价格必须充分提高，使所提供的地租，和品质相等的农耕土地所提供的地租一样多；在这场合，谷物栽培地的地租，会当作一个决定的要素，加到家畜价格里面去。所以，兰塞很正确地说：家畜的价格就是这样由地租，土地所有权的经济的表现，从而，由土地所有权，人为地提高起来的。

"耕作扩张的结果，未耕的荒地不复够供应饲畜的需要了。既耕地有一大部分，必须转用来繁殖家畜和饲养家畜，家畜的价格必须充分提高，不仅使这样使用的劳动有报酬，并且使土地所有者能够由这块土地，像在农耕的场合一样取得地租，租地人也须能由这块土地，像在农耕的场合一样，取得利润。在最荒芜的泥炭地上饲育的家畜，和在耕作最良的土地上饲育的家畜，是要在同一市场上，比例于家畜的重量和品质，而照同一的价格出售的。这种泥炭地的所有者因此受到了利益了。他们可以比例于家畜价格，把他们的土地的地租提高了。"（亚当·斯密《国富论》第1篇第11章第1节）在这场合，与谷物地租相区别的对差地租，就在劣等土地上发生了。

绝对地租，说明了几种现象。在这几种现象下面，初看起来，好像地租纯然是由独占价格引起的。我们且就亚当·斯密的例，拿一个未经人力而自然成长的森林的所有者来说（挪威就有这种森林）。假设这种森林的所有者，从砍伐林木的资本家（他或许是为应付英吉利的需要）手里，受取一个地租，又或这个所有者兼以资本家的资格，从事砍伐，从而，除取得垫支资本的利润外，还会在木材形态上，取得一个或大或小的地租。就这个纯粹的自然产物来说，好像地租就是一个纯然以独占为基础的增加额。但在事实上，这个资本几乎纯然是由投在劳动上面的可变资本构成的，它比别的资本，实际是推动了更多的剩余劳动。从而，与高位构成的其他各种资本比较，木材价值内也包含了更大的无给劳动的余额，或剩余价值的余额。所以，这种木材，不仅可以支付平均利润，并且可以有一个巨大的余额，在地租形态上归于森林的所有者。但从另一方面说，木材砍伐业要推广，这种生产要迅速增加，既然是这样容易，所以我们又可假定，需要必须有极大的增进，木材的价格方才会和它的价值相等；无给劳动内平均利润（那是归于资本家的）以上的余额，方才会全部在地租形态上，归于森林的所有者。

我们曾经假定，新加入耕作的土地，比以前耕作的最劣等地，品质是更差。如果品质是更优的，它就会提供一个对差地租了。但在这里我们研究的地租，并不是对差地租。所以，在这里，只有两个场合是可能的。第一是新加入耕作的土地，比以前耕作的土地更劣；第二是新加入耕作的土地，和以前耕作的土地一样好。如果是更劣，当中的情形就已经研究过了。所以，还要研究的，不过是一样好的场合。

我们在分析对差地租时，已经讲过，耕作的进步，不仅使更劣的土地新加入耕作，并且会使同样好甚至更好的土地新加入耕作。

第一，因为在对差地租的场合，有两个条件会依相反的方向发生作用，它们有时是相互把效果抵消，有时是一个比别一个占优势。（就一般地租说，也是这样的。因为在非对差地租上，也会发生这个问题：即，土地的丰度和土地的位置，是否允许它的耕作，能凭调节的市场价格，来提供利润和地租）。市场价格的增进——假设耕作的成本价格没有下落，换言之，假设没有技术的进步，在新的耕作上成为新的追加的要素——能使那些向来因位置不宜而被排在竞争外的丰沃土地加入耕作。而在土地不丰沃的场合，市场价格的增进，又使它在位置上享有的利益，可以增进到这样大，以致较小的收益能力，可由此来扯平。还有，在市场价格不增进时，由改良交通机关而得的位置，也会与更丰沃的土地竞争。这种情形，我们在北美的草原诸州，曾经大规模看

848

到。旧文明国虽不能与殖民地相比（在殖民地内，如卫克斐尔德所说，位置是决定的条件），但在那里，这种情形也是不断发生的。要之，位置与丰度的作用是互相矛盾的。位置的因素是可变的（这个要素会不断归于均衡，并通过不断的进步的归于均衡的变化）。前一种矛盾性和后一种可变性，会交替着使一样好的，较好的，或较劣的土地，新加入来和旧耕作的土地相竞争。

第二，自然科学和农业的发展，改变了土地的丰度。土地要素要能立即被利用，是赖有各种手段的。这各种手段，在自然科学和农学发展时，都变化了。因此，法兰西及英格兰东部诸州的轻松的土地，以前被视为劣等的，现在都被列为第一等土地了（参看拔西的议论）。从别方面说，还有一些土地被视为劣等的，原来不是为化学构成的缘故，只为若干力学上、物理学上的耕作障碍的原故。但克服这种障碍的方法一经发现，它们就立即变成上等土地了。

第三，在一切旧的文明国家内，国有地共有地（以及其他等）的旧的历史的和传统的关系，曾使广大的土地偶然从耕作撤除出来，到后来，这种土地方才渐渐加入耕作的范围。它们加入耕作的序列，既不取决于它们的品质，也非取决于它们的位置，却是取决于全然外来的各种事情。我们试探索一下英国共有地的历史。这种共有地，是由圈地法依次转化为私有财产的。如有人认为，有一个像利比居一样的近世农业化学家，指示在这个序列内应如何选择土地。指示这种土地因有某种化学性质故适于耕作，某种土地因有某种化学性质故不适于耕作，那真是一个再滑稽没有的假设。在这里，有决定力的，宁可说是盗心发生的机会，是大地主实行掠夺的好听的法律借口。

第四，且不说人口增加和资本增加的发展程度，对于土地耕作的扩展，会提示一个有伸缩性的限界，也不说偶然事故（那会暂时影响市场价格，例如年岁的丰歉）的影响。土地耕作的空间的扩大，总是依存于一国资本市场和营业的全部状态。在紧逼时期，要使追加资本投到农业上来，单是未耕地对租地农业家（不管他支付还是不支付地租）提供平均的利润，还是不够的。而在资本过充时期，那就令市场价格全不增加，也只要已经在其他方面，具备了平准的条件，资本就会涌到农业上来的。以上，我们说，较既耕地为优的土地所以会从竞争中被排斥，在事实上，只因为位置不良，或因为有某种一向不能克服的耕作限制，或因为有某种偶然事故。仅因为这个原故，所以我们只好使用那种和最后既耕地品质相等的土地。但新地和最后既耕地间，常常会在开垦费上有一种差别。新土地会不会开垦，要取决于市场价格的状况和信用关系。但只要这个土地实际加入竞争，市场价格在其他一切事情不变的关系下，就会降落到和以前的标准一样；从而，新加入的土地，也会和那种品质相等的旧土地，生出等额的地租来。它不会提供任何地租的假设，在赞成这个假设的人手里，正是用一个他们应当证明的假设来证明。这个假设是：最后的土地也是不提供任何地租的。如果这个证明方法是适当的，我们可以同样证明：最后建造的房屋，就使租出，也不会在严格的租赁利息（Mietzins）之外，再为建筑物提供任何地租。但事实是，它在有租赁利息以前，就已经提供地租了，因为这种建筑物往往有一个长时期空着。一个土地上诸连续的投资，既然能提供比例的剩余收益，从而，能够和第一个投资一样提供地租；同样，那些和最后既耕地有相等品质的土地，自也会由相等的成本，提供相等的收益。否则，我们就不能理解，品质相等的土地，怎样会依次开垦，而不同时开垦来互相竞争了。土地所有者随时都预备提取一个地租，都准备取得某种不需代价的东西；但资本却要在一定的情形下，方才能把土地所有者的愿望满足。所以土地间的竞争，不是依存于土地所有者的愿望不愿望土地成为竞争的对象，而是依存于有没有资本，要和其他的资本，竞争新的土地。

在真正的农业地租，单纯为独占价格的限度内，这种价格是仅小的；同样，在通例的关系内，无论生产物的价值是怎样超过它的生产价格，绝对地租也总是仅小的。绝对地租的本质是这样：即，不同诸生产部门的同样大的资本，将在相等的剩余价值率或相等的劳动榨取率上，视各自不同的平均构成，而生产出不等量的剩余价值来。在工业上，这各种不同的剩余价值量，会均衡化为平均利润，并均等地，分配在当作社会资本部分的个别资本之间。土地所有权，在生产必需使用土地时（无论那是用在农业上，还是用在原料的开采业上），却会阻止这种剩余价值在各个土地投资间的均衡化过程。原来会参加一般利润率均衡化过程的剩余价值一部分，将为它所取去，在这场合，地租成了商品价值的一部分，尤其是剩余价值的一部分，那不是归直接榨取劳动者的资本家所有，却是被榨取资本家的土地所有者取去的。在这场合，我们的前提是：农业资本比等量的非农业资本，会推动更多的劳动。当中的差额究竟多大，或者有没有这个差额，那要看与工业比较，农业相对地说是怎样发展。依照问题的本质，则农业愈进步，这个差额会愈减小，除非可变资本部分对不变资本部分的比例的减小，在工业资本的场合，比在农业资本的场合，是要厉害。

这种绝对地租，在真正的开采工业上，还有更显著的作用。在真正的开采工业上，不变资本的一个要素（原料），是全然没有；并且，除了那些以机械和他种固定资本占极大部分的部门，还是无条件地，为最低位的资本构成所支配。在地租好像全由独占价格引起的地方，特别需有异常有利的市场关系；必须如此，商品才能依照它的价值售卖，地租才会与商品剩余价值的余额（生产价格以上的余额）全部相等。全渔场，石坑，天生林木等的场合，地租就常常是这样的①。

---

① 里嘉图关于这点的考察，是异常肤浅的。关于挪威森林地租，他曾反驳斯密的意见。参看《原理》第 2 章开头的地方。

在有地租存在的地方，总有对差地租，并且那种地租总是依照农业对差地租的法则来规定。任何一种自然力，不问它是瀑布，还是丰饶的矿山，还是富于鱼类的湖沼，还是宜于建筑的地基，只要它能够被独占，能够对产业家（使用它的人）保证一个剩余利润，那些人，那些对地球一部分享有所有权而变为这种物品所有者的人，就会在地租形态上，夺去机能资本的这种剩余利润。关于供建筑用的土地，亚当·斯密曾说明，它的地租和一切非农业土地的地租的基础，都是由严格的农业地租规制着。（《国富论》第1篇第11章第2、3节）建筑地的地租的特色：第一，在这场合，是位置在对差地租上有绝大的影响（在葡萄园和大都市建筑地的场合，位置的影响是极显著的）；第二，所有者一目了然是被动的，土地所有者的能动性，本来（特别在开矿业上）就是榨取社会发展的进步；在此以外，他就不像产业资本家，他没有任何贡献，也不冒任何的危险；第三，独占价格在许多场合占着优势，那会对于贫民实行最无耻的榨取（因为，就房租来说，贫穷者是一个收益特丰的源泉；这个源泉，比西班牙人的卜托西矿山，还要丰富）①，如果土地所有权与产业资本结连在一个人手里，那还会给他一种可惊的权力，使劳动者们在工资的斗争上，实际没有土地可以作居住的场所②。社会一部分人，使别一部分人必须纳一种贡物，来购买他们在土地上居住的权利。土地所有权使土地所有者有种种权利，可以榨取地体，地中心，空气，甚至榨取生命的维持和发展。不仅人口的增加，和居住场所的需要的增大，甚至像固定资本（那或是体现在土地里面，或是像各种工业建筑物，铁路，堆栈，工厂建筑物，船坞等一样，把根生在土地里面）的发展，也必然会把建筑地的地租（Baurente）提高。在这场合，就使像卡勒那样有好意，也不能把房租（那是投在房屋上的资本的利息和偿还金）和单纯土地的地租相混同。而在英格兰那样的国家，因为土地所有者和建筑投机家是全然不同的人，所以更加不能这样混同。在这里，有两个要素是要考察的：在一方面，为再生产或开采的目的，要利用土地；在另一方面，空间又是一切生产和一切人类活动所必要的要素。土地所有权，会由这两方面要求贡物。建筑地的需要，会提高土地（当作空场和地基的土地）的价值；同时，当作建筑材料的地体诸要素的需要，又会增加③。

在急速发展的都市内，特别是在伦敦那样的地方，那就是在建筑业采取工厂经营方法的地方，真正的建筑投机对象，是地租，不是房屋。关于这点，我们已在第 2 卷第 12 章，由伦敦一个大建筑投机家凯甫斯在 1857 年银行法委员会前的供述，加以

① 兰格《国难》伦敦 1844 年第 150 页。牛曼《经济学教程》伦敦 1851 年。
② 克洛林格吞市的罢工。恩格斯《英国劳动阶级的状况》第 307 页。（1892 年版第 259 页——F. E.）
③ "伦敦街道的铺石，曾使苏格兰海岸若干荒山石块的所有者，可以由以前绝对没有用处的石地，取出一个地租。"（亚当·斯密《国富论》第 1 篇第 11 章第 2 节）

854

说明了。他在第 5435 号上曾说："我相信，一个要在这个世界上立足的人，单凭安定的交易是不够的。……他一定要以投机的眼光，大规模从事建筑，因为企业者从建筑物取得的利润，是极小极小的。他要由地租的增加，取得他的主要利润。比方说，他租下一块土地，每年付租 300 镑；如果他度量情形，在细密的建筑计划之下，造起适合的房屋来，他每年就可得 400 镑或 450 镑，这样，增加的地租额 100 镑或 150 镑就年年构成他的利润了，这个利润比他屡次认为不屑的建筑利润，是更大得多的。"这里我们不要忘记，在租期（通例为 99 年）满后，土地以及其上的建筑物，以及在租期内每每已经加倍或三倍的地租，都会由建筑投机家或其合法继承人手里，再归到最后的真正的土地所有者手里。

真正的矿山地租，是和农业地租一样决定的。"有若干的矿山，其生产物刚好够支付劳动，并代置投下的资本和普通利润。它会给企业者以若干利润，但不会给土地所有者以地租。这种矿山，只能由土地所有者自己开采，他是当作自己的企业家，由他自己投下的资本，取得普通的利润。苏格兰有许多矿山，是这样经营的，并且是只能这样经营的。不纳地租，土地所有者不准许任何人经营；但任何人去经营，也不能纳地租。"（亚当·斯密《国富论》第 1 篇第 11 章第 2 节）

我们必须分别，究竟是因为生产物或土地有一个和地租独立的独占价格，所以地租是由独占价格发生，还是因为有地租存在，所以生产物要依照独占价格售卖。我们说独占价格，是统指那种价格，这种价格只由购买者的购买欲望和支付能力决定，那是和那种由一般生产价格或由生产物价值决定的价格，完全没有关系的。所产葡萄酒有异常好的质量的葡萄园（这种葡萄酒的产量，通常是极小的），就能提供一个独占价格。葡萄栽培者因有这个独占价格，将能由富有的葡萄酒饮者，而在生产物的价值之上，实现一个很人的剩余利润。那是完全由这种饮者的富有和嗜好，来决定的。这种由独占价格发生的剩余利润，会转化为地租，并在这个形态上，归于土地所有者，因为他对于这块有特殊品质的地体，拥有一种所有权的名义。在这场合，独占价格把地租创造了。但在相反的方面，地租也会引起独占价格。如果因为土地所有权限制那种不纳租的投资，使它不能投在未耕地上，以致谷物不仅在它的生产价格以上售卖，并且在它的价值以上售卖，情形就是这样的。确实的，社会上有一群人，只因为对于地球享有所有权，所以能在社会的剩余劳动内吸取一部分，并比例于生产的发展，在社会的剩余劳动内，吸取益益大的部分，当作自己的贡物。但这个事实，为别一个事实所隐蔽了：资本化的地租，这种资本化的贡物，会表现为土地的价格；并且还能像任何别一种通商物品一样拿来出卖。所以，就购买者来说，这种要求地租的权利，并不是无代价不需劳动，不需冒险，不需有资本的企业精神，就可以获得的，而是有代价获得的。所以，像我们以前讲过的，在买者看来，地租不过是资本的利息；他购买土地获得地租要求权时，曾经用这种资本来购买。奴隶所有者也是这样看待他的黑奴的。那是他购买的。他对于黑奴有所有权，不是由于奴隶制度，而是由于商品的买卖。不过，这个所有名义，并不是由买卖引起，而只是由买卖移转的。在这个名义能够出卖以前，它必须已经存在；一次买卖不能把这种名义创造出来，一系列的买卖，多次买卖的反复，也不能把这种名义创造出来。创造这种名义的，是一定的生产关系。当这种生产关系达到一定点，而必须蜕化时，这种所有名义和它所依据的各种交易（在经济方面历史方面被视为正当，且与社会生活的生产过程相照应）的物质源泉，也就消灭了。从一个较高的经济社会形态的观点看，个人对于地球的私有权，和人对于人的私有权一样，是完全不合理的。甚至全社会，全国民，甚至一切同时存在的社会全体，都不是土地的所有者（Eigentümer）。他们只是土地的占有者（Besitzer），是土地的利用者。他们必须像家庭的贤父亲一样，把土地改良后，传给他们的后代。

＊　　＊　　＊

以下我们研究土地价格。在这种研究上，我们把一切竞争的变动，一切土地投机，甚至把小土地所有制（在这制度下，土地是生产者的主要工具，他必须以任何价格去购买它），都丢开不去考虑。

I. 土地价格可以在地租不增进的时候增加：那就是

（1）因利息率下落。其作用，会使地租以更昂的价格售卖；由此，资本化的地租和土地价格就增大了。

（2）因体合在土地内的资本的利息增大。

Ⅱ. 土地价格可以因地租增大而增大。

地租得因土地的生产物的价格增加而增大。在土地生产物的价格增加时，无论最劣等既耕地的地租是大，是小，还是全然没有，对差地租的比率通例都会增加。这所谓比率，是指剩余生产物转化为地租的部分对垫支资本（为生产土地生产物而垫支的资本）的比例。这个比率，和剩余生产物对总生产物的比例，是不同的。因为总生产物未包括全部的垫支资本，那就是，未曾把那种继续和生产物并存的固定资本包括在里面。但在这个比率里面，包含了这个事实：即，在那种提供对差地租的土地上，生产物有一个益益增大的部分，转化为剩余的剩余生产物（überschüssiges Surplusprodukt），并且在最劣等地上，土地生产物价格的增加，也会引起一个地租，并由此引起一个土地价格。

但在土地生产物的价格不增进时，地租也可以增加。在这场合，土地生产物的价格，可以是保持不变，或是减少。

如果土地生产物的价格保持不变，地租的增加（把独占价格除开不说），仅因为是在下述两种情形下。第一，是因为在旧土地的投资量不变时，有新的品质较良的土地被耕作了，但这种新土地刚好够应付那已经增大的需要，所以调节的市场价格还是保持不变。在这场合，旧土地的价格不增加，但就新加入耕作的土地说，价格是超在旧土地的价格之上了。

第二，地租增加，是因为在相对生产力不变，市场价格也不变的时候，被用来利用土地的资本量增加了。在这场合，与垫支资本比例而言，地租固然还是没有增加，但地租的量却因资本倍加而倍加了。因为价格没有下落，所以第二个投资和第一个投资会一样提供一个剩余利润，在租期届满后，那还同样会转化为地租。在这场合，地租量增加了，因为提供地租的资本量增加了。主张同一土地诸连续投资在它们的收益彼此不等，从而引起一个对差地租的限度内方才会提供地租，等于主张，如果有两个各为1000镑的资本，投在两个生产力相等的土地上，那怕这两个土地都属于能够提供对差地租的优等的土地，但仍只有一个土地，会提供地租（地租总量，一国的总地租，是与投资量一同增加的，虽然在这个时候，每块土地的价格，地租率，甚至各个别土地的地租量都不一定就会增加；在这场合，地租总量的增加，是耕地面积增大的结果。不过，这种增加，可以和个别土地地租的下落相结合）。如果不是这样，那就等于主张：投在两块土地上的两个并存的投资，和投在同一土地上的两个连续的投资，是依从不同的法则。其实，对差地租，正是由这两种情形须依从同一法则的事实，由这两个投资在同一耕地，会有追加的生产力，在不同耕地上也会有追加的生产力这一个事实，推出来的。在这里，唯一存在但被忽视了的差别，是：连续诸投资，当应用在空间上不同的土地上时，会遇到一种限制，这种限制，只要它们是应用在同一的土地上，就不会遇到的。这可以说明，何以这两种不同的投资形态，会有相反的影响，并在实际上互为限制。在这里，差别不是由资本发生的。如果资本的构成保持不变，剩余价值率也保持不变，则利润率也保持不变，从而，在资本加倍时，利润量也加倍。同样，在假设的情形下，地租率也保持不变。如果一个 1000 镑资本生产 x 的地租，则在假设的情形下，一个 2000 镑的资本会生产 2x 的地租。但依照土地面积（那是未曾变动的，因为我们是假设，那是把二倍资本投在同一土地上）来计算，则地租量增进的结果，它的水准也增进了。从前提供 2 镑地租的一英亩，现在会提供 4 镑了①。

以剩余价值一部分（货币地租）——因为货币是价值的独立表现——与土地相比例，根本就是背谬的，不合理的；因为这里互相较量的量，根本就是不能公约的量，一方面是一定的使用价值，是这许多许多平方尺的土地，他方面是价值，特别是剩余价值。这个比例不过表示了，在现存条件下，若干平方尺的土地的

---

① 洛贝尔图曾在他的有名的论地租的著作（那是我们以后要在第四卷提到的）上，把这一点展开，那是他的贡献之一。不过他犯了几个错误。第一，他假定，就资本来说，利润的增加常会表现为资本的增加，以致在利润量增加时，它们的比例还是保持不变。这是错误的，因为在资本的构成发生变化时，那怕劳动的榨取率不变，利润率也会因不变资本部分（与可变资本部分比较）的比例价值下落，而提高的。——第二，他又错误地，把货币地租对一定量土地（例如一英亩土地）的比例拿来讨论，好像古典派经济学在研究地租腾落时，一般就是这样假定的。这又错误了。古典派经济学就地租的自然形态考察地租时，他们所认定的地租率，是把地租就生产物计算的；如果他们是就货币地租的形态考察地租，他们所认定的地租率，就是把地租就垫支资本计算的。实在说，这才是合理的表现。

所有权，使土地所有者能取去一定量的无给劳动，那是由那在平方尺中打滚的资本（像在马铃薯中打滚的猪一样）实现的。〔在这里的原稿上，有一个括弧，括弧内有"利比居"字样，但涂去了。——F. E.〕很明白，这种比例，是和五镑银行券对地球直径的比例一样。但一定经济关系所依以表现并依以实现的不合理诸形态的融和，和那些在日常营业上实际代表这种经济关系的人，是没有关系的。已经习惯在这种关系内活动的人，并不觉得他们的理性，会在这里碰到什么障碍。一个完完全全的矛盾，在他们看来，并没有什么不可思议的地方。他们像鱼习惯生活在水里面一样，习惯了那种种完全与内部关联分开的个别分立的不合理的现象形态。黑格尔关于某一些数学公式所说的话，也适用在这里。他说，在普通的人类悟性看来合理的事情，会像似不合理的，不合理的事情，会像似合理的。

就土地面积的本身来考察，地租量的增加，和地租率的增加，是一样表现的；因此，只要在某一场合可用作说明理由的条件，在他一场合竟是不能发现，人们就陷在困惑中了。

但是，即使土地生产物价格减小，土地价格还是可以提高的。

在这场合，差额增大的结果，较优土地的对差地租，从而土地价格，也会增加。不然的话，就是土地生产物的价格已在劳动生产力增大的时候跌下来，以致生产的增大，把价格下落的结果抵消还有余。假设一卡德要费 60 先令。如果同一英亩用同一资本现在可以生产二卡德，不只生产一卡德，一卡德的价格也跌为 40 先令，使二卡德的价格等于 80 先令，则同一资本同一英亩的生产物的价值，会提高三分之一，虽然每卡德的价格已下落三分之一。如果生产物不是在它的生产价格或价值之上售卖，这个结果怎样会可能呢？这一点，我们在说明对差地租时，已经加以说明了。在事实上，那有两种情形是可能的。第一是有较劣的土地被排在竞争之外，但在对差地租因一般的改良不是均等在各种土地上发生作用，而致于增大时，较优良的土地的价格却增大了。第二是，在劳动的生产力增大时，就最劣等的土地说，同一的生产价格（在支付绝对地租的场合，还是同一的价值），已表现为较大量的生产物。生产物代表和以前一样多的价值，但在它的量增大时，它的每一个可除部分的价格就下落了。在所使用的资本相等时，这种情形是不可能的；因为在这场合，同一的价值，须表现为任何量的生产物。但只要有追加资本用来生产石膏肥料，海鸟粪那种种有多年效果的改良，这种情形就会是可能的。在这里，有一个条件是：一卡德的价格虽然下落，但下落的比例，不与卡德数增加的比例相等。

Ⅲ. 地租提高，从而一般土地价格或个别土地价格提高所依以发生的相异诸条件，会互相竞争，互相排斥，而只能交替发生作用。总之，根据以上所述，我们无论如何不会推出这样的结论来：土地价格的增加就是地租的增加，地租的增加（那常指示土地价格的增加），就是土地生产物价格的增加。①

* * *

人们不去研究土地枯竭的现实的自然的原因（一切在对差地租问题上有所论著的经济学者，都因当时农业化学不发达之故，未曾对这种原因加以研究），却拿这样浅薄的见解提出来，说：在有限的土地面积内，不能任意投下任何量的资本。譬如《韦斯明斯特评论》在反驳琼斯时就说，全英格兰不能由苏浩·斯埃尔

① 地租增加时土地价格竟然下落的事实，可以参看拔西的议论。

的耕作来养活。如果把这一点看作是农业所特有的不利，那是正好相反。土地在农业上面是当作生产工具的，把连续诸资本在土地上投下，还能有效果可以得到。若在工业上面，土地就不过是基地，不过是场所，不过是空间的活动基础，决不能像在农业上一样，即使能，其限界也极为狭小。不错的，就大工业说（与零碎的手工业比较），小的空间可以累积大的生产设备。但在生产力的一定的发展阶段上，一定的空间却常是必要的，建筑物的层数也会受到各种实际上的限制。超过这个限制时，生产的扩大，就会要求空间场所的扩大。投在机械等上的固定资本，不会因使用而改良，却只会因使用而磨损。新的发明，在这场合，固然会允许若干的改良，但假设生产力的发展程度为已定的，机械是只有愈用愈坏的。如果生产力急速发展，一切旧的机械还会由更便宜的机械代替，从而丧失掉。反之，处理得当的土地，却会不断改良的。土地有一个长处是，连续投资的利益，不会使以前各次投资的利益丧失掉。这个长处，包含了这种可能，即连续诸投资的收益会发生差额。

第四十七章 资本主义地租的发生

I 导论

我们必须弄清楚，从近代经济学（资本主义生产方法之理论的表现）的观点看，在地租的考察上，真正的困难是在那里。多数现代的著作家，都还没有把握住这一点；他们要以"新"方法说明地租的反复的尝试，可以把这一点证明。在这里，图"新"的结果，往往是落到老早已经被克服的观点上去。这当中的困难，不是农业资本所生产的剩余生产物及与其相应的剩余价值一般难于说明。这个问题，宁可说已经在剩余价值——生产资本投在任一部门所生产的剩余价值——的分析上，解决了。困难是在这种证明：剩余价值在不同诸资本间均衡化为平均利润以后，不同诸资本已经比例于它们的相对量，而在社会资本在一切生产部门所生产的总剩余价值中，分得比例的部分以后，那就是，在这种均衡化发生以后，在待分配的剩余价值已经分配以后，投在土地上的资本怎样还能在地租形态上，把这个剩余价值的多余部分，付给土地所有者。近代经济学者，以产业资本代言人的资格曾要反对土地所有权。这个问题，对于他们，固有一种实际的动机（在讨论地租史的那一章，我们要更详细地考察这种动机），但除这种实际的动机不说，对于他们，对于以理论家资格出现的他们，这个问题也非常重要。承认农业资本的地租的发生，是由于这个投资部门的特殊的作用，由于地壳本身的性质，那是等于把价值概念放弃，等于否认这个范围的科学认识的可能。只要单纯考察一下，地租是由土地生产物的价格支付——在租地农业家必须取得生产价格时，即令地租是用实物支付，这个情形还是会发生的——我们就知道，下面一种尝试，是怎样不合条理了。这种尝试，是由农业自然生产力超过其他各产业部门的生产力这个事实，来说明这个价格何以会超在普通生产价格之上，农业生产物何以会相对显得昂贵。因为，刚好相反，劳动的生产力越是大，其生产物每一个可除部分的价格就越是便宜；因为，同量劳动从而同量价值所依以表现的使用价值量会越是大。

在地租的分析上，全部的困难，是难于说明农业利润何以会超过平均利润；不是难于说明剩余价值，而是难于说明这个生产部门所特有的多余的剩余价值；不是难于说明"纯生产物"，而是难于说明这个纯生产物何以会超过其他各产业部门的纯生产物，平均利润是在诸种完全确定的历史的生产关系下，由一种自己进行的社会生活过程，发生的。我们讲过，这个结果，必须有极广阔的媒介为前提。我们能说平均利润以上的剩余以前，这个平均利润必须已经当作标准，并且像在资本主义生产方法上一样，已经当作生产的调节器才行。在资本尚未能实行强夺一切剩余劳动，并直接占有一切剩余价值，从而，尚未把或单是偶然把社会劳动放在它支配下面的社会形态内，现代的地租（那就是平均利润以上的余额，个别资本在社会总资本所生产的剩余价值中所占的比例部分以上的余额），一般还是没有。这一点，可以说明拔西先生们是怎样素朴了（参看以下）。他说，在太初状态中，地租（即利润余额）就已经存在了。利润虽是一个历史上确定的社会的剩余价值形态，但照拔西先生说来，在没有社会的地方，这种利润余额就已经能够存在了。

旧经济学者，在资本主义生产方法尚未发展的时候，已开始研究资本主义生产方法，所以，对于他们，地租的分析是全然没有困难，即有困难，困难的种类也是不同的。配第、阙梯龙以及一般与封建时期接近的著作家们，都假定地租是剩余价值一般的通例的形态，利润却还很不确定的，与工资混在一起，或把利润视为是资本家由土地所有者那里勉强取去的这个剩余价值的一部分。他们是从这个状态出发：第一，在这个状态下，农业人口还在国民内占极大的部分；第二，在这个状态下，直接以土地所有权的独占为媒介，而把直接生产者的剩余劳动占为己有的人，就是土地所有者，从而，在这个状态下，土地所有权还好像是生产的主要条件。因此，从资本主义生产方法的观点看，一个必须研究的问题，在他们看，竟还没有成立。这个问题是：土地所有权，怎样能从资本手里，在资本所生产（即从直接生产者夺取）并直接占有的剩余价值中，把一部分再夺去。

在重农主义派手里，困难已经有不同的性质了。他们实际是资本之最初的系统的发言人，他们也就以这个资格，从事于剩余价值一般的性质的分析。在他们看，这个分析就是地租的分析，因为在他们看，地租就是剩余价值所依以存在的唯一的形态。在他们看，付租的资本，或农业的资本，便是唯一的生产剩余价值的资本，而由它所推动的农业劳动，也是唯一的能提供剩余价值的劳动，所以从资本主义的立场说，说它是唯一的生产劳动，是毫无错误的。他们把剩余价值的生产看作是决定的要素，当然是对的。在第四卷，我们还要讨论他们的别的贡献，但除了那些贡献，他们第一个大贡献，是由在流通领域内发生机能的商业资本，回到生产资本上来。在这方面，他们是和重商主义派相反对的。重商主义凭它的粗陋的现实主义，成了当时所特有的庸俗经济学，它从实际的利害关系出发，把配第及其后继者所成就的科学分析的端绪，抛到后面去了。在这里，我们在批判重商主义时，只要对着它对于资本和剩余价值所抱的见解来说。我们曾经指出，货币主义把为世界市场的生产和生产物的商品化（从而货币化），正确的，视为是资本主义生产的前提和条件。在它发展为重商主义时，有决定重要性的，已经不是商品价值的货币化，而是剩余价值的生产了，但由流通领域的无概念的观点出发，这个剩余价值又被表现为剩余货币，为贸易平衡的余额。而当时自利商人与工厂主的特征，以及由他们代表的那个资本主义发展时期的特征，正是由这个事实构成：他们要由封建的农业的社会转化为工业的社会，并要在世界市场上实行国家的工业战争，而在这种企图上，他们最渴望的，是资本的加速的发展，这种发展，不是单由所谓自然方法，而且须由强制手段来得到的，国民的资本是渐渐地，慢慢地，转化为产业资本呢，还是由课税（那由保护税的名义，把这种课税的主要部分，落在土地所有者、中级自耕农民、小自耕农民和手工业者身上），由独立直接生产者的加速的剥夺，由资本之强烈的加速的蓄积和累积，总之，由资本主义生产方法的条件之加速的形成，而迅即地，加速地，转化为产业资本呢，那会引起一个极大的差别。同时，那对于自然的国民的生产力之资本主义的产业的榨取，也会引起一个重要的差别。所以，重商主义的国家性质，决不单纯是这个主义发言人口里的一句空话。在热心于国富和国家财源的借口下，他们实际宣布了资本家阶级的利益和财富一般的增进，是国家的最后目的，并宣告，资产阶级社会，是与旧时的天国相对立的，他们同时还意识到，资本和资本家阶级的利益的进展，资本主义生产的发展，在近代社会上，是国力和国家强盛的基础。

再者，重农主义派还实际把农业劳动的生产力，当作是一切剩余价值生产的自然基础，并当作是一切资本发展的自然基础。在这方面，重农主义派也是正确的。如果人类一般在一劳动日内生产的生活资料（在最狭的意义上，是农业生产物），竟不能多于再生产他自身的所需量，如果他一全日劳动力的支出，竟只够再生产他自身个人所不可少的生活资料，剩余生产物和剩余价值就会根本不能成立了。农业劳动的生产力超过劳动者个人的需要这个事实，是每一个社会的基础，尤其是资本主义生产的基础。资本主义生产，使社会上一个益益加大的部分，无须从事直接生活资料的生产，并且像斯杜亚所说那样，转化为"自由的人们"（free heads），使他们可以在别的领域，任人榨取。

但挽近有些经济学者如德尔（Daire）拔西（Passy）之流，竟在古典派经济学趋于衰绝的时候，甚至在它临终的时候，复述这些原始的主张（关于剩余劳动和剩余价值一般的自然条件的主张），并在地租早已发展成为剩余价值一个特殊形态和一个特殊部分以后，自信他们对于地租，曾有新的独到的发现。关于这些人，我们将要说什么呢？有一些见解，在一定的当初的发展阶段上，原是新的，创造的，深刻的，正当的，但庸俗经济学的特征，却是在这个见解已经成为平凡无力而且变为虚妄的时候，把它重复地复述出来。他们自己也承认，古典派经济学热心要解决的问题，他们是丝毫不加顾虑的。他们把这些问题，和那些在资产阶级社会发展的较低的观点上方才成立的问题混同了。他们还热心地，自己满足地，反复细嚼重农主义派关于自由贸易的主张。这也是这样的。这些命题，虽然还为这个或那个国家所实际注意，但它们的理论的旨趣，却是老早已经丧失掉了。

在严格的自然经济内〔在其内，农业生产物或全然不加入流通过程，或仅以极小部分加入流通过程，甚至在代表土地所有者的所得的那一部分生产物内，也只有比较小的部分加入流通过程，例如古罗马的许多大领地，查理曼大帝治下的领土内，甚至在全中世纪内（参看文加特著《劳工史》巴黎1845年），都有这种情形]，大所有地的生产物和剩余生产物，绝不是单纯由农业劳动的生产构成的。那还包括工业劳动的生产物。家庭的手工业劳动和制造业劳动，当作农业的副业，而以农业为基础的，便是这种自然经济所依存的生产方法的条件；那在欧洲古代，在中世纪，甚至在今日的印度共同体（如果它的传统组织尚未破坏），都是那样的资本主义生产方法才完全把这个关联破坏。这个过程，特别可以在十八世纪最后三十年间的英格兰，得到丰富的研究材料。在半封建社会内长成的人们，例如赫伦希文德（Herrenschwand），在十八世纪终末时，还认农业和制造业分离，是一个暴躁的社会冒险，是一个无思虑的冒险的存在方法。并且，就说那些与资本主义农业极相类似的古代农业（那可以在迦太基和罗马见到），它和殖民地经营，也比它和那种以现实资本主义榨取方法为基础的农业形态，有更多的类似地方①，有一个形式上的类似点。这个类似点，在一个了解资本主义生产方法，不像摩姆孙先生②那样在每一个货币经济内都发现已有资本主义生产方法的人看来，在一切本质的点上，都完全只是幻想。这个

---

① 亚当·斯密看见，在他那时候（在我们现在这时候，我们也还在热带和半热带的殖民经营上发现这种情形），地租和利润尚未分离开，并且像伽图那样，土地所有者即是自有领地的资本家。他把这个事实特别看重。实则，地租和利润的分离，正是资本主义生产方法的前提。奴隶制度的基础，一般是和资本主义生产的概念相矛盾的。

② 摩姆孙先生在他所著的《罗马史》内，完全不在现代经济学和现代社会的意义上，使用资本家这个名词，他是在一个通俗的意义上使用它。这个通俗的意义，在英美二国是不存在的，但在大陆，却当作一个古代的与过去状态相合的传统，留传下来。

形式上的类似点，在古代意大利大陆是不存在的，而只在西西里岛存在，因为这个岛好像是罗马的农产物的进贡地，故其农业在本质上就是以输出为目标。在那里，现代式的租地农业家是发现了。

对于地租的性质，有一个不正确的见解，是以这事情为基础：自然形态上的地租——那有一部分是教会的什一税（Zehnten），一部分是老古董，由旧时的契约变为永久的——是由中世纪的自然经济，拉到近代来的，那全然和资本主义生产的条件相矛盾。这个现象，引起一种印象，好像地租不是由农业生产物的价格生出，而是由它的量生出，从而不是由社会关系生出，而是由土地生出一样。我们以前曾经指出，虽然剩余价值会表现在一个剩余生产物上，但并不能反过来，说剩余生产物（指生产物之单纯的量的增加）就表现剩余价值。这个剩余生产物，可以是表示价值的负额。不然，1860 年的棉工业，与 1840 年的棉工业比较，将代表巨额的剩余价值了，但恰好相反，棉纱的价格是下落了。农作物连年歉收的结果，地租可以异常增加（因为谷物的价格将增进）虽然这个剩余价值会表现在一个价格已经提高但数量已经减少的谷物量内。反之，农作物连年丰收的结果，地租也可以下落（因为谷物的价格将下落），虽然这个已经减小的地租，会表现在一个价格已经跌落但数量已经增大的谷物量内。第一，我们关于实物地租（Produktenrente）应声明，那是由一种过去的生产方法，当作一种遗迹，留传下来的传习，它和资本主义生产方法的矛盾，表示在这个事实上了：它会由私人契约而自行消灭，并在立法可以干涉进来的场合，例如在英国教会什一税的场合，还会强制地把它当作不合的办法，来取消。但第二，在实物地租在资本主义生产方法基础上继续存在时，它不外是货币地租的披上中世纪外装的表现。它也只能是这个。例如，每卡德小麦 40 先令。

在这卡德中，必须有一部分，代置其中所含的工资；这一部分必须卖掉，使工资能够重新投下；别一个部分，必须卖掉，来支付它应付的课税。种子，甚至一部分肥料，在资本主义生产方法及与其相应的社会分工甚发展的地方，是会当作商品，加到再生产过程里面来的，是必须由购买来代置的。因此，这卡德又有一部分必须卖掉，才能取得这种货币。就使不须实际把它们当作商品来买，而可由生产物中，在自然形态上取出来，当作生产条件，加到它的再生产过程去——这种情形，不仅农业有，其他许多生产不变资本的生产部门都有——那也会当作计算货币出现在计算上，并且当作成本价格的成分，扣除下来。机械和一般固定资本的磨损，也须在货币形态上代置。最后，还有利润，那是依照这个用现实货币或计算货币表示的成本额计算的。这个利润，表现为总生产物的一定部分，那是由它的价格决定的。然后还留下的部分，便构成地租，如果契约规定的实物地租，竟比这个由价格决定的残余额更大，它就不是地租，而是利润的减除了。因有这种可能性，所以，不照生产物价格决定的实物地租（它可以比现实地租更大或更小，它不仅可成为利润的减除甚至可成为资本代置成分的减除），只是一个已经过时的形态。实在说，在这种实物地租不仅有地租之名而且有地租之实的限度内，它结局仍是由生产物的价格超过它的生产成本的超过额，来决定的。它不过把一个可变的量，假定为一个不变的量。但在这里，有一个自欺的观念发生了。它说，生产物在其自然形态上第一应够维持劳动者，其次应使资本主义租地农业家有自身所需以上的荣养资料，其余额就成为地租。拿一个生产200000码布的工厂主来比喻。这许多码布，不仅够使他的劳动者，他的妻室儿孙有衣着，并使他自己有多余的衣着，从而可以拿一部分出去卖，最后又在布匹的形态上，支付一个巨额的地租。事情是这样单纯的，好像只要

870

在 200000 码布中，取出生产成本来，布匹的余额就是地租了。不问布的售卖价格，只要在 200000 码布中，取出 10000 镑（比方这样说）生产成本来，那就是只要从布匹中取出货币来，从一个使用价值中取出交换价值来，就可以决定每码布超过一镑的余额。那真是一个天真无邪的观念了。这个观念，比圆可以变成正方的观念还要荒唐。因为圆变成正方的观念，至少还有这样一个观念作基础，即直线和弧会互相融合。但这个天真无邪的观念，正是拔西先生的药方。在布匹尚未在你头脑中或在现实上转化为货币以前，就从布匹里面，把货币除去！当中的余额就是地租。像这样的地租，是应当在实物上把握（例如参看安特的所论）不应当由"诡辩"的魔术来把握的！就不过是这样。所以，实在说来，实物地租的残存，结局不外引起这样一个笑话，那就是，在这样这样多布奚的小麦中把生产价格除开，在一个体积的容量中除去一个货币额。

Ⅱ 劳动地租

地租的最单纯的形态，是劳动地租（Arbeitsrente）。在这场合，直接生产者，以每周的一部分，用那实际上或法理上属于他的劳动工具（犁、家畜等），用在那实际属于他的土地上，而以每周的别一部分，在地主的土地上，无代价地，为地主劳动。如果我们就这个最单纯的形态考察，事情是十分明白的。在这场合，地租和剩余价值是一致的。在这场合，无给付的剩余价值，是以地租，不是以利润为表现形态。劳动者（自给的农奴）在这场合，能在必不可少的生活资料之外，得到怎样的余额，用资本主义生产方法的名称来说，他究能在工资以上得到怎样的余额，在其他情形不变的条件下，要看他的劳动时间，是用什么比例，分为自己的劳动时间和为地主的徭役劳动时间。所以，必要生活资料以上的这个余额（那是资本主义生产方法内表现为利润的东西的胚芽），完全是由地租额决定的。在这场合，地租额不仅直接是无给的剩余劳动，且也表现为无给的剩余劳动，表现为生产条件（在这里，生产条件就是土地，即令不是，它也是附属于土地的）所有者的无给的剩余劳动。徭役劳动者的生产物在他自身的生活资料之外尚应把劳动条件代置，那是一切生产方法没有两样的事实。因为，这个事实，不是它的特殊形态的结果，而是一切继续的再生产的劳动所应具备的自然条件，是每一个不断的生产所应具备的自然条件，因为每一个不断的生产，都同时是再生产，从而是它自身的作用条件的再生产。并且，这又是很明白的，如果直接劳动者生产自身生活资料所必要的生产手段和劳动条件，是归直接劳动者"占有"，则在这一切形态内，所有权关系同时必定会当作直接的主奴关系出现，直接生产者必定会当作不自由者出现（这种不自由包括与徭役劳动相结合的农奴制度，也包括单纯的贡赋义务）。在这场合，依照我们的前提，直接生产者占有他自己的生产手段（他要实现他的劳动，要生产他的生活资料，必须有这种生产手段，作为对象的劳动条件）；他独立地经营他的农业以及与农业相结合的农村家庭工业。这种独立性，并不因有下述的事实，便消灭。那个事实是像在印度一样，这些小自耕农民会自行组成一种多少带有原始性的生产共同体。因为，这所谓独立，是对名义上的地主说的。在这个条件下，那种为名义地主的剩余劳动，只有用经济以外的强制手段（不问它所采的形态是怎样），方才能够榨出①。它和奴隶经济或殖民地经济就是从这一点区别的：奴隶是用他人所有的生产条

---

① 在把一国征服之后，征服者接着要做的，是把人占有。参看林格著《民法的原则》伦敦 1768 年第 1 卷第 267 页以下。此外，还参看牟塞尔（Möser）。

件，不是独立的。它必须具备人身的隶属关系，必须在某程度内没有个人的自由，必须当作土地的附属物，而不能和土地离开，那就是必须是严格的隶农制度（Hörigkeit）。假设他们不是隶属于土地私有者，却像在亚细亚一样，隶属于既为土地所有者同时又为主权者的国家，地租和课税就会并在一起的，或者说，不会再有和这个地租形态不同的课税了。在这种情形下，政治上和经济上的隶属关系，就是对国家的臣属关系，不会在这以上，有更苛酷的形态。在这里，国家是最高的地主。在这里，主权就是全国的累积的土地所有权。在这里，没有土地私有权，不过对于土地有私人的和共同的占有权和使用权。

由直接生产者榨取无给剩余劳动的特殊的经济形态，决定支配和隶从的关系。它是直接由生产发生，但会反过来，在生产上发生决定的作用。由生产关系发生的经济共同体的全部构造，以及它的特殊的政治姿容，就是建在这个基础上的。生产条件所有者与直接生产者的关系——这种关系，依照当时的形态，自然会与一定的劳动方法的发展阶段与劳动社会生产力的发展阶段相照应——把全社会的构造，君臣关系的政治形态，简言之，当时的特殊国家形态最内部的秘密和隐藏着的基础，显示出来。不过，同一的——就主要的经济条件说是同一的——经济基础，仍可由无数种互相不同的经验上的事情，例如自然条件，种族条件，外来的历史影响等，而在现象上，显示出无穷无尽的变异和差别来。不分析这各种经验上给予的事情是不能理解这一点的。

劳动地租是最单纯最原始的地租形态。就这个形态说，这几点是极明显的。即，在这场合，地租是剩余价值的原始形态，并且和剩余价值合在一起。并且，剩余价值和无给的他人劳动合在一起的事情，在这里，还无需有任何分析，因为那是在一目了然的形态上。直接生产者为自己的劳动，和他为地主的劳动，在空

873

间和时间上，都是分离开的。并且，他的为地主的劳动，还直接在强制劳动（为第三者的强制劳动）的野蛮形态上出现的。同样，土地提供地租的"性质"也还原成为一种可以捉摸的明明白白的秘密。因为，缚在土地上面的人类劳动力，和所有权关系（那使劳动力所有者不得不把劳动力拉长，使它在满足他自身的必要欲望以外，尚还要勉力从事），也包括在这种提供地租的自然里面。地租是直接由这个事实构成的：即，土地所有者把劳动力的超过支出额，占为己有。直接生产者并未在此以外，付土地所有者以任何的地租。所以，如果有什么地方，在那里，不仅剩余价值和地租是一致的，并且剩余价值还显明有剩余劳动的形态，则在那里，地租的自然条件或限界，（因为那就是剩余劳动一般）也就会显现在表面上。（1）直接生产者必须有足够的劳动力；（2）他的劳动的自然条件（最重要的，就是劳动所在的土地），必须有充足的丰度，那就是，他的劳动的自然生产力，必须有充分的大，使他在自己的必要欲望满足以后，尚有提供剩余劳动的可能性。这种可能性是不会引起地租的。必须有某种强制力，由这种可能性，把一个现实性造出来，这种可能性，方才会造出地租来。在这里，这种可能性，是和主观的自然条件及客观的自然条件结合着的。在其内，并没有什么神秘的地方。如果劳动力很小，而劳动的自然条件又贫弱，剩余劳动便也很小。但在这场合，生产者的欲望，剩余劳动榨取者的相对人数，最后，剩余生产物（这种收益小的为这少数从事榨取的所有者的剩余劳动，就是实现在这种剩余生产物上），都一样是很小的。

最后，由劳动地租的性质，我们可以直接推论：在其他一切事情不变的情形下，直接生产者能够怎样改良自己的地位，能够怎样增加自己的富，能够怎样在必要生活资料之上生产余额，或者用资本主义的表现方法来说，他能不能为自己提供一个利润，如果能，又能够提供怎样大的一个利润，那就是，他能否在他自己所生产的工资之上，生产一个余额，而生产一个怎样大的余额，那要看剩余劳动或徭役劳动的量来决定。在这场合，地租是通例的吞并一切的或者说合法的剩余劳动形态。那并不是利润以上的余额（工资以上的余额的余额）。所以，不仅这样一种利润的量，甚至这样一种利润的存在，（在其他事情不变的情形下），也是依存于地租（即强制对土地所有者贡纳的剩余劳动）的量。

有若干历史家，听说那些无所有权而仅有占有权的直接生产者，那些在事实上必须以其剩余劳动全部付给土地所有者的直接生产者，在这种关系下，在这种负有徭役义务和农奴义务的情形下，可以在财产上，相对的说，在财富上，得到独立的发展，他们一定会觉得奇怪。但很明白，在原始的未发展的状态下，（这种社会生产关系及与其相应的生产方法，就是用这个状态作基础的），传习（Tradition）必定有极重要的作用。又很明白，在那里是和在其他各处一样，社会支配阶级的利害关系，要使现状，当作法律，成为神圣不可侵犯的，并由习惯和传习，使一定的限制，当作法律的限制，固定下来。除开别的事情不说，只要当作现存状态基础的不断的再生产，以及与现存状态相照应的关系之不断的再生产，一经在时间的推移中，采得调节的支配的形态，这个结果就会发生出来的。并且，这种调节与支配，也是每一种生产方法的不可缺少的要素，如果它要取得社会的稳定性，而脱却它的偶然性或无定性。但生产方法要取得社会的稳定性，相对地脱却它的偶然性或无定性，是只有取得这个形态，才能做到的。但要取得这个形态，在生产过程以及和它相应的社会关系陷在停滞状态中时，只有凭同一生产方法的单纯的反复的再生产。假设它是长期间继续下去的，它就会当作习惯和传习固定下来了，最后，并当作成文的法律，而神圣化了。因为这个剩余劳动形态（徭役劳动），是以劳动社会生产力的不发展，以劳动方法的粗陋为根据，所以与发展了的生产方法，在其是与资本主义生产方法相比较，它自然只会在直接劳动者的总劳动内，占有较小得多的部分。比方说，假设为地主的徭役劳动，原来是每星期两日。这每周二日的徭役劳动，是固定的，是一个不变量，是由习惯法或成文法规定了的。但每周其余各日的由直接生产者自己支配的生产力，却是一个可变量；当新的欲望发生，生产物的市场扩大，他对于劳动力这一部分的支配权越是有把握时，那就会在经验的进行中，跟着扩大的。那种种，都会刺激他，叫他把劳动力的紧张程度提高。并且，我们还不要忘记，这种劳动力的使用，决不以农业为限，那还包括农村的家庭工业。某种程度的经济发展的可能性，就由此给予了。但不待说，这种发展，还要依存于环境的利益，生来的种族性质等。

III 实物地租

从经济学的意义来说，劳动地租转化为实物地租（Produktenrente），并不会在地租的本质上，引起任何变化。这所谓本质，就我们现在所考察的形态说，是由这一点构成的：地租是剩余价值或剩余劳动的唯一的支配的通例的形态。它还这样表示：直接生产者要占有他自身再生产所必要的劳动条件，是只在地租形态上，对土地（在这个状态下，那是一个包括一切的劳动条件）所有者，提供剩余劳动或剩余生产物。而在另一方面，它还表示在这个事实上：只有土地，是当作他人所有的所有物，当作人格化为土地所有者的劳动条件，而与直接生产者相独立，相对待。在实物地租成为地租的支配形态和最发展形态的限度内，前一种地租形态（即地租直接在劳动即徭役劳动形态上付纳的形态）的残余，多少会伴在一起。就这一点说，土地所有者究为私人，抑为国家，是全然没有关系的。实物地租假定直接生产者已有较高的文化状态，从而假定他的劳动和社会一般的劳动，已有较高的发展阶段。它和前一个形态的差别点是：剩余劳动不复在它的自然姿态上，不复在地主直接的监督和强制下实行。直接生产者将受情境的驱策，不受直接的强制，将由法律的规定，不由鞭策，那就是，由自己负责来担任这种剩余劳动。在这里，剩余生产（Mehrproduktion），——解作是直接生产者必要欲望以上，但在实际属于直接生产者的生产场所（即由他实际利用的土地）以内，不像前一场合在领主所有地（这种所有地，和他实际利用的土地相并存，并且在他实际利用的土地之外）内进行的生产——已经成为一种自明的定则了。在这个情形下，直接生产者对于他自己的劳动时间全部的利用，已经多少可以自行支配了，虽然这个劳动时间的一部分（原来是剩余部分的全部），现在和以前一样，要无代价的，属于土地所有者。不过，土地所有者现在已不能在劳动的自然形态上直接受得这种剩余劳动了，他只能在生产物（劳动就在这上面实现的）的自然形态上，把它取得了。那种为土地所有者的劳动，会由徭役劳动的管理，引起一种苛扰的中断（参看第 1 卷第 8 章 Ⅱ《工厂主与领主》）。这种苛扰的中断，在实物地租纯粹出现的地方，在徭役劳动仍与实物地租并存但在一年中所占的时期已经缩短的地方，是消灭了。生产者为自己的劳动，和他的为土地所有者的劳动，不复在时间和空间上显明分开了。不过，纯粹的实物地租，虽也能残存在更发展得多的生产方法和生产关系上，但它依然是以自然经济为前提。这所谓自然经济就是：在这种经济上，经济条件全部或最大部分，是直接由本经济单位的总生产物代置和再生产。它还假定农村家庭工业和农业是连合着的。形成地租的剩余生产物，是这个把农工业连合着的家庭劳动的生产物，不管这种实物地租是像中世纪通常一样包含有或多或少的工业生产物，还是只在严格的土地生产物的形态上供给。又，在这个地租形态上，实物地租虽为剩余劳动表现的所在，但不一定会把农业家庭的全部剩余劳动吸收掉。与劳动地租比较，生产者会有更大的活动范围，可以获得剩余劳动的时间，而以这种劳动的生产物，和那种满足必要欲望的劳动的生产物，一道收归自己所有。在这个形态下，诸个别直接生产者间的经济地位上的差别，就增大了。至少，这种趋于增大的可能性，是存在的。并且，那些已获得资财的直接生产者，也因此而有直接再榨取别人的劳动的可能。但这个问题，在这里，和我们没有关系，因为在这里我们只讨论实物地租的纯粹形态·各种地租形态，会有无穷无尽的种种配合，因而成为不纯的，混合的，但我们对于这种种配合，也不能深入研究。由于实物地租的形态（那与一定种类的生产物和生产本身结合着），由于农村经济和家庭工业的结合（那是实物地租必不可少的），由于近于完全的自给性（自耕农民的家庭大都是自给的），由于它和市场和生产运动及历史运动（那是在它以外的社会圈内发生的）相独立的事实，总之，由于自然经济的性质，这个地租形态，对于静止的社会状态，例如亚细亚的静止的社会状态，成了恰好的基础。在这个形态上和劳动地租的形态上，地租都是剩余价值的从而是剩余劳动的通例的形态，那就是直接生产者无代价（在事实上还是强制，虽然这种强制已不复在旧时的野蛮的形态上表现）对土地（最必要劳动条件）所有者所必须提供的全部剩余劳动的通例的状态。利润（这是一个不适当的把时代弄错了的称呼，因为直接生产者必要劳动以上的超过部分，在它由他自己占有时，是不能恰当地称做利润的）不能决定实物地租；我们不如说，这种利润是在地租背后发生的，它的自然限界就是实物地租的量。这种实物地租的量，可以大到这样，以致劳动条件的再生产，生产手段的再生产，也严厉地感到威胁。这个实物地租的量，可以大到这样，致令生产的扩大，多少成为不可能的，并压迫直接生产者，使他们只能得到维持肉体生存的最低限量的生活资料。当这种地租形态，竟被一个实行征服的商业国利用，情形还会更加如此。英国对于印度，就是这样的一个例。

IV 货币地租

在这里，我们说货币地租——要和那种以资本主义生产方法为基础的产业的或商业的地租相区别，那是指平均利润以上的剩余——是指那种由实物地租转形而生的地租，像实物地租只是转形的劳动地租一样。在这里，直接生产者不是把生产物付给土地所有者（不问他是国家还是私人），而是把生产物的价格付给土地所有者。单是一个在自然形态上的生产物剩余，已经不够了，那还须由这个自然形态，转化为货币形态。虽然直接生产者的生活资料的最大部分，还是由他自己生产，但现在已有一部分生产物要转化为商品，当作商品来生产了。因此，全生产方法的性质，也多少要发生变化。它把它的独立性丧失了，它不复再与社会的关联相隔离了。生产成本（现在那多少有货币支出加在里面了）的比例，成了决定的了；无论如何，在总生产物中，除了那必须当作再生产手段和直接生活资料的部分，还有一部分必须转化为货币。这一部分，现在是取得决定的作用了。但这种地租（虽然这种地租也正在向着解体的途中）的基础，还是和实物地租（那是它的出发点）的基础一样。直接生产者依然是世袭的或传统的土地占有者，他依然要为地主（这个最必要的生产条件的所有者）担任剩余的强制劳动，那是无给付的，无代价的，不过它所采的形态，是已经转化为货币的剩余生产物的形态了。在前一个形态上，与土地不同的劳动条件，例如农具及其他动产，就已经先在事实上，后又在法理上，转化为直接生产者的所有物了；在这个货币地租形态上，那是更以这件事为前提了。实物地租到货币地租的转化，最初是间或的，此后则多少以国民的规模进行。但这种转化，还以商业，都市产业，商品生产一般，和货币流通，已有显著的发展为前提；它还以生产物有一个市场价格，并以接近于价值的价格出售这个事实为前提。在前几种形态上面，就不一定要如此了。这种转化，在欧洲东部，我们在现时，还可在一定程度内看到。在劳动的社会生产力没有一定的发展程度时，这种转化是很难发生的。这一点，只要我们看一看罗马皇帝治下屡次要实行这种转化的不成功的尝试，看一看在那一部分当作国税的实物地租已一般转化为货币地租以后，实物地租仍然会残存下来，我们就会知道。法国大革命前（那时候，货币地租和前期地租形态的残余合并着，因而掺杂不清）的情形，也可以说明这个转化有怎样的困难。

我们以上考察的地租，是剩余价值的通例形态，是为生产条件所有者的无给的剩余劳动的通例形态，当作实物地租的转化形态和反对物，货币地租是这种地租的最后形态，同时又是它的归于消灭的形态。货币地租在它的纯粹形态上，是和劳动地租和实物地租一样，不是代表利润以上的余额。依照概念，它是把利润吸收了。即使利润实际当作剩余劳动的一个特殊部分，而与地租并存着，货币地租和以前各种形态的地租，也还通常是这种在萌芽中的利润的限制。这个在萌芽中的利润，要看在贡纳那化为货币地租的剩余劳动以后，自己的劳动或别人的劳动，还有没有榨取的可能，来发展。即使有利润实际在这个地租旁边发生，那也不是利润限制地租，而是地租限制利润。不过，我们曾经讲过，货币地租同时还是以上考察的各种地租的崩溃形态。我们以上考察的地租，是和剩余价值及剩余劳动显然一致的，是剩余价值之通例的支配的形态。

在进一步的发展上，货币地租——把一切中间形态，例如小租地农业家的地租，除开不说——不是使土地转化为自由的自耕农财产，就要采取资本主义生产方法的形态，变为资本主义租地农业家支付的地租。

在货币地租发生时，土地所有者和占有土地、耕作土地的农民一部分间的传统的习惯的关系，必然要转化为一种契约的依照明文法规来确定的纯粹的货币关系。所以，占有土地的耕作者，就在性质上，成为单纯的租地农业家了。这种转化，一面会在一般生产关系许可的限度内，渐次把旧式自耕的土地占有者剥夺，而以资本主义租地农业家代替他们；一面又使向来的土地占有者赎免他的纳租义务，并转化为独立的自耕农民，而对于自己耕作的土地，享有完全的所有权。实物地租到货币地租的转化，不仅必然会伴有一个阶级的成立，并且必然要以这个阶级的成立为前提。这个阶级就是不占有土地，为货币而出赁其自身的日佣劳动者。在这个阶级初生的时期，换言之，在这个新阶级尚只稀疏存在的时期，必然已在处境较优而有纳租义务的农民间，发生一种为自己利益而榨取农村工资劳动者的习惯；这好比在封建时代，某一些有财产的隶农，已经为自己的利益，而雇用别一些隶属一样。这样，他们堆集一定量财产的可能性，转化为未来资本家的可能性，就渐次发展了。因此，在旧式的自营的土地占有者间，就有了一个培养场所，他们由此培养成为资本主义的租地农业家了。不过，这种租地农业家的发展，是以农村范围以外的资本主义生产已经一般发展为前提。这个阶级的发展极为迅速，而在情形有利时，例如在十六世纪的英国，它的发展还会特别迅速。在十六世纪的英国，租地契约时间通常是很长的，当时货币价值的累进的下落，就曾牺牲土地所有者，来使他们的富增加。

再者，地租一经采得货币地租的形态，纳租农民和土地所有者间的关系，一经取得契约关系的形态——这种转化，在世界市场，商业、制造业皆已达一定的相对的发展阶段时，才会成为可能的——资本家租地经营的事情，也就必然会出现。这种人一向是立在农村限制以外，现今却把他们在都市上赚得的资本，把那已经在都市上发展的资本主义经营方法（在这种经营方法上，生产物是当作商品生产的，当作占有剩余价值的手段生产的），移到农村和农业上来。不过，这个形态，在那些在封建生产方法到资本主义生产方法的过渡期中支配着世界市场的国家，方才成为一般的通则。当资本主义租地农业家，插在土地所有者和现实耕作的农业劳动者中间那时候，一切由旧式农村生产方法发生的关系，都消灭了。这种租地农业家成了这些农业劳动者的现实支配者，他们的剩余劳动的榨取者，同时土地所有者却只与这种资本主义租地农业家发生直接的关系，并且还只发生单纯的货币关系和契约关系。由此，地租的性质也变化了。这种变化，已经不像在以前各种形态上那样，仅是偶然的，事实上的，局部的；那已经当作一种通例的公认的支配的转化，来实行了。地租不复是剩余价值和剩余劳动的通例的形态；现在它已变为剩余劳动在利润部分（即榨取的资本家在利润形态上占去的部分）以上的余额了；现在，这全部剩余劳动（利润及利润以上的余额），是直接由他取出，而在总剩余生产物的形态上，由他收进，并由他化为货币了。现在，他当作地租而交付给土地所有者的，只是他由资本直接从农业劳动者那里榨得的剩余价值的一个多余的部分了。他要交付多少，平均说来，是由资本在非农业生产部门也会提供的平均利润，和由此规定的非农业部门的生产价格，来决定的，是平均利润当作限界了。地租不复是剩余价值和剩余劳动的通例形态，转化为这个特殊生产部门（农业的生产部门）所特有的余额了。在剩余劳动内，除去资本优先取去的部分，有时也会有这个余额的。现在，剩余价值的通例形态，不是地租，而是利润了。地租不是剩余价值一般的形态，而是剩余价值一个分枝的形态了；这个形态，在特别的情形下，才会独立化的。在这里，我们不必深入研究，这种转化，怎样和一个渐次的生产方法上的转化相照应。这已经由以下的事实说明了，即，资本主义租地农业家的常则，是把土地生产物当作商品来生产；以前只有他的生活资料以上的余额转化为商品，现在这种商品内，只有一个极小的部分，直接转化为他自己的生活资料了。现在，直接支配农村劳动，并把它隶属在自己的生产力下面的，不复是土地，而是资本了。

平均利润以及由它调节的生产价格，是在农村关系之外，在都市商业和制造业上形成的，有纳租义务的农民的利润，不会参加利润均衡化的过程。因为，他和土地所有者的关系，不是资本主义的。在他获有利润（即由自己的劳动，或由他人劳动的榨取，实现必要生活资料以上的余额）的限度内，那是在通常关系的背后进行的。在其他各种事情不变的限度内，他的这个利润量不决定地租，而由地租决定，以地租为限界。中世纪的高利润率，不只由于资本的低位构成，换言之，不只因为可变的投在工资上面的要素占支配地位，那还由于一种对农村所行的诈欺。土地所有者的地租及其隶属阶层的收入，都有一部分，被横占了。在中世纪，在封建制度尚未像意大利一样，由例外的都市发展被破坏的地方，就政治方面说，固然是农村榨取都市，但在经济方面，却在一切地方，都没有例外地，是都市由它的独占价格，它的课税制度，它的基尔特制度，它的直接的商人骗术，它的高利贷，而对农村实行榨取。

人们也许会想象，资本主义租地农业家在农业生产上的单纯的出现，已经可以证明，须在某形态上支付一个地租的土地生产物的价格，至少在资本主义租地农业家出现的时候，必须立在制造业的生产价格之上；这或是因为它已经达到独占价格的水准，或是因为它已经提高得和土地生产物的价值一样高，它的价值实际是立在平均利润所调节的生产价格之上的。因为，如果不是这样，资本主义租地农业家便不能在现有的土地生产物的价格内，先由这个生产物的价格实现平均利润，再由同一价格，在这个利润之上，以地租形态，支付地租了。人们也许会根据这点来推论说：资本主义租地农业家所据而与土地所有者订立契约的一般利润率，既未把地租包括在内，所以，当这个一般利润率在农业生产上成为调节的要素时，这个余额就会显出来，并付给土地所有者了。例如洛贝尔图君，就是依照这个传沿的方法，来说明这个问题的。但

第一，资本当作独立的指导的权力，并不是一来就普遍地出现在农业上面，却是渐次在特殊生产部门内出现的。它最先不是发生在严格的农业上，而是发生在畜牧（尤其是牧羊），这一类的生产部门。牧羊业的主要生产物羊毛在产业勃兴时期的市场价格，最初会不断提供一个超过生产价格的余额，到后来才归于均衡。十六世纪英格兰的情形，就是这样的。

第二，因为资本主义生产最先不过稀疏地出现，所以，我们对于下述的假定，不能提出任何的异论来：那就是，在最初，资本主义生产所能控制的，只是那有特殊丰度或有特别有利位置，从而大体说能够支付一个对差地租的土地复合体（Komplexe von Ländereien）。

第三，就假设在这个生产方法出现的时候，（那在事实上，

就以都市需要的加重为前提）土地生产物的价格，像十七世纪最后三十年间英格兰一样，会超过它的生产价格罢，但只要这个生产方法稍稍由农业单纯隶属于资本的事实再伸展出来，只要必然会和这种发展结合在一起的农业的改良和生产成本的减低居然发生出来，它也就会由一个反应（土地生产物的价格下落），再均衡化为生产价格了。十八世纪前半英国的情形，就是这样的。

依照这个传习的方法，当作平均利润以上的余额的地租，是不能说明的。无论地租最初是在什么历史的情形下出现，只要它把根生成，它就只能在我们以前说明过的近代条件下发生了。

最后，在实物地租转化为货币地租时，我们还应该注意，资本化的地租，或土地价格，以及土地的可让渡性和让渡，会同时变为一个本质的要素；在这时候，以前有纳租义务的土地，不仅能够转化为独立自耕农民的所有物，都市上以及其他处所的货币所有者也能购买土地，然后把土地租给农民或租给资本家，而把地租当作他们所投资本的利息的形态，来享受了。这个情形，也助成了前期榨取方法的变革，助成了所有者与现实农民的关系的变革，助成了地租自身的变革。

V 分益农制和自耕农民的小土地所有制

在这里，我们是达到地租发展序列的结果上了。

地租或采取劳动地租的形态，或采取实物地租的形态，或采取货币地租的形态（假设那只是实物地租的转化形态）。在这一切形态上，我们都假设地租支付者是现实的土地耕作者和占有者。他们的无给的剩余劳动，是直接流到土地所有者手里。就在最后一个形态上（即在货币地租形态上），——在它尚未在性质上参有别种性质，尚纯然是实物地租的转化形态的限度内——这个情形也不仅是可能的，而且是实际发生的。

分益农制（Metäriesystem oder Teilwirtschaft - System）——在这个制度下，经营者（租地农业家）不仅是供给劳动（自己的劳动或者别人的劳动），并且还供给经营资本的一部分，土地所有者除供给土地之外，还供给经营资本的别一部分（例如家畜），生产物则依一定的比例（那是各国不同的），分配在经营者和土地所有者之间——可以看作是一个由原始地租形态到资本主义地租形态的过渡形态。在这场合，租地农业家尚无充足的资本，可以实行完全的资本主义经营。而从另一方面说，土地所有者在这里取得的部分，也不是地租的纯粹形态。那实际包含垫支资本的利息，和一个当作余额的地租。他也许会在事实上，把租地农业家的全部剩余劳动吸收掉，但也许会在这个剩余劳动中，留下一个或大或小的部分给租地农业家。但最重要的一点是：地租不复是剩余劳动一般的通例的形态了。在一方面，使用本人劳动或使用他人劳动的分益农业家，会不以劳动者的资格，而以劳动工具一部分的所有者的资格，即以自己的资本家的资格，在生产物中，要求一个部分。在另一方面，土地所有者也不单纯以土地所有者的理由，且还以资本贷放者的资格，在生产物上，要求他应得的部分①。

在古代土地共有制过渡为独立自耕农业以后，这种共有制的遗迹，还在波兰罗马尼亚等处保留下来。这种遗迹，在此等国家成了口实，来完成向低级地租形态的推移。在那里，土地一部分是属于个别农民，是由他们独立耕作的。别一部分则是集体耕作的，那形成一种剩余生产物，用来支办公共的支出，或当作农作物歉收时的准备。但剩余生产物的这两部分，都渐渐被国家官吏

_____

① 参看彪勒（Buret）、托克维尔（Tocqueville）、西斯蒙第等人的所论。

886

和私人掠夺了；最后，全部剩余生产物和这种剩余生产物所依以生产的土地，也渐渐被国家官吏和私人掠夺了；由此，原来的自由的但对土地有参加集体耕作义务的自耕土地所有者，就变为负有徭役义务或纳实物地租的隶农了；同时，共有地的掠夺者，则变为土地所有者。这时候，他们不仅是被掠夺的共有地的所有者，并且是自耕农民的土地的所有者了。

在这里，我们用不着深入去研究真正的奴隶经济（那只是通过的阶段，由家长式的主要为家族使用的经营，到为世界市场的真正的殖民制度，是必须通过这一个阶梯的），也用不着深入去研究土地所有者亲负盈亏责任，一切生产工具都归土地所有者所有（劳动的农仆或是自由的或是不自由的或是用实物支付的或用货币支付的）的经营。土地所有者和生产工具所有者（即直接榨取劳动者的人，这种劳动者也被算在生产要素内的），在这二场合，合而为一了。地租和利润也合而为一了。剩余价值的各种形态，不互相分离了。劳动者的全部剩余劳动（在这里，它表现为剩余生产物），是直接由全部生产工具（土地原始奴隶制度下的直接生产者，都算在生产工具里面）的所有者榨取出来。在资本主义观念支配着的地方，例如美洲殖民地，这全部剩余价值，都被视为是利润；而在资本主义生产方法不存在，与其相应的思想方法也不曾由资本主义国家移入的地方，这全部剩余价值就是当作地租出现的。但无论如何，这个形态都不会发生什么困难。土地所有者的收入（无论叫什么名称），他所占有的可由他支用的剩余生产物，总是直接占有全部无给剩余劳动之通例的支配的形态；土地所有权是这种占有的基础。

还有是小土地所有制（Parzelleneigentum）。在这场合，自耕农民同时是土地的自由所有者。土地表现为他的主要生产工具，表现为他的劳动和资本的不可缺少的使用场所。在这个形态上，是不要支付租金的。所以，地租也不表现为剩余价值的特殊形态之一。在资本主义生产已在其他方面发展的国度，它会与其他生产部门相比较而表现为剩余利润，但这种剩余利润，和劳动的全部收益，是会一样到自耕农手里来的。

这种土地所有权形态，以这个事实为前提：即，和各种前期的古代的土地所有权形态一样，在这个形态下，农村人口应比都市人口占有极大的优势，所以，资本主义生产方法虽在其他方面实行支配，但比较还是不很发展，资本虽也在狭隘范围内，在其他各生产部门累积着，但资本分散的趋势仍占着优势。依照此事的本性，在这里，农村生产物就有最大部分，必须当作生产者（自耕农民）的直接的生活资料被消费掉，只有余额，会当作商品参加进来，作为对都市的通商物品。不必问在这场合土地生产物的平均市场价格是怎样规定的，对差地租（丰度或位置较优的土地所生产的商品的价格超过部分），在这场合，和在资本主义生产方法上一样，总是明明白白的存在着的。就使这个形态是出现在一般市场价格尚未发展的社会状态内，这个对差地租也还是存在的；在这情形下，它会表现为超过的剩余生产物。不过，它是流入那些在较有利生产条件下实现其劳动的自耕农民口袋内。在这个形态下，土地价格会当作一个要素，加入自耕农民的实际的生产成本内，因为在这个形态的进一步的发展中，（例如在遗产分割的时候）土地就会表现成为一定的货币价值，而在所有权全部或其部分发生不断变化的时候，土地也会由自耕农民自己购买，购买的钱则大部分出于土地的抵押。在这个形态下，土地价格（那不外是资本化的地租）成了一个前提的要素，从而，地租的存在，也好像与土地丰度位置的差别，毫无关系了。但也正在这个形态下，我们大体可以假定，那是没有任何绝对地租存在，最劣等地大体是不支付任何地租的；因为，绝对地租的前提，是生产物的价值，在它的生产价格之上，实现了一个余额，不然就是生产物有一个超过价值的独占价格。但因为在这场合，农业的经营，是大部分为直接的生活的。土地是当作多数人使用其劳动与资本所不可缺少的场所，所以，生产物的调节的市场价格，必须在异常的情形下，才会和它的价值一样高；这个价值，照例是要高于生产价格的（因为活劳动的要素占着优势），虽然价值超过生产价格的超过额，也会由非农业资本的低位构成，（土地零碎为人所有的国家，常常是这样的），受到限制。就小块土地自耕农民（Parzelien-Bauer）来说，他是小资本家，所以资本的平均利润，不会表现为榨取的限界；他是土地所有者，所以地租的必要，也不会表现为榨取的限界。当作一个小资本家，在真正的成本收回后，除了工资（那是他自己付给自己的），就再没有别的绝对的限界了。只要生产物的价格可以弥补这种工资，他就会耕作他的土地；这种工资，也有时还压缩到仅足维持身体的最低限度。就他的土地所有者的资格来说，在他，所有权的限制是除去了；因为，它所以和那种与土地分开的资本（包括劳动）相对立，不外因为它是投资的阻碍。固然，土地价格的利息（那通例要付给第三者，即抵押的债权人），也是一种限制。但这个利息，不是不能支付，因为那部分在资本主义关系下将会变成利润的剩余劳动，是可以用来支付的。这种以土地价格及这种价格的利息为根据而先行支付的地租，只是资本化的剩余劳动的一部分，这种剩余劳动是自耕农民生活所必须有的劳动量以上的劳动，但这个剩余劳动，并没有实现为一个与全部平均利润相等的商品价值部分，更没有实现为代表平均利润的剩余劳动以上的余额，那就是，更没有实现为剩余利润。这个地租，可以是平均利润的一个扣除，甚至可以是平均利润的唯一被实现的部分。所以，要使这种小块土地自耕农民能够耕作他的土地，或购买土地来耕作，土地生产物的市场价格，并不必要像在资本主义生产方法通行的地方那样，充分提高到有平均利润的程度，更不必要提高到在平均利润之上，还有一个剩余可以固定化为地租的程度。那就是，市场价格不必要提高到和生产物的价值一样，也不必提高到和它的生产价格一样。小土地所有制盛行的国家，和资本主义生产方法盛行的国家比较，谷物价格所以会更低，那就是理由之一。自耕农民在最不利条件下提供的剩余劳动的一部分，将无报酬地，赠送给社会，那既不参加生产价格的调节，也不加入价值的形成过程。这种低价格，是生产者贫穷的结果，不是他的劳动已有较大生产的结果。

这种自耕农民的自由的小土地所有权形态，当作支配的通例的形态，一方面在古典的古代①最繁荣时期，形成社会的经济基础，而在另一方面，又在近代诸国，当作封建土地所有权解体所引起的各种形态的一种。英格兰的 yeomanry，瑞典的自耕农阶级，法兰西和西部德意志的自耕农民，都属于那一类。在这里，我们没有说到殖民地，因为在殖民地，独立农民是在别一种条件下发展的。

自耕农民的自由所有权，显明是小经营的最通常的土地所有权形态。在这个生产方法下，土地所有权成了一个条件，就因具有这个条件，所以劳动者对于自身劳动的生产物，得享有所有权。无论这种农业者是自由所有者还是隶属者，他总是独立的，以个别劳动者的资格，率同他的家人，不断生产他自己的生活资料。像工具的所有权，是手工业经营自由发展的必要条件一样，土地所有权也是这种小经营方法充分发展的必要条件。在这里，土地所有权，成了个人独立性的发展的基础。这在农业的发展

---

① 译者注：意指古代希腊罗马时代。

上，是一个必要的通过点。它会终于覆灭的原因，指出了它的限制。这些原因是：农村家庭工业（那是这种土地所有权通常须有的补充物）因大工业发展而颠覆了；在这种耕作下的土地，渐次变为贫瘠而且枯竭了；大土地所有者把共有地（那在一切地方，都是这种小土地所有制的第二个补充物，是放牧家畜的唯一的场所）掠夺了；殖民地农业与资本主义大农业参加来竞争了。农业改良，一方面把土地生产物的价格压下，他方面又需有较大的投资和较丰富的各种对象的生产条件，所以不免促成上述的结果。在十八世纪前半，英格兰的情形就是这样。

小土地所有制，依照性质，就排斥如下种种现象：劳动社会生产力的发展，劳动的社会形态，资本的社会累积，大规模的畜牧，科学的累进的应用。

高利贷和课税制度，到处都使这种土地所有权形态衰颓。把资本投在土地价格上的结果，会夺去经营耕作的资本。生产手段是无穷地分裂着，生产者自己也是个别分离着。人力有可惊的浪费。生产条件之累进的恶劣化，生产手段的昂贵化，是小土地所有制的必然的法则。对于这个生产方法，丰收也会成为不幸。①

小农业（与自由的土地所有权互相结合着的）的特殊弊病之一，是由这个事实发生的：自耕农民必须把一个资本投下来购买土地（大地主先投下资本来购买土地，然后当作自己的租地农业家从事经营的过渡形态，也有这种情形）。土地当作单纯的商品既然有了可变动的性质，所有权的变动是增加了②。因此，在世代交替，遗产继承分割时，从自耕农民的观点看，土地都会重新当作投资，好像那是由他购买的土地一样。土地价格，在这里，

① 参看杜克在《物价虫》（纽骑版伦敦 1857 年第 4 卷第 29 页以下）为引用法国国王的校辞。
② 1 参看慕尼尔（Mounier）和卢比兴（Rubichon）。

会在个别的虚伪的生产成本中，或在个别生产者的生产物的成本价格内，成为一个压倒一切的要素。

土地价格不外是资本化的先付的地租（antizizierte Rente）。如果农业是用资本主义的方法经营，土地所有者仅领受地租，租地农业家除支付土地的年租外，不需支付别的什么，那就很明白，投来购买土地的资本，对于土地所有者，是一个生息资本，它与投在农业上的资本，是毫无关系的。那既不是在农业上发生机能的固定资本的部分，也不是在农业上发生机能的流动资本的部分①。它不过为购买者，取得一个领受年租的名义；它对于地租本身的生产，是绝对没有关系的。土地购买者把他的资本交给出卖土地的人；土地卖者即由此放弃他对于土地的所有权。在此以后，这个资本就不复当作购买者的资本了；他不复再有它了；它不能算在那些能依某种方法投在土地上的资本里面了。他是贵买，还是贱买，会得到报酬，还是不会得到报酬，那不会影响租地农业家投在农业上的资本，不会影响地租。那不过会影响这件事：即，在他看，那是利息还是非利息，是高利息还是低利息。

拿奴隶经济来做譬喻。为购买奴隶而支付的价格，不外是将来会从奴隶身上打出来的先付的和资本化剩余价值或利润。但购买奴隶所支付的资本，并不是从奴隶身上榨取利润（剩余劳动）时所使用的资本。刚好相反，那是奴隶所有者已经放弃了的资

---

① 玛隆博士（Dr. H. Maron）先生曾著《扩延耕作呢集约耕作呢》一书。（奥培1859年版。关于这本书，我们未能得到更详细的报告。——F. E.）在那里他是从他所反驳的人的错误前提出发。他假定，用来购买土地的资本，是投放资本（Anlagekapital），然后在投放资本和经营资本的定义上，换言之，在固定资本和流动资本的定义上，提出争辩。他关于资本的全部书生气味的观念（一个非经济学者，会由德意志"国民经济学说"的状态推演出这种观念来，是无足怪的），使他不知道，这个资本既不是投放资本，也不是经营资本；它是和那种投在证券交易所来购买股票或公债的资本一样；它对于购买者本人虽代表一种投资，但它并非投在任何生产部门内。

本，是他从事现实生产时所可使用的资本的减除。对于他，那已经不存在了。同样，用来购买土地的资本，也不复是农业上可以使用的资本。最好的证据是：除非奴隶所有者或土地所有者再把奴隶或土地卖掉，这个资本是决不会再在他手里存在的。但若他再把它卖掉，买者又会处在同样的情形中。他购买了奴隶，但若单是这样，他还是不能榨取奴隶。他必须在奴隶经济上面再把一个资本投下，方才有榨取奴隶的资格。

同一个资本不能有二次的存在，一次在土地卖者手中，一次在土地买者手中。它是由买者手里到卖者手里了，事情就是这样完结的。买者现在没有资本了，但有一块土地，作它的代替。这个事实——这个现实的在这个土地上的投资，会取得地租，但这个地租，在这个新土地所有者手里，是算作这种不在土地上使用但当作土地代价的资本的利息——绝不影响这个因素（土地）的经济性质；说个譬喻，为购买三厘统一公债而付出的 1000 镑，和那种以所得提出来支付国债利息的资本，就是完全没有关系的。

实在说，用来购买土地的货币，和用来购买公债的货币一样，只是资本自体（an sich Kapital）。在资本主义生产方法的基础上，每一个价值额都是资本自体，都是可能的资本。为土地而支付的东西，为国债而支付的东西，是和那种为购买别种商品而支付的东西一样，只是一个货币额。那是资本自体，因为它能转化为资本。卖者由此获得的货币，是否实际转化为资本，固然要看他是怎样使用它。但对于买者，它是不会再有资本的机能的，那是和一切他已经断然支出的货币一样。在他的计算中，它是生息资本；因为那种当作土地地租或国债利息的收入，在他看来，不外是他购买这种权利（领受这种所得的权利）所用去的货币的利息。他不能把它当作资本来实现，除非把它卖掉。但在这场合，就有别一个新的购买者处在相同的状况中了。在这种交易上支出的货币，决不会因为变换所有者的缘故，便转为现实的资本。

说土地自身也有价值，并且会像机械或原料那样当作资本加入生产物的生产价格内，这是一种幻想。这种幻想，在小土地所有制的场合，会更加坚固起来的。但我们曾经讲过，只有两个场合，在这两个场合，地租和资本化的地租（即土地价格）方才能在土地生产物的价格上，有决定的作用。在第一个场合，是土地生产物的价值，为了农业资本（这个资本，和投下来购买土地的资本，没有任何共通点）构成的缘故，以致超在它的生产价格之上；市场状况又使土地所有者能够把这当中的差额，实现为价值的增殖额。在第二个场合，是有独占价格发生。但这两个场合，在实行小经营和小土地所有制的时候，都是极少发生的；因为在这时候，生产是极大部分为满足自身的欲望；它的进行，和一般利润率的规制，是毫无关系的。租金，在这种小经营是在租地上进行的情形下，也比在任何别种关系下，更容易把利润的一部分卷去，甚至包含工资的减除部分。这样，它就不过在名义上是地租，不能当作一个独立的范畴，而与工资和利润相对立了。

购买土地的货币资本的支出，不是农业资本的投放。它会依比例减少小自耕农民本来可以投在生产范围内的资本。它会依比例减小他们的生产手段的量，缩小再生产的经济基础。它使小自耕农民不得不忍受高利贷者的压制，因为在这个范围内，真正的信用一般还是很小的。那是农业的一个障碍；就使土地买卖是在大土地经济的场合发生，也是如此。实在说，那是和资本主义生产方法相矛盾的。因为，资本主义生产方法和土地所有者（无论他的土地是由继承得到的，还是由购买得到的）是否负债的问题，大体说是没有怎样的关系。土地所有者是自己把地租收起来，还是要转付给抵押债权人，也不会在租地的经营上，引起任何变化。

我们曾经讲过，在地租为已定时，土地价格是由利息率调节。如果利息率低，土地价格就会高；如果利息率高，土地价格就会低。照通例来说，高的土地价格必定与低的利息率结合在一起，所以，如果因利息率低微之故，自耕农民必须支付高昂的土地价格，这同一的低微利息率，也将使经营资本，可以在有利条件下，由信用来取得。但实际的情形，在小土地所有制盛行的地方，并不是像这样的。第一，信用的一般法则，不适用于自耕农民；因为，这个法则，在生产家是资本家的限度内，才是适用的。第二，在小土地所有制盛行——在这里，我们是不说殖民地的——和耕作小土地的自耕农民在国民中占主干地位的地方，资本的形成，换言之，社会的再生产会比较微弱，可贷放的货币资本（其意义已经在前面说明了）的形成，也是比较微弱的。因为，这种形成，是以资本的累积，富有游惰资本家阶级的存在为前提（马希）。第三，在这场合，土地所有权既然是最大部分生产者的存亡条件，是他们投资所不可少的场所，所以，土地价格会不比例于利息率，而独立地甚至反比例地提高起来。土地的需要，将超过土地的供给。土地的价格，在用小块售卖的场合，比较在用大块售卖的场合，会更高得多；因为，小购买者的人数更大，大购买者的人数更小（著名投机党卢比兴；牛曼）。因为有这种种理由，土地价格是在利息率相对高昂的地方昂贵了。这样，自耕农民由那种购买土地的资本，虽仅取得比较低微的利息（慕尼尔），但在反对方面，须对他自己的抵押债权人支付高利贷的利息率。爱尔兰的制度，在一个不同的形态上，表示了同样的事情。

土地价格是一个和生产本身无关的要素。但这个要素，在这场合，可以提到那样高，以致使生产成为不可能的（东巴尔）。

　　土地价格会有这种影响，土地的买卖，土地（当作商品）的流通会有这个程度的发展，那是资本主义生产方法发展的实际结果；因为在这里，商品才会成为一切生产物的一般形态，并成为一切生产工具的一般形态。但从一方面说，这种发展，又只能在资本主义生产方法，仅有有限的发展，尚未将其全部特性展开的地方发生；因为，这种发展，正以这个事实为基础：即，农业已经不属于或尚未曾属于资本主义生产方法下面，而安置在某种由过去社会形态留传下来的生产方法下面。生产者须依存于生产物的货币价格，那是资本主义生产方法的一个弱点。这个弱点，在这场合，是和资本主义生产方法未充分发展的弱点，结合在一起了。自耕农民变成了商人和产业家，但却没有具备生产物能当作商品来生产的条件。

　　土地价格，就生产者说，是成本价格的要素，就生产物说，却不是生产价格的要素（就令地租在土地生产物的价格上有决定的作用，资本化的地租，即先付的二十年或若干年的地租，仍不会在土地生产物的价格上，有决定的作用）。当中发生了冲突。这种冲突，不过是一个形态，它表示了，土地的私有权，是和合理化的农业，和土地之正常的社会的利用，不能相容。但从另一方面说，土地的私有权，以及直接生产者的土地的剥夺，——某一些人对于土地享有私有权，那就表示别一些人对于土地失去所有权——又正好是资本主义生产方法的基础。

　　在这里，就小农业来说，土地价格（土地私有权的形态和结果），固然是表现为生产的限制。但就大农业和以资本主义经营方法为基础的大土地所有制来说，这种所有权也是表现为生产的限制，因为它会限制租地农业家的生产投资；因为这种投资，结局不会于他们有利，而仅于土地所有者有利。在这两个形态上，土地——那是共同的永久的财产，是人类永远不可缺少的生存条件和生殖条件——都不是依照有意识的合理的方法来处理；我们所见到的，都只是地力的榨取和滥用（这种榨取和滥用，不是依存于社会的发展程度，而是依存于个别生产者的偶然的互相不等的事态）。在小所有制度的场合，这是由于资力和科学的缺乏；没有这个条件，劳动的社会生产力是不能应用的。在大土地所有制的场合，却是因为租地农业家和土地所有者，都越快越好，想拼命把这些东西利用掉。在这二场合，都是因为要依存于市场价格。

一切对于小土地所有制的批判，都归根到这一点：私有权是农业的限制和障碍。但相反方面的对于大土地所有制度的批判，也是归根到这一点。在这两个场合，我们在这里，都把更不重要的政治问题抛开了。总之，土地私有权，会成为农业的障碍，并使土地的合理的经营，维持，和改良，不能进行。但这种障碍，在小土地私有制下和大土地私有制下，不过以相异的形态发展罢了。当人们争论这各种形态的弊害时，人们是把弊害的最后原因忘记了。

小土地所有制以这个事实为前提：人口的最大多数是农村人口；支配的，不是社会的劳动，而是个别分离的劳动；以致，富和再生产（它的物质的条件和精神的条件）的发展，从而，合理耕作的条件，都在这样的情形下被排斥。从另一方面说，大土地所有制，却使农业人口减到一个不断减小的最低限度，并在反对的方面，使汇集在大都市内的工业人口，不断地增大。由此引起的条件，使自然生活法则所划定的社会代谢机能的脉络，发生一个不能救治的裂痕；因此，地力被滥费了；这种滥费，还由商业，以致超过本国的限界，来发生影响（利比居）。

小土地所有制，引起一个半身放在社会外面的野蛮阶级，他们不但未曾脱却原始社会形态的粗野情形，且须忍受各种文明国家的痛苦和穷困。大土地所有制，则在农村（那是劳动力的自然能力所赖以收容的最后场所，在那里，它是当作国民生活力更新的准备基金）把这种劳动力根本破坏。大工业和依工业方法经营的大农业，连合起来发生作用了。它们当初原来是由这个事实分别的，即：前者是滥用并破坏较多的劳动力，较多的人类自然力；后者则直接滥用并破坏较多的土地自然力。但后来在发展的进行中，二者是携手并进了，因为农村的工业制度会破坏劳动者，工业和商业也给农业以枯竭土地的手段。

第七篇

所得及其源泉

第四十八章

三位一体公式

I ①

资本——利润（企业利益＋利息），土地——地租，劳动——工资，这是一个三位一体的公式，它把社会生产过程的一切秘密，包括在内了。

我们以前讲过，因为利息表现为资本之真正的特征的生产物，企业利益则相反的表现为一种和资本相独立的劳动工资，所以，这个三位一体的公式，会更精密地，还原成为这样：

资本——利息，土地——地租，劳动——工资。在这个公式内，资本主义生产方法所特有的特征的剩余价值形态，利润，就很幸运地被排开了。

但我们且更精密地考察一下这个经济的三位一体，将会发觉：

第一，逐年可利用的财富的源泉，是属于全然不同的诸部门，彼此间没有任何类似的地方。它们相互间的关系，是和证人

---

① 以下三个断片，是由第六篇的原稿各处采录的。——F. E.

手续费，人参，和音乐相互间的关系，有一点相像。

资本，土地，劳动！但资本不是任何物，只是一定的社会的属于一定历史社会形态的生产关系，它表现在一物上，并给此物以一种特殊的社会的性质。资本不是物质的所生产的生产手段之总和。资本是转化为资本的生产手段，它本身不是资本，好像金银本身不是货币一样。它是社会某一部分人独占着的生产手段，它是与活劳动力相对而独立化了的生产物，它是这种劳动力的实现条件，并且就是由这种对立性，而人格化为资本的。它不仅指示转化为独立权力的劳动者生产物，表示这种生产物会转过来变成它的生产者的支配者和购买者；它还指示，劳动之社会力及其未来……（此处字迹不明——F. E.）形态，① 会当作它的生产物的特性，转而与它相对立。所以，在这里，我们对于一个历史创造的②社会生产过程的因素之一，有了一个确定的乍看起来极为神秘的社会形态了。

在这个因素之外，有土地，那是无机的自然，是未经人类加工的粗糙的混沌的一团。价值是劳动，所以，剩余价值不能是土地。土地的绝对丰度，不过使一定量劳动生产一定量以土地自然丰度为条件的生产物。土地丰度的差别，使同量劳动和资本，同量价值，表现为不等量的土地生产物，从而，此等生产物也会有不等的个别价值。这种个别价值均衡化为市场价值的作用，"使丰度较高的土地，必须以其超过（与丰度较低的土地比较）利益，……由耕作者或消费者，移交到地主手里。"（里嘉图《原理》第 6 页）

最后，当作这个一体的第三位的，是一个幽灵——劳动——

---

① 译注者：据马恩研究院版编者加注，这里的文句，大体是"社会力社会联系，与社会形态"。

② 译注者：据马恩研究院版编者加注，"创造"或系"特殊"之误

那不外是一个抽象。就自体说，它是不存在的；如我们是考察……（此处字迹不明——F. E.）① 它就是指人类和自然的物质代谢机能所赖以促成的人类的生产活动，不仅脱却了一切的社会形态和特征性，它还在它的与社会相独立的自然存在上，超出一切的社会，并当作生命的表现和生命的实现，而为尚未社会化和已有某种社会形态的人所同具。

II

资本——利息；土地所有权（即地球私有，不过它是现代的，与资本主义生产方法相照应的）——地租；工资劳动——劳动工资。诸种所得的源泉的关联，好像就是存在这个形态上面的。与资本相同，工资劳动和土地所有权也是历史规定的社会的形态；一个是劳动之历史规定社会的形态，一个是被独占的土地之历史规定的社会的形态。二者都与资本相照应，并属于相同的经济的社会层序（Gesellschaftsformation）。

这个公式第一件值得注意的事情是：未加区别，就把土地和劳动，和资本配置在一处。实则，资本是一个生产要素的一个形态，这个形态是属于一定的生产方法，属于社会生产过程之一定的历史的姿态的。换言之，它是一个与一定社会形态结合着并表现在这个形态上的生产要素。土地和劳动却是现实劳动过程的两个要素；在物质的形态上，它们是各种生产方法所共同的，它们是每一种生产过程都包含的物质要素，与生产过程的社会形态，是丝毫没有关系的。

第二，在资本——利息，土地——地租，劳动——工资公式

---

① 译者注：据马恩研究院版加注，此句大体是"如果我们是考察一般"。

内，资本，土地，和劳动，各别表现为利息（不是利润）、地租和工资的源泉，而利息地租和工资则表现为它们各自的生产物，它们各自的果实。前三者表现为理由，后三者表现为后果；前三者表现为原因，后三者表现为结果。每一个源泉，都和它的派生物，它的生产物，结合在一处。这三种所得利息（不是利润），地租，工资，是生产物的价值的三部分，从而，一般说来，是三个价值部分，如用货币表示，便是一定的诸货币部分或诸价格部分。资本——利息这个公式，虽是资本的最无概念的公式，但总归是资本的一个公式。但土地怎样会创造一个价值，一个社会规定的劳动量，怎样会创造它自身的生产物（那形成地租）那个特殊的价值部分呢？比方说，在小麦这种使用价值，这种物质生产物的形成上，土地是当作一个生产因素发生作用的。但它和小麦价值的生产，却是完全没有关系。在价值表现为小麦的限度内，小麦仅被视为是一定量的对象化的社会劳动，和这种劳动所依以表现的特殊物质或这种物质的特殊使用价值，完全没有关系。第一，在其他各种事情没有变化的限度内，小麦的贵贱虽依存于土地的生产力，但上述的事实，并不与这个事实相矛盾。农业劳动生产力，与自然条件分离不开，而同量劳动究竟表现为多量或少量的生产物或使用价值，又就要看这种劳动的生产力来决定。表现在一布奚内的劳动量究竟多大，那要看此量劳动供给了几多布奚的小麦。在这场合，价值究表现为若何量的生产物，那要取决于土地的生产力。但这个价值，是独立在这种配分之外，被给予了。价值表现在使用价值内；使用价值是价值创造的条件；但若在一面安置一个使用价值（土地），在别一面安置一个价值，尤其是一个特殊的价值部分，要由此形成一种对立，却是一个愚行。第二（在这里，草稿断了。——F. E.）

Ⅲ

庸俗经济学实际不过传教似的，拿一些观念来解释，来系统化，来辩护。那些拘囚在资产阶级生产关系内部的这种生产的代理人，就是抱这些观念的。所以，庸俗经济学会对于经济关系之疏远的现象形态，会特别觉得熟习，一点不足怪，因为经济关系之显然不合理的矛盾，就是在这种现象形态内。但若把事物的现象形态和事物的本体直接混为一谈，一切科学都会成为无用的了。内部联系越是隐蔽，但这种经济关系尚为普通人所熟习的时候，这种经济关系，毫不足怪，在庸俗经济学看来会越是成为自明的。庸俗经济学所从以出发的三位一体公式：土地——地租，资本——利息，劳动——工资或劳动价格，其实是三个分明不可能的组合，但对于这个事实，庸俗经济学一点也没有感觉到。最先我们有使用价值土地（那没有任何的价值），和交换价值地租：因此，一种当作一个物来把握的社会关系，被拿来和自然相比例了；两个不能公约的量，被认为应互相比例了。其次讲到资本——利息。如果把资本当作一个确定的由货币而独立表现的价值额，那么，说一个价值应该是一个比它的价值更大的价值，就显然是无意义的了。在资本——利息的形态上，当中一切的媒介都消失了，资本还原成为最一般的，从而就自体言也不能说明的，不合理的公式了。也就因为这个缘故，庸俗经济学情愿采用资本——利息的公式，而不情愿采用资本——利润的公式，因为前一个公式有一个秘密的性质，可以使一个价值变为和自身不相等的价值，后一个公式却更近似地把现实的资本关系表露了。其后，他们为一个不安的念头（4不能是5，100台娄尔不能是110台娄尔）所驱策，又另思逃避的方法，不把资本当作价值，却把它当作资本的物质体来考察，那就是把它当作使用价值，当作劳动的生产条件，机械，原料等。由这个方法，他们用一个完全不能公约的关系（一方是一个使用价值，一个物，他方是一个确定的社会生产关系，剩余价值），代替上面那个不能理解的关系（依照这个关系，4＝5）。这个情形，恰好和土地所有权的情形相同。庸俗经济学一经达到这个不能公约的关系，在它看来，便一切都明白了，它就不觉得有进一步考察的必要了。因为一经达到这里，在资产阶级的观念上，那就是"合理的"了。最后，我们有劳动——工资（劳动价格）。我们曾在第一卷讲过，这个表现显明是与价值的概念相矛盾的，也同样是与价格的概念相矛盾的。一般说来，价格只是价值之一定的表现。"劳动价格"这个名词，正好和"黄色对数"一样是不合理的。但在这里，庸俗经济学才感到真的满足。因为他们现在达到了资产者的深刻的理解了，那就是他曾支付货币作为劳动的代价；并且因为，这个公式与价值概念相矛盾的事实，正好使他们解脱义务，无须去理解价值的概念。

＊　　　＊

我们曾经讲过①，资本主义生产过程，是社会生产过程一般的一个历史规定的形态。这个社会生产过程，是人类生活的物质生存条件的生产过程，同时又是一个在特殊的历史的经济的生产关系内进行的过程，这个过程生产并再生产这个生产关系本身以及这个过程的担当者，他们的物质生存条件，他们的相互关系，他们的一定的经济的社会形态。这种生产当事人对自然的关系，

---

① 依照原稿，这里是第四十八章的开始。

他们相互间的关系，总之，他们进行生产的各种关系的总和，就是从他们的经济构造方面考察到的社会。像一切以前的生产过程一样，资本主义生产过程也是在一定的物质条件下进行的，但这种物质条件，同时是一定的社会关系的担当者；各个人就是依照这种关系，加入生活再生产的过程。从一方面说，这诸种条件和这诸种关系是资本主义生产过程的前提；从别一方面说，它们又是资本主义生产过程的结果和创造物；它们是由它生产的，再生产的。我们又讲过，资本——资本家只是人格化的资本，在生产过程内，他只以资本担当者的资格发生机能——会在与它相照应的社会生产过程内，由直接生产者或劳动者，汲出一定量的剩余劳动来，这种剩余劳动是没有给付任何代价的。在本质上，那依然是强制劳动，虽然它很像是自由契约的结果。这种剩余劳动表现为一个剩余价值，这个剩余价值存在一个剩余生产物内。它总归是剩余劳动，是一定欲望程度以上的劳动。这种剩余劳动，在资本制度内，是同在奴隶制度内一样，只有一个对立的形态，并由社会一部分人完全游惰这一件事来补足。为保障意外的事变，为使再生产过程得适应需要的发展和人口的增加而有必要的累进的扩大——从资本主义的观点说，那就是蓄积——都需有一定量的这种剩余劳动才行。资本的文明面，是在这种方法，这种条件下面，强取剩余劳动出来；在这种方法这种条件下面，和以前的奴隶形态农奴形态比较起来，它可以更有利地促进生产力的发展，促进社会关系的发展，并促进一个高级新社会层序的诸要素的形成。资本一方面引出一个阶段，在那里，社会一部分牺牲别一部分，而实行强制，并独占社会发展（那包含物质方面和知识方面的种种利益）的情形，是消灭了；在另一方面，它又创造物质的手段和一种关系的萌芽，使这种剩余劳动的提供，不妨在一个较高级的社会形态上，大大把从事物质劳动的时间减少。因为，依照劳动生产力的发展程度，剩余劳动可以在较小的总劳动日内比较大，也可以在较大的总劳动日内比较小。如果必要的劳动时间＝3，剩余劳动＝3，总劳动日＝6，剩余劳动的比率＝100％。如果必要劳动＝9，剩余劳动＝3，总劳动日＝12，剩余劳动的比率只＝33$\frac{1}{3}$％。又，在一定时间内，从而，在一定的剩余劳动时间内，究竟会生产多少的使用价值，那也要看劳动的生产力而定。社会的现实财富，和再生产过程不断扩大的可能，非依存于剩余劳动的大小，乃依存于剩余劳动的生产力，依存于生产条件（剩余劳动所依以进行的条件）的丰度的大小。实在说来，自由的国，必须在劳动不复由必要和外部目的规定的地方，方才会开始。依照事物的性质，这个自由的国，就是在严格的物质生产范围的彼岸。未开化人为要满足各种欲望，为要维持并繁殖生命，必须与自然相争斗；同样，文明人也必须与自然争斗；并且，无论他生在哪种社会形态内，生在哪种可能的生产方法下，他都必须与自然争斗。他越是发展，这个自然必然的国，会越是扩大，因为欲望也会增大；但同时，满足这种欲望的生产力，也会增进。在这个领域内，自由不过是由这一点成立：即社会化的人，协合的生产者，合理地调节他们和自然的物质代谢机能，把自然放在他们的共同管理下，不让它当作一种盲目的力来支配自己，却以最小的力的支出，在最与人性相照应相适合的条件下，实行这种机能。但这个领域，依然常常是必然的领域。在这领域的彼岸，以自身为目的的人间力的发展，真的自由国，方才开始。并且，这个自由国仍须以必然国为基础，方才可以开花结果。劳动日的缩短，是根本条件。

在资本主义社会内，这个剩余价值或剩余生产物——把分配的种种偶然变动除开不说，只考虑它的支配法则，它的正常限界

——是比例于各个资本家在社会总资本内所占有的比例部分，当作股息，分配于诸资本家间。在这个姿容上，剩余价值表现为平均利润，而归于资本家。这个平均利润，会再分为企业利益和利息，并在这两个范畴内，归于不同种的资本家。剩余价值或剩余生产物是由资本占有和分配的；但这种占有和分配，有土地所有权，从中发生限制。机能资本家汲取剩余劳动，并在利润形态上，从劳动者那里，汲取剩余价值和剩余生产物；同样，土地所有者又在地租形态上，依照以前所说明的法则，再从资本家那里，汲取这个剩余价值或剩余生产物的一部分。

所以，如果我们在这里说到利润（即剩余价值属于资本的部分），我们就是指平均利润（企业利益加利息），那已经在总利润（就其量而言，那就是总剩余价值）中，把地租扣除了。地租的扣除，被假设为前提。资本利润（企业利益加利息）与地租，不外是剩余价值的诸特殊部分，是剩余价值的诸特殊范畴；剩余价值就是按照这诸种范畴，或归属于资本，或归属于土地所有权。这种情形决不会在本质上，引起任何变化。合计起来，它们就构成社会剩余价值的总和。资本直接从劳动者那里，汲取剩余劳动，剩余劳动表现为剩余价值或剩余生产物。在这意义上，资本可视为是剩余价值的生产者。土地所有权对于现实的生产过程没有任何的关系。它的职能，不外是把所生产的剩余价值的一部分，由资本的钱袋内，移到自己的钱袋内。但土地所有者在资本主义生产过程内所以有其职能，不仅因为他会对于资本，加上压迫，也不仅因为大土地所有权是资本主义生产的一个前提和条件（因为资本主义生产，必须先把劳动者的劳动条件剥夺），并且尤其是因为，土地所有者表现为一个最必要的生产条件的人格化。

最后，劳动者以个人劳动力所有者和售卖者的资格，会在工资名义下，受得生产物的一部分。我们称作必要劳动的那部分劳动（即维持并再生产这个劳动力所必要的劳动；在这里，我们且不必问维持和再生产的条件，是丰饶的，或是贫乏的，是有利的，或是不利的），就是表现在生产物的这个部分里面。

就其他各方面说，这诸种关系是极不相同的，但它们有这样一个共通点：资本逐年以利润供于资本家，土地逐年以地租供于土地所有者，劳动力——在通例的情况下，在依然可以使用的限度内——逐年以工资供于劳动者。逐年生产的总价值的这三个价值部分，及逐年生产的总生产物的相应诸部分——在这里我们且把蓄积除开不说——逐年由它们各自的所有者消费掉，也不致把它们的再生产的源泉弄成枯竭。它们好像是一株长生树或三株长生树的可以逐年消费的果实，它们形成三个阶级的年所得，即资本家，土地所有者，和劳动者的年所得。这诸种所得，是由机能资本家，以剩余劳动直接榨取者和劳动使用者的资格，分配开来的。资本对于资本家，土地对于土地所有者，劳动力（或不如说劳动，因为劳动者只把劳动力当作实现的劳动力来售卖，并且因为我们前面讲过，在资本主义的基础上，在劳动者看来，劳动力的价格必然会表现为劳动的价格）对于劳动者，会表现为三种所得（利润，地租，与工资）的源泉。如果我们从下面讲的意义说，那确乎是这样的：因为对于资本家，资本是一个永久的汲取剩余劳动的机械；对于土地所有者，土地是一个永久的吸引一部分剩余价值（资本所汲出的剩余价值）的磁石；最后，对于劳动者，劳动又是一个不断更新的条件和手段，劳动者在他所创造的价值中，就由此得在工资名义下，取得一部分，并在社会生产物中，取得由这个价值部分来尺度的一部分，即必要生活资料。又由下面这种意义来说，那也是这样的：因为资本会把价值的一部分，从而把年劳动的生产物的一部分，固定在利润的形态上，土地所有权会把当中的别一部分，固定在地租的形态上，工资劳动会把当中的第三个部分，固定在工资的形态上，且也就由这种转化，把年劳动的生产物，转化为资本家，土地所有者，和劳动者的所得，虽然被转化为这几个范畴的实体，并不是这样创造的。这种分配，宁可说以这种实体的存在为前提，即以年生产物的总价值为前提。这个总价值，不外是对象化的社会劳动。但在生产当事人看来，在生产过程的各种机能的负担者看来，事情并不是在这个形态上表现。它是表现在一个颠倒的形态上了。为什么会这样，我们研究下去，就会知道的。在这种生产当事人看来，资本，土地所有权，和劳动，像是三种互相不同的互相独立的源泉；在逐年生产的价值（及这个价值所依以存在的生产物）中，这样三个不同的部分，好像就是由这三个源泉生出的。在他们看，不仅这个价值的诸种形态，即归属于社会生产过程诸特殊因素的诸种所得形态，是由这诸种源泉生出，并且这个价值，这诸种所得形态的实体，也好像是由这诸种源泉生出的。

（这里，原稿有一页脱漏。——F. E.)

……对差地租与土地的相对丰度相结合，换言之，与土地本身的性质相结合。但第一，如对差地租是以各种不同的土地的生产物有各种不同的个别价值这件事为基础，则在这限度内，它是完全照以上所述的方法决定。但第二，如果它是以调节的一般的和这种个别价值不同的市场价值为基础，则在这限度内，它就是一个社会的由竞争而贯彻的法则，这个法则既然和土地没有关系，也和土地丰度的差别程度没有关系。

好像至少"劳动——工资"这个公式，表现了一种合理的关系。但其实，它和"土地——地租"一样，完全没有这种表示。劳动虽是价值形成的要素，并表现在商品的价值内，但它对这个价值在不同诸范畴间的分割，是没有一点关系。在它有工资劳动的特殊的社会性质的限度内，它连价值形成的要素也不是。我们以前曾经讲过，工资或劳动价格只是劳动力的价值或价格之不合理的表现；这种劳动力售卖的一定的社会条件，与当作一般生产因素的劳动，没有何等关系。劳动也对象化在商品价值那成为工资或劳动力价格的部分；它创造生产物的这个部分，像创造生产物的别一个部分一样，它对象化在这个部分内，是和它对象化在别个部分（即形成地租或利润的部分）内，完全没有两样，不更多，也不是不相同。一般说来，当我们视劳动为价值形成要素时，我们所考察的，并不是它的当作生产条件的具体姿容，却只是一个社会性质。这所谓社会性质，是和工资劳动的社会性质有别的。

就连"资本——利润"这个表现，在这里，也是不正确的。如果我们只从它会生产剩余价值的关系，只从它和工资劳动的关系（在这种关系内，资本会以强力加于劳动力，即加于工资劳动者，并由此汲取剩余劳动），来考察资本，我们就应知道，这个剩余价值，在利润（企业利益加利息）之外，还包含地租，总之，包含全部未曾分割的剩余价值。而在相反的方面，如果把它当作所得的源泉，我们所考察的，就只是归属于资本家的那一部分了。这个部分，不是资本所汲出的剩余价值全部，不过是为资本家汲出的部分。并且，只要我们把这个公式转化为"资本——利息"，一切的关联就都消失了。

我们第一要考察这三个源泉的不同类。其次，我们要考察，它们的生产物，它们的产儿（所得），却相反地属于同一个范围，那就是，都属于价值的范围。但这种关系——那不仅是不能公约的量的关系，并且是完全不相等，全无关系，且不能相比较的诸物的关系——却只能这样解决；那就是，资本也和土地及劳动一样，只从物质的实体方面被考察，当作单纯的所生产的生产手段；但这样考察的时候，它和劳动者的关系，它的价值方面，就全被舍象了。

第三层，在这意义上，资本——利息（利润），土地——地租，劳动——工资这个公式，显出了一种一律的均齐的自相矛盾来。实在说，如不把工资劳动表现为一个社会规定的劳动形态，反之，却把一切劳动认为在性质上就是工资劳动（拘囚在资本主义生产关系内的人，就是这样看的），对象劳动条件——所生产的生产手段和土地——对工资劳动所采取的一定的特殊的社会形态（反过来，这种社会形态，也是以工资劳动为前提），就无条件地，和这诸种劳动条件的物质存在相合一了，和它们在一般现实劳动过程（与它的历史规定的社会形态相独立，甚至于与任何的社会形态相独立）内所有的姿容相合一了。和劳动相分离并且与劳动相对而独立化的这个转化的劳动条件形态（在这个形态上，所生产的生产手段转化为资本，土地转化为独占的土地，为土地所有权），原来是属于一定历史时期的，但现在，也和所生产的生产手段和土地在一般生产过程内的存在和机能，合而为一了。每一种生产手段，就自体说，都天然就是资本了；资本不外是每一个生产手段的"经济名称"了。同样，土地就自体说，也天然就是若干土地所有者所独占的土地了。在资本及资本家——他在事实上不外是人格化的资本——手里，生产物成为一种与生产者对立的独立的权力；而在土地所有者手里，土地也人格化了，且也当作一种独立的权力，在它所组成的生产物内要求一份。所以，不是土地为恢复并增进它的生产力，而在生产物内受取那归属于它的部分，却是土地所有者，为要使自己能够售卖或浪费，而在生产物内，要求一部分。很明白，资本是以劳动当作工资劳动这一件事为前提。但同样明白，如果从当作工资劳动的劳动出发，无条件把每一种劳动当作就是工资劳动，资本和独占

913

的土地，也必表现为劳动条件的自然形态，而与劳动一般相对立了。资本就好像是劳动手段的自然形态，好像是纯粹的物的性质，是由它在一般劳动过程内的机能发生的了。资本与所生产的生产手段，就成为相同的名词了。同样，土地与私有权独占着的土地，也成为相同的名词了。而天然为资本的诸劳动手段自身，就这样成为利润的源泉；土地自身，也就这样成为地租的源泉了。

　　劳动自体（即单纯的合目的的生产活动），不是从生产手段的确定的社会形态方面，只是从生产手段的物质实体方面，把它们当作材料和手段，来和它们发生关系。这种材料和手段，也只在物质方面，当作使用价值，而彼此互相区别，那就是，土地是当作非生产的劳动手段，别的生产手段是当作所生产的劳动手段。如果劳动与工资劳动是同一的，劳动条件（与劳动相对）所采取的确定的社会形态，也就和它们的物质的存在，合而为一了。这样，就自体说劳动手段就是资本，土地本身也就是土地所有权了。劳动条件在形式上与劳动相对而独立了，它们（和工资劳动相对）所采取的特殊的独立化形态，就成了一个和它们（当作物，当作物质生产条件）不能分离的特性，成了它们（当作生产要素）和必要的内在的性质了。它们在资本主义生产过程内的社会性质，原来是由一个确定的历史时期规定的，但这种社会性质现在竟像是此等劳动条件（当作生产过程的要素）自然具有、永远具有和本来具有的物的性质了。所以，土地（当作劳动的原始的使用范围，当作自然力的领域，当作一切劳动对象的本有的演武场）和所生产的生产手段（工具，原料等）在生产过程内的职能，就必须各别表现为资本和土地所有权所要求的份额了。这诸种份额，是在利润（利息）和地租的形态上，归属于它们的社会代表者手中，像劳动在生产过程内的职能，会在工资的形态上，表现为劳动者所受的份额一样了。地租，利润，工资三者就好像是由土地，所生产的生产手段，和劳动在单纯劳动过程内的职能发生了；虽然在我们看来，这个劳动过程，只是在人类和自然之间进行的，我们在考察它的时候，也把一切历史的规定性质，除开来不说。说工资劳动者的为自己的劳动所依以表现的生产物当作工资劳动者的收益，当作工资劳动者的所得，只是他的工资，只是代表他的工资的价值部分（由这个价值量计的社会生产物的部分），那不过把同一件事情，再表现在别一个形态上。

所以，如果工资劳动是与劳动一般相合一，工资也就与劳动生产物相合一了，工资所代表的价值部分也就与劳动所创造的价值一般相合一了。但这样，别的价值部分，利润和地租，也同样与工资相对立而独立了，必定是由它们自身的源泉（和劳动相异且相独立的源泉）发生的了。此等属于诸种生产要素所有者的价值部分，必定是由这诸种一同作用的生产要素，发生的了，那就是，利润必定是由生产手段（资本的物质要素）发生的，地租必定是由土地所有者所代表的土地或自然，发生的了。（罗雪尔）

土地所有权，资本，和工资劳动，就在如下的意义上，成为所得的诸源泉了：那就是，资本会为资本家，在利润形态上，由劳动拔取剩余价值的一部分；土地的独占，会为土地所有者，在地租形态上，拔取剩余价值的别一部分；劳动则为劳动者，在工资形态上，取得可利用的残余的价值部分。由此，价值的一部分转化为利润的形态，价值的第二部分转化为地租的形态，价值的第三部分转化为工资的形态，——那就是，转化为现实的源泉；好像此等价值部分及相应的生产物诸部分（此等价值部分所依以存在的或所交换的生产物部分），是由这各种源泉生出的了；生产物的价值，也好像是由这各种源泉生出，好像它们就是最后的源泉一样。①

在讨论资本主义生产方法的最单纯的范畴，甚至在讨论商品生产的最单纯的范畴，即讨论商品和货币时，我们已经论证了这种神秘的性质；使社会关系（它是以生产上的财富的物质要素为担当者）转化为物自体的性质（商品），更进而公然使生产关系转化为一物（货币）的，就是这种神秘的性质。一切已经有商品生产和货币流通的社会形态，都有这样一种颠倒。但在资本主义生产方法和资本（资本是资本主义生产方法的支配范畴，是资本主义生产方法的决定的生产关系）这个妖怪的颠倒的世界，是更发展得多。我们且把直接生产过程内的资本，视为是剩余劳动的吸收器，这种关系还是极其单纯的，现实的关联也还会印在资本家自己（这个过程的担当者）心中，存在他们意识内。限制劳动日的激烈的斗争，可以明白证明这一点。但即在这个非间接的范围（劳动和资本间的直接生产过程的范围）内，事情也不只是这样单纯。在严格的特殊的资本主义生产方法内，劳动的社会生产力发展，相对剩余价值也会跟着发展的。但这种生产力和劳动在直接劳动过程内的社会结合，好像会由劳动的领域，移到资本的领域来一样。由此，资本取得了一个极神秘的本质了，因为劳动的社会生产力，好像是属于资本的，不是属于劳动自身的了，换言之，好像是由资本胎内生出的力量了。其次，流通过程及其物质变化与形态变化，插进来了。一切的资本，包括农业资本在内，都照应于特殊资本主义生产方法的发展程度，必须加入

① "工资，利润，和地租，是一切所得和一切交换价值的三个原始源泉。"（亚当·斯密《国富论》第一篇第六章）——"所以，物质生产的原因，同时即是现存各种原始所得的源泉。"（斯托齐《经济学教程》圣彼得堡 1815 年第一篇第 259 页）

这种流通过程里面。而在这个范围之内，本来的价值生产的关系，是完全被丢到后面去了。在直接的生产过程内，资本家已经同时是商品生产者，而以商品生产指导者的资格，从事活动。所以，在资本家看来，这个生产过程绝非单纯表现为剩余价值的生产过程。且无论资本在直接生产过程内吸取了多少的剩余价值，也无论这种剩余价值表现为多少的商品，商品内含的价值和剩余价值，总是要在流通过程内实现的。生产上垫支的价值的收回和商品内含的剩余价值，都好像不只是在流通过程内实现，并且是由流通过程发生。这个外观，又特别由两个事情加强了：第一是由诈欺，奸谋，灵敏，熟练，及各种市况弄来的让渡利润（Profit bei Veräusserung）；第二是在劳动时间之外，尚有第二个决定的要素，即流通时间加入。流通时间固然只是价值形成和剩余价值形成的消极的限制，但却有一个外观，好像它和劳动一样是积极的理由，好像是一个与劳动毫无关系而从资本性质发生的决定要素。在第二卷，我们只就流通领域所引起的形态决定性，来说明流通领域，换言之，我们不过论证，资本的姿态，在流通领域以内，是怎样继续展开的。实则，这个领域，是竞争的领域，如就个个的情形考察，这个领域，是由偶然支配的。在这个领域内，由这些偶然事变而贯彻，并支配这些偶然事变的内部法则，必须在这种偶然事变大量集合的地方，方才会明白显示出来。但对于个别的生产当事人，它依然是不明白的，不能理解的。再者，现实的生产过程，当作直接生产过程和流通过程的统一，又引起了诸种新形态，在这诸形态内，内部关联的脉络是益益消灭掉，诸生产关系是益益互相独立化，诸价值成分是益益凝化为互相独立的诸形态。

我们讲过，剩余价值的利润化，由流通过程决定，和由生产过程决定一样。利润形态上的剩余价值，不复仅与投在劳动上面的资本部分（它就是这个部分发生的）相关，而与总资本相关了。利润率是由它自身的法则调节；这个法则，在剩余价值率不变时，可以让利润率发生变化，甚至使利润率必须发生变化。这一切，都益益把剩余价值的真性质蒙蔽着，从而把资本的现实机构隐蔽着。而利润到平均利润的转化，价值到生产价格的转化，价值到调节的平均的市场价格的转化，更加有这样的作用。在这里，一个复杂的社会过程插进来了，那就是资本的均衡化过程。这个过程，使商品的相对的平均价格，和商品的价值相分离，还使各生产部门（且不说各特殊生产部门的个别投资）的平均利润，和特殊资本的现实的劳动榨取程度相分离。不仅看起来好像是这样，并且在事实上，商品的平均价格，也和它的价值，它里面实现的劳动有差别；一个特殊资本的平均利润，也和该资本由它所使用的劳动者那里拔取出来的剩余价值有差别。商品的价值，不过直接在这种影响——即劳动生产力的变化对于生产价格的腾落变动的影响，不是它在生产价格最后限界上发生的影响——上，表现了。利润好像不过附带由直接的劳动榨取程度决定；那就是，好像除非劳动的榨取，允许资本家实现一个和平均利润（即调节的市场价格所包含的利润，那好像和直接的劳动榨取，全然没有关系）不一致的利润，否则，利润便不是由直接的劳动榨取程度决定的。这个正常的平均利润，好像是资本所固有的，与劳动榨取全然没有关系。变则的榨取，或异常有利条件下的平均榨取，似乎只决定它与平均利润相差的程度，并不决定平均利润自身。最后，利润之分割为企业利益与利息（且不说商业利润和货币经营业的利润，那是以流通为基础，好像完全是由流通发生的，完全不是由生产过程发生的），又把剩余价值的形态的独立化过程，把它的形态（与它的实体，它的本质相对立）的凝固化过程，完成了。利润的一部分（与别一部分相对立），完全和资本关系的自体相分离了，它自称不是榨取工资劳动这一种机能的结果，而自称系由资本家自己的工资劳动生出。而在另一方面，利息又当作与劳动者的工资劳动无关，也与资本家自身的劳动无关的东西，好像是由资本自身这一个独立的源泉发生的。资本原来已在流通的表面上，表现为资本拜物教，表现为创造价值的价值，现在又在生息资本的形态上，取得它的最疏远最特别的形态。为了这个理由，"资本——利息"，当作"土地——地租""劳动——工资"的第三环，就比"资本——利润"，更首尾一贯了。因为，在利润，我们还会时时记起它的起源，而在利息的场合，那就不仅它的起源消灭了，它还被固定在和这个起源恰好相反的形态上。

最后，资本，当作剩余价值的独立源泉，有土地所有权，与其相并立，那是当作平均利润的限制，使剩余价值的一部分，移转到一个阶级手上，他们既不亲自劳作，也不直接榨取劳动者，又不像生息资本那样，有资本贷放不免危险和牺牲的借口，来作道德上的慰安。在这里，因为剩余价值的一部分，好像是直接与一个自然要素（土地）相结合，不是直接与一个社会关系相结合，所以剩余价值不同诸部分相互疏隔化和凝固化的形态，就完成了，它们的内部关联就完全裂断了，剩余价值的源泉就完全隐没了。这正好是诸生产关系（与生产过程诸物质要素相结合的诸生产关系）相互独立化的结果。

资本——利润（或资本——利息），土地——地租，劳动——工资，这是一个经济的三位一体，它表示价值的和财富一般的诸构成部分与其源泉，有怎样的关系。在这个经济的三位一体内，包含资本主义生产方法的神秘化，包含社会关系的实物化，包含物质的生产关系与其社会历史的决定性直接混而为一的看法。那是一个妖怪的颠倒的倒立着的世界。在这个世界内，资本先生和土地太太，是当作社会的人物，同时又当作单纯的物，来实行他们的魔术。把这个虚伪的外观和错觉，把财富的不同诸社会的要素的独立化和凝固化，把物的人格化和生产关系的物化，把这个日常生活的宗教拿来解决，那是古典派经济学的伟大功绩。古典派经济学在解决这一点时，是把利息还原为利润的一部分，把地租还原为平均利润以上的剩余，所以二者会在剩余价值内相合一。又，古典派经济学还把流通过程当作单纯的形态变化来说明，最后，并且在直接的生产过程内，把商品的价值和剩余价值，还原为劳动。不过，在古典派经济学内，就连那第一流的发言人，也还多少拘囚在他们曾经批判地解决过的外观世界内；从资产阶级的立场看，那不能再有别的办法。所以，他们全体多少都陷在首尾不一贯，半途而止，和不能解决的矛盾中。但在另一方面，现实的生产当事人对于这个疏隔的不合理的形态（资本——利息，土地——地租，劳动——工资），会非常觉得熟习，却是极其自然的；因为，他们正是在这个外观的形态内活动，他们每日处理的，也正是这个形态。庸俗经济学，本来不过把现实生产当事人的日常观念，教训式地，甚至宣传式地，翻译过来，并且把此等观念，依照某种可以理解的次序排列起来。所以，这个三位一体，虽完全缺少内部的关联，但在庸俗经济学看来，这个三位一体却成为自然的毫无疑问的基础。他会由此建立他的浅薄的教义，这也是一件极其自然的事。同时，这个公式还与支配阶级的利害关系相一致，因为这个公式宣称他们的所得源泉，有自然的必然性和永远的合理性，并且把它们当作一个教义举起来。

我们说明生产关系的实物化和独立化（与生产当事人相对而独立化）时，没有说到，世界市场及其状况，市场价格的变动，信用的期限，产业和商业的循环，繁荣与恐慌的交代这种种情形所树立的关联，怎样在生产当事人看来，会成为一个压倒的不听他们意志支配的自然法则，并与他们相对立，成为一个盲目的必然性。为什么不说到呢，因为现实的竞争运动，是在我们的计划之外，我们是只讨论资本主义生产方法的内部组织，只说明它的理想的平均状态。

在以前的社会形态内，这个经济的神秘，大体只与货币和生息资本有关。依照事物的自然，这个神秘，在如下的场合，是不会存在的。第一，在生产主要为使用价值，为满足自身欲望的地方，这种神秘是不会存在的。第二，在奴隶制度或农奴制度形成社会生产的广大基础的地方，例如古代和中世纪，这种神秘也是不会存在的。在这两种制度下，生产条件支配生产者的情形，为主从关系所隐蔽了。这种主从关系，表现为生产过程的直接动力，并且是这样明白可见的。而在盛行原始共产主义的原始共同体内，甚至在古代的都市共同体内，表现为生产的基础的，还就是共同体自身以及它的各种条件，而共同体的再生产也好像就是生产的最后目的。就在中世基尔特制度内，资本与劳动也还不是毫无拘束。它们的关系由行会的规则，由与这种规则有关的各种关系，由与这各种关系相照应的种种观念（职业义务，师徒关系等的观念）所决定。一直到在资本主义生产方法下……

生产过程的分析

第四十九章

　　对于我们如下的分析，我们可不问生产价格和价值的区别。这里是考察劳动总年生产物的价值，是考察社会总资本的生产物的价值。在这里，这种区别一般是会消灭的。

　　利润（企业利益加利息）和地租，不外是商品剩余价值诸特殊部分所采取的特殊形态。剩余价值分成诸部分，剩余价值的大小，就是这诸部分的总和之限界。所以，平均利润加地租，就等于剩余价值。固然商品内包含的剩余劳动的一部分，从而，剩余价值的一部分，可以不直接加入平均利润的均衡，所以，商品价值的一部分也可以不表示在商品价格内，但第一，这个情形，会由下述两种事实之一，得到补偿：（1）如果那种在价值以下出售的商品，形成不变资本的要素，利润率就会增加；（2）如果在价值以下售卖的商品，是当作个人的消费品，并加入那当作所得被消费的价值部分，利润和地租就会表现为一个较大的生产物。第二，这个情形还会在平均运动中抵消掉。无论如何，不在商品价格内表示的剩余价值部分，即令会在价格形成上丧失掉，平均利润加地租的总和，也不会在通例形态下，比总剩余价值更大，虽然可以比总剩余价值更小。它们的通例形态，是以一个与劳动力价值相照应的工资为前提。就连独占地租（Monopolrente），只要它不是工资的扣除，又不形成特殊的范畴，它也必然间接是剩余价值的一部分，虽然这个独占地租，不像对差地租那样，是该商品生产成本以上的价格剩余（Preisüberschuss）部分，也不像绝对地租那样，是该商品剩余价值的依平均利润计量的部分以上的价格剩余部分，但至少是其他诸商品的剩余价值的一部分，如果这其他诸商品，是要和这种有独占价格的商品相交换的。——平均利润加地租的总和，决不能较此等部分所由以形成的总量为大，这个总量已经在分割以前给予了。商品的全部剩余价值或包含在商品内的全部剩余劳动，是否全都实现在商品价格内，对于我们的研究，乃是一件没有关系的事。因劳动生产力不断变动，生产一定商品的社会必要劳动量不断变动，商品一部分常须在变则条件下生产并在个别价值以下售卖之故，剩余劳动已经不能全部实现了。但无论如何，利润加地租总须与全部实现的剩余价值（剩余劳动）相等，而为我们当前的考察计，我们尽可假设实现的剩余价值，是等于全部的剩余价值；因为利润和地租是实现的剩余价值，一般说来，是加入商品价格内的剩余价值，所以实际说来，它们就是形成这个价格一部分的剩余价值全部。

在另一方面，所得的第三个特殊形态，工资，常常是与资本的可变部分相等。资本的这一部分，不是投在劳动手段上面，却是用来购买活劳动力，支付劳动者的（有一种劳动，是在所得的支出上得到给付的。这种劳动，是由工资、利润或地租支付，但决不是这种支付所依以实行的商品的价值部分。所以在商品价值及其构成部分的分析上，它是不在我们考虑之内的）。工资是劳动者的总劳动日一部分的对象化；可变资本的价值，从而，劳动的价格，就是在总劳动日的这一部分，再生产的。换言之，工资是商品价值的一部分，劳动者就依赖这一部分，来再生产他自身的劳动力或他的劳动的价格。劳动者的总劳动日是分成两部分的。劳动者在其中一部分实行的劳动量，是再生产他自身的生活资料的价值所必要的。那是他的总劳动日的有给部分，是维持他自身，再生产他自身所必要的劳动。劳动日的其余的全部，全部残余的劳动量（即实现为工资价值的劳动以上的劳动量），便是剩余劳动，是无给劳动，由全部商品生产的剩余价值，由一个剩余的商品量来代表。那是剩余价值，但又分为命名不同的诸部分，即利润（企业利益加利息）和地租。

劳动者在一日间或一年间加入的总劳动，实现在商品的诸价值部分的全体内。这诸价值部分的全体，这个劳动所创造的年生产物的总价值，分解为工资、利润和地租的价值。因为这个总劳动分为必要劳动（由此，劳动者创造了生产物的一个价值部分，那就是所付于他的工资）和无给的剩余劳动（由此，劳动者又创造了生产物的一个价值部分，那代表剩余价值，后来再分割为利润和地租）。在这个劳动之外，劳动者没有实行任何劳动；在这个生产物的总价值（那采取工资、利润、地租的形态）之外，劳动者也没有创造任何价值。一年新加劳动所依以表现的年生产物的价值，等于工资（可变资本的价值）加剩余价值（那又分割为利润的形态和地租的形态）。

所以，劳动者在一年间创造的年生产物诸价值部分的全体，表现在三种所得的常年价值的总额上，那就是表现在工资、利润和地租的价值上。所以，很明白，在一年创造的生产物价值中，不变资本部分的价值，未曾被再生产，因为，工资仅等于在生产上垫支的可变资本部分的价值，地租和利润仅等于剩余价值，等于垫支资本总价值（那等于不变资本的价值加可变资本的价值）以上的所生产的价值超过额。

转化为利润和地租的剩余价值，有一部分，不当作所得来消费，但用来蓄积。但这事实，对于我们这里所要解决的困难，是没有什么关系的。当作蓄积基金而节省下来的剩余价值部分，是用来构成新的追加的资本，不是用来代置旧资本的投在劳动力上面或投在劳动手段上面的部分。所以在这里，为简明起见，我们可以假设，全部所得，都加入个人的消费内。困难从两方面表现出来，从一方面说，所得（工资，利润，地租）是支出在年生产物上，这一部分年生产物的价值，除分解为工资的价值部分和分解为利润和地租的价值部分之外，还包含一个价值部分，与其所用去的不变资本部分的价值部分相等。所以，它的价值＝工资+利润+地租+C（代表它的不变价值部分）。请问，只等于工资+利润+地租的年生产的价值，怎样能购买一个价值＝（工资+利润+地租）+C的生产物呢？年生产的价值，怎样能购买一个有较高价值的生产物呢？

从另一方面说，如果我们把不变资本那不加入生产物中去的部分（这个资本部分，在商品的年生产之后，是和在年生产之前一样存在着，不过价值减小了）除开不说，换言之，如果我们把那个只使用、但不用掉的固定资本暂时丢开不说，我们就将发觉，垫支资本的不变部分，在原料和补助材料形态上的，会完全移入新生产物内，同时，劳动手段的一部分也会完全消费掉，别一部分也会局部消费掉，那就是，其价值有一部分会在生产上消费掉。不变资本在生产上消费掉的部分，必须全部在自然形态上代置。假设其他一切事情（尤其是劳动的生产力）保持不变，这部分的代置所须费去的劳动量，就须和以前一样，那就是，必须由一个相等的价值来代置。如果不是这样，再生产就不能依照旧规模来实行了。但谁应当去实行这种劳动呢？谁实行这种劳动呢？

第一个难点是：谁支付生产物内含的不变价值部分，又用什么来支付？关于这个难点，我们假定，在生产上消费掉的不变资本的价值，是当作生产物的价值部分再现的。这个假定，不和第二个困难的前提相矛盾。我们已经在第一卷第五章（劳动过程与价值增殖过程）论过，新劳动的追加，虽不再生产旧价值，而只对于旧价值创造一个追加额，那就是，只创造一个追加价值，但仍能在生产物内保存旧价值。我们还说过，这种保存作用，不是由于创造价值的劳动，不是由于劳动一般，只是由于它当作特种生产劳动的机能。所以，为要在生产物（所得就是用在这种生产物上的，换言之，一年间创造的全部价值，就是用在这种生产物上的）内保存不变部分的价值，不需有任何的追加劳动。但必须有新的追加劳动，来代置那在过去一年间消费掉的不变资本的价值和使用价值；没有这种代置，再生产一般会成为不可能的。

一切新加的劳动，都表现在一年间新创造的价值内，那再分成三种所得：工资，利润，和地租，——所以，从一方面说，即没有残余的社会劳动，可用来代置消费掉的不变资本（它的一部分，要在自然形态和价值两方面再形成，一部分只要在价值方面再形成，那就是固定资本的磨损）；从另一方面说，逐年由劳动创造并在工资利润地租形态上分割和支出的价值，也不够支付或购买不变资本部分，年生产物除包含它自身的价值外，还必定要把这个不变资本部分包含在内的。

但我们会知道，这里提出的问题，已经在第二卷第三篇讨论社会总资本的再生产时，解决了。我们这里回头讨论这个问题，第一是因为在第二卷，剩余价值尚未发展为所得的形态——利润（企业利益+利息）和地租，——所以尚不能在所得的形态上讨论。其次，又因为工资，利润，和地租的形态，还和分析上一个简直叫人不能相信的错误，结合在一起。这个错误，自亚当·斯密以来，就纠缠着全部的经济学。

我们在第二卷第三篇，曾把一切的资本分成二大类：第Ⅰ类是生产生产手段，第Ⅱ类是生产个人的消费资料。一定的生产物可以供个人享受也可以用作生产手段的事实（例如马、谷物等），绝不会影响这种分类方法的绝对妥当性。那在事实上不是假设，只是事实的表现。我们且取某一国的年生产物为例来说。生产物的一部分，不管它有怎样的能力可以充作生产手段，终究会加入个人的消费。这就是这一类生产物，工资利润和地租就是在其上实行支出的。这个生产物，是社会资本一定部类的生产物。固然，这部类资本也可生产那属于第Ⅰ部类的生产物。在这限度内，那些以生产物归第Ⅰ部类供其在生产上消费的资本，并不是在第Ⅱ部类生产物（即实际供个人消费的生产物）形态上消费的资本部分。第Ⅱ部类的生产物全部，都加入个人的消费，而为所得支出的对象。但这全部生产物，也是消费在它上面的资本，加所生产的剩余额之存在形态。它是一个投在消费资料生产上的资本的生产物。同样，第Ⅰ部类的当作再生产手段用的生产物（原料，劳动工具），虽依其自然形态，也有充当消费资料的能力，但它毕竟是一个投下来生产生产手段的资本的生产物。在形成不变资本的生产物中，本有一个远较为大的部分，就其物质方面说，是在一种不可供个人消费的形态上。在它能够供个人消费的限度内，例如在谷种可以供农民自己吃食，家畜可以由农民自己屠宰的限度内，经济的制限，对于他是完全一样，无论这部分生产物是不是在不能消费的形态上。

像我们讲过的那样，我们且在这二部类，把不变资本的固定部分丢开不说。固定资本，在自然形态方面，在价值方面，都会独立在两部类年生产物之外，继续存在的。

工资，利润，和地租，是支出在第Ⅱ部类的生产物上。简言之，所得是消费在第Ⅱ部类的生产物上。在第Ⅱ部类，从价值方面说，生产物也是由三个成分构成。一个成分，是等于生产上消费掉的不变资本部分的价值；第二个成分，是等于生产上垫支的可变的投在工资上面的资本部分的价值；最后，第三个成分，是等于所生产的剩余价值，那就是等于利润+地租。第Ⅱ部类生产物的第一个成分，不变资本部分的价值，既不能为第Ⅱ部类的资本家所消费，也不能为第Ⅱ部类的劳动者所消费，也不能为土地所有者所消费。那不是他们的所得的部分，是必须在自然形态上代置，并且必须售卖掉，方才能在自然形态上代置的。反之，生产物的其他两个成分，则等于这部类所造出的所得的价值（＝工资+利润+地租）。

第Ⅰ部类的生产物，在形态方面是由相同的几个成分构成。但在这里，形成所得的部分，即工资+利润+地租，简言之，可变资本部分+剩余价值，并不是在第Ⅰ部类生产物的自然形态上被消费，却只能消费在第Ⅱ部类的生产物上。第Ⅰ部类的所得的价值，必须消费在第Ⅱ部类的一部分生产物上；这一部分生产物，便是第Ⅱ部类的待要代置的不变资本。第Ⅱ部类必须用来代置不变资本的生产物部分，会在其自然形态上，由第Ⅰ部类的劳动者，资本家，和土地所有者所消费。他们把他们的所得，用在第Ⅱ部类的这一部分生产物上面。从另一方面说，第Ⅰ部类的生产物，有一部分只代表第Ⅰ部类的所得；这一部分，在它的自然形态上，也只能由第Ⅱ部类（它的不变资本，要在自然形态上被代置）用在生产上来消费。最后，第Ⅰ部类所消费的不变资本部分，是由该部类自身的生产物（由劳动手段，原料，补助材料等构成）来代置，代置的方法一部分是由第Ⅰ部类诸资本家间的交换实行，一部分是由这个方法实行，那就是一部分资本家直接把他自己的生产物再当作生产手段来使用。

我们再应用第二卷第二十章第Ⅱ节为单纯再生产假定的

表式：

$$\left.\begin{array}{l} \text{I}.\ 4000c+1000v+1000m=6000 \\ \text{II}.\ 2000c+500v+500m=3000 \end{array}\right\}=9000$$

在第 II 部类，$500v+500m=1000$，是由生产者和土地所有者，当作所得，消费的。还留下要代置的，是 $2000c$。这是由第 I 部类的劳动者，资本家，和地租收受者消费的，他们的所得 $=1000v+1000m=2000$。第 II 部类生产物的这一部分，是当作第 I 部类的所得，来消费的。第 I 部类的所得部分，表现在不能消费的生产物上，那是要当作第 II 部类的不变资本消费的。留下来未曾解决的，是第 I 部类的 $4000c$。这是由第 I 部类自身的生产物 6000，或不如说，由第 I 部类的 6000－2000，来代置；后面这 2000，已经转化为第 II 部类的不变资本了。在这里，要注意，以上所举的数字，是随意假定的。第 I 部类的所得的价值和第 II 部类的不变资本的价值之间的比例，也是随意假定的。但很明白，在再生产过程照常进行并在其他各种事情毫无改变的条件下，从而，把蓄积放在度外的条件下，第 I 部类的工资利润和地租的价值总额，必须与第 II 部类的不变资本的价值相等。不然的话，第 II 部类将不能代置它的不变资本，或者说，第 I 部类将不能把它的所得，由不能消费的形态，转化为可消费的形态。

年商品生产物的价值，或特殊一个投资所生产的商品生产物的价值，或各个商品的价值，结局是分解为两个价值成分。A 成分是代置所垫支的不变资本价值的部分，B 成分是表现为所得（工资、利润和地租）的部分。如 A 成分在其他一切事情不变时决不采取所得形态，但常在资本形态上，且常在不变资本形态上流回，则在这限度内，第一个价值成分 A，是和第二个价值成分 B 相对立的。但在 B 之内，还包含有一种对立。利润和地租，和工资有一个共通的点，那就是它们相并成为三个所得的形态。但当中仍有一个本质的差别，那就是，利润和地租是代表剩余价值，代表无给劳动，工资则代表有给劳动。生产物有一个价值部分是代表工资，代置工资，而在我们的前提下（即再生产以相同的规模，相同的条件进行）必须再转化为工资。这个价值部分，先是当作可变资本，当作必须重新垫支在再生产上的资本的成分，流回来的。这个成分，有两重的机能。它先是在资本的形态上，并当作资本，与劳动力相交换。在劳动者手里，它转化为所得了。这种所得，是劳动者由出卖劳动力得到的，它也就是当作所得，被转化为生活资料，被消费的。这个二重的过程，是由货币流通的媒介，显示出来。可变资本是用货币垫支的，当作工资支付的。这是它的第一种当作资本的机能。它与劳动力相交换，并转化为这种劳动力的实现，为劳动。这是从资本家方面看到的过程。但第二，劳动者又用这个货币，购买他们所生产的商品生产物的一部分，那也是由货币量计，并当作所得，为他们所消费的。假设没有货币流通，资本家当作资本垫支并为新劳动力而交付给劳动者的生产物部分就会在既存资本的形态上，保有在资本家手里；劳动者也直接把它当作所得，或用它和别种商品交换，从而间接把它当作所得，来消费。所以在再生产过程中决定转化为工资，转化为劳动者所得的生产物价值，先是在资本形态上，流回到资本家手中，更严密的说，是在可变资本形态上，流回到资本家手中。它会在这个形态上流回，乃是一个本质的条件，必须具备这个条件，劳动才能当作工资劳动来反复再生产，生产手段才能当作资本来反复再生产，生产过程也才能当作资本主义生产过程来反复再生产。

我们如果要避免无益的难点，我们是必须从总收益和纯收益，区别总所得和纯所得。

总收益（Rohertrag）或总生产物，是全部再生产的生产物。

除了那种被使用但不被消费的固定资本部分，总收益或总生产物的价值是等于垫支的在生产上消费掉的资本（不变资本和可变资本），加剩余价值（那分解为利润和地租）。或者说，如果我们不是考察个别资本的生产物，而是考察社会总资本的生产物，总收益是等于不变资本和可变资本的物质要素，加剩余生产物（利润和地租就是表现在它里面）的物质要素。

总所得（Roheinkommen）是总生产物的一个价值部分，或由这个价值部分计量的生产物部分。在总生产中，把这个价值部分或由这个价值部分计量的生产物部分扣除之后，其余的部分，便是用来代置垫支的在生产上消费掉的不变资本。所以，总所得是等于工资（生产物的一部分，那预定要成为劳动者的所得）+利润+地租。但纯所得（Rein-einkommen）是剩余价值，是扣除工资以后留下的剩余生产物，是资本所实现但须与土地所有者共分的剩余价值，或由这个剩余价值计量的剩余生产物。

现在我们知道，每一个商品的价值，每一个资本的全部商品生产物的价值，是分成两个部分：一部分代置不变资本；别一个部分，其中虽有一部分，会当作可变资本流回，从而会在资本形态上流回，但其全部仍决定是转化为总所得，并采取工资，利润，和地租的形态。总所得，就是由工资，利润，和地租的总和合成的。我们又知道：就一个社会的常年总生产物的价值来说，情形也是这样，个别生产物和社会生产物间，只有这一种区别：由个别资本家的观点看，纯所得是与总所得有区别的，因为后者包含工资，前者就把工资排除在外。就全社会的所得来说，国民所得（National einkommen），是由工资加利润加地租，那就是由总所得成立的。但这仍旧只是一个抽象，因为在资本主义生产的基础上，全社会是站在资本主义的观点上，只有分解为利润和地租的所得，被视为纯所得。

但像萨伊君那样认全部收益，全部总生产物，会分解成为一国国民的纯收益，不能与一国国民的纯收益相区别，并且认这种区别，从国民的立场说是不存在，却也是一个幻想。这个幻想，自亚当·斯密以来，贯穿着全部经济学，成为一个不合理的信条：那就是，商品的价值结局会全部分解为所得，即分解为工资、利润和地租①。

就个个资本家的情形来说，生产物的一部分，必须再转化为资本（且不说再生产的扩大或蓄积），并且不仅转化为可变资本（那决定要再当作劳动者的所得，再转化为一个所得形态），还转化为不变资本（那决不能转化为所得）——不待说：要得到这个见解，是非常容易的。生产过程的最单纯的考察，已经可以明白指示这一点。当中的困难，要到我们考察生产过程全体的时候，方才发生。当作所得，而在工资、利润和地租形态上消费的生产物部分全体的价值（无论那是供充个人的消费，还是供充生产的消费），实际会在分析上，完全分解为工资加利润加地租的价值总额，分解为三种所得的总价值，虽然这个生产物部分的价值，是和别一个生产物部分（不当作所得的部分）的价值，一样包含一个价值部分 = C，等于其内所含的不变资本的价值，从

---

① 对于这位无思想的萨伊君，里嘉图曾加以确当的批评如下："关于纯生产物和总生产物，萨伊君主张，'所生产的全部价值，是总生产物；这个价值，在扣除生产成本之后，形成纯生产物'（《经济学》第二卷第491页）。照萨伊君说来，生产成本就是由地租、工资和利润构成。照这句话推下去，纯生产物根本就是不存在的了。在508页，他曾说，'一个生产物的价值，一个生产劳务的价值，生产成本的价值，是相等的价值，如果我们一任事物自然进行'。从全部除去全部，是没有什么残余下来的。"（里嘉图《原理》第二十二章第512页注）——可附带说一笔。我们以后将会知道，里嘉图对于亚当·斯密的错误的商品价格分析（即将商品价格分解为所得的价值总额），并没有在别的地方拒绝。他没有注意到它；他假设，他的分析，只要把商品的不变价值部分"舍象"，便是正确的。他也常常归到这样的观念方法上去。

而，一看就知道，它的价值不是全部是所得的价值。在一方面，有实际上不能否认的事实，在他方面，则有同样不能否认的理论的矛盾。但这当中的困难，极易为下述的主张所瞒过：商品价值不过在外观上（从个别资本家的观点看）包含一个价值部分，和那个在所得形态上存在的部分相区别。一句话（即对一人表现为所得的东西，对别一个人将形成资本），使人们省却一切进一步的反省。但若全生产物的价值都在所得的形态上被消费，旧资本怎样能够代置呢？个个资本的生产物的价值，在一切资本的生产物的价值总额等于三种所得加零的总和时，怎样能等于三种所得加 C（不变资本）的价值总额呢？这当然好像是不能解决的谜了。并且这个谜，又好像只能这样说明：任何分析皆不能见出价格的单纯要素，从而，必须用一种循环论法，用一个无穷无尽的进行，来满足自己。表现为不变资本的东西，可分解为工资、利润和地租，但工资、利润和地租所依以表现的商品价值，又是由工资、利润和地租决定，并依此无穷推下去。①

　　商品价值结局会分解成为工资加利润加地租，那是一个根本错误的信条。由这个根本错误的信条，引起了种种主张，如：总生产物的总价值，结局必须由消费者支付；生产者与消费者间的

① "在每一个社会内，每一个商品的价格，结局都分解为这三部分（即工资、利润、地租）的一部分或别部分，或这三部分的全体……。人们也许会觉得，尚须有第四部分，来代置农业家的资本，赔补代劳家畜的消耗，以及别种农耕器具的磨损，但我们必须认为，农耕器具的价格，例如代劳家畜，都是由这三个部分合成的：那就是，饲养家畜的土地的地租，照料家畜的劳动，和农业家（他垫支土地的地租和劳动的工资）的利润。所以，谷物的价格虽然要偿付家畜的价格和维持费，但全部价格仍旧是直接地或结局地分解为地租、劳动（意指工资）和利润这三个部分。"（亚当·斯密《国富论》第一篇第六章）——我们以后会知道，亚当·斯密对于这个遁辞，也感到当中含有矛盾和不满意的地方。他既不曾指出有任何现实的投资，其生产物价格结局是毫无条件，单纯分解为这三个部分，却不过把我们从这里送到那里，所以他所说的，不外是一种遁辞而已。

货币流通，结局必须与生产者自己中间的货币流通相等（杜克）。这各种主张，都和它们所根据的原则，一样是错误的。

这种错误的显然不合理的分析，概述起来，是由这种种观点引起的：

1．是不了解不变资本和可变资本的根本关系，也不了解剩余价值的性质，并且不了解资本主义生产方法的全部基础。资本各部分生产物的价值，各个商品的价值，都包含一个价值部分＝不变资本，一个价值部分＝可变资本（那转化为劳动者的工资），和一个价值部分＝剩余价值（它后来又分化为利润和地租）。劳动者用他的工资，资本家用他的利润，土地所有者用他的地租，怎样能够买不只包含一个成分但包含这三个成分全部的商品呢？又，归这诸种所得收受者消费的商品，既然在这三个价值成分之外，尚还包含别一个价值成分，即不变资本，它怎样能为工资、利润、地租这三个所得源泉合计的价值总额所购买呢？一个包含三个成分的价值，怎样能购买一个包含四个成分的价值呢。[1]

我们已经在第二卷第三篇作过了这种分析。

2．是不了解怎样，劳动在追加新的价值时，会在新形态上保存旧的价值，但不重新把这个旧价值生产。

3．是不了解从总资本见地（不是从个别资本的见地）看到的再生产过程的关联，不能说明，工资和剩余价值（即一年间新加劳动所创造的全部价值）所依以实现的生产物，即须代置它的

---

[1] 从下面这个无知的公式，可以证明蒲鲁东没有了解这一点的能力。他的公式是，劳动者不能购回他自己的生产物，是因为生产物内尚包含有利息，那是追加在原本价格（Prix derevient）内的。但友仁·福凯特（Eugene Forcade）是怎样教正他呢？福凯特说："如果蒲鲁东的反对论调是正确的，那不但会否定资本的利润，并且会灭却一切产业的可能性。如果劳动者被强迫要支付100，来购买他仅领受80的物品，如果一个生产物的工资仅能购回他在该生产物内附加的价值，我们就可以说，劳动者不能购回任何物，工资不能用来购买任何物了。实在说，原本价格除包含劳动者的工资外，常常还包含别的东西；售卖价格除包含企业者的利润外，也常常还包含别的东西，例如原料的价格，那常常要对外国实行支付的。……蒲鲁东忘记了国民资本的无间断的增加；他忘记了，这种增加，是就一切勤劳者来说的；不仅就企业家说，并且也就劳动者说。"（《二月评论》1848年第24卷第998页）在这里，我们在最与资产阶级相照应的智慧形态上，看见了资产阶级的无思想的乐天主义。第一福凯特君相信，劳动者如果不在他生产的价值之外，受取较高的价值，他就会不能生活；正好相反，如果他实际受取他所生产的价值，资本主义生产方法就会成为不可能的。第二，蒲鲁东在一个狭隘见地下表示出来的困难，在福凯特手里，是很正确地普遍化了。商品价格不仅包含工资以上的部分，并且包含利润以上的部分，那就是还包含不变的价值部分。所以，依照蒲鲁东的推理方法，资本家也不能用他的利润，再把商品购买。但福凯特是怎样解决这个谜呢？他是用一个无意义的语辞——资本的增加。资本的不断的增加，被认为除由别的事情证外，还会由这个事实来确证：经济学在资本为100时认为不可能的商品价格的分析，在资本为10000时，便会成为赘余的。但若有人问某个化学家说：土地生产物怎样会比土地包含更多的炭素呢？该化学家答说：这是由于土地生产物的不断的增加。请问，我们对于这位化学家，将会怎样批评呢？在庸俗经济学上，真理的爱和科学的研究行动之必要是消灭了，代起的，只是在资产阶级世界发现最好的可能世界这一个好意的善意。

不变价值部分，怎样同时又能分解为所得限界以内的价值。不能说明，新加劳动的总额，既然只实现为工资和剩余价值，完全表现在这二者的价值总额内，那在生产上消费掉的不变资本，又怎样能在物质方面和价值方面，重新代置。在再生产过程的分析，及其相异诸成分的关系（在物质性质和价值比例两方面见到的关系）的分析上，主要的困难正在这里。

4. 还有一个困难。这个困难，当剩余价值诸部分表现在相互独立的所得形态上时，会更加强。那就是所得与资本的固定的特征，会相互交换，并改变它们的位置，所以，从个别资本家的观点看已经只是相对的特征，若从总生产过程的见地看，那还会归于消灭。举例来说，第 I 部类（生产不变资本的第 I 部类）的劳动者与资本家的所得，就价值和物质两方面说，是代置第 II 部类（生产消费资料的第 II 部类）资本家的不变资本。所以，我们也许可以由这样一种观念（对一个人为所得的东西，对别一个人是资本，所以，所得与资本的特征，与商品诸价值成分的现实的分化，毫无影响），来躲避这当中的困难。再者，有各种商品，结局决定要当作所得支出（Revenueverausgabung）的物质要素，但这诸商品，会在一年间通过各种不同的阶段，例如毛纱，布匹。在一个阶段，它形成不变资本的部分，在别一阶段，它却是供个人消费，完全加在所得里面。所以，我们也许会和亚当·斯密一样，认不变资本只是商品价值的外观上的一个要素，会在总关联中消灭的。再者，可变资本和所得之间，还会发生交换。劳动者用他的工资，购买商品的一部分（形成他的所得的部分）。但他就由此为资本家代置可变资本的货币形态。最后，生产物的一部分，形成不变资本的，将会在自然形态上，或由不变资本生产者自己中间的交换，而被代置。对于这个过程，消费者是一点关系没有的。但我们把这一点轻轻看过时，这一个外观就成立了：那就是，消费者的所得，代置全部生产物，从而，也代置不变的价值部分。

4. 价值转化为生产价格，曾引起一种混乱，但在这种混乱之外，还曾由别一种转化，即剩余价值转化为诸种特殊所得形态（利润和地租，它们是互相独立的与不同诸生产要素相关的）的转化，引起一个进一步的混乱。人们忘记了，商品的价值是基础；商品价值固然会分为特殊诸成分，诸价值成分也会发展成为诸所得形态，转化为不同诸生产因素所有者对诸价值成分的关系，并依照一定的范畴和名义，在他们之间分割，但这种种，决不会改变价值决定的方法和价值决定的法则。又，利润的均衡过程（换言之，总剩余价值在不同诸资本间的分配）以及土地所有权在这个均衡过程上（绝对地租）发生的障碍，虽使商品的调节的平均价格，与商品的个别价值发生差别，但价值法则也不会由此受到影响。这种事情，只会影响剩余价值追加到不同诸商品价格里面去的追加额，决不会废止剩余价值的自身；商品总价值，当作不同诸价格成分的源泉，也不会由这个事情，被废止。

这就是我们下一章所要考察的混乱；这种混乱，必然会和这种外观，结合在一起的。这个外观是，价值是由它的诸种成分发生。那就是，价值诸不同成分，会在所得形态上，取得独立的形态，并当作所得，而与特殊的物质的生产要素，不是与商品的价值发生关系，好像它们的源泉，不是后者，而是前者。在实际上，它们也是和这诸种物质要素相关联的，但在这种关联内，它们不是当作价值的成分。而是当作所得，当作分归各类生产当事人（劳动者，资本家，土地所有者）的价值成分，但现在人们居然认为，这诸价值成分，不是由商品价值的分割发生，却宁是商品价值由这诸价值成分的结合成立。一个美丽的循环论法，在这里发生了：那就是，商品的价值，由工资，利润，地租的价值总额发生；工资，利润，地租的价值，又由商品的价值决定，并依此类推下去。①

　　如果我们是考察再生产的正常状态，新加劳动是只有一部分，用在不变资本的生产和代置上。那就是代置消费资料（即所得的物质要素）生产上用掉的不变资本。这个情形，已由这一件事补偿了，即这个不变部分，不费第Ⅱ部类任何追加的劳动。但这个不变资本——如果是考察总再生产过程（在总再生产过程内，第Ⅰ部类与第Ⅱ部类会互相均衡的），这个不变资本，并不是新加劳动的生产物，虽然没有不变资本，这个生产物是不会形

---

① "投在材料原料和完成品上面的流动资本，是由商品构成的，这些商品的必要价格，又是由相同的诸要素构成；所以，如果是考察一国的商品总体，则把流动资本的这个部分，计算在必要价格的成分内，其实是把同一个东西，使用两次。"（斯托齐《经济学教程》第二篇第140页）——斯托齐说流动资本的要素是指不变资本（固定资本在他看来不过是流动资本的转化形态）。"这是不错的，劳动者的工资，和企业者利润中那由工资（如果我们把工资当作生活资料的一部分来看）构成的部分，一样是由照时价购进的商品构成的。这种商品。又同样包括工资，资本利息，土地地租，和企业利益。……不过，这种观察，只证明，要把必要价格分解为最单纯的要素，乃是不可能的。"（前书140页之注）斯托齐所著《国民所得的性质》（巴黎1824年）曾反驳萨伊，并曾指出，把商品价值分解为诸种所得这一种错误的分析，会引出怎样不合理的结果来。他正确地指出了，这个结论，从国民的立场看（不是从个别资本家的立场看），是怎样不合理，但他在"必要价格"的分析上，并没有向前更进一步。他在他的《教程》内虽没有陷入无穷的循环论法中，但只说，要把"必要价格"分解为现实的要素，是不可能的。"很明白，年生产物的价值一方面分配在资本之间，一方面分配在利润之间；为保存国民的资本计，为更新消费基金计，年生产物这诸价值部分，照例会用来购买国民所必要的生产物。"（第134、135页）"……他们（一个自耕农民的家庭）能住在他们的谷仓或厩舍内，能吃食他们的谷种和饲料，能穿着他们的家畜的皮，能用他们的农具来供自己享受么？依照萨伊先生的主张，这一切问题都应肯定答复的。"（第135、136页）……"如果我们承认一国国民的所得，是等于该国的总生产物，换言之，如果我们承认，用不着在当中扣除任何资本，我们就也须承认，一国国民即使不生产的，把它年生产物的全部价值用掉，也绝不致损害该国民未来的所得了。"（第147页）"构成国民资本的生产物，是不能消费的。"（第150页）

成。——从物质方面说，在再生产过程中，是被安置在各种意外和危险中，要大受损害的。（更从价值方面说，那也会因劳动生产力发生变迁，而蒙受损失；但这是只就个别资本家说的）所以，利润的一部分，那就是，剩余价值的一部分，从而剩余生产物（从价值方面考察，只代表新加的劳动）的一部分，须当作保险基金（Assekuranzfond）。在这里，这个保险基金是不是由保险公司（当作一种特殊营业的保险公司）经营，决不会在事情的实质上引起变化。但在所得中，只有这一个部分，既不当作所得被消费，也不一定是充作蓄积基金了。它实际是充作蓄积基金，还是只用来弥补再生产上的意外，那是完全取决于偶然。而资本主义生产方法已经扬弃之后，除须有一部分剩余价值，剩余生产物，从而剩余劳动用在蓄积上，即用在再生产过程扩大上外，也只有这个剩余价值部分，必须要继续存在。那当然要以这个事实为前提：通例由直接生产者消费的部分，不以现今这样的最低限为限。固然，为那些在年龄上尚不能或已不能在生产上参加的人，必须有一种剩余劳动，但除了这种剩余，则一切为抚养不劳动者的劳动，都会归于消灭。我们且想想太初的社会。在那里，没有所生产的生产手段，没有不变资本（它的价值，会移入生产物内，而在再生产依同样规模进行的场合，必须在自然形态上，在生产物中，用一个和它价值相等的部分，来代置）。在那里，一切生活资料，都是直接由自然给予，无需人去生产。为这个理由，仅有少数欲望必须满足的未开化人，虽不能把那些尚不会有的生产手段利用在新生产上，但在占领自然供给的生活资料的劳动之外，尽有时间，把别一些自然生产物，转化为弓矢，石刀，草鞋之类的生产手段。单从物质方面考察，未开化人间的这个过程，和剩余劳动再转化为新资本的过程，是全然符合的。在蓄积过程内，这种剩余劳动的生产物，会不断转化为资本。但一切新资本都由利润，地租，或其他所得形态（即剩余劳动）发生的事实，曾引起这种错误的观念：商品的价值全由所得发生。刚好相反。在更精密的分析下，利润再转化为资本的过程，宁会指示：不断表现在所得形态上的追加劳动，不是用来维持旧资本价值的再生产；在它不当作所得来消费的限度内，它其实是用来创造新的追加的资本。

全部的困难，是由这个事实发生的：一切新加的劳动，在其所造价值不分解为工资的限度内，都表现为利润——在这里，是指剩余价值一般的形态——表现为不费资本家一文的价值，从而，不必要用来代置他所垫支的资本。这个价值，是在可利用的追加财富的形态上存在着；从个别资本家的观点说，就是在他的所得的形态上存在。但这个新创造的价值，可以供个人的消费，也可以供生产的消费，可以当作所得，也同样可以当作资本。就自然形态来说，它是必须有一部分，用在生产的消费上。很明白，常年追加的劳动，会创造所得，也会创造资本；蓄积过程上表示的情形，就是这样。用来创造新资本的那一部分劳动力（那好比未开化人的劳动日的一部分，不被用来占取生活资料，但被用来制造占取生活资料的工具），是由如下的事实被掩蔽的：剩余劳动的全部生产物，最先都表现在利润形态上，这个决定，实际与剩余生产物的本身毫无关系，它不过指示资本家对于他所卷去的剩余价值，有怎样的私人关系。劳动者所创造的剩余价值，实际分割为所得和资本，那就是，分割为消费资料和追加的生产手段。但由上年移转过来的旧不变资本，不说受损害但只在这限度内消灭的部分，即不必要再生产的部分（再生产过程的这样的搅乱，是保险以内的问题），则从价值方面考察，由上年移转过来的旧不变资本，并不是由新加劳动再生产。

此外，我们又知道，新加劳动虽只分解为所得（工资，利润，和地租），但总有一部分，会不断被用来再生产并代置所消费的不变资本。但我们每每把如下的事实忽略过去：那就是（1）这个劳动的生产物，有一个价值部分，并不是这个新加劳动的生产物，只是既存的所消费的不变资本的生产物；这个价值部分所依以表现的生产物部分，也不转化为所得，它是在自然形态上，代置那种构成不变资本的生产手段。（2）这个新加劳动实际依以表现的价值部分，就它的自然形态说，并不是当作所得来消费的，却是在别一部门，代置不变资本；在这别一个部门，它才转化为一个可以当作所得来消费的自然形态，不过这个自然形态，也不完全是新加劳动的生产物。

在再生产以不变规模进行的限度内，每一个消费掉的不变资本要素，都要在自然形态上（即令从量的方面和形态的方面说不是这样，至少就作用能力的方面说，必须是这样），由同种类的新物来代置。在劳动生产力保持不变的时候，这种自然形态上的代置，包含等价值的代置；这个价值，是不变资本在旧形态上原来具有的。但若劳动的生产力增进了，相同的诸种物质要素就能由较少的劳动生产，从而，生产物的一个较小的价值部分，就已经可以在自然形态上，完全把不变部分代置。在这场合，有余的部分，就能用来形成新的追加资本了，生产物的一个较大的部分，就可以在消费资料的形态上给予了，再不然，就是剩余劳动可以减少了。反之，如果劳动的生产力减小，生产物就会有一个较大的部分，必须用来代置旧的资本，剩余生产物将会减少。

利润（或任何形态的剩余价值）的资本化——如果我们不问历史规定的经济形态，只考察新生产手段的单纯的形成——指示了，劳动者除须使用劳动来生产直接的生活资料外，依然要使用劳动来生产生产手段。利润的资本化，不外指示，剩余劳动的一部分，要被用来形成新的追加的生产手段。利润的资本化，不过指示，支配这种剩余劳动的，不是劳动者，而是资本家。这种剩余劳动必须先当作所得，而通过一个阶段（在未开化人的场合，这种剩余劳动却直接在生产手段的生产上出现）的事实，不过指示，这种劳动或这种劳动的生产物，是由不劳动者占有。但实际转化为资本的，不是利润自身。剩余价值的资本化，不过指示，资本家不把剩余价值和剩余生产物，当作所得，来供充个人的消费。实际这样转化的，是价值，是对象化的劳动，是这种劳动直接依以表现的生产物，或这种生产物转化为货币后所交换得的生产物。就令利润再转化为资本，成为这种新资本的源泉的，仍不是利润这一种确定的剩余价值形态。在这场合，剩余价值不过由一个形态，转化为别一个形态。使它变为资本的，决不是这种转化。现在当作资本发生机能的，是商品和它的价值。这种商品的价值未曾有任何给付的事实——就因有这个事实，所以它是剩余价值——对于劳动的对象化，对于价值自身，是一点影响没有的。

这当中的误解，由各种不同的形态表示出来。比方，有人主张，不变资本所依以构成的商品，同样包含工资，利润，和地租这几个要素。有人主张，对一个人为所得的东西，对别一个人可以表现为资本，所以，这全是主观的关系。例如，纺绩业者的棉纱，就包含一个代表利润的价值部分。织布业者购买棉纱时，他把纺绩业者的利润实现了，但对于他自己，这个棉纱只是他的不变资本的一部分。

关于所得与资本的关系，我们已具论如上。但除了这种说明，我们还可以在这里附注一笔：从价值方面考察，当作构成部分，和棉纱一道加入织布业者资本内的东西，是棉纱的价值。这种价值的诸部分，对于纺绩业者，是怎样分解为资本和所得？换言之，是怎样分解为有给劳动和无给劳动？那是商品价值决定上一件毫无关系的事（把平均利润引起的各种变形，抛开不说）。在这个问题的背后，常常潜含着这样的观念，依照这种观念，利润，或剩余价值一般，是商品价值以上的一个剩余，只有由价格抬高，相互诈欺，让渡利润（Veräusserungsgewinn）诸种原因发生。实则，生产价格或商品价值被支付时，在售卖者看来，表现在所得形态上的商品诸价值成分，当然也被支付了。在这里，我们当然不是说独占价格。

再者，构成不变资本的诸商品成分，和其他各种商品价值，可还原为同样的诸价值部分，即分解为生产者和生产手段所有者的工资，利润，和地租。这种说法是完全不正确的，那不过是一个事实的资本主义的表现形态。这个事实是，一切商品价值，都只是包含在该商品内的社会必要劳动的尺度。但我们已经在第一卷讲过，任一个资本的商品生产物，都不妨分割成为各别的诸部分，一部分专门代表不变资本部分，一部分专门代表可变资本部分，第三个部分专门代表剩余价值。

斯托齐下面这一段话，可以代表许多别的人的意见。他说："构成国民所得的各种可卖生产物，在经济学上，必须由两个不同的方法来考察：第一，是就它对个人的关系来考察，当作价值；第二是就它对国民关系来考察，当作财富。因为，一国的所得，不能像个人的所得那样依照它的价值来估计，却须依照它的效用，或依照它所能满足的欲望，来估计。"（《国民所得的性质》第19页）

但第一，把一个以价值为生产方法基础并采取资本主义组织的国家，当作一个单纯的为国民欲望而操作的总体考察，乃是一个错误的抽象。

第二，在资本主义生产方法废止以后，如果社会生产仍然维持，则价值的决定，仍然会在如下的意义上，有支配作用：劳动时间的调节，社会劳动在各生产部类间的分配，以及关于这诸种事项的簿记，会比以前变得更重要。

第五十章

竞争的外观

我们曾经指出，商品的价值，或由商品总价值调节的生产价格，分解成为这几个部分：

（1）一个价值部分，代置不变资本，或代表以前已经过去的劳动。那是在生产手段的形态上，在商品的形成过程内，使用掉的；简言之，这是生产手段加在商品生产过程内的价值或价格。在这里，我们决不是说个个商品，只是说商品资本。商品资本，是资本生产物在一个期间内（比方说在一年内）所依以表现的形态，在其内，个个商品只形成要素，从价值方面说，那也是分解为相同的诸种成分。

（2）一个价值部分，代表可变资本，它计量劳动者的所得，并转化为劳动者的所得。劳动者就是在这个可变价值部分，再生产他的工资。简言之，在商品生产上新加到不变部分上面的劳动，就是在这个价值部分，表现它的有给的部分。

（3）剩余价值。这也是商品生产物的一个价值部分。无给劳动或剩余劳动就是表现在这个价值部分内的。这个最后的价值部分，会再采取诸种独立的形态，并同时成为所得形态。那就是资本利润（资本自体的利息加机能资本的企业利益）和地租（在生产过程上共同发生作用的土地的所有者的所得）的形态。第

（2）项第（3）项所包括的诸价值成分，换言之，不断采取工资（它必须先通过可变资本的形态），利润，和地租诸所得形态的价值成分，是由下述一点，来和第（1）项不变资本部分相区别：新加到不变资本部分（即商品生产手段）上的劳动的对象化，即全部价值，会分解成为这诸价值成分。如果我们把不变部分除开不说，我们就可以正确地说，商品的价值，在它是代表新加劳动的限度内，会不断分解为三个部分。它们形成三个所得形态，即工资，利润，和地租①；它们各自的价值量，它们各自在总价值中所占的部分，是由不同的诸种特殊法则（以前已经说明过了）决定的。但若反过来，说工资的价值，利润率，和地租率形成独立的诸价值构成要素，这诸价值构成要素相合，便形成商品价值，从而把不变的价值部分除开不说，却是一种错误的见解。换言之，说它们是商品价值或生产价格的构成要素，乃是错误的。②

我们立即可以看出当中的区别。

假设资本 500 的价值生产物 = 400c + 100v + 150m = 650；这

---

① 加在不变资本部分上面的价值，会分割为工资，利润，和地租。在这样分割时，它们是价值的部分，那是不待说的。我们当然可以把它们当作是在直接生产物（这个价值所依以表现的直接生产物是某特殊生产部门的劳动者和资本家生产的，例如纺绩业的棉纱）内存在的。但在实际上，它们表现在这种生产物上，无殊于表现在任何别种有等价值的商品或物质财富成分上。并且，工资还实际是用货币支付，那就是，用纯粹的价值表现来支付；利息和地租，也是这样。对于资本家，生产物转化为纯粹的价值表现，实际是极重要的；并且，在生产物的分配上，我们也假定这种转化已经发生。这诸种价值是否再转化为生产所从出的诸生产物诸商品，劳动者是否购回他直接生产的生产物的一部分，或购买别种劳动的生产物，那都是和问题没有关系的事情。洛伯尔图君在这个问题上所加的注意，是一点用处没有的。

② "我们只要这样说，一般法则，调节原生产物和制造品的价值的，也适用于金属；金属的价值，不取决于利润率，不取决于工资率，也不取决于矿山所付的地租，乃取决于金属获得并上市所必要的劳动的总量。"（里嘉图《原理》第三章第77页）

946

150m 再分割为 75 利润和 75 地租。为避免无益的难点起见，我们再假设，这是一个有平均构成的资本，其生产价格与其价值恰好一致；只要把个别资本的生产物，当作总资本一个等量的部分的生产物来考察，这种一致性就会发生的。

在这里，由可变资本计量的工资，等于垫支资本的 20%；依总资本计算的剩余价值，等于垫支资本的 30%，那就是 15% 为利润，15% 为地租。代表新加劳动的全部商品价值，是等于 100v +150m = 250。其量大小，非取决于它的分割（分割为工资，利润，和地租）。我们由这诸部分相互间的比例，知道那用 100 货币（比方说 100 镑）支付的劳动力，会供给一个劳动量，表现为一个 250 镑的货币额。由此我们知道，劳动者所提供的剩余劳动，是等于他为自己的劳动的一倍半。假设劳动日包含 10 小时，他就是为自己劳动 4 小时，为资本家劳动 6 小时。所以，用 100 镑支付的劳动者的劳动，表现为一个 250 镑的货币价值。在这 250 镑的价值之外，再没有别的什么，可以用来在劳动者和资本家间，在资本家和土地所有者间分配。这 250 镑，是新加在 400 镑价值（生产手段的价值）上的全部价值，这 250 的价值（由在其内对象化的劳动量决定的），形成一个限界。劳动者，资本家，和土地所有者，在所得形态上，那就是在工资利润和地租形态上，只能在这个限界之内，由这个价值，取出他们各自应得的部分。

假设有一个有机构成相同的资本（那就是，所使用的活劳动力，对它所推动的不变资本，保持相同的比例），不得不为相等的劳动力（即推动 400 不变资本的劳动力），支付 150，不只支付 100 镑。再假设，利润和地租是以不同的比例，分配剩余价值。我们即假设，150 镑可变资本，和以前 100 镑可变资本，是推动同量的劳动，则新生产的价值，依然是 = 250，总生产物的价值，依然是 = 650。在这场合，我们所有的公式，将为 400c+ 150v+100m，假设这 100m 是分为 45 利润和 55 地租。这样，新生产的总价值分为工资利润和地租的比例，是极不相同了；垫支总资本的量也不同，虽然它所推动的劳动总量是相等的。工资将等于垫支资本的 $27\frac{3}{11}$%，利润将等于垫支资本的 $8\frac{2}{11}$%，地租将等于垫支资本的 10%。所以，剩余价值全部是略多于 18%。

工资提高的结果，是总劳动的无给部分和剩余价值发生变化。这样，在劳动日为 10 小时的时候，劳动者为自己劳动 6 小时，为资本家劳动 4 小时。利润和地租的比例，发生了变化。而减少了的剩余价值，也是以不同的比例，分配在资本家和土地所有者间。最后，不变资本的价值既依然不变，唯独垫支的可变资本的价值已增加，所以减少了的剩润价值，会表现为一个更加减小的总利润率。在这里，我说总利润率，是指总剩余价值与垫支总资本间的比例。

工资价值，利润率，和地租率（不问这诸部分的比例所依以调节的法则，会发生怎样的作用），总只能在新生产的商品价值（250 镑）所划定的限界以内，发生变动。如果地租是以独占价格为基础，那会引起一个例外。但这个唯一的例外，不会变动法则的自身，却不过使我们的考察更为复杂。因为，在这个场合，如果我们只考察生产物自身，则发生变化的，单是剩余价值的分割。但若我们是考察它的相对价值（与别种商品相比较的相对价值），我们就只会发现这种差别：含在其他各种商品内的剩余价值的一部分，会移转到这种特殊的商品上来。

我们且概述如下：——

	生产物的价值	新价格	剩余价值率	总利润率
第一场合	$400c+100v+150m=650$	250	150%	30%
第二场合	$400c+150v+100m=650$	250	$66\frac{2}{3}$%	$18\frac{2}{11}$

第一，第二场合的剩余价值，比第一场合的剩余价值，减少了三分之一，即由 150 减为 100。利润率的下落程度，略多于三分之一，即由 30%减为 18%，这是因为，已经减少的剩余价值，要依照一个已经增大的垫支总资本来计算。但它的下落比例，与剩余价值率的下落比例，决不是相同的。剩余价值率由$\frac{150}{100}$减为$\frac{100}{150}$，即由 150%减为 $66\frac{2}{3}$%，但利润率却是由$\frac{150}{500}$减为$\frac{100}{550}$，即由 30%减为 $18\frac{2}{11}$%。所以，利润率的下落比例，较剩余价值量的下落比例更大，但较剩余价值率的下落比例更小。此外，我们又发觉了，生产物的价值和量，都保持不变，如果所使用的劳动量依然不变；虽然垫支的资本，已经因可变部分增加的缘故，增加了。垫支资本的增大，对于开始一个新营业的资本家固然会成为一个极有关系的事情。但若我们是考察再生产的全体，则可变资本的增加，不外指示新加劳动所创造的价值，有一个较大的部分，要转化为工资，从而，要先转化为可变资本，不是先转化为剩余价值和剩余生产物。所以，生产物的价值还是保持不变，因为一方面，它要由不变资本价值（=400）受到限制，另一方面，要由 250 的数目（新加的劳动，就是表现在这上面的）受到限制。这二者，都还是保持着不变。生产物，就再成为不变资本的部分说，是依然在相同的价值量内，表现同样多的使用价值量；所以，同量的不变资本要素，将保持相同的价值。如果工资提高，不是因为劳动者在他自己的劳动内保有较大的部分，反之，

如果劳动者在他自己的劳动内保有较大的部分，是因为劳动的生产力已经减少，事情就会不同的。在这场合，同一劳动（有给的加无给的）所依以表现的总价值，是保持不变；但这个劳动量所依以表现的生产物量是减少了；生产物诸可除部分的价格将会增加，因为表现在各部分的劳动，已经增加。工资提高为150了；虽然这个提高的工资，不比以前的工资（100），表现为更多的生产物。剩余价值减为100了；虽然这个减少的剩余价值，所代表的生产物，和使用价值量，比以前100所代表的生产物和使用价值量，仅为三分之二，或 $66\frac{2}{3}$ %。在这场合，如果这种生产物会加到不变资本里面，则在这限度内，不变资本也会变成更昂贵的。但这不是工资增加的结果。反之，宁可说，工资的增加，是商品昂贵的结果，是同量劳动的生产力已经减少的结果。在这里，一种外观发生了。从外表上看，好像工资的提高，曾使生产物变得昂贵；但须知道，在这里，工资的提高，不是商品价值变化的原因，只是商品价值变化的结果。这种价值变化，是由劳动生产力减少的事实，引起的。

从另一方面说，在其他各种事情不变，所使用的同量的劳动依然表现为250，但所使用的生产手段的价值增进或下落的时候，同量生产物的价值也就会依照相同的额数，来增进或下落。$450c + 100v + 150m$，使生产物价值 = 700；反之，$350c + 100v + 150m$ 使同量生产物的价值，只等于600（以前是650）。所以，在所推动的劳动量为等量时，如果垫支的资本增加了或减少了，并且这种增加或减少，又是以不变资本部分的价值量的变化为基础，则在其他一切情形相等的条件下，生产物的价值也会增加或减少。如果垫支资本的增加或减少，是以可变资本的价值量的变化为基础，而劳动的生产力则保持不变，生产物的价值就会保持不变。在不变资本的场合，价值的增加或减小，不能由相反的运动来抵消。在可变资本的场合，如果劳动的生产力保持不变，价值的增加或减少就会由剩余价值方面的相反的运动来抵消。以致可变资本的价值加剩余价值，那就是，由劳动新加在生产手段中并新表现在生产物内的价值，依然保持不变。

反之，如可变资本或工资的价值的增加或减少，是商品价格昂贵或价格下落的结果，换言之，是这种投资所使用的劳动的生产力减少或增加的结果，生产物的价值就会受到影响的。但在这里，工资的涨落，不是原因，只是结果。

反之，就我们以上所举的例来说，在不变资本（400c）依然不变时，如 100v+150m 变为 150v+100m（即可变资本增加），是劳动生产力（不是在该特殊部门，如棉纺绩业上），在供劳动者以生活资料的农业上减小的结果，从而是生活资料昂贵的结果，生产物的价值就会保持不变。650 的价值，是和以前一样，由同量的棉纱来代表。

由以上的说明，还可得如下的结论：如果不变资本的支出，因为节省，而在那一些以生产物供劳动者消费的生产部门实际减少，那就像所使用的劳动的生产力已经直接增加一样，会引起工资的减少（因为这个情形，会使劳动者的生活资料，趋于低廉），从而，引起剩余价值的增加。所以，在这场合，利润率会由两重的原因，趋于增加；一方面，因为不变资本的价值减少，另一方面，因为剩余价值增加。在考察剩余价值的利润化时，我们曾假定工资不下落但保持不变，因为在那里，我们是撇开剩余价值率的变动，来研究利润率的变动。再者，我们在那里展开的法则，是一般的，也适用于各种不以生产物供劳动者消费的投资，虽然这种投资的生产物的价值变化，对于工资没有一点影响。

逐年由新加劳动新加在生产手段和不变资本部分上的价值，会分化为，分解为不同诸所得形态，即工资，利润，和地租，但这种分化，不会改变这个价值的限界，不会变更那分归这诸范畴的价值额。这诸部分相互间的比例的变化，也不能变更它们的总额，这是一个确定的价值额。100 的定额，无论是分割为 50＋50，还是分割为 20＋70＋10，还是分割为 40＋30＋30，常保持不变。生产物的分解为诸种所得的价值部分，和不变资本的价值部分，一样是由商品的价值，那就是，由在其内对象化的劳动量决定。所以，第一，分为工资，利润，和地租的商品价值额，是已经给予的；换言之，商品价值诸部分的总额的绝对限界，是已经给予的。第二，就诸个别范畴来说，它们的平均的调节的限界，也是已经给予的。工资是后面这一个限界的基础。从一方面说，工资是依自然法则调节的；它的最低限，是由劳动者维持并再生产其劳动力所必要的物理最低限度，来决定，换言之，依一定量的商品，来决定。这一定量商品的价值，是由再生产它所必要的劳动时间决定的；那就是，由新加在生产手段上的劳动日的一部分来决定；这一部分，是劳动者生产并再生产其必要生活资料价值的等价物所必要的。例如，如果从价值方面说，他的平均的逐日生活资料，是 6 小时平均劳动，他每日的劳动平均就须有 6 小时为自己劳作。固然，他的劳动力的现实价值，会和这个物理的最低限界，发生差违。气候和社会发展状态不同，那也就会跟着不同；那不仅依存于物理的欲望，并且依存于历史发展的社会的欲望（那是第二的天性）。但在每一个国家，在任何一个时期，这个调节的，平均的工资，都是一个已定的数额。因此，其他各种所得的价值，就有一个限界了。它常常等于总劳动日（在这里，它与平均劳动日相一致，因为它包含由社会总资本推动的总劳动量）所体现的价值，减去这个劳动日体现为工资的部分，所以，它的限界。是由无给劳动所表现的价值的限界，换言之，是由这个无给劳动的量，决定。劳动者再生产其工资价值所必要的劳动日的部分，是以物理的工资最低限，为最后限界，劳动日的别一部分，即剩余劳动或代表剩余价值的部分，却以劳动日的物理的最高限界（即劳动者每日可用来保存并再生产劳动力的劳动时间总量），为限制。在这里，我们既然是考察价值——代表每年新加的劳动的总量——的分配，所以在这里我们是把劳动日当作一个不变量来考察，并且这样假设，不问这个劳动日是这样和它的物理的最高限界相差违，总之，形成剩余价值并分为利润地租的价值部分的绝对限界，就是这样给予的；那是由劳动日的有给部分以上的无给部分决定，这个无给部分，就是指总生产物内的实现剩余劳动的价值部分。如果我们把这个由这个限界决定并依垫支总资本计算的剩余价值，称为利润，则就绝对量考察，这个利润就等于剩余价值，从而就它的限界考察，它和剩余价值，是依照相同的法则决定。但利润率的水准，也是一个包含在一定限界（由商品价值决定的限界）以内的量。利润率是总剩余价值对生产上垫支的社会总资本的比例。如果资本＝500（那可以是以一百万为单位），剩余价值＝100，则20％就是利润率的绝对限界。社会利润依照这个比率在不同诸资本（投在不同诸生产部门的资本）间的分配，生出和商品价值有差别的生产价格来（生产价格便是现实的调节的平均市场价格）。这差别，使价格不复由价值决定，并且把利润的合法则的界限废止。商品的价值是等于在其内消费掉的资本，加其内包含着的剩余价值，但生产价格则等于在其内消费掉的资本（k）和依照一般利润率它应分得的剩余价值，例如垫支在它生产上的资本（消费掉的资本和只使用的资本，都包含在内）的20%，但这20%的追加，还是由社会总资本所生产的剩余价值，由这种剩余价值对这种资本价值的比例，决定的。也就因此，所以它是20%，不是10%，也不是100%。价值的生产价格化，不会取消利润的限界，不过改变它在不同诸特殊资本（它们构成社会资本）间的分配，那就是，比例于它们在总资本内所占的价值部分，均等地，把它分配在它们之间，市场价格或提在调节的生产价格之上，或跌在调节的生产价格之下，但这种上下的变动，会相互抵消。我们试考察一个长时期的物价表，并且把商品现实价值因劳动生产力变动而发生变化的场合，以及生产过程由自然的或社会的事故，而发生扰乱的场合除开不说，我们看见这诸种情形，是一定会惊奇的。即（1）这种变动，止于比较狭隘的限界内进行；（2）它们的均衡过程，含有规则性。魁特勒（Quetelet）在社会现象上，曾论证，是调节的平均数实行支配；我们在这里发现了同样的支配。如其商品价值均衡化为生产价格的过程，不会遇到任何阻碍，则地租会分解成为对差地租，那就是，一切的地租，都以剩余利润的均衡过程为限，调节的生产价格，把这种剩余利润给于一部分资本家，然后让它由土地所有者占有。所以，地租也有一定的价值限界，它的限界，是个别利润率的不一致，那是由生产价格为一般利润率所规制这一个事实引起的。如果土地所有权，会在商品价值均衡化为生产价格的过程上，成为障碍，并发生绝对地租，这种绝对地租的限界，就是土地生产物价值对其生产价格的超过额，换言之，是土地生产物内含的剩余价值对资本依照一般利润率所应得的利润率的超过程度。在这场合，其差额形成地租的限界；它依然只是已经给予的包含在商品内的剩余价值的一定部分。

最后，剩余价值均衡化为平均利润的过程，还会在不同诸生产部门，在人为的或自然的独占，尤其是在土地所有权的独占上，遇到障碍。在这场合，独占价格成为可能的，从而使那种受独占影响的商品的独占价格，超在商品的生产价格或价值之上；但商品价值所划定的限界，仍不会因此而废止的。某一种商品的独占价格，不过使别一些商品生产者的利润的一部分，移转到这种有独占价格的商品。剩余价值在不同诸生产部门间的分配，会间接发生一种地方性质的扰乱，但剩余价值自身的限界，还是保持不变。如果有独占价格的商品，会加入劳动者的必要消费内，则在劳动者所受的劳动力价值依旧不变的限度内，工资将会因此增加，剩余价值将会因此减少。但若工资原来超过物理的最低限界，那也作兴会把工资压到劳动力价值之下。在这场合，独占价格将由现实工资（即劳动者由同量劳动领受得的使用价值量）的扣除和别个资本家的利润的扣除，来支付。我们也可以确实决定并正确计算，独占价格会在什么限界内，影响商品价格的通例的调节。

新加的分解为所得的商品价值，分割为必要劳动和剩余劳动，为工资和剩余价值。这种分割，在比例上，会遇到一定的调节的限界。同样，剩余价值分割为利润和地租的分割，也会在利润率均衡过程的调节法则上，遇到同样的限界。而在利息和企业利益的分割上，平均利润便是这二合计者的限界。平均利润会提供一定的价值量，在它们二者间分割。在它们二者间，也只有这个价值量供它们分割。在这里，确定的分割比例是偶然的，专门由竞争关系决定的。在其他场合，需要与供给的一致，等于市场价格与调节的平均价格的差违之废止，换言之，等于竞争的影响之废止，但在这个场合，竞争关系却是唯一的决定原因。为什么呢？因为同一个生产因素（资本），必须把那应归于它的剩余价值部分，分在同一生产因素的两种所有者间，不过，平均利润的分割虽没有确定的合法则的限界，平均利润（当作商品价值的部分）的限界仍不会因此废止。这好比一个营业的两个股东，在种种外部事情的决定下，虽会在利润的分配上互相不等，但这个利润的限界，依然不会废止。

所以，商品价值的一部分，即新加在生产手段价值上的劳动所体现的部分，将分解成为不同诸部分，这诸部分还将在所得形态上取得相互独立的姿容，但虽如此，我们依然不能把工资，利润，和地租，当作构成要素，好像只要把它们相加起来，它们的总和，就会发生商品的调节价格（自然价格，必要价格）。我们也不能因此，便否认商品价值在减除不变价值部分之后，原来是一个单纯的单位，这个单位再分成这三部分；我们也不能因此，便承认这三个部分的价格是彼此独立决定，好像把这三个独立的量相加起来，方才形成商品价格。实际是商品价值当作前提的量；不问工资，利润，地租的相对量，它总包含这诸部分价值全部。但照错误的见解看来，工资，利润，和地租，却是三个独立的价值量；它们的总量，才生产，限制，并决定商品价值的量。

很明白，如果工资，利润，地租构成商品价格，则商品价值的不变部分，会和其他部分（表现可变资本和剩余价值的部分）一样，都是这样的。所以，这个不变部分，在这里，就可以完全放在考察之外了，因为这个不变部分所由以形成的商品的价值，会同样分解为工资，利润，和地租的价值的总和。我们已经指出，这个见解，否认有这样一个不变价值部分存在。

这又是很明白的，依照这个见解，一切的价值概念，都被委弃了。依然残留的，只是价格的概念；那就是，会有一定额的货币，支付给劳动力，资本，和土地的所有者。但货币是什么呢？货币不是一个物，只是价值的一定形态，故也以价值的存在为前提。所以，我们就这样说罢：对这各种生产要素，会支付以一定额的金或银。或这样看罢：此等生产要素，在我们头内，是与这一定额的金或银相等。但金与银和其他一切的商品一样是商品（启蒙经济学者是常以这种认识自夸的）。所以，金与银的价格，也是由工资，利润，和地租决定。我们把工资利润和地租，视为与一定量金银相等，仍不能决定工资，利润，和地租。被视为等价的金银的价值，也被假设是独立在金银之外，并独立在任何商品的价值之外，而由这三者构成，因为每一个商品都是这三者的生产物。说工资，利润，和地租的价值，是由这个事实构成，即三者各与一定量金银相等，实无异说，工资，利润，和地租的价值，是与一定量的工资，利润，和地租相等。

先拿工资来说。因为，就照这个见解说来，我们也须从劳动出发。然则，工资的调节价格，换言之，绕着工资市场价格来变动的价格，是怎样决定的呢？

我们姑且答说，那是由劳动力的需要和供给决定的。但这所谓需要和供给，是指什么呢？指资本的需要。对劳动的需要，是等于资本的供给。但要说资本的供给，必须先明白什么是资本，资本是由什么构成的呢？我们且拿最单纯的现象来说。说资本是由货币和商品构成。但货币不过是商品的一个形态。所以，是由商品构成。但依照前提商品价值最先是由生产这个商品的劳动的价格，由工资决定的。在这场合，工资是当作前提，当作商品价格的构成要素考察的。这样这个价格应该是由所供给的劳动对资本的比例，来决定了。资本的价格，等于它所依以构成的诸种商品的价格。资本对劳动的需要，等于资本的供给。资本的供给，等于有一定价格的商品额的供给，但这个价格最先就是由劳动的价格决定；这个劳动的价格，又等于可变资本所由以构成的商品价格部分（这个可变资本，会与劳动相交换，而让渡给劳动者的）；可变资本所由以构成的商品的价格，最先又是由劳动的价格决定的，它也是由工资，利润和地租的价格决定。所以，如要决定工资，我们不能预先假定资本，因为资本自身的价值，就有一部分，是由工资决定的。

把竞争拉进来，也与我们的问题毫无益处。竞争使劳动的市场价格提高或下落。但假设劳动的需要和供给，是互相一致的。在这场合，工资是怎样决定的呢？由竞争。但我们以上已经假定，竞争已失去决定作用，它会由两种相反的力的均衡弃去它的作用。我们正要寻出工资的自然价格，寻出那种不由竞争调节但会调节竞争的劳动价格。

在这里，我们要做的，只是由劳动者的必要生活资料，决定劳动的必要价格，但这种生活资料是商品，也有价格的。所以，劳动的价格，是由必要生活资料的价格决定的。但生活资料的价格，又系其他一切商品的价格，被假设最先是由劳动的价格决定的。所以，由生活资料价格决定的劳动价格，被假设是由劳动价格决定的。劳动的价格，被假设是由它自身决定的。那等于说，我们不知道劳动的价格是由什么决定的。在这里，一般说来，劳动是有价格，因为它是当作商品考察的。所以，说到劳动的价格，我们必须知道，价格一般是指什么。但由这个方法，我们决不能明白，价格一般究竟是什么。

但我们且假设，劳动的必要价格，可以由这个适意的方法来决定。但平均利润，即资本在通例状态内的利润（商品的第二个价格要素），又怎样呢？平均利润，必须由平均利润率决定；但平均利润率是怎样决定的呢？是由资本家间的竞争决定的么？但这种竞争，是以利润的存在为前提的。他假定在同一生产部门或相异诸生产部门，已有各种不同的利润率，从而，已有各种不同的利润。竞争因为会影响商品价格，方才会影响利润率。竞争的影响；不过是使同一生产部门的生产者，以相等的价格，售卖他们的商品，并且使他们在不同诸生产部门售卖商品的价格，给他们以同一的利润，使他们在那已经局部由工资决定的商品价格上，以同比例的部分追加上去。所以，竞争不过能够使利润率由不等化为均等。为要使不等的利润率化为均等，当作商品价格要素的利润，必须已经存在。竞争不会创造利润。利润的水准，在均衡化过程发生的时候，就发生了。竞争不创造这个水准，不过提高它，或压下它。我们说到必要的利润率，我们是指与竞争运动相独立并且会反过来调节竞争运动的利润率。在互相竞争的资本家的力量互相均衡时，平均利润率就会出现的。竞争可以引起这种平衡。但不能引起在这种平衡上出现的利润率。在这种均衡成立时，一般利润率为什么会是10%是20%或是100%呢？不是因为竞争。竞争不过把那种种使个别利润率与10%，或20%，或100%不一致的原因，归于消灭。它不过引起一个商品价格依照这个价格，每一个资本都会比例于它的大小，提供相同的利润。但这个利润自身的大小，是与竞争毫无关系，它不过使一切的不一致，还原成为这个数量。甲与乙相竞争，竞争将使甲售卖商品的价格，与乙售卖商品的价格相等。但这个价格为什么会是10，是20或是100呢？

所以，这个见解，不外归到这一点：利润率以及利润自身，是由工资决定的商品价格的一个追加部分，那是依照一个未能说明的方法决定的。竞争所昭示于我们的唯一事情，是这个利润率必须是一个已定的量。但我们说一般利润率和利润的"必要价格"时，我们已经知道这一点了。

再把这个不合理的过程应用到地租上来，完全是不必要的。我们讲过，这个过程，如果要彻底引申下去，就会使利润和地租，都表现为依照某种未能说明的法则决定的价格追加额。这个价格追加额，是追加到先由工资决定的商品价格内的。经济学者要说明竞争，但反过来，竞争竟不得不负起责任，来说明经济学者所不能理解的一切事项了。

在这里，如果我们把利润和地租这两个价格成分是由流通引起，由售卖发生的幻想除开不说——因为被投入流通内的东西，无论如何，不能由流通生出来——事情就不过是像下面那样：

且假设一个商品的由工资决定的价格，是 100；利润率为工资的 10%，地租为工资的 15%这样，由工资，利润，和地租的总和决定的商品价格 = 125；这 25 的追加额，是不能由商品的售卖发生的。因为，一切相互贩卖的卖者，既然都把仅费工资 100 的商品，照 125 的价格出售，结果是和大家都照 100 的价格出售一样。所以，当中的作用，是应当在流通过程之外考察的。

假设这三种人，把值 125 的商品自身拿来分配－资本家先照 125 的价格售出，然后以 100 付给劳动者，10 付给自己，15 付给地主的情形，对于这个问题，是一点影响没有的——劳动者得价值和生产物的 $\frac{4}{5}$ = 100，资本家得价值和生产物的 $\frac{2}{25}$，地主得 $\frac{3}{25}$。资本家售得 125，不只 100 时，他既然不过以生产物（劳动者就以劳动体现在它里面）的 $\frac{4}{5}$ 给于劳动者，所以，就使他只给劳动者以 80 而自行保留 20，唯在这 20 中，自己分得 8，地主分得 12，结果也是全然一样的。在这场合，它是依照它的价值售卖；因为，在事实上，商品价值（那被设想已由工资价值决定）的价格追加额，乃是一种独立的提高。这等于迂回曲折说，依照这个见解，工资（100）这个名辞，是等于生产物的价值，等于这一定量劳动所表现的货币额；不过，这个价值仍与现实的工资有别，从而还会有一个剩余留下来。在这场合，这个剩余，是由名义上的价格提高，生出的。所以，如果工资是 110，不是 100，利润便须是 11，地租便须是 $16\frac{1}{2}$，从而，商品的价格便须是 $137\frac{1}{2}$。比例是依然不变的。但因为利润和地租的分配，往往采取工资百分之几的名义的追加额的形态，所以价格常常随工资涨而涨，工资跌而跌。在这场合，工资先被假设为与商品价值相等，然后与商品价值相区别。所以在实际上，不过由一种无概念的曲折的路，归到这一点：商品的价值，是由商品内含的劳动量决定，工资的价值，是由必要生活资料的价格决定，而工资以上的价值余额，便形成利润和地租。

商品价值，在减去商品生产上用掉的生产手段的价值之后，便是由商品生产物内对象化的劳动量来决定的价值量。这个价值量，会分成三个成分，它们是当作工资，利润，和地租，取得独立的互相分离的所得形态。这种分割，在资本主义生产的外露的表面上，从而，在拘囚在其内的当事人的观念里，是在一个颠倒的形态上表现的。

假设有某一个商品的总价值 = 300，其中 200，是商品生产上消费掉的生产手段或不变资本要素的价值。所以，100 是在生产过程内附加在商品上的新价值的总额。这个新价值 100，便是可在这三个所得形态上分割的一切。我们假设工资 = x，利润 = y，地租 = z，所以在我们的场合，x + y + z 的总额，常是 = 100。但在产业家，商人，和银行业者的观念里，和在庸俗经济学义的观念里，事情并不是这样表现的。在他们看来，不是商品的价值，除去所消费的生产手段的价值以后 = 100，然后这 100 分为 x、y、z。在他们看来，商品的价格，是单纯由几个和价值相独立并互相独立决定的价值量（工资，利润，和地租的价值量）合成的；x，y，z，是各自独立存在，各自独立决定的；这诸价值量的总和（无论是比 100 更大，还是比 100 更小），方形成商品的价值量，好像商品的价值量，就是由这几个价值形成要素相加而成的。这种混乱，是必然的：

第一，因为商品诸价值成分，是当作独立的所得，来互相对待，这诸种独立的所得，是被归于三种完全互相不同的生产因素，即劳动，资本和土地，好像它们就是由这各种独立的所得，发生的。劳动力，资本和土地的所有权，是商品诸价值成分分归各自的所有者，并且把这各种成分化为他们的所得的原因。究其实价值并非由这诸种成分化为诸种所得的转化发生，在它转化为诸种所得，能取得这个姿容以前，它就已经存在了。但因这三个部分的相对量的决定，是依照互相不同的法则，它们和商品价值自身的关联，以及它们由商品价值所受的限制，决不会在表面上显示出来，所以，这种颠倒的外观，就更巩固了。

第二，我们已经讲过，工资的一般增进或下落，因为会在其他各种事情不变的条件下，使一般利润率发生一个方向相反的运动，所以会改变不同诸种商品的生产价格，并依照各生产部门的资本的平均构成，使某一些商品腾贵，某一些商品跌落，在这里，确实有一些生产部门，曾经有这样的经验：因为工资上腾，所以商品的平均价格上腾，因为工资下落，所以商品的平均价格下落。这种变动由商品价值（和工资相独立的商品价值）受秘密调节的事实，不会被"经验"到，但只要工资的提高是局部的，只在特殊诸生产部门，因特殊的事情发生，这诸种商品就会在价格上，发生相应的名义上的提高。在这场合，一种商品的相对价值（与工资未曾变动的其他诸商品相对而言的相对价值）的增进，虽只是剩余价值在不同诸生产部门的均衡分配发生局部扰乱这一件事的反应，只是特殊利润率均衡化为一般利润的手段，但这里的经验，又是价格由工资决定。在这两个场合，我们所经验的事情，都是工资决定商品价格。而不被经验的事情，却是这种关联的隐蔽着的原因。再者，劳动的平均价格。即劳动力的价值，是由必要生活资料的生产价格决定的。必要生活资料的生产价格涨，劳动的平均价格也涨；必要生活资料的生产价格跌，劳动的平均价格也跌。在这里，被经验到的，又是工资与商品价格的关联的存在；但原因被当作结果，结果被当作原因了。在市场价格的变动上，情形也是这样的。在这场合，工资提到平均工资以上的事情，会与繁荣时期市场价格提到生产价格以上的事情相照应，而工资落到平均工资以下的事情，又与市场价格落到生产价格以下的事情相照应。因生产价格依存于商品价值之故，所以，如不说市场价格的上下的变动，则经验会不断地明白表示在工资上腾时，利润率会下落，在工资下落时，利润率会上腾。但因我们曾经看见到，利润率可由不变资本的价值的运动来决定，不必问工资的变动。所以，工资和利润率是可以不照相反的方向，而照相同的方向变动的，那就是，二者一同上腾，或者一同下落（如果剩余价值率与利润率是直接一致的，这个情形便是不可能的。又在生活资料价格上腾，从而工资上腾的时候，利润率也能保持不变，乃至上腾，因为劳动的强度可以加大，劳动日的时间可以延长）。这一切的经验，都替这个外观，作了确证。这个外观，是由诸价值成分的独立的颠倒的形态引起的，好像决定商品价格的，只是工资，或是工资和利润二者。如果就工资说真是这样，如果劳动的价格与由劳动生产的价格真好像是一致的，那不待说，利润和地租也是这样的。它们的价格，那就是，它们的货币表现，必须要独立在劳动和劳动所生产的价值之外，决定了。

第三，且假设，商品价值或只在外表上与商品价值相独立的生产价格，是直接地，不断地，在现象上，与商品的市场价格相一致，不只（因市场价格不断地诸种变动会不断归于均衡）当作调节的平均价格来贯彻。又假设，再生产是在同一的不变的关系下进行，从而在资本的一切要素上，劳动的生产力，皆被假设为不变的。最后，又假设，在每一生产部门因新劳动量追加（换言之，因新生产的价值，加到生产手段的价值内去）而成立的商品生产物的价值部分，是依照不变的比例，分割为工资，利润和地租，从而，实际支付的工资，事实上实现的利润，和实际的地租，会不断地，直接地，与劳动力的价值，总剩余价值依平均利润率应归总资本各独立机能部分的部分，与这个基础上的通例的地租，相一致。一句话，我们且假设，社会价值生产物的分割和生产价格的调节，是在资本主义的基础上，但没有竞争的前提下，进行的。

在这前提下，商品的价值是不变的，且表现为不变的，商品生产物分解为诸种所得的价值部分，是一个不变量，且表现为不变量；最后，这个一定不变的价值部分，又依照不变的比例，分割为工资、利润和地租，但哪怕是在这诸种前提下，现实的运动也必然会表现在颠倒的姿容上。那就是，好像不是由一个已经给予的价值量，分成三个部分，而采取互相独立的所得形态，反过来，却好像这个价值量，是由独立的各别决定的构成这个价值量的诸要素（工资、利润和地租）形成的。这个外观必然会发生，因为在个别资本及其商品生产物的现实运动上，好像不是商品价值成为这种分割的前提，反过来，却像是这诸种价值成分成为商品价值的前提。第一层，我们已经讲过，就每个资本家来说，商品的成本价格，是表现为既定量，并且在现实的生产价格上，不断表现成为这样。但成本价格是等于不变资本（即垫支的生产手段）的价值，加劳动力的价值（在生产当事人的心目中它是表现在不合理的劳动价格形态上，所以，工资同时会表现为劳动者的所得）。劳动的平均价格，是一个既定量，因为劳动力的价值，是和别种商品的价值一样由再生产所必要的劳动时间决定。但就商品的这个价值部分（那分解为工资的价值部分）说，它的发生，并不是因为它采取工资的形态，也不是因为资本家曾在工资的现象形态下，在劳动者自己的生产物内，垫支给劳动者一部分，却是因为劳动者曾生产他的工资的等价，换言之，因为他的日劳动或年劳动的一部分，曾生产一个包含劳动力价格的价值。但工资是由契约规定的，在其价值的等价物生产出来以前，就已经由契约规定了。工资当作一个在商品和商品价值生产出来以前其分量就已经给予的价格要素，当作成本价格的一个成分，不像是商品总价值在独立形态上分成的部分。却像是一个既定的量，好像是商品和商品价值的前提，是价格或价值的形成要素。而平均利润在商品生产价格内的作用，又和工资在商品成本价格内的作用相仿佛，因为生产价格等于成本价格加垫支资本的平均利润。在资本家自己的概念和计算内，这个平均利润不只在它决定资本由一个投资部门到别一个投资部门的移转的限度内，是一个调节的要素。并且对于一切包括长期再生产过程的售卖和契约，它也会当作调节的要素参加进去。在这限度内，平均利润是一个前提的量，实际是和各特殊生产部门所生产的价值和剩余价值相独立，更加和各该生产部门各个别投资所生产的价值和剩余价值相独立的。它不表现为价值分割的结果，却表现为一个和商品生产物价值相独立的量，好像这个量是商品生产以前就已经给予的，好像是商品平均价格所依以决定的，换言之，好像是价值的形成要素。并且，因为剩余价值部分割成为不同的彼此采取独立形态的诸部分，所以它还会在更具体的形态上，当作商品价值形成的前提。平均利润的一部分，在利息形态上的，在机能资本家看来，就是当作商品和商品价值生产上一个前提的要素出现的。

利息量的变动无论是怎样大，但在任一瞬间，对于任一个资本家，总归是当作一个定量，而加到个别资本家所生产的商品的成本价格内。农业资本家的约定租金形态上的地租，和其他各种企业家的店房租金形态上的地租，也是这样。剩余价值所分成的这诸部分，因为在个别资本家的场合，是当作成本价格的要素给予的，所以居然相反的，表现为剩余价值的形成要素了；像工资表现为商品价格别一部分的形成要素一样，这诸部分就表现为商品价格这一部分的形成要素了。这诸部分其实是商品价格分割的结果，这个结果所以会在价值形成上不断当作前提，当中的秘密不外是，资本主义的生产方法，像任何别一种生产方法一样，不仅须不断再生产物质的生产物，并且要再生产社会的经济关系，再生产它的构成的经济形态。因此，结果不断表现为前提，前提也不断表现为结果了。并且，在个别资本家看来，同一关系的不断的再生产，又是自明的，被当作毫无疑问的事实假定的。在资本主义生产照样维持下去的时候，新加劳动的一部分会不断还原为工资，一部分会不断还原为利润（利息加企业利益），第三个部分会不断还原为地租。这个情形在各种生产因素的所有者间的契约上，就是当作前提假定的，这诸部分的相对比例虽然在个别场合有极大的变动，但这个前提仍不失为正确的。这诸部分相对采取的确定姿容，是当作前提假定的，因为它会不断被再生产出来；它会不断被再生产出来，又因为它会不断当作前提而被假定。

不错的，经验与现象，也指示，市场价格（它的影响，在资本家看来，便是价值决定上唯一的影响），就量的方面考察，是全然和这种前提相独立；并指示，利息或地租的高低，也不以这种前提为准据。但市场价格，不过在变动中是不变的；它的长期间的平均，才使工资的平均，利润的平均，和地租的平均，当作不变的在结局上支配市场价格的量。

但从另一方面说，下面这种考虑，也是极单纯的。即，如果因为工资、利润和地租是价值的形成要素，正因为它们是在价值生产以前已经被假定，并且在个别资本家的场合，又在成本价格和生产价格上，被预先假定，便说它们是价值的形成要素，那么，以定量价值加入商品生产的不变资本部分，也是价值形成要素了。但不变资本部分不外是一个商品额，从而，不外是一个商品价值额。这样，我们就归结到一个不合理的同义反复了：那就是，商品价值是商品价值的形成要素和原因。

如果资本家对于这点有加以考察的任何利害关系——当作资本家，他的一切思考，都专门由他的利害关系和自利行动决定的——经验就会告诉他，他自己生产的生产物，会在别的生产部门，当作不变资本部分，别的生产部门的生产物，会在他的生产物上，当作不变资本部分。因为从他的观点看，他自己的新生产上的价值追加额，在外观上，是由工资、利润地租形成，所以，就不变部分（那是由别个资本家的生产物形成的）说，情形也好像是这样了。从而，不变资本部分的价格，也依某种尚不能说明的方法，结局还原成为这几个成分了；商品的总价值，结局也还原成为一个价值总和了；这个价值总和便是诸种独立的，依不同法则规定的，并由不同诸种源泉形成的价值形成要素的总和了。这诸种形成要素，便是工资、利润和地租。

第四，商品照价值售卖或不售卖，从而价值决定，对于个别资本家，是完全没有关系的。价值的决定，自始就是在他背后进行的，由一个和他相独立的关系促成的，因为在各生产部门形成调节的平均价格的，不是价值，只是和价值有别的生产价格。价值的决定，对于各特殊生产部门的个别资本家和资本，没有利害关系和决定作用，除非劳动的生产力增进时，生产商品所必要的劳动量会减少，以致个别资本家照现存的市场价格能够赚得额外利润，或者劳动的生产力减退时，生产商品所必要的劳动量增加，以致个别资本家不得不把商品的价格提高（因为分归诸部分生产物或个个商品负担的工资，不变资本和利息，都增加了）。那就是，除非价值的决定使他的商品的生产成本增加或减少，从而，使他处在一个例外的位置上面。

资本家以机能资本家的资格，须在价格内，实现他的企业利益，那就是他所应得的利润部分。而一般说来，为要使再生产有继续进行的可能，他还须依照一定的价格把商品售卖。在他看来，工资、利息和地租不仅是前一种价格的调节限界，并且是后一种价格的调节限界。如果他能够在工资利息，和地租所划定的个人的成本价格以上，从价格内，汲出普通的或较大的企业利益来，他在售卖商品时，是否实现商品内包含的价值和剩余价值，乃是一件完全和他没有关系的事。把不变资本部分除开不说，工资、利息和地租，在他看，便像是商品价格之限界的，创造的，决定的要素了。举例来说，如果他能把工资压到劳动力的价值以下，压到通例的水准以下，如果他能以较低的利息率获得资本，如果他能在通例的地租水准以下支付租金，那么，即使他是在价值以下售卖生产物，甚至在一般生产价格以下售卖生产物，从而无代价地，把商品内包含的剩余劳动的一部分放弃，他也可以丝毫不放在心里。甚至就不变资本部分说，也是这样。举例来说，如果产业家可以在生产价格以下购买原料，那就使他也在生产价格以下售卖自己的完成品，他还是能够赔补自己的损失。只要商品价格超过诸有给要素（必须由等价来代置的诸要素）的剩余保持不变或增加，他的企业利益就会依然不变，甚至增加的。但除开生产手段的价值（那是当作既定的价值量，加入商品的生产）不说，当作限定的调节的价格量，加到这种生产去的，正是工资、利润和地租。所以在他看，它们就好像是决定商品价格的要素了。从这个观点看，企业利益就好像是由市场价格（那依存于偶然的竞争关系）超过商品价值（那是由价格诸要素决定的，固有的）的剩余，来决定了。如果企业利益在市场价格上有决定的作用，则在这限度内，它也好像是依存于买者和卖者间的竞争了。

在个别资本家相互间的竞争和世界市场的竞争上，当作不变的调节的量而加在计算内的，是既定的当作前提的工资额、利息额和地租额。我们说它们是不变的。不是说它们的量是不变化的，不过包含这样的意思：在每一个场合，它都是已定的，而对于不断变动的市场价格，成为不变的限界。比方说，在世界市场竞争上，必须考虑的，不过是这一点：在工资、利息和地租为一定额时，依照已定的一般市场价格，或在其下售卖商品，是否有利可图，是否有相当的企业利益可以实现。如果在一个国家，工资和土地价格都低微，但因资本主义生产方法在那里尚未发展的缘故，资本的利息却很高，而在别一个国家，工资和土地价格在名义上很高，资本的利息却很低，资本家在前一个国家，就将使用更多的劳动和土地，在后一个国家却会相对地使用更多的资本。在这场合，要计算两个国家间的竞争在什么程度内是可能的，这诸种因素就会当作决定的要素，加入计算内的。在这里，经验将会在理论方面，资本家的利害打算又会在实际方面，指示：商品价格由工资、利息和地租决定，由劳动的价格、资本的价格和土地的价格决定；并指示，这诸价格要素，实际是调节的价格形成要素。

当然，总有一个要素，不是预先假定的，而是由商品的市场价格来调节。那就是由工资、利息和地租那诸种要素合计而成的成本价格以上的剩余。这第四个要素，在每一个场合，都像是由竞争决定的；而在平均的场合，是由平均利润决定，不过在长期间内，平均利润又是由竞争调节的。

第五，在资本主义生产方法的基础上，新加劳动所依以表现的价值，会分割成为工资、利润和地租诸种所得形态，那是非常明白的。但不说我们讨论地租时用作例解的各种过去的历史时期，那就好像在这诸种所得形态的存在条件自始就不具备的地方，这个方法也是适用的。那就是，一切的东西，都依类推法，包摄在这诸种所得形态下了。

设有一个独立的劳动者——我们假设他是一个小自耕农民，因为，在这场合，这三个所得形态都可以应用——是为自己操作并出卖自己的生产物，我们最先就会把他当作是他自己的使用者（资本家），把自己当作劳动者来使用，并且把他当作是他自己的地主，把自己当作租地人来使用。我们会认为，他是把自己当作工资劳动者，付自己以工资，又把自己当作资本家，付自己以利润，又把自己当作土地所有者，付自己以地租。假设资本主义生产方法及与此相应的关系，是一般的社会的基础，如果他能够占有他自己的剩余劳动，不是因为他劳动，不过因为他对于生产手段（在这里，它是一般采取资本的形态）有所有权，则在这限度内，这个包摄方法原是正确的。并且如果他是在商品的形态上生产他的生产物，并依存于其价格（或者不是这样，但这个价格至少是可以估定的），则在这限度内，他所能实现的剩余劳动量，原也不是取决于这个量的本身，而是取决于一般利润率。同样，剩余价值中，除去一般利润率应有的部分，如尚有剩余，这种剩余也不是由他所供给的劳动量决定，他所以能够把这个剩余占有，仅因为他是土地的所有者。但就因为一个和资本主义生产方法不相符合的生产形态，可以被包摄在它的所得形态下——而在一定程度内，这个方法又不是不正确的——所以，资本主义生产关系为每一种生产方法的自然关系的外观，就更加巩固了。

如果我们把工资还原为它的一般基础，为生产者自己的劳动生产物的一部分，即归劳动者个人消费的部分；如果我们把这一部分，从资本主义的限制救出，并尽社会既有生产力（那就是他自己的劳动当作现实的社会的劳动所具有的社会生产力）所许可的范围，尽个人完全发展所必要的程度，尽量把消费的范围扩大；如果我们把剩余劳动和剩余生产物，降到社会现存生产条件所必要（一方面为形成保险基金和准备基金，另一方面为适应社会需要而依照一定程度，不断将再生产过程扩大）的程度；最后如果我们把（1）必要劳动，（2）剩余劳动（有劳动能力的人，必须为社会上多少不能劳动的人，担任这种劳动），把工资和剩余价值，把必要劳动和剩余劳动，剥去特殊的资本主义性质，残留下来的，便不是这诸种形态，只是一切社会生产方法所共有的基础了。

再者，这种包摄的方法，在前期诸种支配的生产方法，例如封建生产方法内，也不是没有。不与该生产方法相符合，而完全在它以外的生产关系也曾被包摄在封建关系之下。比方说，英吉利的普通服役租地法（tenure sin common socage）——那是和骑士服役租地法（tenures on knighf's service）相对立的——就是这样被包摄的。但究其实，这种普通服役租地法，是只包含货币义务，不过在名义上是封建的。

第
五
十
一
章

生
产
关
系
与
分
配
关
系

由逐年新加劳动新加的价值——从而，代表这个价值并能从总收益中取出并分开的年生产物部分——是分成三个部分，它们采取三种不同的所得形态。在这诸种形态上，这个价值的一部分，是归属于劳动力的所有者，第二个部分是归属于资本的所有者，第三个部分是归属于土地所有权的所有者。所以，它们是分配的关系或形态，因为它们会表示，新生产的总价值，是在什么关系下，分配在不同诸生产因素的所有者间。

照普通的见解看来，这种分配关系好像是自然的关系，好像是由一切社会生产的性质，由人类生产一般的法则发生的。前资本主义的社会，不容否认的，曾指示别种分配方法，但这诸种方法，被认为是这种自然分配关系的未发展未完成的假装样式，不过尚未取得最纯粹的表现，尚未达到最高的姿容和着上异样的色彩而已。

在这个见解里面，只有一点是正确的：在任一种社会生产（例如原始的印度共同体或秘鲁的已更人为发展的共产体）的前提下，我们都能在劳动的两部分间，划出它们的区别。劳动的一部分，是把生产物直接供生产者及其家属，充他们个人的消费；劳动的别一部分，即剩余劳动，是把生产物用来满足一般的社会的欲望，不问这个剩余生产物是怎样分配，也不问是谁当作这种社会需要的代表（当然，还有一部分，是用在生产的消费上的）。不同诸分配方法的同一性，不过归结到这一点：如果我们把它们的差别性和特殊形态丢开不说，单单把它们的共通性放在心里，它们便是同一的。

更开化更有批判能力的意识，承认分配关系的历史发展性①，但是同时却坚持这样的主张，认生产关系有不变的性质，认这种性质是由人类的本性发生，而与一切历史的发展相独立。

资本主义生产方法之科学的分析却证明资本主义生产方法，是一种特殊的生产方法，包含有特殊的历史的决定性。并且证明，像任何别种确定的生产方法一样，它是把社会生产力及其发展形态一个确定的阶段，当作它的历史的前提条件。这个条件，本身就是一个过去的过程之历史的结果和产物；新的生产方法，就是把这个条件当作所与于它的基础而从此出发的。还证明了，和这种特殊的历史规定的生产方法相照应的生产关系——人类就在他们的社会生活过程，他们的社会生活的创造上，加入这种关系——也有一种特殊的历史的经过的性质。最后，还证明了，分配关系在本质上是与生产关系相一致，是生产关系的背面，所以二者同有历史的经过的性质。

在考察分配关系时，人们先由这个所谓事实出发：年生产物分割为工资、利润和地租。但这样说，连这个事实也是虚伪的。生产物是一方面分为资本，一方面分为所得。这诸种所得之一，工资，先须在资本形态上，与劳动者相对立，然后取得所得的形态，成为劳动者的所得。所生产的劳动条件和劳动生产物一般当作资本，而与直接生产者相对立的事实，自始即包含物质劳动条

---

① 穆勒：《经济学上未决诸问题》，伦敦 1844 年。

件与劳动者相对而取得的一定的社会性质，并包含劳动者在生产上对劳动条件所有者间，以及他们相互间的一定的关系。这种劳动条件的资本化，又包含直接生产者的土地的剥夺和一定的土地所有权形态。

如果生产物的一部分不转化为资本，别一部分也就不采取工资、利润和地租的形态。

从另一方面说，资本主义生产方法虽以生产手段之一定的社会的姿态为前提，但又不断再生产它。它不仅再生产物质的生产物，并且不断再生产此等生产物所依以生产的生产关系，及与其相应的分配关系。

我们可以说，资本（土地所有权，当作它的反对物，也包含在内），已经以一种分配为前提，那就是，劳动者的劳动条件被剥夺，这种条件在少数人手中累积着，土地的排他的所有权在另一些人手中保持着。这种种关系，都已经在说明原始蓄积的那一篇（第一卷第二十四章）说明了。但这种分配，和我们这里讨论分配关系时所说的分配，是完全两样的。我们在这里说分配关系，是和生产关系对立来说，并赋以一种历史的性质。我们意思是指生产物中归个人消费的诸部分，有不同诸种的所有名义。但那种分配关系，却是特殊社会机能的基础，这种社会的机能，是在生产关系之内，归于一定的与直接生产者相对立的当事人。它给生产条件自身和它们的代表者，以特殊的社会的性质。它决定生产的全部性质和全部运动。

资本主义生产方法自始即含有两个特征。

第一，它是把生产物当作商品来生产。生产商品的事实，不足以使它和别种生产方法相区别；但成为商品，确实是它的生产物之支配的决定的性质。第一层，它是包含这个意思：劳动者自己只当作商品售卖者出现，从而当作自由的工资劳动者出现，劳动一般也当作工资劳动出现。根据以上的说明，我们实无须重新论证。是资本与工资劳动的关系，决定这个生产方法的全部性质。这种生产方法的主要当事人，资本家和工资劳动者，在这程度内，也不过是资本和工资劳动的体化和人格化；他们是一定的社会的性质，由社会生产过程，捺印在诸个人身上的。换言之，他们是这种确定的社会的生产关系之产物。

　　这两种性质即（1）生产物为商品，（2）商品为资本生产物，已经把一切流通关系（Zirkulat onsverhältniss）包含在内。这所谓流通关系，是指生产物必须通过的，一定的社会过程。生产物就在它里面取得一定的社会性质。又，这种性质，还包含生产当事人间的一定的关系，生产物的价值增殖及其再转化（再转化为生活资料或生产手段），就是由这种关系决定的。但除了这点不说，上述两种性质（生产物为商品的性质，和商品为资本所生产的商品的性质），还引起全部的价值决定方法，以及全部生产由价值规制的事实。在这个完全特殊的价值形态上，从一方面说，劳动只当作社会劳动；从另一方面说，这个社会劳动的分配，其生产物相互补充的作用（即物质代谢机能），社会机构的隶属和加入，皆被放任，让它们由个个资本主义生产家的偶然的相互抵消的行动来解决。此等生产者不过以商品所有者的资格互相对立，各人都要尽可能以高价售卖商品，他在生产的调节上，显然一任己意，放胆做去的。所以，内部的法则，是只以竞争为媒介，由交互的压迫来贯彻。因为，这种竞争和交互的压迫，会把各种的不一致取消。在这里，价值的法则不过当作内部的法则，而在个个当事人看来，还是当作盲目的自然法则来发生作用，且也在偶然的各种波动中实行生产之社会的均衡。

　　再者，当作全资本主义生产方法的特征，社会生产关系的实物化和物质生产基础的主体化，也已经在商品内，尤其是在当作资本生产物的商品内，包含了。

第二，资本主义生产方法的别一个标记，是剩余价值的生产，当作生产之直接的目的和决定的动机。在本质上资本是生产资本；但必须生产剩余价值，它方才能生产资本。在考察相对剩余价值，尤其是考察剩余价值的利润化时，我们已经讲过，资本主义时期所特有的生产方法，就是立足在这一点上面。这是劳动社会生产力发展上一个特殊的形态，但在这个特殊形态上，劳动的社会生产力，是当作一种和劳动者相独立的资本的力，从而，与劳动者自身的发展，正相反对。这种以价值和剩余价值为目的的生产，像我们的分析将要指示的那样，含有一种不断的倾向，要把生产一个商品所必要的劳动时间，它的价值，缩减到当时的社会平均以下。把成本价格减至最低限度的努力，在劳动社会生产力的增进上，成了最强的杠杆。但在这里，劳动社会生产力的增进，只表现为资本生产力的不断的增进。

资本家，当作资本人格化，在直接生产过程内所占有的权力，当作生产指导者和支配者所充当的社会机能，在本质上，就与奴隶生产，农奴生产等基础上建立的权力，有差别。

在资本主义生产的基础上，生产的社会性质，会当作一个严密规制的权力，当作一个以完全等级制度为根据而编成的劳动过程的社会机构，与直接生产者的大众相对立；这种权力的担当者，是当作与劳动对立的劳动条件之人格化。就这点说，与以前各种生产形态是有别的。在以前各种生产形态下，他们享有这种权力是因为他们是政治上的或神政上的支配者。并且，在这种权力的担当者间，即资本家（因为他们不过以商品所有者的资格互相对待）自己中间，还受最完全的无政府状态的支配。在这状态内，生产之社会的关联，不过当作压倒的自然法则，而与个人的意志相对立。

不过因为劳动被假定是在工资劳动的形态上，生产手段被假定是在资本的形态上，换言之，不过因为这两个本质的生产因素是采取这种特殊的社会的姿容，所以价值（生产物）的一部分会表现为剩余价值，这个剩余价值又表现为利润（地租），为资本家的利益，为他所有的可以利用的追加的富。但又不过因为它表现为他的利润，所以决定用来扩大再生产并形成利润一部分的追加的生产手段，会表现为新的追加的资本；再生产过程一般的扩大，会表现为资本主义的蓄积过程。

劳动的工资劳动形态对于全部过程的姿容和生产的特殊方法，有决定的作用。但虽如此，有价值决定作用的，依然不是工资劳动。在价值的决定上，成为问题的，是社会的劳动时间一般，是社会一般所得而支配的劳动量。各种生产物在此量劳动中所能吸收的相对的分量便决定此等生产物各自在社会上的重要性。当然，社会劳动时间在商品价值上当作决定要素的形态，是与劳动的工资劳动形态及生产手段的资本形态，确实结合在一起，——因为商品生产，只在这个基础上面成为生产的一般形态。

现在，我们再考察所谓分配关系。劳动工资以工资劳动为前提，利润以资本为前提。所以，这诸种分配形态，又以生产条件之一定的社会的性质和生产当事人间的一定的社会关系为前提。所以，一定的分配关系，只是历史规定的生产关系的表现。

我们再拿利润来说。这个确定的剩余价值形态，是一个前提，生产手段在资本主义生产形态上的新形成，就是在这个前提下进行的。所以，它是一个支配再生产的关系。虽然在个别资本家看来，好像他尽可以把全部利润，当作所得来消费掉；但在这场合，他会遇到限制的。在保险基金和准备基金的形态上，在竞争法则以及其他等形态上，他已经把这种限制遇到了。这种限制，实际对他证明了，利润不单是供个人消费的生产物的分配范畴。加之，全部资本主义生产过程，是由生产物的价格来调节。但调节的生产价格，就是由利润率的均衡过程，以及不同诸社会生产部门间的资本分配（那是和利润率的均衡过程相照应的）来调节。在这里，利润不是生产物分配上的主要因素，而是生产本身的主要因素；那就是，只是资本和劳动在不同诸生产部门间分配的部分。利润分为企业利益和利息的分割，也表现为这种所得的分配。但它先是由资本（它是自行把价值增殖，并生产剩余价值的价值，是支配的生产过程之确定的社会姿容）的发展生出来的。它又从它自身，引起信用和信用制度，并连带发展生产的姿态。并且利息等形态上的所谓分配形态，原是当作决定的生产要素，加到价格里面去的。

说到地租，好像它只是分配形态，因为土地所有权本身，在生产过程内，没有任何机能，至少，没有任何正常的机能。但（1）地租以平均利润以上的余额为限；（2）土地所有者从生产过程及全社会生活过程的指挥者支配者的地位，降处土地出租人，土地高利贷者，地租收受者的地位这两种事实，却是资本主义生产方法一个特殊的历史的产物。土地取得土地所有权形态这一件事，也是资本主义生产方法的一个历史的前提。土地所有权采取这种形态从而使资本主义农业经营方法可以成立这一个事实，也是这个生产方法一个特殊的产物。在别种社会形态下，我们也可称土地所有者的所得，为地租。但那所谓地租，和这个生产方法下面出现的地租，是在本质上不同的。

所以，所谓分配关系，与历史规定的特殊社会的生产过程形态，及人类在人类生活再生产过程内相互的关系相照应，并且是由此发生。这种分配关系的历史性质，就是生产关系的历史性质。实在说，分配关系不过表示生产关系的一面而已。资本主义的分配，与由别种生产方法发生的分配形态，是有区别的。一定的分配形态是由一定的生产形态发生，并与其相照应，所以，当一定的生产形态消灭时，这一定的分配形态也要消灭的。

只把分配关系看作是历史的但不把生产关系也这样看的见解，从一面说，是对资产阶级经济学加以初步批判的结果；但这种批判，仍拘囚在资产阶级经济学内。从另一方面说，这种见解，又是社会生产过程和单纯劳动过程的混淆并视为同一的结果。变则的孤立的人，没有任何社会的帮助，也必须实行单纯的劳动过程。如果把劳动过程视为是人与自然间的单纯的过程，则在这限度内，它的单纯的要素，乃是劳动过程的一切社会发展形态所共有的。但这个过程的每一个确定的历史的形态，都会进一步发展这个过程的物质基础和社会形态。一经达到相当的成熟时期，这个确定的历史形态就会被剥去，并让位给一个较高级的形态的。诸分配关系，从而，与其相照应的生产关系之一定的历史的姿容，在一方面；生产力，生产效率，及其当事人的发展，在另一方面。只要这两方面的矛盾和对立取得了相当的广度和深度，这个危机的瞬间的到来，就有了兆应了。在这时候，生产的物质发展，就和它的社会形态，发生冲突了①。

①　参看《竞争与合作》（1832 年？）

第五十二章

诸阶级

劳动力的所有者（他的所得源泉是工资），资本的所有者（他的所得源泉是利润），土地的所有者（他的所得源泉是地租），换言之，工资劳动者，资本家，土地所有者，是以资本主义生产方法为基础的近代社会的三大阶级。

毫无疑问的，在英格兰近代社会的经济结构的发展，达到了最高点，可以说是最典型的。但在那里，阶级的结构也还未曾在最纯粹的形态上出现。就在那里，也还有各种中间的过渡的阶段，把限界的决定，弄得含糊（与都市比较，在农村地方，这种情形是比较更小得多）。不过，这种情形，对于我们的考察，是无关轻重的。我们已经讲过资本主义生产方法的不断趋势和发展法则，是使生产手段益益与劳动相分离，并使分散的生产手段益益累积成为大的诸群，从而使劳动转化为工资劳动，生产手段转化为资本。而在另一方面，与这个趋势相照应，尚有土地所有权，独立地，和资本及劳动相分离①，或使一切土地所有权，转化为与资本主义生产方法相照应的土地所有权形态。

第一个要解答的问题是：什么形成一个阶级？由此引起的第二个待解答的问题，是：什么使工资劳动者，资本家，土地所有者，形成社会的三大阶级？

最初一看，好像就是所得和所得源泉的共通性。他们是三个大的社会的群。他们的构成要素，即形成这诸群的个人，是分别依赖工资，利润，和地租，换言之，是分别依赖劳动力的价值增殖，资本的价值增殖，和土地所有权的价值增加，来生活的。

但从这个立场看，医师和官吏也形成两个阶级了。因为他们是属于两个不同的社会的群。无论是那一群，群中各份子，总是由同一源泉，取得他们的所得。又，劳动者间，资本家间，土地所有者间，还可实行社会分工。例如，土地所有者可分为葡萄园的所有者，农场的所有者，森林的所有者，矿山的所有者，渔场的所有者。这种分工，也会在利害关系和地位上，引起无限的分割。如果我们是从这个立场来看，以上所说的话，也可适用于这种无限的分割了。

（原稿在这里断了——F. E.）

---

① 李斯特（F. List）以下的话，是很适当的。他说："在大土地制盛行的场合，支配的自营方法，不过证明文明的缺乏，交通手段的缺乏，国内产业和富裕都市的缺乏。就因为这个理由，所以在俄罗斯，波兰，匈牙利，梅克伦堡到处都可看见这种情形，以前，在英格兰，也盛行这种情形。但商工业发达的结果，中农经济和租地耕作，就代起了。"（《农村组织，小农经济，和国外移住》1842 年第 10 页）

附录

通信十篇
《资本论》

I　马给恩

（一八五一年一月七日）

亲爱的 Engels：

我今天写这封信给你，要向你提出一个理论的问题，那当然是属于自然经济学的问题。

你知道，依照里嘉图的地租学说，地租不外是生产成本和土地生产物价格间的一额，或如他所说，是最劣等地所必须卖到方才能得回成本（Kosten，租地农业家的利润和利息，常常包括在成本之内）的价格和最良地所能卖到的价格之差额。

照他说来，地租的增进，证明以下诸事。他自己也是这样展开他的理论。

（一）益益劣的土地有渐渐采用的必要，或者说，连续投在同一土地上的诸等量资本，将不能提供等量的生产物。换言之，人口对于土地所必须课加的要求益益大，土地就会以相同的比例益益变得劣。它会相对的，变成更不生产的。马尔萨斯就在这里找他的人口理论的实在基础。并且到现在，他的学徒也还在这里找寻这个理论的最后的注解。

（二）地租只能在谷物价格提高的时候提高，（至少就经济法上说是如此。）反之，如果谷物价格下落，地租也须下落。

（三）如全国的地租增进，那是只能由这个事实说明，即，有极大量的相对恶劣的土地，加入了耕作。

但历史却到处和这三个命题相矛盾。

（一）这是没有疑问的：文明进步，会有益益劣的土地加入耕作。但这是同样没有疑问的：因科学和产业进步之故，这些较劣的土地，比以前的良地，还要更好。

（二）自一八一五年以来，至谷物条例撤废时，谷物价格由 90 先令跌至 50 先令以下。它的下落虽是不规则的，但却是不断的。反之，地租却是增进了。英国是这样。把必要的变例除开不说，在大陆也是这样。

（三）在一切国家，我们都发觉，当谷物价格下落时，土地的地租总额就会增进。这一层，也是庇特（Pitt）早经说过的。

无论如何，主要点仍然在，地租法则怎样与农业一般的丰度的进步相调和。由此，历史的事实既可以解释，马尔萨斯的退化理论也能够排除，并且永远地排除。

我相信，待要说明的问题不过是像下面那样：

假设在农业的一定状态下，一卡德小麦的价格 = 7 先令，一英亩最良土地支付地租 10 先令，生产 20 布奚。每英亩的收益 = 20×7 = 140 先令。在这场合，生产成本 = 130 先令。所以 130 先令便是最劣等耕作地的生产物的价格。

假设农业一般改良了。我们以此为前提。同时又假设，科学产业和人口都在增进。一个由改良而起的土地一般丰度的增加，必须以这些条件作前提，要和那种由偶然丰年贲来的丰度，相区别的。

小麦价格由每卡德 7 先令跌至 5 先令。最良地第一级，原来生产 20 布奚的，现在生产 30 布奚了。所以现在的收益不是 20×7 = 140 先令，而是 30 ×5 = 150 先令。那就是，以前付地租 10 先令，现在要付地租 20 先令。最劣等地即不付租地，必须生产 26 布奚，因为依照我们上面的假设，必要价格依然是 130 先令。26 ×5 = 130。如果改良不是这样普及的，换言之，如果与社会人口等的进步相并而进的科学的进步，不是这样普及，以致必须耕作的最劣等地，不能生产 26 布奚，谷物价格就不会跌到每卡德 5 先令的程度。

这 20 先令地租，依然是出自生产成本和最良地谷物价格之间的差额，或出自最劣等地的生产成本和最良地的生产成本之间的差额。一个土地，和别一个土地比较而言，依然是丰度较小的。但一般的丰度已经提高了。

在谷物价格由 7 先令落到 5 先令的时候，假设，消费即需要以相同的比例增加，或者说，生产力并不超过价格 5 先令时可望有的需要。如果价格是因一个例外的丰收，由 7 先令跌到 5 先令，这个假设固然是极背谬的，但若丰度的增进是渐渐的，是由生产者自身引起的，这个假设却是必然的。总之，这里考察的，只是这个假设之经济的可能性。

结果会是这样：

（一）虽然土地生产物的价格下落了，里嘉图的法则也还保持正确，但地租仍会增加。

（二）里嘉图在一个极单纯的命题上，提出他的地租法则。在这里，我们且不说他的发挥。像里嘉图这样提出的地租法则，不是以土地丰度的减少为前提，它宁可是以这个事实为前提：社会虽然发展了，土地丰度也一般增加了。但各种土地仍有各种不同的丰度，连续投在同一土地的诸资本，也仍有各种不同的结果。

（三）土地的改良越是普及，它所包括的土地种类越是多，从而，谷物价格虽会一般下落，但全国的地租总额仍能增加。再举上例来说。极有关系的一件事是：有多少的土地，在价格为 5 先令时，能生产 26 布奚以上的谷物（这时候，已经不一定要生产 30 布奚了）；那就是，论品质而言，在最良地和最劣地之间，有怎样多种的土地介在中间。这和最良地地租的起源，是毫无关系的。这和地租一般的起源，也没有关系。

你知道，关于地租，主要的命题是，地租是由价格与不同诸生产成本的结果相比较，发生的；但市场价格的法则，不外就是资产阶级竞争的法则。但就在资产阶级生产方法废止以后，这个难点依然存在：土地将会相对地变为更不生产的，并且投下同量的劳动，将递次生产更少的东西，虽然在这个时候，最良地所提供的生产物，无须像在资本主义支配下那样，必须和最劣地所提供的生产物，一样昂贵。以上就是我的意见。

请你告诉我，你对于这个问题，是抱什么见解。〔……〕

你的 K. M. 一八五一年一月七日，伦敦。

Ⅱ　恩给马
（一八五一年一月二十九日）

亲爱的 Marx：

〔……〕无论如何，你关于地租提出的新事实，是完全正确的。说到那种与人口增加不断并进的土地不生产性的增加，里嘉图的意见，我是全然不懂；他说谷物价格益益提高，我也不能为这种说法找到证据。但在理论的工作上，我是有名的懒的，所以我一向在这种生来的迟钝中，总是得过且过，从不会在这个问题上，有彻底的研究。没有疑问，你的解答是正确的。你已经在地租经济学者的权利以上，取得一个新的权利。如果地上还有什么权利和特权，那至少该有一年的地租全部，应属于你，你所能要求的地租额，无论如何，不能更少于此罢！

　　里嘉图在他的单纯的命题上，把地租当作不同诸种土地的生产力的差额来说明。在这个命题的证明上，（一）他除认识益益劣的土地有加入耕作的必要这一点外，不认识有别的要素；（二）他完全忽略农业的进步；（三）他此后几乎完全不说较劣土地的加入，只不断运用这个主张，即连续投在某一块土地上的资本所提供的收获加额，会益益减少。这种种，我决不以为然。这个待要证明的命题，是这样明白的，但为这个命题寻找证明的动机，却是这样淡漠。不过，你大概还记得，关于土地丰度益益减退的理论，我曾经在《德法年报》上，提到科学的农业之进步——那当然是极草率，也没有在有关的各方面详细引伸。你现今特别把这个问题提出来，这又是你应当赶紧把你的经济学完成和发表的一个理由。如果有人能够把你论述地租的文章，在英国杂志上翻译出来，那将会引起异常的注意。或者，就由我来担任翻译罢。〔……）

你的 F. E. 一八五一年一月二十九日，孟彻斯德

Ⅲ　马给恩
（一八六二年八月二日）

亲爱的 Frederick：
　　……现在我要在这一卷，加入地租学说，当作插入的一章，那就是当作一个已经成立的命题的"说明"。这种说明，充分引伸起来，是很冗长的，曲折的。我要告诉你一个大概，希望你也

把你的意见告诉我。

你知道，我把资本分成二部分，即不变资本（原料，补助材料，机械等，它的价值不过再现在生产物的价值上）和可变资本（即投在劳动工资上的资本，那和劳动者由此带回来的劳动比较，是更小的对象化的劳动。例如，如果每日的劳动工资 = 10 小时，劳动者劳动 12 小时，他就代置了可变资本，并追加提出可变资本的 $\frac{1}{5}$，即 2 小时。后面这个剩余额，我叫它做剩余价值）。

假设已知剩余价值率（即已知劳动日的长度，并已知必要劳动以上的剩余劳动余额，必要劳动便是劳动者再生产工资所必须操作的劳动），比方说，= 50％。在这场合，劳动者在一个 12 小时的劳动日，将有 8 小时为自己劳动，4 小时（$\frac{8}{2}$）为雇主劳动。假设在一切产业部门都是如此。因为，平均劳动时间的常差，不过是劳动难易程度不变的补偿。

在这样的情形下，那就是，在不同诸产业部门的劳动榨取率互相一致的时候，不同诸资本在不同诸生产部门虽有同样大的数量，但它们所提供的剩余价值量却会彼此互相不等，从而也提供极其相异的利润率，因为利润率不外是剩余价值对垫支资本总额的比例。它依存于资本的有机构成，那就是要看资本是怎样分为不变资本和可变资本。

像上面一样，假设剩余劳动 = 50％。所以，如果 1 镑 = 1 劳动日（就把这一个劳动日，解做一星期长的日子，也没有关系），劳动日 = 12 小时，必要劳动（再生产工资所必要的劳动）= 8 小时，所以 30 个劳动者的工资，（或 30 个劳动日的工资）= 20 镑他们的劳动的价值 = 30 镑，一个劳动者的可变资本（每日的或每周的）= $\frac{2}{3}$ 镑，他所创造的价值 = 1 镑。100 镑资本在不同诸产业部门所生产的剩余价值量，会因在 100 镑资本中，不变资本和可变资本以极不相同的比例分割，而极不相等。以 c 指不变资本，v 指可变资本。例如，如果在棉工业上，资本的构成为 c80，v20，则在剩余价值或剩余劳动为 50% 时，生产物的价值会 = 110 镑，剩余价值量 = 10，利润率 = 10%，因为利润率 = 10（剩余价值）对 100（所投资本的总价值）的比例。假设在大缝衣业，资本的构成为 c50，v50，则在剩余价值率一样为 50% 时，生产物是 = 125，剩余价值 = 25，利润率 = 25%。再假设有别一个产业，其比例为 c70，v30，则生产物 = 115，利润率 = 15%。最后，一个构成为 c90，v10 的产业，其生产物将 = 105，利润率 = 5%。

在这里，劳动的榨取程度虽然相等，但就不同诸产业部门的等量资本说，所生产的剩余价值量却极不相等，利润率也极不相等。

把上面四个资本合起来，我们就得：

			生产物价值	利润率	剩余价值率
1.	c80	v20	115	10%	50%
2.	c50	v50	125	25%	50%
3.	c70	v30	115	15%	5%
4.	c90	v10	105	5%	5%
	资本		400	利润 = 55%	

依此计算，资本 100 的利润率是 $13\frac{3}{4}$%。

把这个总资本（400）当作一个类型来考察，利润率 = $13\frac{3}{4}$%。资本家是兄弟。竞争（资本的转移或资本由一个职业移出而移入别一个职业）会使不同诸职业的等量的资本，不问有机构成的差别，而提供一致的平均利润率。换言之，这就是 100

镑资本在一定产业部门会赚得的平均利润，但这个平均利润，不是它当作特殊使用的资本赚到的，也不是依照它生产剩余价值的比例生产的。这100镑资本，是当作资本家阶级的总资本的可除部分，来生产这种利润。它好像是一个股份，它的股息是比例于它的数额，而由剩余价值（或无给劳动）总量支付的。这个总量，是由全体可变资本（即投在工资上面的资本）生产的。

在以上的例解中，1，2，3，4诸资本会赚得相等的平均利润，要做到这样，它们各自的商品都须依照 $113\frac{1}{3}$ 镑的价格售卖。因此，第1类和第4类商品，会在价值以上售卖，第2类和第4类商品，会在价值以下售卖。

这样调节的价格＝资本的支出＋平均利润，例如加10％。这个价格，便是斯密所说的自然价格，或成本价格。这是平均价格，不同诸职业间的竞争（即资本的移转或资本的移出），使不同诸职业的价格，还原成为这个价格。竞争不使商品归到它的价值，但归到它的成本价格。（译者注——这是亚当·斯密所说的成本价格，马克思称它作生产价格。）这个成本价格，视资本的有机构成，而高于，或低于，或等于它的价值。

里嘉图把价值和成本价格混同了。他相信，如果有绝对地租（那就是与土地丰度差别没有关系的地租）存在，农业生产物等，便须不断在价值以上售卖，因为它将在成本价格（即垫支资本＋平均利润）以上售卖。这是和根本法则相抵触了。所以，他否认有绝对地租，只承认有对差地租。

但他把价值和成本价格混为一谈，是根本错误了。从亚当·斯密以来，这个错误是相沿接受下去的。

事实是这样。

假设一切非农业资本的平均构成为c80，v20，则生产物（在剩余价值率为 50%时）＝ 110，利润率为 10%。

再假设农业资本的平均构成 ＝ c60，v40。（这个数字，在英格兰，事实上是相当正确的；畜牧地的地租，在这里可以不管，因为它不是由它本身决定的，乃是由谷物地租决定的。）如劳动榨取率和上面一样，则生产物 ＝ 120，利润率 ＝ 20%。这样，如果租地农业家照价值售卖生产物，它就须卖得 120，不是 110（它的成本价格）。但土地所有者会出来拦阻，因此租地农业家和他的资本家兄弟一样，要把生产物的价值，均衡为成本价格。资本的竞争，不能获得这个结果。土地所有者会加进来，把价值和成本价格之间的差额没收了去。一个生产部门如其不变资本对可变资本的比例留于低位，那就表示在这个特殊的生产部门，劳动生产力的发展也在低位，或相对地说在低位。所以，如果农业资本的平均构成为 c60，v40，非农业资本的构成却为 c80，v20，那就证明，农业的发展还未与工业的发展，达到同一个阶段。（这是极明白的，因为不说别种事情，我们也知道，工业的前提是更老的力学，农业的前提却是全新的化学地质学和生理学）。假如农业资本的比例变为 c80，v20，（依照上述的前提），绝对地租就会消灭的。那就是，只会剩下对差地租。但关于对差地租，我也这样加以展开了，以致里嘉图的农业不断趋于退化的理论，像是最可笑最专擅的。

以上说成本价格的决定与价值不同。关于这点，还有一点要说明：在不变资本和可变资本的区别之外，还有固定资本和流动资本的区别。前一种区别是由资本的直接生产过程引起的，后一种区别是由资本的流通过程引起的，但若我们把这一点导入，那就会把公式弄得错乱混杂了。

这里，是里嘉图地租学说的批判，——那只是粗枝大叶，因为这个问题非常复杂。这样，你会知道只要说到有机的资本构成，许多从来的表面上的矛盾和问题，都可以解决了。

你的 K. M. 一八六二年八月二日。

附启：你会知道，依照我对于绝对地租所抱的见解，土地所有权在一定的历史情形下，确乎会使原生产物的价格变贵。从共产主义的立场说，这是极适用的。

假设上述的见解，是正确的，但仍旧不是在一切情形下，也不是在每一种土地上，都必定要支付绝对地租（就假设农业资本的构成是如上面所假设）。在土地所有权事实上或法理上不存在的地方，绝对地租就不会支付的。在这场合，农业对于资本的应用，不能提出任何特别的阻碍。资本在这个范围内的运动，是和在别的范围内一样自由。在这场合，农业生产物会像多种工业生产物一样，要在价值以下售卖，那就是依照成本价格来售卖。并且，在资本和土地所有者为同一个人的地方，土地所有权也能在事实上废止的。

不过在这里，详细的讨论是用不着的。

上述的地租，是由资本投在土地上，不投在任何其他范围内这个事实生出的。在这种地租之外，还有对差地租。在理论上，对差地租没有什么难点。那不外是剩余利润。这种剩余利润，就若干工业的生产部门的资本说，也会存在，如果这个工业生产部门是在比平均条件更好的条件下进行。不过，这种剩余利润只会在农业上固定化，因为它在农业上面，是立脚在这样坚固而又比较确实的基础上；那就是，不同诸种土地，有不同的自然丰度。

Ⅳ 马给恩

（一八六二年二月九日）

亲爱的 Engels,

〔……〕关于地租学说，我当然要等你的来信。但为使"辩论"简单化起见，那就像亨利·白格斯（Heinrich Bürgers）所说，是如下：

（一）在理论上唯一要证明的事情，是绝对地租不违背价值法则也是可能的。自重农主义派一直到现在，理论的论战，都在这一点上打转转。里嘉图否认这种可能性，我主张有这种可能性。我以为，他的否认，是立脚在一个理论上背谬但自亚当·斯密以来相沿不断的教义上——那就是，商品的成本价格和价值，被假定为一致的。再者，在里嘉图举例来证明的地方，他是不断假设有这个状态，在这个状态下，既没有资本主义的生产存在，也没有土地所有权在事实上或在法理上存在。但我们正要在有这些事情的地方，研究这个法则。

（二）关于绝对地租是否存在的问题，在各国，好像都是一个要由事实来解决的问题。但理论的解决所以重要，是因为三十五年来，统计家和实际家都主张有绝对地租，（里嘉图派）理论家却由极强但在理论上颇有弱点的抽象，否认绝对地租的存在。一向来，我都觉得，在历次论争中，总是理论家失败。

（三）我以为，即承认绝对地租存在，继起的结论也不是，最劣等的耕地或最劣等的矿山，在一切情形下，都支付地租。继起的结论是，它们也许必须依照市场价值，但在它们的个别价值之下，售卖生产物。里嘉图为要证明相反的主张，曾假定——理论的说，这个假定是错误的——在一切的市场条件下，都是那在最不利条件下生产的商品，决定市场价值。但你老早就在《德法年报》上指摘了他的错误。

以上都是关于地租的意见。……

祝好！

你的 K. M. 一八六二年八月九日。

V 马给恩

（一八六六年二月十三日）

亲爱的 Fred：

〔……〕昨天起，我又在休息中，因为左肋下生了一个很厉害的疮。如果我有充足的钱（那就是说不是全然没有）留给我的家人，并且我的书也已经完成，我是在今天还是在明天进棺材，在我自己，是毫无所谓的。但现在的情形不是这样。

说到这一本"该诅咒"的书，情形是这样：它在十二月底完成了。地租论（最后的前一章）照现在这样看来，几乎可以成一部专书。我白天到博物馆去，晚上就在家写作。德意志的新农业化学，尤其是利比居（Liebig）和萧宾（Schônbein）——他们；和一切经济学家合起来比较，还要显得更重要——以及法兰西人从我研究这个问题以来所供给的巨量材料，必须用功去研究。二年以前我已经把我对于地租的研究结束了。在这个期间之内，曾发生许多事实，可以印证我的理论的研究。甚至，日本的情形，在这里，也有知道的必要。所以，一八四六年至一八五〇年英国工厂主对同一个人所用的"Shifting System"（轮班制度），我不得不用到我自己身上来。

不过，这个草稿虽说完成了，但在它的现在的形态上，它还是极其草率，除我自己，恐怕就连你也认不出。

一月初，我开始注意文笔和体裁的修正。这种工作进行极其随意，因为，像产妇一样，我经过了这许多痛苦，摸着婴儿，自然会感到兴趣。但这时候，却来了一个疮。所以一直到现在，我都没有进一步写下去，不过使那些照计划原来已经完成的部分，实际得到一点点补充。

此外，我想得你的赞同后，第一卷一经弄妥，就送到麦斯纳（译者注：《资本论》的出版者）那里去。但我至少要等完成以后，方才能够坐下来。

不要忘记写信给瓦兹（Watts），因为我现今正在整理论机械的一章。

政治问题（不是为个人着想，是为书着想）总不及经济状态那样叫我不安。已经证明了，经济状态是一天比一天更受恐慌威胁了。

祝好

你的 K. M. 一八六六年二月十三日。

Ⅵ 马给恩
（一八六八年四月二十二日）

亲爱的 Fred：

我已再开始工作了，情形一切都好。不过我必须把时间缩短，因为只要大约作三点钟事，我的头就会嗡嗡地发响，像针刺一样。现在我要简单告诉你一件小事，那是我仔细考虑论利润率的那一部分原稿时，想起的。由此，最困难诸问题之一，将被化为简单的。这一点所关系的事情是：在货币（或金）价值下落时，利润率会上腾，在货币价值上腾时，利润率会下落。

假设货币价值下落$\frac{1}{10}$。这样，商品的价格，在其他一切事情不变的条件下，将会提高$\frac{1}{10}$。

反之，如果货币价值提高$\frac{1}{10}$，则在其他一切事情不变的条件下，商品的价格会下落$\frac{1}{10}$。

在货币价值下落时，如果劳动价格不以同比例上腾，它就是下落，剩余价值率就上腾了，从而在其他一切事情不变的场合，利润率也会上腾。后者的上腾——在货币价值继续其下落运动时——只由于劳动工资的下落，这种下落，又只由于这个事实：劳动工资的变动，只能缓缓地与货币价值的变动相调整（十六世纪末叶与十七世纪的情形就是这样）。反之，货币价值上腾时，如工资不以同比例下落，剩余价值率就会下落，从而在其他一切事情不变的场合，利润率也会下落。

这两个运动（货币价值下落，则利润率上提；货币价值上提，则利润率下落），在这个情形下，都只由于这个事实：劳动价格尚未与新的货币价值相配合。只要劳动价格与货币价值一经归于平衡，这诸种现象就会归于消灭。它们的说明，也是早就有人知道的。

困难是从这里开始。所谓理论家是说：劳动价格一经和新的货币价值相配合（例如在货币价值下落时，工资以同比例上腾），二者（利润和工资）都会在这程度内，表现为更多的货币。所以，它们的比例还是照旧。所以利润率不会发生什么变化。但研究物价史并从事实出发的专家却持异论。不过他们的说明，也是空谈。实则，全部的困难，是立脚在剩余价值率和利润率的混淆上。假定剩余价值率不变，那就是仍旧是100%，所以在货币价值下落$\frac{1}{10}$时，工资（100人的工资，比方说）100镑会升到 110 镑，剩余价值也会升到 110 镑。以前表现为 200 镑的劳动，现在要表现为 220 镑。所以，如果劳动价格与货币价值相配合，剩余价值率是不会由货币价值的变动而增加，也不会由此而下落。但假设不变资本部分的要素或某一些要素，因生产它们的劳动的生产力增进，而在价值上低落下来。如果它们的价值的下落程度，比货币价值的下落程度更大，它的价格就会下落，那怕货币的价值也下落。如果它们的价值的下落程度，只和货币价值的下落程度相应，它们的价格就会依然不变。我们且拿后一种情形来说。

例如，一个 500 镑的资本，投在一个特殊的产业部门，其构成为 400c＋100v（在第二卷，我不写 $\overset{c}{400}$ 等，只写作 400c 等，因为这样比较简明，你的意思怎样）。这样，在剩余价值率为 10％ 时，我们得下式：400c＋100v＝＋100m。利润率是 $\frac{100}{500}$＝20％。如果货币价值下落 $\frac{1}{10}$，工资增至 110，剩余价值也增至 110。不变资本的货币价格依然不变，因为它的构成要素的价值，因劳动生产力增加之故，已经下落了 $\frac{1}{10}$。所以，现在是 400c＋110v＝＋110m，即 $\frac{110}{510}$。利润率为 $21\frac{29}{50}$％。差不多增进了 $1\frac{1}{2}$％，而剩余价值率依然是 $\frac{110m}{110v}$＝100％。

在不变资本价值下落较货币价值下落为速时，利润率的增进会更大；比较更缓时，利润率的增进会更小。但只要不变资本的价值下落，那就是只要同量生产手段以前费 400 镑的，现在仍然用不到 440 镑，这种现象就会不断发生的。

但劳动的生产力，会由下落的货币价值，货币价格的膨胀，与国际上一般猎取追加货币量的情形，受到刺激。而在狭义的工业上，更加是这样。这是一个历史的事实，并且特别可由一八五〇年至一八六〇年的情形来证明。

相反的情形，可以由类似的方法来说明。

至若货币价值下落利润率上腾的情形，和货币价值上腾，利润率下落的情形，究竟会怎样影响于一般利润率，那一方面要看，发生这种变动的特殊诸生产部门，占有怎样大的相对的范围，一方面要看，这种变动是怎样持久因为利润率在特殊产业部门的涨落，要经过一个时间，才会影响到别的产业部门。如果相对地说，变动只是暂时的，它也就依然是局部的。〔……〕

祝好！

你的 K. M. 一八六八年四月二十二日，伦敦。

Ⅶ　恩给丹尼尔孙
（一八八五年四月二十三日）

丹尼尔孙阁下：

上月 9. /21. 惠函，现已接到。谢谢你来信中给了我许多极有意思的报道。工资与劳动时间成反比例的法则在俄国也真实，这件事，确实是极有趣味的。同样，村落共同体因近代工业和货币经济进步之故，已迅速趋于崩溃的事实（多数农民已无农田这一点，指示了这个事实），也是极有趣味的。这一切事实，对于我，都非常重要。阁下对贵国的经济状态和发展有什么见解时，望随时通知我。但不幸，目下我的时间已完全为发表遗稿这一件事占去了，所以我不但中断了我自己的工作，并且中断了我的研究，甚至连写信的时间也不多。所以，阁下送来的关于经济问题的俄文原作，我暂时还没有时间去仔细研究，因为我实在没有时间来欣赏它们。我希望，阁下不会因此生嫌忌的意思，只要后来一有机会，我就会记起阁下的至可感谢的赠赐。在这当中，这些有无上价值的遗稿，对于我，是最高的科学价值的源泉，并且无疑地，还会有一份校样，送到阁下那里。在其间，我已在大约三个星期以前（三月二十七日），把第五号至第九号送来给阁下，昨天我又寄出第十号至第十四号。以后再寄，都会挂号的。第二卷全部，大约在三十九大页以上，在五月底就可以出版。现在我是在整理第三卷，那是最后的最难的部分，甚至与第一卷相比，都要更难。留下的原稿，除了我，恐怕再没有别个人认识。我要把原稿重抄一遍。在我把原稿抄好可以认识以前，我是不能停下来的。不把全书编好，我是不能休息的。但因原稿这样不完全，所以这种工作决不容易。这样之后，就使我对于这个要整理的东西，不再加工上去，它也已经没有严重的错误了，并且在必要时，还可以就这样拿去付印。这个第三卷，是我从来读过的最可惊的东西。不幸，著者早经去世，不能亲自整理它，发表它，也不能亲眼见到它必定会发出的影响。经过这样明白的说明之后，大概不能有什么有价值的反对意见了。最困难的问题，已经说明得解释得好像是简单的琐事了。全体系包含一个新的单纯的容貌。我恐怕，这个第三卷要分二册出版。此外，我还有一册旧的原稿，是关于学说史的。那同样要费很大的工夫。所以，你会知道，我满手都是等着要做的事。

你的极诚实的友人 P. W. Rosher①—八八五年四月二十三日，伦敦。

---

① 译者注：恩格斯的假名；因为怕俄皇检查，才化名的。

VIII 恩给丹尼尔孙

（一八八五年六月三日）

丹尼尔孙阁下：

五月 24. /6，日阁下的来信，我已经接到了。希望我五月十三日寄给阁下的第二十一号至二十六号校样，也已经寄到阁下那里。今天我又寄来第二十七号至三十三号。这一卷完了。我希望，在数日之内，我能够把序言等寄来给你。由这篇序言，你会知道，第三卷的原稿已经在一八六四年至一八六六年写成。所以，阁下承示贵国农业制度时，著者已经把他的原稿写成了。现在我正在整理论地租的那一篇；一直到现在，我也没有发现他论到俄国情况的地方。我一经把全部原稿抄完使其可以阅读，我就会用这个，和著者留下来的别一个资料（由此我发觉了，关于地租一章，那里有一个篇幅很大的摘要，是阁下从各种统计摘录下来，寄给他的），相比较。但现在我还不敢说，在其中有没有包含批判的注解，可以用在这一卷。如果有，当然要用在这里。无论如何，我的抄写工作，恐怕要到秋天才可完了。并且，因为原稿差不多有 600 对开纸那样厚，所以必须分作两册印。

地租的分析，在理论上已经很完成。阁下会知道，那对于贵国的特殊情况，会有许多意味。不过，原稿并没有论到前资本主义的土地所有权形态；在原稿上，不过间或参考到它。

你的极诚实的友人 P. W. Rosher 一八八五年六月三日，伦敦。

IX 恩给丹尼尔孙

丹尼尔孙阁下：

〔……〕在过去三个月间，这第三卷完全在休止状态中。这是各种不可避免的事情引起的。并且，因为在这里夏季是极闲散的一季。我恐怕，在九月或十月以前，在这上面，难望有多少的成就。论银行和信用的那一篇，颇为困难。指导的原理充分明白指出来了，但全文的脉络，却是这一个假定：读者对于论述这个问题的主要文献，像杜克和富尔吞的著作，已经有相当的认识。但因一般的情形并不是这样，所以若干说明的注解就不可少了。

附带说一句，富尔吞的《通货的管理》（论述这个问题的主要著作），我现有两册；假使你手头没有这本书，我很高兴，把一册寄来给你。

最后的论地租的那篇，我仿佛记得，只需有形式上的订正。所以，论银行和信用的那一篇一经完成（那等于全卷的 $\frac{1}{3}$）最后的 $\frac{1}{3}$（论地租和不同诸种所得），就不需要怎样多的时间了。但因这最后的一卷，是一个这样壮丽而无可指摘的著作，所以我觉得，我应当这样整理它，使全部的思想进行，表现在极为明晰而透辟的形态下。只要想到这个原稿不过是一个草稿，有很多地方没有贯串，并且这样不完全，就觉得这个工作不十分容易。

我正想请两个力量来得及的人，从原稿把第四卷的要义，抄下来。我的目力，已经不许我做这件事了。这个工作一经完成，我就要从事这个原稿的整理。但这个原稿，在现在这样的形态下，除我自己以外，任何人也认不出来。我对于这种笔迹和草略的处所，是习惯了的。——并且，这样整理之后，著者留下的这别一个原稿，就无论我是死是活，都一样可以利用了。我希望，这种决定，也可以在这个秋天弄妥。

你的极诚实的友人P. W. R.

再者，英译本第一卷大部分的翻译者摩亚（Moore）君，到非洲去了。他到那里去，充当尼格尔公司领土高级裁判官。所以，这个第三卷，——至少有一部分——要在尼德尔河边进行翻译！

X　恩给丹尼尔孙
（一八九五年三月十六日）

亲爱的Viktor！

现在我告诉你一个你所渴望的消息。桑巴特（Sombart）的论文，是很好的，不过为了利润率问题的解决，他对于价值法则的理解，有些走入迷途。他明白估算了一个奇迹，把这个奇迹解为一个一点也不奇怪的合理性。他认价值法则的意义，是在这点：劳动生产力，当作决定的经济力，就是这样贯彻的。这是太过普遍化，太过广泛了。小斯密德（Conrad Schmidt）发表在《社会政治中央新闻》的论文，很好。倍伦斯泰因（E Bernstein）的论文，太杂了。这个人常常是神经衰弱的，所以，只要他手边要做的事太复杂了，他就会觉得工作过度。暂时还是把这个问题搁起来，考茨基（Kautsky）意外地会送一篇来。

因为你要精细读《资本论》的第二卷和第三卷，我且给你若干提示，使你比较容易进行。

第二卷第一篇。第一章必须精读。然后，读第二章第三章会更容易。第四章可视为是一个摘要。第五章第六章，是容易的；

特别是第六章，它所讨论的是枝节问题。

第二篇，自第七章至第九章，是重要的。第十章第十一章尤其重要，第十二章，十三章，十四章，也是重要的。但第十五章第十六章第十七章，是只要看过去的。

第三篇是一个非常精粹的说明，它所说明的是最先由重农主义派提出的问题。那就是商品和货币在资本主义社会内的总循环——就内容说，它是精粹的，但就形式说，它却是极难的。第一层，因为那是由两次修改弄成，这两次修改又是依照不同的方法进行；第二层，因为第二次修改，是在失眠病状中，勉强弄完的。那只有等我把第三卷完全编好以后再说，但就你的工作而言，这一篇也可以暂时搁起来，不要过问。

再说到第三卷。

在第一篇，第一章至第四章是重要的；反之，就一般的关联说，第五，第六，第七诸章，是较不重要的。所以先且无须把许多时间用在这上面。

第二篇，第八，第九，第十诸章极重要。第十一章第十二章可以读过去。

第三篇全部自第十三章至第十五章，都极重要。

第四篇也极重要，但自第十六章至第十九章，都不难读。

第五篇自第二十章至第二十七章极重要，第二十八章较不重要。第二十九章重要。大体说，为你的目的说，第三十章至第三十二章，是重要的。第三十三章第三十四章，在讨论纸币的时候极重要；第三十五章，在讨论国际汇兑行市的时候重要；第三十六章，对于你，极有意思，也不难读。

第六篇地租。第三十七章第三十八章重要。第三十九章第四十章较不重要，但有密切关系。第四十一章至第四十三章（论对差地租Ⅱ各种情形的地方），可以轻轻读过去。第四十四章至第四十七章又重要，但大体说也是不难读的。

第七篇极其精彩，不过是断简残篇，很强烈地反映出著者的失眠症来。

所以，你如果要精研最重要的诸章，对于次要的诸章先只要泛泛读过去（最好再把第一卷的要点读一遍。）你且把全部浏览一过，然后，次要诸章的研究，就也更容易了。

祝好

你的 F. E. 一八九五年三月十六日，伦敦。

译者跋

恩格斯在《资本论》英译本的序上，曾经说过："《资本论》的英文本的刊行，无需有任何的辩白。反之，待我们说明的，宁可说是这个英文本，何以迟至今日方才刊行。"这两句话，完完全全的，可移用来作为我们这个译本的声明。

在我国，一方面既有封建势力的阻碍，另一方面又有帝国主义侵略势力的摧残，以致资本主义生产方法不能在中国有正常的发展。所以中国现阶段的资产阶级性的民权革命，是以反封建反帝国主义为其主要任务。这一任务，从现阶段世界革命运动意义上来说，又具有社会革命的性质，因此马克思主义的思想和运动就在中国有了长足的进步，获有广大的拥护者，同时，反马克思主义的运动也就跟着发生了。

但是，战士们以及反对方面的异论者诸君啊，对于诸君，这个解剖资本主义生产，并从历史方面指出资本主义生产的命运的经典，都是早就该有一个译本了，早就该有一个完整的中文译本了。

这个经典的翻译，是一九二八年在一个寺院内开始的；在同年，我把第一卷译完了。在一个寺院内着手翻译这样一部书，虽表示一个滑稽的对照，但到现在还是使我感到心悸的，倒不是这点，而是另外的一件事。在那时，我对于这个大理论所从以出发的古典派经济学，且也为这个大理论的主要批判对象的古典经济学，还是连初步的认识也没有。但当时正在同一寺院中着手写一部长篇小说，但后来曾与我合译几部经济学古典著作，现在又为本书合译者的王亚南，就是这时候和我认识的，并且以后不久，就成了最好的朋友。

理解古典经济学，是理解马克思经济理论的必要预备。由于我的提议，我们决心系统地译几部古典经济学的著作，用这种翻译，作为一种细密研究的手段。我们选译的第一部，是里嘉图的《经济学及赋税之原理》；接着是亚当·斯密的《国富论》。那都是我和亚南合译，且已在七年以前先后出版了。接着我又独力译了马尔萨斯的《人口论》和约翰·穆勒的《经济学原理》，也先后出版了。此外我们还分别译了若干经济学上的重要著作，例如耶方斯（数理经济学派的建立者）的《经济学理论》，洛贝尔图（德国的社会主义者，曾与马克思争发明权但曾经恩格斯严厉打击过的人）的《生产过剩与恐慌》（《社会书简》之一），和克莱士的《经济学范围与研究方法》（改名为《经济学绪论》出版）等。

但在这种预备阶段中，我们几乎把原来的目标遗忘了。假使不是一般社会对于这种缺少现实性和时代性的工作表示冷淡，说不定我们就会像流通中的货币一样，愈流愈远于出发点了。在这里，又是阻碍促使人前进。因此，我们再向着我们的目标了。

第一卷原来的译稿，早已在一·二八的炮火中销毁掉。当我们再开始几年前已经开始的工作时，我们是不得不从开始的地方再开始了。我们当时虽没有想到出版的问题，但在再开始二年之后，我们就得到了读书生活出版社愿为这个译本负刊行责任的好意了。

我们的工作，虽曾因八一三的炮火而延迟，但是，读书生活出版社负责人郑易里、黄洛峰二先生促其早日付印的好意，终于把一切的困难克服了。

就第一卷说，序跋以及由第一篇至第四篇是我译的；第五篇至第一卷终，是亚南译的。就第二卷说，序和第一篇，是亚南译的，第二篇第三篇是我译的。但到第三卷，因为亚南担任更重要的工作的缘故，他只能译极小的部分了（第六篇第三十七章至四十章）。其余的部分就都归到我肩上来了。我为使译名统一，笔调近于一致起见，曾对全稿负起责任。但这决不是表示我应享有较优的权利，因为没有亚南的合作，这个书的完成，决不能这样迅速，甚至在我们应再开始的时候，也许根本就不会再开始。一个人对于一件事的贡献，决不能单纯由量来估计。

我们根据的版本，是马恩研究院校正过的德文本。我们所加的若干附注，大都是根据这个版本实行的。虽然这个版本也有若干排印上的错误，但它要算是最新的了。此外，我们还参照了两种英文译本和两种日文译本，不过当中只有一种英译本和一种日译本是完全的。在格式方面，我们尽量保持原版的特色。在行文方面，我们尽量使其流畅，但当然，每一个地方，我们都顾虑到了，要使它的文句，不致于弄差它的意义。我们努力了，但这个努力的结果的估价，不是我们的事。

关于译名，有几点要声明。我们在译名上所采的原则是：使其精确但使其有望文生义的效力。译音的方法，除了少数必要的场合，我们是摈弃的。而在我国经济通用语中，我们的选择的标准是：如有适当的通用语，我们是尽量采取，所以在本书，我们可以见到"成本""贴现""折旧""汇票"这一类的商场用语。

但一切欠缺科学严密性的通用名词，我们是挨而不用的。挨以，我们不叫"金融资本""金融市场"，但叫"货币经营资本""货币市场"。我们不叫"钞票"，而叫"银行券"。我们不叫"农民"，而分别叫他们为"自耕农民"和"租地农业家"，以及其他等。

名词的本身，不是我们研究的目标。但没有严密的名词，决难获得正确的理解。不过，一个大著作家在使用名词时，往往也假定他的读者，有水准以上的识别力。所以，马克思对于他们使用的名词，并不是每一个都下界说的。他还偶然有少数地方，把一个名词，用在两种意义上。马克思自己也是承认这点的。例如，对于"必要劳动"这个名词，他就曾在一个注里面（见第一卷），声明那有两重意义。"剩余生产物"这个名词，有时是指代表剩余价值的生产物部分，有时是指代表平均利润的生产物部分，有时是指代表剩余利润的生产物部分（见第三卷第四十一章），又如"流通"这个名词，有时是用在"通货"的意义上。甚至第一卷本文开头第一句内"生产方法"（Produktionsweise）这个名词，也是这样。它本来应和 Produktionsmethoden 相区别的。前一个是指社会生产关系的格式，后一个是指生产的技术的方法。但它们是有时被混同了。例如在第三卷第三十八章的一段内。因为"方法"这个语义在中文上本来是多方面的，所以我们一律把它译成"生产方法"了。读者在这里，只要稍为留意，就可以判别它们的区别含义了。又"Industrie"这个字，有时包括农业和工业，有时又单指工业，以与农业相区别。对于这个字，我们就其意义，分别译为"产业"或"工业"。

至若像可变资本与流动资本的区别，不变资本与固定资本的区别，流动资本与流通资本的区别，货币资本与货币经营资本的区别；像流通与通流的区别，劳动与劳动力的区别；累积与集中的区别；还有，像生产价格与价值的区别，那都是原著者已经严密区分过的。当然，我们在翻译时，曾假定读者已经由别的经济学著作，知道了某一些名词的含义，而对于某一些名词的含义，也能从本文的理解，得到理解。但我们还想编一本说明的辞典，专门用来说明这些名词。但这只好等待到日后了。

这里，不是我解说任何一种学说的地方。对于这一部已有全世界各种主要文字翻译的，并且具有划时代和创造时代意义的著作，也用不着多费辞句来介绍。我只希望无论赞成它的人还是反对它的人，都应先对它研究，不要捡拾到一句两句话，就觉得满足。我们很愿意接受批评家的批评，但若有错误，那要由译者负责，不能归咎到原著者身上去的。

最后，我们应当感谢的，是郑易里先生，他不仅是这个译本的出版的促成者和实行者，且曾细密为这个译本担任校正的工作。黄洛峰，艾思奇，汉夫诸先生也都有很大的帮助。蔡元培先生曾为本书题字一幅，深为感谢，但因在战时遗失了，没有刊印出来。还有许多对这个译本关心的好友们，我们是只能广泛地表示谢意了。

郭大力

1938 年 8 月 13 日在上海